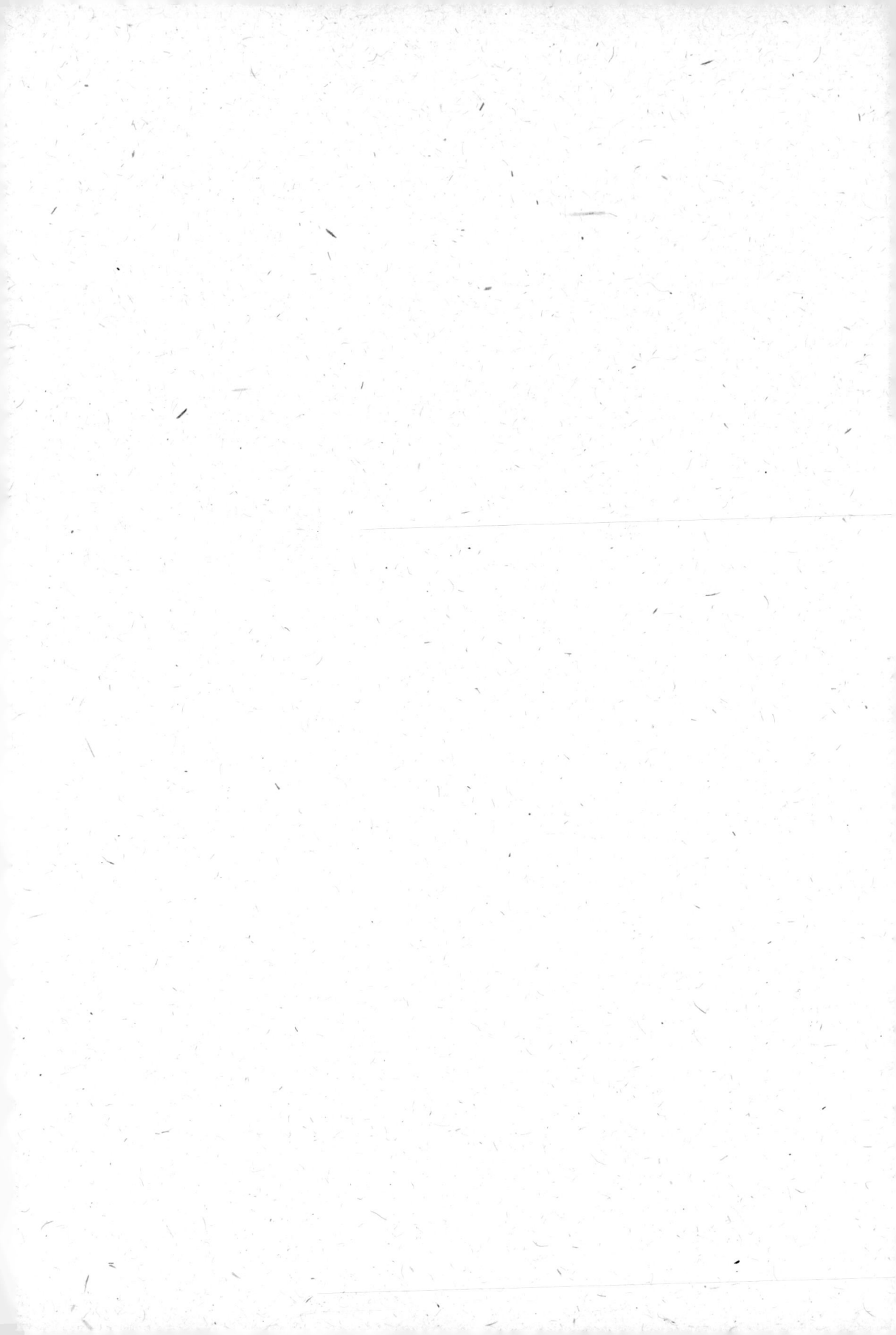

中国老年收入保障体系研究
——基于底线公平理论的视角

The Research on the Old-Age Income Support System for
Chinese Harmonious Society
—Based on the Theory of "The Fairness in Bottom Line"

梅 哲 著

经济管理出版社
ECONOMY & MANAGEMENT PUBLISHING HOUSE

图书在版编目（CIP）数据

中国老年收入保障体系研究：基于底线公平理论的视角/梅哲著. —北京：经济管理出版社，2013.6

ISBN 978-7-5096-2522-4

Ⅰ. ①中… Ⅱ. ①梅… Ⅲ. ①退休金—劳动制度—研究—中国 Ⅳ. ①F249.213.4

中国版本图书馆 CIP 数据核字（2013）第 137180 号

组稿编辑：宋　娜
责任编辑：宋　娜　马英菊
责任印制：黄　铄
责任校对：张　青

出版发行：经济管理出版社
　　　　　（北京市海淀区北蜂窝 8 号中雅大厦 A 座 11 层　100038）
网　　　址：www. E-mp. com. cn
电　　　话：(010) 51915602
印　　　刷：北京银祥印刷厂
经　　　销：新华书店
开　　　本：720mm×1000mm/16
印　　　张：21.5
字　　　数：352 千字
版　　　次：2013 年 7 月第 1 版　2013 年 7 月第 1 次印刷
书　　　号：ISBN 978-7-5096-2522-4
定　　　价：92.00 元

编委会及编辑部成员名单

(一) 编委会

主 任：李 扬 王晓初

副主任：晋保平 张冠梓 孙建立 夏文峰

秘书长：朝 克 吴剑英 邱春雷 胡 滨 (执行)

成 员 (按姓氏笔画排序)：

卜宪群	王 巍	王利明	王灵桂	王国刚	王建朗	厉 声
朱光磊	刘 伟	杨 光	杨 忠	李 平	李 林	李 周
李 薇	李汉林	李向阳	李培林	吴玉章	吴振武	吴恩远
张世贤	张宇燕	张伯里	张昌东	张顺洪	陆建德	陈众议
陈泽宪	陈春声	卓新平	罗卫东	金 碚	周 弘	周五一
郑秉文	房 宁	赵天晓	赵剑英	高培勇	黄 平	曹卫东
朝戈金	程恩富	谢地坤	谢红星	谢寿光	谢维和	蔡 昉
蔡文兰	裴长洪	潘家华				

(二) 编辑部

主 任：张国春 刘连军 薛增朝 李晓琳

副主任：宋 娜 卢小生 高传杰

成 员 (按姓氏笔画排序)：

王 宇	吕志成	刘丹华	孙大伟	陈 颖	金 烨	曹 靖
薛万里						

　　2010 年教育部人文社会科学规划项目最终成果，项目批准号：10YJA710044。

序 一

博士后制度是 19 世纪下半叶首先在若干发达国家逐渐形成的一种培养高级优秀专业人才的制度，至今已有一百多年历史。

20 世纪 80 年代初，由著名物理学家李政道先生积极倡导，在邓小平同志大力支持下，中国开始酝酿实施博士后制度。1985 年，首批博士后研究人员进站。

中国的博士后制度最初仅覆盖了自然科学诸领域。经过若干年实践，为了适应国家加快改革开放和建设社会主义市场经济制度的需要，全国博士后管理委员会决定，将设站领域拓展至社会科学。1992 年，首批社会科学博士后人员进站，至今已整整 20 年。

20 世纪 90 年代初期，正是中国经济社会发展和改革开放突飞猛进之时。理论突破和实践跨越的双重需求，使中国的社会科学工作者们获得了前所未有的发展空间。毋庸讳言，与发达国家相比，中国的社会科学在理论体系、研究方法乃至研究手段上均存在较大的差距。正是这种差距，激励中国的社会科学界正视国外，大量引进，兼收并蓄，同时，不忘植根本土，深究国情，开拓创新，从而开创了中国社会科学发展历史上最为繁荣的时期。在短短 20 余年内，随着学术交流渠道的拓宽、交流方式的创新和交流频率的提高，中国的社会科学不仅基本完成了理论上从传统体制向社会主义市场经济体制的转换，而且在中国丰富实践的基础上展开了自己的伟大创造。中国的社会科学和社会科学工作者们在改革开放和现代化建设事业中发挥了不可替代的重要作用。在这个波澜壮阔的历史进程中，中国社会科学博士后制度功不可没。

值此中国实施社会科学博士后制度20周年之际，为了充分展示中国社会科学博士后的研究成果，推动中国社会科学博士后制度进一步发展，全国博士后管理委员会和中国社会科学院经反复磋商，并征求了多家设站单位的意见，决定推出《中国社会科学博士后文库》（以下简称《文库》）。作为一个集中、系统、全面展示社会科学领域博士后优秀成果的学术平台，《文库》将成为展示中国社会科学博士后学术风采、扩大博士后群体的学术影响力和社会影响力的园地，成为调动广大博士后科研人员的积极性和创造力的加速器，成为培养中国社会科学领域各学科领军人才的孵化器。

创新、影响和规范，是《文库》的基本追求。

我们提倡创新，首先就是要求，入选的著作应能提供经过严密论证的新结论，或者提供有助于对所述论题进一步深入研究的新材料、新方法和新思路。与当前社会上一些机构对学术成果的要求不同，我们不提倡在一部著作中提出多少观点，一般地，我们甚至也不追求观点之"新"。我们需要的是有翔实的资料支撑，经过科学论证，而且能够被证实或证伪的论点。对于那些缺少严格的前提设定，没有充分的资料支撑，缺乏合乎逻辑的推理过程，仅仅凭借少数来路模糊的资料和数据，便一下子导出几个很"强"的结论的论著，我们概不收录。因为，在我们看来，提出一种观点和论证一种观点相比较，后者可能更为重要：观点未经论证，至多只是天才的猜测；经过论证的观点，才能成为科学。

我们提倡创新，还表现在研究方法之新上。这里所说的方法，显然不是指那种在时下的课题论证书中常见的老调重弹，诸如"历史与逻辑并重"、"演绎与归纳统一"之类；也不是我们在很多论文中见到的那种敷衍塞责的表述，诸如"理论研究与实证分析的统一"等等。我们所说的方法，就理论研究而论，指的是在某一研究领域中确定或建立基本事实以及这些事实之间关系的假设、模型、推论及其检验；就应用研究而言，则指的是根据某一理论假设，为了完成一个既定目标，所使用的具体模型、技术、工具或程序。众所周知，在方法上求新如同在理论上创新一样，殊非易事。因此，我们亦不强求提出全新的理论方法，我们的最低要求，是要按照现代社会科学的研究规范来展开研究并构造论著。

我们支持那些有影响力的著述入选。这里说的影响力，既包括学术影响力，也包括社会影响力和国际影响力。就学术影响力而言，入选的成果应达到公认的学科高水平，要在本学科领域得到学术界的普遍认可，还要经得起历史和时间的检验，若干年后仍然能够为学者引用或参考。就社会影响力而言，入选的成果应能向正在进行着的社会经济进程转化。哲学社会科学与自然科学一样，也有一个转化问题。其研究成果要向现实生产力转化，要向现实政策转化，要向和谐社会建设转化，要向文化产业转化，要向人才培养转化。就国际影响力而言，中国哲学社会科学要想发挥巨大影响，就要瞄准国际一流水平，站在学术高峰，为世界文明的发展作出贡献。

我们尊奉严谨治学、实事求是的学风。我们强调恪守学术规范，尊重知识产权，坚决抵制各种学术不端之风，自觉维护哲学社会科学工作者的良好形象。当此学术界世风日下之时，我们希望本《文库》能通过自己良好的学术形象，为整肃不良学风贡献力量。

李扬

中国社会科学院副院长

中国社会科学院博士后管理委员会主任

2012 年 9 月

序 二

在 21 世纪的全球化时代，人才已成为国家的核心竞争力之一。从人才培养和学科发展的历史来看，哲学社会科学的发展水平体现着一个国家或民族的思维能力、精神状况和文明素质。

培养优秀的哲学社会科学人才，是我国可持续发展战略的重要内容之一。哲学社会科学的人才队伍、科研能力和研究成果作为国家的"软实力"，在综合国力体系中占据越来越重要的地位。在全面建设小康社会、加快推进社会主义现代化、实现中华民族伟大复兴的历史进程中，哲学社会科学具有不可替代的重大作用。胡锦涛同志强调，一定要从党和国家事业发展全局的战略高度，把繁荣发展哲学社会科学作为一项重大而紧迫的战略任务切实抓紧抓好，推动我国哲学社会科学新的更大的发展，为中国特色社会主义事业提供强有力的思想保证、精神动力和智力支持。因此，国家与社会要实现可持续健康发展，必须切实重视哲学社会科学，"努力建设具有中国特色、中国风格、中国气派的哲学社会科学"，充分展示当代中国哲学社会科学的本土情怀与世界眼光，力争在当代世界思想与学术的舞台上赢得应有的尊严与地位。

在培养和造就哲学社会科学人才的战略与实践上，博士后制度发挥了重要作用。我国的博士后制度是在世界著名物理学家、诺贝尔奖获得者李政道先生的建议下，由邓小平同志亲自决策，经国务院批准于 1985 年开始实施的。这也是我国有计划、有目的地培养高层次青年人才的一项重要制度。二十多年来，在党中央、国务院的领导下，经过各方共同努力，我国已建立了科学、完备的博士后制度体系，同时，形成了培养和使用相结合，产学研相结合，政府调控和社会参与相结合，服务物质文明与精神文明建设的鲜明特色。通过实施博士后制度，我国培养了一支优秀的高素质哲学社会科学人才队伍。他们在科研机构或高等院校依托自身优势和兴趣，自主从事开拓性、创新性研究工作，从而具有宽广的学术视野、突出的研究能力和强烈的探索精神。其中，一些出站博士后已成为哲学社会科学领域的科研骨干和学术带头人，在"长江学者"、"新世纪百千万人才工程"等国家重大科研人才梯队中占据越来越大的比重。可以说，博士后制度已成为国家培养哲学社会科学拔尖人才的重要途径，而且为哲学社会科学的发展造就了一支新的生力军。

哲学社会科学领域部分博士后的优秀研究成果不仅具有重要的学术价值，而且具有解决当前社会问题的现实意义，但往往因为一些客观因素，这些成果不能尽快问世，不能发挥其应有的现实作用，着实令人痛惜。

可喜的是，今天我们在支持哲学社会科学领域博士后研究成果出版方面迈出了坚实的一步。全国博士后管理委员会与中国社会科学院共同设立了《中国社会科学博士后文库》，每年在全国范围内择优出版哲学社会科学博士后的科研成果，并为其提供出版资助。这一举措不仅在建立以质量为导向的人才培养机制上具有积极的示范作用，而且有益于提升博士后青年科研人才的学术地位，扩大其学术影响力和社会影响力，更有益于人才强国战略的实施。

今天，借《中国社会科学博士后文库》出版之际，我衷心地希望更多的人、更多的部门与机构能够了解和关心哲学社会科学领域博士后及其研究成果，积极支持博士后工作。可以预见，我国的博士后事业也将取得新的更大的发展。让我们携起手来，共同努力，推动实现社会主义现代化事业的可持续发展与中华民族的伟大复兴。

人力资源和社会保障部副部长

全国博士后管理委员会主任

2012 年 9 月

摘　要

　　由于生理机理衰退，老年人逐步丧失劳动能力，这意味着老年人收入的减少或丧失，致使老年人更容易受到贫困的威胁。中国正处于构建和谐社会过程中，但已经步入老龄化社会，老年人面临严峻的养老和贫困问题，建立起完善的老年收入保障体系是必然选择。

　　本书共十章，按照"理论—制度—政策"的思维逻辑，分为三个部分。第一部分以"底线公平"理论为视角，探索如何确立老年收入保障体系，也即在理论层面上探索树立什么样的"公平"理念，这是创新老年收入保障体系的基础和出发点。

　　第二部分先从制度层面梳理中国老年收入保障制度的变迁并剖析当前存在的不足及原因；接着总结中国老年收入保障的风险与规避风险的核心和根本问题；随后运用博弈模型探讨老年收入保障体系构建中各级政府、企业、家庭、个人、慈善等的责任分担；再运用实证研究方法构建模型和收集问卷数据找寻老年收入保障水平的决定因素、估算替代率水平、预测基金需求和财政支出能力。

　　第三部分在政策层面上探索如何消除制度"碎片化"带来的影响，整合现有制度资源，探索兼顾收入替代和济贫两大目标的老年收入保障制度，力图形成一个由政府公共财政支付起"兜底"作用的全民基础性养老保障，以及如何将非制度化老年收入保障覆盖的老年人纳入统一的保障体系，真正做到全民在再分配领域中经济收入的"底线公平"。

关键词：底线公平　养老保障　老年收入保障

Abstract

Elderly people were more susceptible to be in the poor risk situation because of the physiological mechanism of older people which decline gradually and losing their labor abilities which results to low or loss of income. China has entered the aging society that the elderly face serious problems of endowment and poverty, so it is inevitable and necessary to build perfect old−age income support system.

The book consists of ten chapters which was divided into three parts. In the first part "the fairness in bottom line" is the angle of view on exploring how to establish the old−age income support which in theory explicates what kind of "fair" concept it is, as it is the basis and starting point of innovation in an old−age income support system.

In the second part, there is the evolution of Chinese old−age income support system, and analysis of the current problems and causes at first. Then core and the fundamental of avoiding the risk of Chinese old−age income support is then summarized. Which is followed by the construction of responsibility on the elderly income support system in all levels of government, enterprise, family, individual and other charitable institution that are discussed using the game theory model. Lastly, the author looks for the determinants, estimation of substitution rate level, prediction of fund demand and expenditure of old−age income support level through empirical research method of constructing model and collecting data by using the questionnaires.

In the third part, the author tries to explore how to eliminate the system of "fragmentation" impact to integrate the existing system resources in the policy level. The process of elimination starts by considering the two major objectives of the old－age income support system of both income replacement and eliminating poverty which tries to realize truly national "the fairness in bottom line" in the field of redistribution of income. How to bring the non－institutionalize old－age income support into unifised security system, so as to realize "fairness in bottom line" in the field of redistribution of income for all the people by the government public finance and lastly. By bringing the non－institutionalize elderly income support into unified security system that covers the elderly.

Key Words: The Fairness in Bottom Line; Old－Age Security; Old－Age Income Support

目　录

Contents

第一章 导言

随着人口老龄化等问题的凸显，养老保障问题受到国内学术界的广泛重视。初期，大家的关注点集中在正规化老年收入保障方面，包括对养老保障制度改革历程的分析、养老保障制度设计、养老保障基金运营和整个制度体系的框架构建，内容上比较宏观，主要是为了适应当时对整个社会保障改革的需要，为改革的宏观走向出谋划策，集中于研究社会保障的概念和价值取向。同时，学术界还密切关注国外养老保障制度的发展和完善过程，介绍了世界上主要的现行制度，分析了其利弊和发展趋势，这些工作对国内养老保障制度改革乃至整个老年收入保障体系建设是十分有益的。其中，一些国际组织如世界银行和国际劳工组织对世界各国养老保障形势的调查研究报告引起了各界的重视。世界银行与中国研究机构对中国社会保障制度改革的合作研究，为中国养老保障制度改革提供了建设性的建议。进入 20 世纪 90 年代以后，各级政府的有关部门、各地大专院校、学术研究单位以及许多有识之士发表了大量研究论文和著作，从公开发表的文献资料看，研究范围很广泛，涵盖了对社会保障理论的研究、对中国原有养老保障制度的评析、对中国养老保障制度改革的目标和政策原则的探讨、最低生活保障制度基本框架体系的设计及水平的测算、对外国养老保障制度的介绍和评价以及对养老保障指标体系的研究等。学者们对中国养老保障制度的现状和存在的问题有了比较深刻的认识，对当前西方养老保障制度改革的趋势有了比较客观的把握，探索了我国诸如养老保障制度多支柱建立问题、企业年金问题、社会基本养老保险个人账户制度、社会基本养老保险基金隐性债务问题、社会基本养老保险个人账户空账做实问题、养老保险基金投资运营如何规避风险等一系列理论课题，并作了相应的对策分析，其中有许多分析成为当前中央政府出台政策的主要依据。

国外关于老年收入保障的研究成果很多，近年来影响较大的应该要首推 1994 年世界银行推出的老年收入保障的代表作：《防止老龄危机——保护老年人及促进增长的政策》（The World Bank，1994），这是一部重要的养老保障研究报告，该报告主张用多支柱制度取代业已存在的公共养老金体制，并向各国政府推介建立养老金制度三支柱的思想和建议。三支柱结构的理念是：第一支柱是强制和非积累制的，是由政府管理的 DB 型（待遇确定型）制度；第二支柱是由市场管理的部分强制性 DC 型（缴费确定型）积累制；第三支柱是完全自愿性养老储蓄，是完全积累。迄今为止，绝大部分国家采取了（多）三支柱的模式。该模式特性整理后如表 1-1 所示。

表 1-1　世界银行建议三支柱模式特性

特性	第一支柱	第二支柱	第三支柱
融资方式	现收现付制	部分或完全积累	完全积累
管理方式	公共管理	私人管理	私人管理
给付方式	DB 型	DB 型或 DC 型	DC 型
参与性质	强制性	部分强制性	自愿性

资料来源：根据 1994 年世界银行报告整理。

2005 年底世界银行出版了第二部老年收入保障的重要研究报告：《21 世纪的老年收入保障——养老金制度改革国际比较》（罗伯特·霍尔茨曼等，2005），它扩展了三支柱的思想，进而提出了五支柱的概念和建议，被誉为世界银行参与养老金研究工作的又一个里程碑。世界银行提出的五支柱建议是：第一，提供最低水平保障的非缴费型养老金或"零支柱"（待遇形式为国民养老金或社会养老金），以提供最低水平的保障；第二，"第一支柱"与本人收入水平不同程度挂钩的缴费型养老金制度，旨在替代部分收入；第三，不同形式的基本属于个人储蓄账户性质的强制性"第二支柱"，但建立形式可以各有不同；第四，灵活多样的雇主发起的自愿性"第三支柱"，可以采取多种形式（如完全个人缴费型、雇主资助型、缴费确定型或待遇确定型等），该支柱性质上比较灵活，个人可自主决定是否参加，以及缴费多少；第五，建立家庭成员之间或代际之间非正规保障形式的"第四支柱"，非正规的保障形式，对老年人在经济或非经济方面的援助，包括医疗和住房方面的资助。由于方方面面的原因，养老金制度应由尽可能多的支柱组成，至于支柱的具体数量及构成主要取决于各个国家的取向，以及交易成本的水平和影响程度（郑秉文，2006）。只有通过多种途径和渠道才能为老年人有效地提供退休收入。五支柱模式的特性如表1-2所示。

表1-2　世界银行报告五支柱模式特性

支柱	特征	参与性质	筹资方式
零支柱	非缴费型养老金，提供最低生活保障，旨在消除贫困	强制性	预算或一般税收
第一支柱	公共管理的养老金计划，名义账户制或DB型	强制性	金融或一些金融储备
第二支柱	企业或个人养老金计划，完全积累的DB型或DC型	强制性	金融资产
第三支柱	企业或个人养老金计划，部分积累的DB型或完全积累的DC型	自愿性	金融资产
第四支柱	家庭成员之间或代际之间对老人在经济或非经济方面的援助	自愿性	金融或非金融资产

资料来源：根据2005年世界银行报告整理。

2005年的世界银行研究报告，是对1994年提出第一部报告以来10年改革历程的一个概括和总结。"五支柱"（郑秉文，2006）思想的提出就是这一总结的最终结果，是这个报告的核心内容。十多年来，世界银行参与了80多个国家的养老金制度改革，为60多个国家的改革提供了资助，通过上述广泛的参与和支持，世界银行专家增进了对养老金改革的了解与认识，进而达成了共识。这个共识就是，"多支柱的制度设计具有明显优势"，"较多的选择有助于有效保护老年群体并保证财政可持续性"，"只有通过多种途径和渠道才能为老年人有效地提供退休收入"，进而郑重提出，"三支柱"应发展为"五支柱"。

同时还认为，由于种种原因，支柱的数量及其构成应取决于各国的取向以及交易成本的水平和影响程度，对某些国家来说，或者应该对多支柱模式进行"量身定做"，或者应该分步实施。五支柱理念的核心在于，它扩展出了另外两个支柱，一个是以消除贫困为目标的基本支柱即"零支柱"，另一个是非经济性的支柱即第四支柱，包括其他更为广泛的社会政策，如家庭赡养、医疗服务和住房政策等。

2005年的研究报告提出了支柱设计的三个原则。一是基本收入保障的"零支柱"旨在消除老年贫困，任何完整的退休养老制度都应有此支柱。在低收入国家，需要密切关注一些挑战。例如，资格标准难以掌握，尤其对那些与金融机构没有任何联系的大量农村人口来说，待遇不要过高，否则在操作上就会面临困难。二是强制性的制度不能太大且要具有可管理性，尤其在低收入国家，强制性制度虽然能有效实施，但替代率应适中，费率也应低一些。三是低覆盖的收入关联型制度应弱化再分配功能，资金应来自个人缴费，而不是财政转移支付（罗伯特·霍尔茨曼等，2005）。

世界银行关于养老金制度改革的观点发生的主要变化有二：一是进一步关注基本收入保障对相对弱势的老年群体的作用；二是进一步强调强制性养老金制度内外的所有支柱均应通过市场手段的运用，以期达到为个人熨平消费的作用。应避免按行业或职业分别建立独立的强制性制度，原因在于这会阻碍劳动力流动，导致某些群体的养老金制度成本过高，且不可持续。公务员养老金制度通常在各国历史最为悠久，应纳入统一的国家基本制度，而补充养老金计划则应严格按照积累原则建立。

与世界银行完全从经济原则出发的观点不同的是，国际劳工组织（ILO）（科林·吉列恩等，2002）主张的养老金改革计划遵循五条原则：①扩大覆盖面到全部人口；②防止所有老年人口陷入贫困化；③提供可预期的有保障的收入以弥补因为退休而导致的收入减少；④根据通货膨胀调整退休金；⑤吸收雇员和雇主代表对社会保障项目实行民主化管理。[1] 国际劳工组织的制度设计原则不太注重大范围的经济效益，而是关心以较小的经济代价获得社会公平，制度设计更加注重社会保障的社会性、公平性和制度的稳定性，更加符合社会保障的原则，更能发挥社会保障功能。

国内关于老年收入保障的著作非常多，尤其在养老保障制度方面。下面列出了一些在养老保障制度方面的研究：①李绍光（2006）对养老保险经济学不同学派的基本理论进行了较为全面的述评。根据他的评介，德国新历史学派的福利国家论，英国费边社会主义、集体主义思想，庇古的福利经济学思想，凯恩斯学派的国家干预思想，"贝弗里奇报告"的福利国家思想，瑞典学派的"自由社会民主主义"思想，德国弗莱堡学派的"社会市场经济"理论，美国以芝加哥学派为代表的新自由主义理论（主要是由货币学派、供给学派、新制度学派、产权学派和公共选择学派等组成的理论群体），都对养老保险提出了自己的理论主张。②林义（1997）对社

---

[1] Yang, Jae-jin, The 1999 Pension Reform and A New Social Contract in South Korea. Ph. D.Dissertation, New Brunswick, New Jersey, 2000.

会保险理论研究进行反思，强调通过运行机制和政策调整的外观把握社会保险的制度与文化根源。③柏杰（1999）针对中国养老保险改革实践建立了一个世代交叠模型，考察了养老保险制度安排对经济增长和帕累托有效性的影响。④北京大学中国经济研究中心宏观组（易纲、汤弦、王晖，2000）通过一个宏观增长模型比较了现收现付制和积累制两种养老保险制度长期的差别，认为从经济增长角度看，积累制优于现收现付制。⑤袁志刚（2001）从宏观经济学动态运行角度，对中国养老保险体系选择上的若干重要问题进行了经济学理论分析。⑥王燕（2001）等利用可计算一般均衡模型分析了中国养老金改革的影响，并比较了支付隐性债务和转轨成本的各种可选方案，模拟结果谨慎乐观。⑦郑伟（2002）在费尔德斯坦研究基础上进行拓展，证明了不同养老保险制度孰优孰劣并不是绝对的，并给出了决定优劣的具体参数条件。⑧中国社会科学院中国社会保险制度研究课题组、何平（中国劳动和社会保障部社会保险研究所所长）（2001）和国务院发展研究中心课题组对中国养老保险制度改革中的体系定位、目标模式、筹资方式等问题进行分析并提出了推进改革的政策建议。⑨赵耀辉（2000）、徐建国（2000）和宋晓悟（2002）对中国养老保险制度转轨问题，特别是其中的隐性债务问题进行了测算和讨论。⑩朱青（2000）认为中国社会养老保险制度没有转向积累制的紧迫性，而且即使要转，转轨难度也很大。⑪郑功成（2004）认为能否化解人口老龄化所带来的压力，直接取决于相关老年保障制度安排与政策措施，主张用大保障的思路来应对人口老龄化，构建一个多元化、多层次化的混合型老年保障体系。

对于收入保障制度究竟实行何种财务方式，国内研究也非常多，大多数研究表明：退休金要采取基金制的方式，建立个人账户，在资本市场中进行投资运作，以在社会养老保险制度中导入储蓄机制和工作激励机制。另外，周小川（2008）等还提出中国养老保险制度应有三个基本的选择倾向：其一，要注重鼓励个人劳动激励系统的有效性；其二，要强调保持较高的积累率；其三，要重视与其他社会经济改革的相互配合。他们认为，新的制度框架应该建立个人账户。现阶段改革最主要的问题，就是如何实现从过去传统的现收现付制过渡到新的基金制。受到智利办法的启发，他们认为中国可以采取折算贡献、重新划拨资产、组织养老基金之类的办法来解决新旧制度之间的过渡问题。新的社会保障制度在管理体系上要实行分散化管理的原则，同时建立多家具有竞争关系的经营性投资机构（包括国有投资机构和民营投资机构），对养老基金进行投资管理，把信息管理和投资管理分开，以便完全有效地运用资金，在保证投资安全的前提下，获得尽可能多的投资收益。最后，他们提出了一个十项标准的对养老保险制度的多维评价体系，并主张中国应建立以积累制为主的养老保险制度（周小川，2008）。

综观现有老年收入保障待遇水平研究，可以发现大多数研究集中在养老保险基金收支水平以及养老金待遇水平方面。因为养老保险基金运行的根本目的就是为了向社会成员中到达法定退休年龄的老年人支付养老金，使其在晚年时期获得固定、可靠的收入以维持生活。因此，衡量一项社会养老保险制度设计优劣的标准，是通过该项养老保险制度的保障水平适度与否来反映的。由于养老保障水平与社会保障水平有密切的联系，因此对养老金水平及其适度性进行研究的文献也是该研究的重要基础。

穆怀中（1998）的研究认为，在社会保障制度中，社会保障水平是衡量社会保障强度的指标，是衡量一国为全体社会成员提供保障的能力。从量上看，社会保障水平有"高"、"低"之分，测度社会保障水平的公式是 $S = Q \times Z$。其中，S 表示社会保障水平；Q 代表社会保障支出总额占工资收入总额的比重系数，又称社会保障负担系数；Z 代表工资收入总额占国内生产总值的比重系数，又称劳动生产要素分配比例系数。因此，社会保障水平由社会保障负担系数和劳动生产要素分配比例系数的乘积决定。从质上看，社会保障水平有"适度"、"不适度"之分，对社会保障水平的定量测定与分析，考察的是社会保障水平有一个区间，因为总体上社会保障水平呈曲线发展趋势，它应和经济发展相适应，适度的社会保障水平总是与经济长期稳定均衡相适应的。

郑功成（2010）的观点是，社会保障通常被划入社会发展的范畴，它是满足人的发展需求并促进社会经济协调发展的重要机制与手段。国外通常将社会保障或社会福利或公共支出纳入社会发展指标体系，将社会保障水平看成是衡量一国或一地区社会发展水平与国民生活质量的至关重要的指标。在生产与分配关系中，社会保障无疑是必要的，但应当立足实际并保持适度，过分保障与保障不足均会造成对贫困户增长与经济发展的损害，也无助于收入分配的合理化。

李珍（1998）的分析是，社会保障水平是质与量的统一体。社会保障水平的量是指社会保障费用支出占国内生产总值（或国民生产总值）的比重。社会保障水平的质是指它要与国民经济发展相适应，既要保障公民的基本生活，又要激励公民去积极劳动，推动经济社会健康持续发展。适度保障水平的确立，从本质上说，它要与社会保障的基本原则相适应。社会保障的基本功能概括为：第一，既保证社会稳定，又促进经济发展；第二，既有利于社会公平，又有利于提高效率；第三，既保证公民基本生活，又激励公民积极劳动；第四，既提高公民素质，又促进社会进步。因此，这也是适度社会保障水平的测定标准。

吴鹏森（2004）对社会保障适度水平的判断标准是分别从社会保障宏观管理和公平与效率相统一这两个角度进行界定的。他认为，从社会保障宏观管理角度出发，判断社会保障水平适度与否的基本因素是：社会保障制度是否保证了公民具有一定的经济生活水平并能抵御不可抗拒的社会风险；社会保障支出是否与经济、社会发展及社会各方面的承受能力相适应；社会保障结构是否与国民经济产业布局相适应；社会保障水平是否有助于促进就业与统一的劳动力市场的形成；等等。概括地说，就是社会保障制度在保证公民基本生活水平的基础上，对国民经济与社会发展是否能够起到积极的促进作用，同时是否能实现自身运行的周期平衡，以维持社会保障制度的良好运行。吴鹏森（2004）认为，判断社会保障是否适度，主要有两个明确的信号；第一，全体社会成员的基本生活是否得到确实有效的保障，如果没有达到这一要求，则社会有必要加强社会保障制度建设，健全社会保障内容，提高社会保障质量与效率。第二，社会保障制度对社会成员参与社会劳动积极性的影响，社会保障是减少还是扩大了社会成员的劳动参与。如果由于社会保障水平过高，导致人们对社会产生依赖心理，不愿意参与社会劳动，不具备劳动所必需的生产积极性，则有必要对某些社会保障项目进行改革和调整。

王文素（2004）在对养老保障水平的适度性要求进行研究时，分别从退休人员生活需求及社会生产力发展程度与各方面承受能力的角度提出了定性的评价标准。从退休人员的生活需求角度出发，适度的养老保障水平应当能够满足退休人员的基本生活需求，而基本生活需求的概念应包括生存资料、生活必需品和一定的享受需要与发展需要；换言之，退休人员的基本生活需求不仅应当满足其最低生存需要，还应当包括对其原有工资收入的替代水平。从适应社会生产力发展水平和各方面的承受能力的角度出发，适度的养老保障水平应当与社会生产力的发展保持协调，不能超过国家和企业的经济负担能力，具体表现为与职业、职工个人和财政的承受能力相适应。

从现有的关于社会保障水平和社会养老保险的保障水平及其适度性标准的研究成果来看，尽管不同的学者对其表述各有不同，强调的标准也依据其研究目的的差别而各有侧重，但仍然可以从中归纳出最基本的适度保障水平标准。就社会养老保险的保障水平而言，其保障水平的适度标准主要有两个方面，一个方面是能够满足退休人员的基本生活需求，另一个方面是能够维持养老保险制度的良好运行，实现基金收支的周期平衡（王文素，2004）。

虽然国内对于老年收入保障的研究成果较多，但基本上是按照社会保险、社会救济、社会福利等几个部分分开进行研究的，综观国内研究的现状，学者们的探讨可以说是全方位的，包括制度本身所涉及的含义、保障对象的界定、测算方法以及制度实施的办法等。对老年收入保障问题的研究吸引了来自不同学科的一批研究者，这个研究群体已初具规模，他们发展各学科的优势，研究成果相互交流，使得对问题的研究越来越走向深化。

在老年收入保障问题的研究上，无论是对正规化老年收入保障的现状与原因的研究，还是对养老保障模式及基金管理的探索，或者是社会救济性质的城乡居民的最低生活保障制度，都有大量的宏观、微观研究，有的侧重总体的制度安排，有的侧重个案研究。但是，从总体上看，仍按照社会救济、社会保险、社会福利等划分进行研究，缺少将体现收入替代性质的社会保险（主要是养老保障制度）与体现贫困救济性质的社会保障（最低生活保障制度）结合起来的研究，缺乏把养老金制度与最低生活保障制度之间衔接起来的具体桥梁，没有将老年收入保障作为联系两种主要制度的纽带进行研究。

在探索养老保障制度的过程中，很多研究者都将关注的焦点集中在制度模式的优劣、基金运营等方面，没有对老年人养老保障待遇水平进行系统研究，或者已经注意到老年分化出现的养老待遇水平差异现实，却未进行更加深入的研究。同时，对于老年人收入不同引起的制度公平性缺失问题，现行的养老保障政策安排公平性失衡问题，现行的制度成本资源浪费问题，养老保障制度呈现出的"逆公平分配"倾向问题等，尚缺乏有力的研究。本书认为选择老年收入保障问题展开研究，是深化养老保障改革和完善最低收入保障制度的必然选择，也只有深入到具体的各类复杂的养老保障制度体系内部，才能使研究突破一般性进入具体的实际层面，从而对当前庞杂的养老金制度和政策体系进行反思，找出现行制度中存在的问题，有效地推进养老保障制度改革，探索真正符合中国本土的发展模式。因此，本书拟在以下主要方面展开。

一、老年收入保障制度的公平性问题

虽然我国已经建立了正规化的老年收入保障制度，在很大程度上解决了老年人的基本生活问题，但是需要关注的是，现实中人们通常以分配是否合理作为评判社会公正程度的直接依据和重要标尺。由于在理念上存在对一些问题的错误认识，导致制度设计出现偏差，出现了制度公平性的缺失，导致制度整体效力的下降。由于制度设计偏差，客观上产生了"制度排斥"现象；由于特殊国情和经济发展水平原因，出现了"社会排斥"现象；由于制度保障水平较低，老年收入保障面临着严峻考验，出现了"分配不公平"现象，形成了制度化下的巨大差距。对于如何解决制度设计和政策偏差引起的不公平问题亟待从理论上进行反思，从制度上拿出应对之策。

二、老年收入保障风险、需要以及政府责任问题

老年人收入保障就是要防止因各种不确定性因素所带来的收入降低风险，收入风险的存在引起了对保障制度的需要，但是因老年人个体主观需要差异性的存在，对老年收入的需要出现不同的需求标准，就需要通过政府手段对老年人的共同需要进行判断和评估，划定合理的需要范围进行保障，将政府的责任充分体现出来。

三、老年收入保障的待遇水平问题

老年收入保障的待遇水平是衡量老年人经济收入的重要指标，在社会救济项目中，由于目前没有专门针对老年人的最低生活保障标准，该标准是对所有居民的，因此在研究中对于数据的甄别不太容易。为了了解和掌

握老年人收入保障比较真实的待遇水平，本书选取养老保险制度中衡量退休人员养老金水平的重要指标——养老金替代率进行分析。养老金替代率简言之就是指养老金收入占工资收入总额的比重，它是相对工资收入的替代程度，按照国际惯例，养老金替代率可以作为衡量退休人员是否达到基本生活水平的重要标志。老年人口比重与养老金替代率决定了养老保障的水平，因此养老金替代率是影响社会保障水平乃至养老金的重要参数之一。养老保障待遇水平主要是通过养老金的替代率水平来表示，养老金替代率水平的实质就是反映养老保障水平的高低。在确定老年人收入时，可以参照养老金替代率标准，作为其可度量研究的切入点。目前，在养老金替代率问题上，存在着现实定义与综合定义争论，对于确立什么比例的替代率比较科学，是确立老年收入保障要解决的一个重要问题。本书中专门用一部分内容对退休老年人养老金替代率水平问题进行研究，以求能对该问题的认识有所突破。

四、老年收入保障测算问题

老年收入保障制度运行的物质基础是基金，研究老年收入保障水平涉及基金的供需两个方面，目前国内对于基金的测算已经有相当多的研究成果，但是由于研究方法众多，测算方法以及测算指标多，因此研究结论也不尽一致。本书在对现有研究方法、测算指标进行基本梳理的基础上，采用实证研究的方法，以养老金为对象，对老年收入保障基金需求问题展开分析；以公共财政为对象，对政府公共财政对于社会保障支出整体状况进行分析。通过实证研究，掌握老年收入保障基金需求基本状况，明确老年收入保障制度重要指标，通过在静态环境下对基金进行预测精算，得出现有养老保障制度运行对基金的需求状况。通过政府公共财政支出现状的分析，得出政府公共财政支出结构调整的建议。

五、老年收入保障目标模式

老年收入保障制度建立的目的是使所有老年人得到经济收入保障，因此老年收入保障制度实施范围就应该是具有我国公民身份的所有老年人，这是在理念上和制度上必须予以保证的。老年收入保障在制度设计上，目标是探索建立全民基础性养老方案，将收入替代和济贫两大原则融合在一起，在制度体系上将养老保障和最低生活保障制度实现最大效用的结合。在政策安排上，按照国家 2020 年基本建立起城乡统筹的社会保障体系总体要求，重新认识和分析现有制度设计，统一完善现有政策，并结合当地经济发展状况，分批次有步骤地推进老年收入保障制度覆盖速度。在保障水平上，按照不同地区的经济发展水平、物价水平进行综合测算来分别确立合理的老年收入保障水平。

本书撰写方式主要思路：一是以"底线公平"理论为指导，以老年收入保障问题为切入点，从"底线公平"的视角，沿着"理论—制度—政策"的思路，采用层层递进的方式，循序渐进地论述分析和阐述老年收入保障的国际和国内背景、必要性等问题。二是采取规范分析和实证分析相结合的方法。三是采取多借鉴他人研究成果和国外研究成果，结合中国国情，探索老年收入保障制度改革的深层理论内涵。四是理论联系实践，既有理论的阐述，也有实践内容，以实践印证理论，以实践检验理论。两者的结合有助于理解当前养老保障制度及运行情况。尤其是结合理论进行了中西部两大城市的实证分析，从社会实验的角度进行了制度和政策的检验，力争使研究更加符合广大老年人的实际利益。五是从社会保险和社会救济结合角度进行研究，将两个不同层次的内容融合在老年收入保障制度一个概念下，既包含养老保障内容，也包含最低生活保障内容，力求在研究范围上将老年人群体尽可能地涵盖进来，在制度效果上实现收入替代和济贫的有效结合，使老年收入保障发挥最大的功效，以达到"底线公平"理念的要求。

考察老年收入保障问题，只有彻底跳出狭隘的部门观点，从全体国民的角度，从全体老年人的角度理解，才能够准确把握正规化老年收入保障存在的问题。为了在我国经济动态复杂性中寻求规律，本书选取我国中部省市 H、西部省市 Q 两地作为实证研究的具体地区。

本书利用问卷调查法并辅以深度访谈法，探讨退休老年人所处的养老金水平及其对养老保障模式的选择，力图以退休后经济收入水平为标准，为退休老年人归纳并建构一种分层框架，并根据相应的层级位置及相关的条件和意愿，探索合适的养老保障模式或水平。具体而言，首先，从抽样方法上看，本书采用随机抽样方法，按照地域标准依据 H 市的八大行政区进行选择，共选择 40 个社区，每个社区内部分别抽取 20 个样本进行调查。其次，从搜集方法上看，调查采用个别发送法和当面访问法。采用各个对象发送法是因为退休老年对象是一个特殊的群体，必须考虑到高龄老年人和文化层次较低的老年人的生活状况和养老需求，故委派调查员依据所抽取的样本，不仅将问卷逐个发送到被调查者手中，讲明调查的意义和填答要求，而且还要以记录的方式帮助填答。同时，为了调查的全面性，还要进行当面访谈以弥补调查问卷的不足，来进一步了解老年人养老需求的主观意愿等方面，考虑到访谈的质量和对研究报告的意义，访谈由本人亲自完成，这样可以严格依据需求提出问题，进行解释。除了调查和访谈搜集资料外，政府制定的政策条文、公开的统计资料等文献也是本书分析的重要依据。

研究老年收入保障问题，关键在于如何采取主动的姿态，积极吸收国内外相关的养老保障和最低生活保障研究成果与实践经验，结合我国的社会现实，尽快地为广大老年人群体提供一个合适的制度政策框架。对老年人的收入进行研究不是最终目的，最终的目的是建构全民基础性的老年收入保障体系，使不同层次和生活水平的老年人都能够在老年收入保障体系中找到自己的位置，实现真正的老有所养，使老年人能够有一个幸福安逸的晚年，在"底线公平"的基础上，逐步实现社会公平。

第二章 完善老年收入保障体系的紧迫性与意义

人口老龄化，简称老龄化（Aging 或 Population Aging），意指人口总体数量中老年人所占比例不断增加，抑或青少年人口所占比例不断递减这样一个渐进过程，俗称"人口老化"。其衡量指标通常有老年人口系数、老少比（老龄化指数）、平均年龄、老龄化率等。人口老龄化是世界人口发展的趋势，是经济社会发展的必然结果，也是科技与经济不断发展的标志。1982 年，世界人口老龄问题大会规定：60 岁以上人口占总人口数 10%以上，或是 65 岁以上人口占 7%以上的国家或地区称为"老年型"国家或地区。进入 21 世纪以来，世界上大多数国家都面临着全国进入老龄化社会的巨大挑战。人均寿命的延长，家庭中孩子的人数逐步减少，使许多国家的老年人口赡养率不断攀升。据联合国经济和社会事务部统计，全世界 60 岁及以上老年人口占总人口的比例已由 1950 年的 8%上升到 2000年的 10%，预计 2050 年时上升到 21%（见图 2-1）。老年人口的规模也相应地由 1950 年的 1.29 亿增加到 2000 年的 4.18 亿，预计 2025 年将达到 7.98 亿。1950~2000 年的 50 年间，世界老年人口增长了 176%，2000~2025

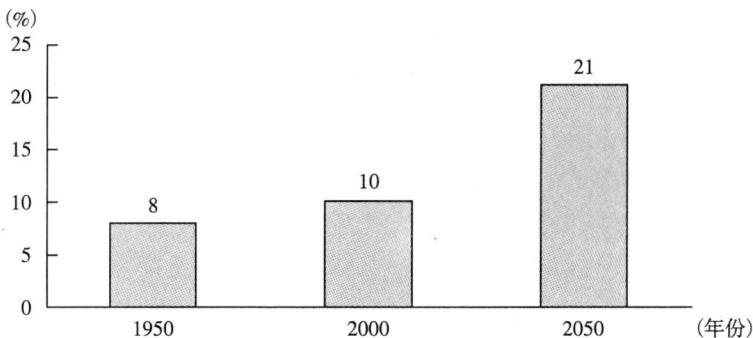

图 2-1 60 岁以上人口比例（1950~2050 年）

年的 25 年间，世界老年人口还将增加 90%。

伴随人口老龄化过程而产生的严重社会问题是老年人养老和贫困问题。随着人们对人口老龄化的理解不断深入，越来越多的学者认为人口老龄化对于老年人养老以及老年人致贫都有很大的影响。老年人由于生理机能的衰退，逐步失去劳动的体能和条件，逐渐从劳动中退出，这同时意味着老年人收入的丧失，致使老年人更容易受到贫困的威胁。因此，老年收入保障问题引起了国际社会的高度重视，数十年来，保证老年人基本收入成为一些国际组织努力的目标。本书研究的重点就是中国老年收入保障问题。

第一节　基本概念的界定

一、收入保障

社会主义市场经济允许有适当的收入差距，允许一部分人通过正当手段富裕起来，但社会主义市场经济的根本目的是走共同富裕之路，所以为了帮助各类因受各种主观和客观原因而处于生活困境的人，必须从制度上保障他们有满足最基本的生存需要的经济收入，这就是收入保障制度。收入保障制度包括社会救济制度、社会福利制度、社会保险制度，它们对低收入者的保障内容是不同的。社会救济制度主要是对非常规性因素所引起的收入降低进行保障。社会福利制度是通过扩大公共消费的制度形式增加低收入者的实际收入。社会保险制度是对常规性因素所引起的收入降低进行保障。从总体上讲，收入保障是对由通货膨胀等宏观因素所引起的收入降低，以及由于劳动技能减退或丧失劳动能力的因素而引起的收入降低进行保障。其目的就是要通过从不同方面增加低收入者的收入，缩小过于悬殊的收入差距，从而有利于逐步实现社会公平（魏杰、何有柯，1996）。

国际劳工局 2000 年世界报告——《变化世界中的收入保障和社会保护》①认为：收入保障就是指人们拥有一份足够维持生计的收入，或者是指可避免收入波动，特别是突然的或不可预测的收入波动。也就是说，在所有社会中，收入保障的"足够收入"和"收入波动"这两个方面，都是十分重要的。从经济学的角度，收入分为初次收入分配和第二次收入分配，初次收入分配是指人们从工作中挣得的收入或者在某些情况下来自其资本的收入（在其他场合称为要素收入），第二次收入分配考虑的是由于税收和社会津贴等而发生的再分配。本书将重点讨论旨在改善第二次收入分配的收入保障措施，尽管在诸如失业和残疾等领域将强调需要实行一种一体化的政策，不仅要提供津贴，而且也要在尽可能的情况下帮助有关人员挣钱养活自己。因此，本书并不试图讨论与要素收入保障相关的广泛范围的全部措施。

对于社会中的富裕阶层而言，足够的收入并不是主要的个人担忧，收入保障意味着维持他们已习以为常的生活水准。收入波动，带给富有者的可能仅是不愉快。但是，对于社会中的贫困阶层来说这两方面都是具有灾难性的，因为对他们而言，足够的和稳定的收入是免于陷入贫困的决定性因素。相对于发达、富有的国家而言，足够的收入不再是一个令人担心的问题了，然而实际情况并非如此。贫穷仍然在影响着发达国家人们的生活，尽管事实上他们的物质消费水平可能大大高于次发达国家中平均收入者的消费水平。对于什么是一份足够收入，这个国家和那个国家可以有巨大的差别，而且也会随着时间发展而迅速变化，这一点已在各国之间以及几十年来各国为解决贫困问题而建立的最低收入水平线中得到清楚的印证（世界劳动报告，2000）。在谈到绝对贫困和相对贫困之间的一般区别时，一位评论家机智地说道：根据绝对贫困在一定程度上是平均生活水准的函数这一观点，那么很明显，"绝对"并不意味着"最终固定不变"（斯特雷登，1994）。

收入保障可以来自一系列不同的来源，各种来源主要是由家庭、民间社会机构、企业及商业市场以及公共机构所提供的。公共机构能够通过多种途径促进收入保障。当人们把"社会保障"作为同一种职能或目标而谈论收入保障时，有时是可以互换使用的。这时，收入保障的含义可能是非常宽泛的，人们头脑中想的是退休收入或医疗照顾可通过很多不同的方

---

① World Labour Report 2000: Income and Social Protection in a Changing World, 日内瓦：国际劳工局，2000 年。

式提供，例如，通过国民社会保险计划、互助津贴团体，通过职业计划、商业保险等。有不少作者，特别是学术界人士，曾经提出了多种关于这些术语的职能定义。另外，这一领域的术语又深受管理机构的不同影响，毫无疑问是因为这些机构的特点不同于其他部门。结果是，由社会保障机构使用的"社会保障"和"社会保护"的定义普遍流行起来，特别是在操作人员中以及如国际劳工组织这样的从事社会保护工作的国际组织中。

在本书中，"收入保障"被界定为政府通过公共财政，采取一系列公共措施向其成员提供的经济安全保护，目的是用于补偿由于各种风险（特别是年老和主要收入者死亡）造成的经济收入断绝或大大减少。

二、老年保障

老年保障（Old-Age Security），包括对老年人的经济保障、医疗保障、服务保障以及精神慰藉等一系列内容。其中，老年人的经济保障或者收入保障，是老年保障的首要问题和关键部分，因为保障老年人生存的基本前提是维持其生存所必需的经济收入。老年保障制度（Old-Age Security System）一词较早被世界银行研究报告《防止老龄危机——保护老年人及促进增长的政策》（2007）所使用，在该报告中，老年保障制度包括在广大发展中国家和农村地区，依靠家庭保障的"非正式制度"及其在现代工业化国家和一些发展中国家城镇中的养老金制度。老年保障制度包括现代养老金制度，还包括家庭养老、社会救济等形式的养老方式。老年保障就其功能而言可以划分为广义和狭义的理解。从狭义考察，"老年保障"仅指保障老年人基本经济收入的一系列互相联系又互相制约的制定、法律和政策措施，即指一个国家或社会提供老年人的基本养老保障而采取的各种政策安排的总称，如社会基本养老保险、企业年金、包括老年社会救济在内的各种老年社会救助、家庭成员和其他亲友资助、个人储蓄积累保障、年老后再工作收入等（陆风雷，2003）。

从广义考察，老年保障是指能够全方位、多层面保障老年人基本生活需要的一系列互相联系又互相制约的制度、法律和政策措施。其内涵，在不同国家和不同时期有不同的理解和规定。国际劳工组织主编的《社会保障基础》（1989）认为，在建立和发展社会保障制度中，"社会保障补助金和社会服务，可以作为一个问题的两个方面看待"。在美国，社会保障体系包括"收入保障"、"服务保障"和"社会援助"三个密切相关的组成部分。美国学者认为，"收入保障"只是为退休者、残疾人等提供经济条件，并不能解决所有保障问题，必须配套发展多种福利设施和服务工作，才能落实"收入保障"，满足退休者、残疾人等的基本生活需要。在日本，社会保障体系包括"社会保障"、"社会救济"、"社会福利"和"公共卫生"四个密切相关的组成部分，其中的"社会福利"就是指为老年人、儿童、孤寡家庭和残疾人提供福利的制度。对于老年人来说，这种"社会福利"既包括对居家老人服务，又包括对住院老人服务，通过提供福利设施，包括建立各种养老院及老人康复中心等来解决老年人的生活照顾问题（国际劳工组织，1989）。

三、老年收入保障

本书研究的目标主要是老年收入保障（Old-Age Income Support），主要是依靠社会养老保险等以养老金、退休金的形式来提供退休老年人的基本收入保障，以及通过社会救济等正规形式获得一定经济收入的保障措施。老年收入保障主要是针对老年人的经济收入，它是养老问题的核心，它与老年人的生活质量直接相关，因为"当我们步入老年，经济收入减少时，需要有一个有保障的收入来源使我们安度晚年"。[①] 但是，由于我国是在自己的经济社会发展水平上，根据自己国情进行的探索性试验，世界上也没有能够提供一种完整的范式可以参考。本书在"底线公平"理论视角下，围绕"老年收入保障"问题展开研究，尝试整合现有制度资源，探索必须由政府用公共财政支付的、起"兜底"作用的、能够保障所有老年人基本生活、覆盖所有公民的基础性养老保障问题。"老年收入保障"应该包含的内容是："限制过高收入、维持适当收入、保障最低生活水平收入。"通过整合现有制度资源，探索一种有效的针对所有老年人口的，确保老年人经济收入安全，维持所有老年人基本生活水平，构筑起兼顾收入替代和济贫两大目标的老年收入保障制度。其目标是争取形成一个以最低养老金水平

---

① 劳动部社会保险研究所：《防止老龄危机——保护老年人及促进增长的政策》，中国财政经济出版社1996年版，第1页。

为上限，以城乡居民最低生活保障水平为下限，呈带状区间的经济收入保障防线，避免老年人的养老金水平因降低到最低养老金水平以下，而导致养老保险制度失去存在的意义，同时避免城乡困难老年群体因低于城乡居民最低生活保障水平线而陷入极端贫困（毛振华、梅哲，2010）。本书中的"老年收入保障"，就个体老年人收入标准而言，它所指向的是能够满足老年人个体基本生活标准的各项基本需求的货币化数值，这个数值不是一个固定数，它是一个区间值。这个区间值的标准会随着各地社会经济发展程度进行适当的调整，使广大老年人群体能够共享经济社会发展成果。

第二节　完善老年收入保障体系的紧迫性

一、中国人口老龄化与老年人口收入状况

1. 中国人口老龄化状况

中国这个占世界人口总数约 1/4 的人口大国，也面临着人口老龄化的严峻问题。在中国，随着人口生育率的持续下降和人口平均预期寿命的延长，全国人口老龄化进程不断加快，老年人口数量迅速增加，规模急剧扩大。根据国家统计局《中国 2000 年人口普查资料》进行观察（见表 2-1），1982 年第三次人口普查时 60 岁以上的老年人口有 7664 万，1990 年第四次人口普查时有 9697 万，2000 年第五次人口普查结果近 1.3 亿，已超过总人口的 10%；65 岁以上人口近 9000 万，占全国总人口的 7%。这个数字几乎相当于目前一个俄罗斯的人口，两个英国的人口，或四个加拿大的人口。[1]

"中国人民大学人口与发展研究中心对中国未来人口老龄化趋势预测"报告很早就表明：到 2010 年，我国 60 岁以上老年人口将超过 1.73 亿，约占总人口的 12.7%；65 岁以上老年人口将达到 1.15 亿，约占总人口比重的 8.5%。到 2050 年，我国 60 岁以上老年人口将超过 4 亿，约占总人口

---

[1] Population Reference Bureau（PRB）：World Population Data Sheet 1998, 1999.

表 2-1　中国老年人口数量及其分布（2000 年）

人口分布	老年人口数量（万人）			老年女性比例（%）			城乡分布（%）		
	60 岁及以上	65 岁及以上	85 岁及以上	60 岁及以上	65 岁及以上	85 岁及以上	60 岁及以上	65 岁及以上	85 岁及以上
全国	12998	8828	400	51.2	52.8	66.4	100.0	100.0	100.0
城市	4441	2947	134	51.3	52.2	66.6	34.2	33.4	33.5
乡村	8557	5881	266	51.2	53.0	66.4	65.8	66.6	66.5

资料来源：国家统计局：《中国 2000 年人口普查资料》，中国统计出版社 2002 年版。

的 31.3%；65 岁以上老年人口将达到 3 亿，约占总人口比重的 25%，而同期国家民政部公布的数据更高。

2. 中国老年人口收入状况

中国 1.3 亿老年人口是否拥有充足的收入来源或者收入支持，安度自己的老年生活，是整个社会需要关注的问题。由于历史的原因，我国形成了城乡二元结构，在这种结构下，老年人口的收入来源有很大区别。根据《中国 1987 年 60 岁以上老年人口抽样调查资料》观察发现：城镇离退休、退职老年人的主要收入来源为退休金和退职金，农村老年人口除极少数退休人员和"五保老人"享受社会救济外，绝大多数老年人口的收入来源于自己劳动和子女亲属提供。1987 年，城市地区老年人口中以离退休金为最主要收入的老年人口，市占 70.64%，镇占 61.86%；以离退休金为主要收入的老年人口，市占 19.76%，镇占 25.56%。农村地区则不同，50.70% 的老年人以劳动收入为主要收入，16.94% 的老年人以劳动收入为次要收入，离退休金成了农村老年人口的第三位收入来源。不论是在城镇还是在农村，子女供养都成为老年人口第二位的收入来源。劳动收入成了城镇老年人口的第三位收入来源（王树新，1989）（见表 2-2）。

表 2-2　中国老年人口收入来源构成（1987 年资料）

单位：%

收入来源　　地区别	市		镇		收入来源　　地区别	县	
	最主要收入	主要收入	最主要收入	主要收入		主要收入	次要收入
劳动收入	10.92	37.66	13.15	23.54	劳动收入	50.70	16.94
离退休金	70.64	19.76	61.86	25.56	退休金	4.71	0.99
储蓄和保险金	0.24	1.44	0.29	2.01	亲友赠送	1.43	23.21

续表

地区别 \ 收入来源	市		镇		地区别 \ 收入来源	县	
	最主要收入	主要收入	最主要收入	主要收入		主要收入	次要收入
社会救济	1.66	2.48	3.49	3.82	子女供养	38.07	29.06
金融资产性收入	0.31	1.16	0.40	2.41	出售财物	0.80	6.50
子女亲属提供	14.73	29.87	18.82	33.20	储蓄贷款	0.28	6.48
其他	1.50	7.63	1.99	9.46	其他	3.98	16.80

资料来源：《中国1987年60岁以上老年人口抽样调查资料》，《中国人口科学》1988年版。

根据这一特点，笔者将老年人口收入的来源划分为城市和农村两个领域。城镇老年人口的收入来源主要包括离退休金、劳动收入、储蓄和保险金、社会救济、金融资产性收入、子女亲属提供及其他收入七种形式；农村老年人的收入来源则包括劳动收入、子女供养、退休金、亲友赠送、出售财物、储蓄贷款及其他收入七种形式。离退休金、劳动收入和子女供给成了我国城乡老年人口收入最主要的来源（见表2-2）。

再根据1994~2004年调查资料对城乡老年人口收入来源排序结构进行观察。2004年人口变动调查结果表明，从总体上看我国老年人生活来源的最主要方式还是依靠子女或其他亲属供给，但离退休金已经列在第二位。具体分析发现：在2004年我国老年人主要生活来源的排序中，占第一位的是子女或其他亲属供给，占老年人的45.0%；排在第二位的是离退休金，占31.5%；第三位才是老年人自己的劳动收入，占19.3%。以这三种形式为主要生活来源的老年人数量，占全部被调查老年人总数的96%（见表2-3）。此外，其他各种来源合计只占被调查老年人总数的4%。与1994年相比，最明显的变化是老年人主要生活来源的顺位出现变化，1994年依次为子女或其他亲属供给、劳动收入、离退休金，2004年依次为子女或其他亲属供给、离退休金、劳动收入，离退休金上升为老年人主要生活来源的第二位。随着社会主义和谐社会建设力度的加大，中国取消了农业税，全面建立城乡居民养老保险制度，越来越多的老年人进入养老保险制度覆盖范围内，享受改革发展成果，养老金逐步上升为制度内老年人的主要生活来源（杜鹏、武超，2006）。

表 2-3　中国老年人主要生活来源排序结构（1994~2004 年）

单位：%

主要生活来源	2004 年			1994 年		
	合计	男	女	合计	男	女
合计	100	100	100	100	100	100
劳动收入	19.3	25.8	13.0	25.0	37.5	13.6
离退休金	31.5	39.3	24.0	15.6	22.5	9.4
子女或其他亲属供给	45.0	31.4	58.2	57.1	37.9	74.7
社会保险或救济	2.0	2.0	2.1	1.2	1.4	1.1
其他	2.1	1.5	2.7	1.1	0.8	1.3

资料来源：国家统计局人口和就业统计司：《2004 中国人口统计》，中国统计出版社 2005 年版。

3. 老年人口收入来源分析

如果将老年人口的收入来源按照市、镇、县地域划分，根据《中国 2000 年人口普查资料》显示，男性老年人靠自身收入生活的比例分别高达 92.96%、89.68% 和 70.04%；女性老年人靠自身收入生活的比例较低，分别为 57.51%、43.98% 和 33.65%（国家统计局，2005）。老年人的经济收入来源与其年龄构成有密切关系，不论是男性或女性，都有一个共同的趋势，随着老年人年龄的升高，靠自身取得收入的人数比例下降，从子女及亲属供给取得收入的人数比例上升。市和镇两种收入来源在不同年龄的老人中分布差别不很大，但县差异极为明显。县以自身收入为来源者所占比例随年龄升高呈大幅度直线下降趋势，以子女及亲属供给为收入来源者所占比例随年龄增高而大幅度上升。这说明农村老人失去劳动能力后仍然普遍依赖家庭子女赡养，靠自身收入自立生活的老人为数不多，尤其进入高龄以后，80 岁以上的老人其收入基本来自子女供给。但在农村老人对子女及亲属的依赖也呈现出阶段性，老人尚有部分劳动能力时，力争在经济上独立，不愿为子女亲属增加负担。抽样调查资料表明，农村老人在 60~69 岁年龄段，靠自身收入生活的占 65.97%，收入来自子女及亲属的占 28.07%，70~79 岁年龄段，两种收入来源分别占 31.58% 和 60.80%，80 岁以上老人则分别为 10.79% 和 79.87%。由此可见，农村子女赡养老人具有显著阶段性，即多数老年人只是在进入高龄、完全丧失了劳动能力时才开始被赡养。靠子女赡养的方式仍是我国的养老传统，还要继续发挥其作用，不能丢弃，但老年人应该有自己独立的经济收入，这样才能在社会和家庭生活中有一定的地位（熊必俊，2005）。农村高龄人口无收入来源者多的原因，在于我国老年保障制度很不健全，虽然国家的目标是要尽快实现农村养老保险制度全覆盖，但事实上制度覆盖不等于人人都享受到了养老保险待遇，也就是说还没有实现真正意义上统一的农民养老保障制度，这就需要解决农村老年人收入保障的客观需求。

二、中国老年收入保障的基本状况

1. 老年收入保障的状况

根据前面数据分析显示，若按照国际通用指标规定可以确定，中国已经步入人口老龄化。作为"未富先老"的发展中国家，形势显得更为严峻和迫切。就目前的社会结构而言，中国正处于由传统社会向现代社会全面转型的时期，由就业机会、就业过程、分配体制的变革所带来的对社会资源的占有、分配不均引发了群体之间原有利益格局的深刻变化，尤其是老年人。老年人所拥有的收入水平、权力地位，特有的声望和代际资本等"资源"已经将老年人明显地切分成了若干节：由于收入差距形成的贫困老年人与富裕老年人之间已经出现了明显的断层，原来在正规就业单位就业和非正规单位就业甚至无就业经历的老年人之间，横亘着一道极为鲜明的藩篱。老年群体也是一个具有多样性的异质群体，由于年龄、职业、经济收入、地区差别等多种因素的制约，老年群体内部存在着不同的类型和不同的需求，高龄老年人与低龄老年人的收入保障也明显不同，国家如何通过建立老年收入保障制度，达到维持老年人经济收入安全、保障基本生活的目的，最大限度地均衡不同老年人群体之间的利益，适应老年人的差异性需求，维护社会公平，是当前迫切需要解决的重要问题。

中国是一个发展中国家，目前仍处在社会主义初级阶段，虽然改革开放以来中国经济社会有了很大的发展，但是经济水平还是很落后，特别是与一些已经进入人口老龄化的发达国家相比，差距很大。但是，中国在现有国家财力状况下，依然花大力气缓解严重的社会问题。从制度层面而言，中国应对人口老龄化策略主要体现在两个方面：一方面是从法律上保障老年人权益，即通过立法的手段保障老年人的基本权益；另一方面是建立社会养老保障制度，即通过立法向老年人提供基本的生活保障和服务保障，为老年人提供基本的收入来源和所需服务（毛振华、梅哲，2010）。

在我国社会主义经济体制改革的进程中，随着工业化社会的发展，社会分工的多样化、丰富化及经济发展和社会进步，从总体上看，老年人的物质生活、精神生活及自身的素质都发生了显著变化，老年人在社会发展中得到了经济保障的实惠，主要体现在：具有中国特色的社会保障体系逐步建立，越来越多的老年人参加了社会养老保险制度，有就业经历的老年人退休后经济收入明显增加；社会救助缓解了特殊困难老年人群体的经济压力；老年人享受到多方面的社会福利优待和服务；老年人对现实生活状况基本满意。就老年人经济权利而言，还有更深一层的含义是：老年人还有享受经济、社会发展成果的权利。这种权利的一个典型的体现就是退休人员与在职人员的收入差距，农村老年人与城市老年人的收入差距。这种差距是逐渐扩大还是同步发展，不仅影响老年人晚年生活的安定、影响到整个社会的稳定，而且会严重影响到中青年对于未来生活的信心（陆风雷，2003）。

2. 中国老年收入保障制度体系状况

中国政府高度关注人口老龄化程度及对老年人养老的影响。1996 年12 月 1 日，我国第一部保障老年人合法权益的法律——《中华人民共和国老年人权益保障法》颁布实施。它的施行对于人口老龄化状态下的老年人的权益是一种根本的保障，老年人除了享受和其他公民平等权利以外，作为特殊群体所应享有的特别权益（包括离退休人员的生活受到国家和社会的保障，公民在年老的情况下，有从国家和社会获得物质帮助的权利，成年子女有赡养、扶助父母的义务，禁止虐待老人，免除老年人退休以后遵守劳动纪律等义务）等，均从法制角度得到了保障，同时这部法律也为政府出台相关的政策提供了参照依据。

除了在法律上确保老年人的合法权益，中国一直在探索制度化的老年收入保障制度体系建设，在制度上主要采取的是社会养老保障制度和社会救济制度，制度体系运行的基本状况如下：

（1）正规化老年收入保障亟待进一步完善。正规化老年收入保障，是指由制度化手段保障的老年人经济收入（主要包括社会养老保障制度、社会救济制度等）。经过几十年的制度变迁，城镇正规就业群体的老年收入保障制度，在城市已经初步形成了较完整的框架，就效果而言，社会基本养老保险制度在老年收入保障体系中起到了核心作用。2004 年 9 月 7 日，国务院新闻办公室发表的《中国的社会保障状况和政策》白皮书中，养老保险问题成为普遍关注的焦点。"中国已经进入老龄社会，老龄化速度快，老年人口规模大，本世纪 30 年代人口老龄化将达到高峰。21 世纪前 20 年，是中国养老保险事业发展的关键时期。"

虽然正规化老年收入保障取得了巨大成绩，但是也应该清醒地看到，在对老年收入保障权益的认识上还有一定的差距，事实上在为老年人提供经济保障权益获得政府和社会的帮助方面，仍然存在着明显的不足。因为，就中国老年人整体状况而言，老年人群体的社会经济地位仍然是不完整、不平等的，虽然有个别老年人口跨入了社会政治领域，但毕竟为少数，老年人口绝大多数还是分布在各个领域的边缘和较低层次上。零点研究咨询集团最新公布的《2006 年中国居民生活质量报告》显示，在 2001~2005 年，下岗就业问题一直是城市居民关注的首要问题，而 2006 年，社会保障问题以 37.9%的比例首次取代下岗就业成为公众最关注问题。一位参与调查的零点工作人员说，此次调查选取北京、上海、绵阳等 5 个城市和浙江绍兴诸暨、辽宁锦州北宁等 5 个小城镇及其周边农村地区，共对 3780 名常住居民进行了入户访问。调查发现，50.2%的城乡居民没有任何社会福利或社会保障，有 24.8%的城乡居民只享受到医疗保险、养老保险、商业保险和其他社会保险这四类社会保障中的一种，全国仅有 1%的人被纳入到了完整的社会保障体系中。该公司的民意测验表明，社会保障问题在 2006 年公众关注的诸多社会问题中，排名第一。[①]

在这里，简要回顾正规化老年收入保障建设过程。在社会养老保障制度方面：计划经济时期，养老保障制度对机关干部和企事业单位的职工采取的是退休制度，政策规定：男职工到了 60 岁，女干部到了 55 岁，女工人到了 50 岁，办理退休手续，机关事业单位的退休职工由财政支付退休金，企业退休职工由企业支付退休金。退休金的额度根据参加工作时间和工作年限而定，一般为工资的 60%~90%，新中国成立前参加工作的职工可领取与工资相同的退休金。这种养老保障制度基本上是采取与工资收入挂钩的关联制度。

改革开放以来，我国在城市逐步进行社会养老保障制度改革，初衷是为了解除企业过于沉重的负担，主要措施是将企业承担的退休工人养老金发放，改为由社会向退休职工发放。养老金的来源是企业根据工资总额的一定比例缴纳。因此，实行社会统筹后并没有减轻企业负担，在某种程度

---

① 零点研究咨询集团：《2006 年中国居民生活质量报告》，《看世界》2007 年第 3 期。

上还加重了企业负担。养老金的发放标准和发放对象都没有发生根本的改变。养老金发放对象的主体仍是国有企业的退休职工，而不是城市所有达到领取养老金年龄的人。

目前，城镇居民（主要是灵活就业人员）和部分农民工的养老保障问题，采取的方式主要还是个人参加社会基本养老保险（保险费基本由个人负担），在达到法定退休年龄后，可以领取一定数额的养老金，但随着老年人口数量的增多、家庭结构和社会就业结构的变化，这种养老保险制度很难按照目前的制度设计发展下去。

在社会救济方面，城市社会救济制度有两类实施方式：第一类方式是以城镇居民最低生活保障制度为主要特征的收入保障制度，目前这项制度在城市已经基本实现了"应保尽保"，解决了城市居民陷入极端贫困的境况，现在最突出的问题就是由于保障水平过低，很容易使老年人再度陷入贫困。第二类方式是针对"三无"老人实行国家养老，这里又有两种情况。一种是国家建立养老院，集中供养"三无"老人，既提供收入保障，又提供服务保障，但是这种方式供养的老人是极少数；另一类方式是分散供养，即国家提供一定的保障金，"三无"老人在自己家里生活，不能自理时需要社区提供服务，但由于我国社区服务还很不完善，因此这部分老人所需的服务是没有保障的。可以说，我国正规化老年收入保障制度体系已经基本建立，但是如何完善是一个重要问题，这也是本书研究的动因之一。

（2）没有覆盖在制度下的老年群体被边缘化和弱势化。因为脱离工作和生产，老年人很容易成为被社会排斥的群体。在社会福利领域，经济收入保障问题成为没有覆盖在正规化老年收入保障制度下的老年群体最突出的问题。

根据我国城乡老年人口状况一次性抽样调查结果表明，目前老年群体中认为自己的经济没有保障的，农村达到45.3%，城市也有26.3%。就退休收入而言，城市中有近两成的老年人享受不到退休金，而农村地区只有4%的老年人能够享受到退休金，大多数老年人没有固定的收入来源。低收入和多子女的状况，使老年人长期处于基本温饱状态，大多是收支相抵，很少有剩余的钱储蓄。

在中国老龄科研中心2000年"中国城乡老年人口状况一次性抽样调查"数据中，91.5%的农村老年人在调查年份没有得到政府救助，94%的老年人没有得到集体救助，96.9%的老年人没有社会养老保险，97.8%的老年人没有乡镇企业养老补助，91.4%的老年人没有其他补贴，再次验证了目前农村老年人受到老年收入保障制度的覆盖面相当狭窄。

正如前面已经说过的，虽然城镇已经建立起比较完善的老年收入保障制度体系，但是仍然有相当一部分城市居民没有进入老年收入保障制度体系，表现为城市居民养老保险制度的缺失，尤其是超龄（参加企业养老保险制度不够缴费年龄且一般年龄偏大）老年人没有制度覆盖，或者说被制度设计排斥在外。城市老年人虽有储蓄，但多数人认为这笔钱不够养老所需。传统的家庭养老方式正面临挑战，家庭对老年人提供最基本生活保障的传统作用正在削弱，社会保障制度又不是很完善，一旦子女不承担养老责任，老年人的生活将陷入困境。

对于人数众多的广大农村地区老年人口而言，制度化的老年收入保障仍很遥远，虽然少数经济发达地区试行了社会养老保险制度，但制度不是强制实行，是自愿参加，况且目前只在很小的范围内实行，因此我国占老年人口70%的农村老年人口没有被纳入老年收入保障制度体系里，这使得农村养老保障问题成为一个严重的社会问题。

在我国，农村人口养老应该采取怎样的模式是一个并不太清楚的命题，事实上城市老年人口的问题同样也没有解决得很清楚。同时，随着社会主义新农村建设的稳步推进，最终的归结点，是生活在乡村地区的绝大多数人不再主要依靠土地种植收益，也能过上城市水准的生活。老年收入保障制度覆盖之外的老年人如何能够被纳入制度内来，成为本书研究的另一动因。

第三节　完善老年收入保障体系的意义

一、本书的目标

社会保障的主旨是保障社会成员的物质及文化生活的稳定和发展，首先要保障的就是社会成员的经济收入。从某种意义上来说，社会保障的实质，是钱的问题，即收入保障问题，对于社会成员的需求来说，主要是经济收入问题，尤其是老年人经济收入是保障基本生活的根本。

本书基本思路就是在"底线公平"理论框架内，探索如何确立老年人收入保障，也就是说，在理论层面上探索如何树立"公平"理念，树立什么样的"公平"理念，这是老年收入保障制度的基础和出发点；在制度层面上探索如何整合现有制度资源，实现制度效能最大化，探索建立全民基础性养老保障；在政策层面上探索如何消除制度"碎片化"带来的影响，以及如何将非正规化老年收入保障覆盖的老年人纳入统一的保障体系，真正做到全民在再分配领域实现经济收入的"底线公平"。

根据本书研究所考虑的理论、制度、政策等不同层面的原因，本书的研究主要包括以下三个层次的目标：

第一，研究的初级目标。老年收入保障这一含义在社会各个阶层的理解是不一致的，因此本书的初级目标就是在充分借鉴国内外老年收入保障研究的基础上，结合正规化老年收入保障和无保障的老年群体特殊性，对我国老年收入保障的含义展开讨论。

第二，研究的中级目标。在"底线公平"的基础上，在弄清楚我国老年收入保障的含义以后，本书研究的中级目标是要综合运用政治学、经济学、社会学等学科知识，依靠"老年收入保障"这一概念，在一定程度上对老年收入保障体系涉及的几个基本问题进行分析和讨论。

第三，研究的终极目标。是依据以上两部分的分析，找出现有老年收入保障体系中存在的制度缺陷和偏差，为整合以现有养老保障制度、最低生活保障制度为主要内容的制度资源，提出建立全民基础性养老保障制度构想，为实现所有老年人共享经济社会发展成果，维护社会公平正义做出努力。

这里需要进一步强调的是，之所以本书将收入保障作为整个社会保障体系的基础和核心，是因为收入保障与医疗、住房等保障之间存在某种替代关系。收入保障若确定了，医疗、住房、失业、养老等保障问题就容易理清，否则，不重视收入保障的基础地位和核心作用，其他保障都会难以推开。

这一点，从西方国家社会保障走过的历程中也可以看出来。在西方，凡是收入保障比重小的国家（如英国、北欧诸国），医疗、住房保障就大，凡是收入保障大的国家（如美国等），医疗、住房保障就小。再看中国香港，那里是世界上最低收入保障线最高的地区，却几乎没有医疗、住房等保障，人们拿到较高的收入以后，由自己来选择医疗、住房保障方式。笔者在研究西方社会保障问题时，还发现一种值得深思的现象，即大多数国家在人均国民收入 300~1500 美元时，都是注重收入保障，而不太管医疗、住房保障。因其此时经济发展水平有限，不可能拿出太多的钱把所有社会保障问题都包下来，而只能侧重解决收入保障，其他则由自己选择方式自行调节。一旦人均国民收入达到 7000 美元就又都开始注重其他保障。

考虑到我国国民收入的人均水平，本书研究认为，我国目前仍应当侧重收入保障。因为，收入保障是用来解决收入分配不公和维护社会稳定的，这就需要找到分配不公、收入高低悬殊和社会不稳定因素出现于何处，是什么原因造成的。社会保障的实质是收入保障，而收入保障又是由国民经济发展水平和收入分配原则决定的，在目前情况下只能一方面逐步调整理顺收入分配关系，使公平与效率形成有机统一，另一方面还需采用一些非规范方法解决一些社会保障的突出问题。现阶段，理顺和调整收入分配关系，应重点考虑国家、企业与个人三方关系的协调和体制内与体制外人员的收入差距。在解决突出问题上，无论采取何种非规范方法，都不是市场经济的规范操作，而只是过渡时期的过渡模式。一旦社会主义市场经济体制成熟建立起来，社会保障就应实行统一模式，即用高收入者的所得税来进行低收入者的社会保障，求得社会公平，促进社会稳定发展。

显然，老年收入保障体系的目标应该是确保全部人口在年老后能够得到适度水平的收入，这可以通过不同方式来实现。但无奈我国目前现有老年收入水平的调整速度始终无法跟上老年人膨胀的步伐，同时老年收入水平的增长速度无法赶上通货膨胀的速度，加上特殊的国情，不同类别的退休制度，使中国老年收入保障问题日趋复杂化，这也决定了不可能用一种尺度来涵盖所有的老年人群，也不可能用一种制度来解决所有的问题，因此，中国老年保障注定是多层次的养老保障体系，对老年收入保障进行的系统研究，目的在于整合现有庞杂的养老保障制度资源，探索全民基础性养老保障。

二、研究的意义

1. 从理论上探索老年收入保障的公平问题

就社会保障功能而言，主要表现为政治稳定、经济补偿以及社会调节三大功能。经济补偿功能在社会保障制度中表现为社会保险和社会救助两个部分。老年收入保障体系作为社会保障体系的主要部分，主体是社会保险中的养老保障制度、社会救济中的城乡居民最低生活保障制度等制度体系，其中又以养老保障制度为主要组成部分，所以从一定意义上说，养老金水平的高低决定了老年收入保障水平的高低，而城乡居民最低生活保障水平决定了制度兜底水平，贫困线水平的高低。国家建立养老保障制度的根本目的，就是要从制度上保障每一位老年人在退休后有稳定的、可以预测的、充足的养老金收入，能够维持其退休生活，并能够共享社会经济发展成果，实现社会公平（毛振华、梅哲，2010）。

一般而言，经济上处于弱势的老年人群体除了身心残障者外，以退休、无收入的老年人占绝大部分，而高龄化的现象将使需要扶助的弱势群体扩大；从世界银行（1994）统计数字显示世界各国的人口结构皆有明显高龄化现象，虽然过去中国传统有养儿防老的说法，然而在迅速工业化之影响下，社会观念转变与传统家庭功能不断减弱，中老年人的经济生活在未来确定将面临严重的问题，为了应对人口老龄化迅速蔓延，确保所有老年人生活的经济安定，同时整合对于低收入户与身心残障者的救助体系，国家积极推行养老保险制度。按道理，养老保险制度运行时，处于经济上弱势的老年人群体中低收入者应当是最大的受益者与被保障者。然而，现实社会中却普遍存在"高所得、高寿命"的现象，许多地方出现因高生存率造成高收入者能享受到更多社会给付的现象。这种情形的发生将造成养老保障的制度变成有利于高收入群体，明显是浪费了社会保险资源，并违反设立社会保险的本意。这种现象的存在成为本书研究的直接起因。通过前期研究发现，处于不同地位、不同水平的老年人需求存在很大差异性，如何更加有针对性地调整和改革相关的养老金制度安排和政策规定，给处于经济上弱势的退休老年人提供合适的战略方向和可行的策略途径，使老有所养的社会政策取得实效成为本书研究的原动力。

2. 从制度上探索老年收入保障的风险问题

20 世纪 80 年代以来，中国社会快速转型。这既为养老保障制度改革注入了动力，也相应地带来了变革风险。因此，从制度上探索老年收入保障的风险问题就显得十分迫切。因为制度就是社会资本，它通过建立秩序确保社会信任，增加交流共识，从而推动社会发展。^① 现实生活中客观存在着容易使养老金收入产生风险的多种不确定性。这些不确定性主要表现在两个方面：一是老年人退休后存活期限的不确定性。若退休人员存活时间长，即使通货膨胀保持在适度水平，退休人员的养老金实际购买力也会逐年下降。二是老年人退休期间经济状况的不确定性，^② 主要是物价、工资变动以及制度转轨成本等多种因素带来的影响。

在中国目前养老保障制度框架下，老年人退休后经济状况不确定因素主要是物价和工资变动所产生的影响。在退休老年人领取养老金的初期，可能每月领取的养老金收入显得很充足，但随着社会经济的不断发展变化，基本养老金将面临双重风险危机：一方面，若物价上涨而养老金不变，则将导致养老金的实际购买力下降，退休老年人生活水平的绝对下降；若物价上涨速度过快，还可能影响到退休老年人的生活维持问题。另一方面，若全社会整体收入水平提高，但在职人员工资收入的增长和社会基本生活水平提高过快，则退休老年人的相对生活水平会降低。^③

截至 2011 年底，我国已有 6826 万名离退休人员正在按月享受基本养老金待遇。^④ 由于种种原因个体之间的差异较大，加上经济转型时期通货膨胀较高，部分退休人员养老金无法满足基本生活水平的需要，他们的养老金相当有限，没有足够的生活必需品，没有医疗服务，生活在低水平的社会保险贫困中。许多老年人每天的生活非常清苦，有的还在退休后继续付出艰辛的劳动以赚取微薄的收入贴补家用，并担负着照顾孙子、孙女的责任，甚至还要贴补失业下岗的子女，他们一生的艰辛劳动并没有换来晚年高质量的生活，更谈不上安度晚年。^⑤

世界银行对养老金及更广泛意义上的老年收入保障反思，认为养老金制度应提供一个充足的、可负担、可持续且稳定的待遇水平。"充足性"是指养老金制度所提供的退休收入的绝对水平（防止老年贫困）和相对水平（替代足够的终生收入）。任何养老金改革的目标都必须确保所有人，

---

① ［德］柯武刚、史漫飞：《制度经济学：社会秩序与公共政策》，韩朝华译，商务印书馆 2004 年版，第 1–7 页。

② ［美］劳伦斯·汤普森：《老而弥智——养老保险经济学》，孙树菡等译，中国劳动社会保障出版社 2003 年版，第 122 页。

③⑤ 梅哲：《最低养老金标准问题理论浅析》，《湖南师范大学社会科学学报》2008 年第 3 期第 91 页。

④ 中国人力资源社会保障部：《2011 年度人力资源和社会保障事业发展统计公报》。

不管他们参与的是何种水平或何种形式的经济活动，都应能避免其在退休后受极度贫困的威胁。同时，该目标还必须保证养老金制度能够为那些寿命长于平均寿命的人提供长寿风险的保护。

社会基本养老保险制度是为全体就业者及其缴费者提供一定的养老金待遇给付，养老金本身存在着收入替代风险。还有一些非就业者，由于遗传和人力资本方面的原因、其他个人特质与环境方面的原因，他们是没有收入替代给付的，他们面临的是贫困风险。为老年人建立收入保障制度，就是要保障所有老年人能够享有满足自身生活的经济收入；就保障水平兜底作用而言，应该与是否缴费无关，应该主要体现出老年收入保障的贫困救济目标或功能，而不是收入替代目标。因此，对老年人的养老保障待遇给付水平是否充足，将取决于全国经济发展水平以及老年收入保障确定水平的高低。这个保障水平的设定（指数化）要合理，要经过仔细计算和测量，并根据不断变化的寿命进行调整。一旦设定了合理的收入保障底线（如某种保障线或统一给付），政府的公共财政就应该给予资金保障。

如何确立合理的老年收入保障机制，解决养老金的危机，规避"不确定性"带来的风险，保障离退休老年人基本生活水平不降低，保障贫困老年人能满足基本生活需要，并在此基础上，根据经济发展程度进行适当的水平调整，使所有老年人共享社会发展成果。这就需要进一步展开对老年收入保障风险与需要问题的研究，对政府在老年收入保障制度中责任问题的研究。

3. 建立完善的制度体系，解决"碎片化"问题

制度变革既可以通过明确的直接方式来实现，也可以表现为政策行动的一种副效应。因为公共政策不仅由政府主体来实施，还由有组织集团的代表来实施。在这样一个博弈过程中，自然会导致反映特定社会习惯、伦理规范、风尚的"内在制度"（Internal Institutions）和反映自上而下人为设计、强加执行的"外在制度"（External Institutions）之间的矛盾。① 换言之，从社会阶层结构和制度变革关系看，老年人在客观上可细分为众多不同阶层，他们根据自身的不同利益需要呼吁养老保障制度改革，政府为了平衡各类需求矛盾，维护社会稳定，也针对不同的群体采取了一些应对措施，

① ［德］柯武刚、史漫飞：《制度经济学：社会秩序与公共政策》，韩朝华译，商务印书馆 2004 年版，第 38–39 页。

对原有制度造成巨大冲击，结果导致养老保障制度呈现出"碎片化"的状态。加上国内外经济因素影响、配套制度缺失和思想观念混淆等种种干扰，现有的以养老保障为核心的老年收入保障制度体系，不仅没有能够实现其特有的收入再分配，维护社会公平的功能，反而出现制度设计的公平性缺失问题。制度偏离了当初的设计初衷，制度体系显得残缺不齐，许多环节问题重重，制度体系迫切需要完善。

在这种情形下，老年收入保障的合理建立，对未来中国社会结构的形塑非常关键。这是因为：首先，养老保障制度的建立和完善是社会各个阶层进入和退出的重要制度保证。长期以来，我国实行干部终身制，单位化养老保险色彩浓厚，而养老保障制度的建立和完善可以打破单位制对社会流动的禁锢，为国家和社会管理者阶层的养老等问题提供社会化的制度保障，这也为打破干部终身制、为干部队伍的合理流动提供了社会化的制度保障。同时，养老保障制度也为工人阶层的社会流动解除了后顾之忧，这对于劳动力的合理流动、劳动力市场的健康发展具有积极的促进作用。其次，老年收入保障的建立与完善可以促进城乡社会流动，保证农民工阶层的劳动权益。目前，农村社会在短短十多年的发展中已经分化出一个非常重要的农民工阶层，农民工已经成为当前中国产业工人阶层的重要组成部分。但是，农民工的职业变动比较大，具有相当的不稳定性，这与他们的社会地位有很大关系：他们并没有与企业或单位建立起稳定的契约关系，绝大多数农民工没有与企业签订劳动合同；同时，中国《劳动法》也没有有效地保护农民工的就业权益。在这种情形下，建立针对农民工阶层的养老保障制度不仅是当务之急，而且可以为农民工阶层的水平流动和向上流动提供更多的机会，这对农民工阶层向产业工人阶层的过渡及中国的城市化进程都将发挥积极的作用（毛振华、梅哲，2010）。

第三章　底线公平与社会保障

本章首先对底线公平理论进行阐述，然后着重介绍底线公平理论在社会保障中的运用，在此基础之上，从底线公平视角对老年收入保障展开理论研究，从而为本书后面各章，包括老年收入保障制度理念、制度分析和设计、政策分析和安排以及实证分析奠定理论基础。

下面先看一篇来自北京召开的第三届全国老人院院长论坛有关报道：

政府应该"雪中送炭"，而不是"锦上添花"

（记者刘红尘，通讯员张雁）国外养老问题专家内博尔博士曾说："看一个国家、一个民族、一个政府是否强大，不是看其强势人群的生活状态如何，而是其弱势人群的生活状态不能差。"在日前举行的第三届全国老人院院长论坛上，来自全国各地200余家老人院的院长们呼吁：在建设养老院问题上，政府应该"雪中送炭"，而不是"锦上添花"。

论坛上，院长们对某些地方政府为了门面和政绩而把有限的资金用来建设豪华老年公寓的现象给予严厉批评。一位院长说，浙江省宁波市财政出资上亿元，兴建一座占地100多亩、绿化率高达48%的养老机构；绍兴市投资近1亿元，建起了一座占地125亩、绿化率高达54%的社会福利中心；杭州市萧山区出资5000万元，兴建了一家"示范性"养老机构。天津、上海等地政府也纷纷兴建大型公办养老机构，不仅配备有中央空调、24小时热水，还配备了空气加湿、豪华电梯、紧急呼叫系统和吸氧装置。但是，这些高档养老院收不抵支，需要政府每年补贴。

　　与这些高档老年公寓越建越多不成正比的是，许多生活贫困、不能自理的老人却住不上养老院。鹤童老年福利协会常务副理事长方嘉珂说："入住高档公寓的老人大多数是经济实力较强而且身体较为健康的城市低龄老人，他们一边领着丰厚的退休金，一边把家里的房子出租，用租金的一部分来支付养老机构的费用。"这种有支付能力的老人占用了公办养老资源，使真正低收入的老人难以分享到社会资源。

　　与大力兴建高档养老院现象并存的是，全国还有 1/3 的城市街道和 1/2 的社区居委会，至今还没有建立老年服务机构和设施，在占全部老龄人口 60% 的农村乡镇就更少了。"一些政府为了所谓'政绩'与'门面'大搞形象工程，不搞'雪中送炭'专搞'锦上添花'的行为方式该叫停了。"院长们认为，政府大力投资公办高档养老院破坏了社会公平，公共福利财政应向困难老人倾斜，以使更多的老人能"老有所养"，幸福地度过晚年。

　　这就引出一个问题，在社会保障制度体系建设中，政府到底应该如何履行社会公正责任？

第一节　底线公平理论

一、底线公平的基本含义

　　近年来关于我国国内的社会公正的研究文献已经不少，但是将公平理念与制度设计、政策操作相结合的贯通研究还处于起步阶段，有待于进一步推进。不过，中国社会科学院景天魁研究员提出的关于确定和描写社会公平"度"的"底线公平" 概念，[①] 则为这一领域研究的深化和拓展奠定了基石。"底线公平"是景天魁研究员 2004 年提出的一个概念，近年来他

---

① 景天魁：《论底线公平》，《光明日报》2004 年 8 月 10 日。

一直想将此概念拓展为"底线公平"理论，并致力于将此理论与社会政策制定相结合。"底线公平"理论不单是一个公平理论，它还是制度理论和政策理论，它的用途之一就是作为构建社会保障体系的依据。"底线公平"依据社会公平和社会保障基本理论，从基本国情出发，从老百姓（大多数人民群众）最迫切、最基本的需要出发，划出一条人人躲不开、社会又公认的"底线"。以"基本需要"为基础，从中找出更稳定的需要——"基础性需求"进行划线，它包括：温饱的需求（生存需求）；基础教育的需求（发展需求）；公共卫生和医疗救助的需求（健康需求）。底线以下体现"权利的一致性"，底线以上则体现权利的差异性。"底线公平"就是所有公民在这条"底线"面前具有权利的一致性，而政府在这条"底线"面前具有明确的责任。当经济水平比较低时，政府要守住公平底线，确保每个公民都有基本的生活保障。经济水平提高以后，政府仍要守住这条底线，防止社会保障水平继续上升。"底线"以下是公共财政确保的领域；"底线"以上，则要靠市场调节，政府的责任是调节贫富差距，加强税收能力，而不是搞"福利国家"那套大包大揽的政策（景天魁，2009）。

　　"底线公平"理论强调对社会发展过程中处于困难群体整体利益的保障，强调"公平"是一种社会意义上的公平，是一种"社会整体公平"，并非按照个人意愿的"个别公平"。"底线公平"首先强调所有社会成员的生存权利能够得到平等维护，只有生存权利得到平等维护，才谈得上其他公平问题。底线公平不是"低水平"的公平和保障，不能将"底"和"低"混淆。"底线"是指一种"界限"，它是指不能含糊、不能推卸、必须坚持、必须做到的事情；在道德上，它是攸关尊严、荣誉、良心的言行标准和规范。由于"底"和"低"在中文中读音相近，意思相连，很容易把"底线"理解为"低水平"、"最低的"。如果说"底"字，确有"底部"（杯底、底座等）的意思，则"底线"是这样一种"界限"，划在哪里，哪里就是"底线"，不论是划在"中部"、"下部"还是"上部"，划在哪里，哪里就是不可含糊、不可逾越的线。与它的具体"位置"无关，只与它的性质有关。在这个意义上可以说，"底线"是表示"性质"的概念。①

　　在社会保障制度建设中，不是从保障水平高低的意义上确定"底线"，而是由社会政策的取向及其与经济发展的关系来确定的。所谓"底线"，

---

① 景天魁：《底线公平：和谐社会的基础》，北京师范大学出版社2009年版，第7页。

实际上主要是指政府责任和市场机制之间的界限、它们的结合点。哪些事情是政府必保的，哪些事情是可以由市场去调节的，当然也可以政府、市场、家庭、个人、社会组织采取某种责任分担的形式。从机制来说，底线部分是刚性的，必须做到的；底线以上部分是柔性的，可以有差别的。只要确定了，那就是政府责任的"底线"。依据底线公平理论，可以理性地、科学地确定社会保障的适度水平，特别是在目前阶段，这样可以使我们用现实的、可行的办法，明确什么是与经济水平相适应的社会保障水平。但是严格说来，确定社会保障适度水平的因素与确定底线公平的因素还是有区别的。前者要看人均收入水平、财政收入和增长情况以及财政、企业、家庭与个人支付能力等，后者却只与那些具有"底线"意义的制度及其影响因素有关。所以，只能说底线公平是实现社会公平的重要基础，也是确定适度公平的重要依据，但不能说"底线公平就是适度公平"。也许在某个阶段二者相差不多，但在概念上毕竟还是有区别的。底线公平不是在公平水平高低的意义上定义的，而"适度公平"却是指公平水平的高低。这两个概念并不是各自表示一种公平水平，也就是说底线公平不等于"低度公平"，因此也不能说"适度公平怎么也应该比底线公平高"。因为如前所述，确定社会保障适度水平的因素与确定底线公平的因素是有区别的。[①]

底线公平就是使中国既能够可持续发展，又能够实现社会公平；而且，一方面公平的实现还会成为健康发展的动力，另一方面经济发展也能够为保证社会公平提供可能。二者形成相互促进而不是相互抵消、相互融合而不是相互抵牾的"和谐"状态，这里的界限就是"底线公平"。根据较早实行现代社会保障制度的那些国家的经验教训，实现上述目的，达到上述状态的关键，是找到政府责任和市场机制的界限，使二者相互补充，各尽其责。底线公平既是政府责任的底线，也是市场发挥作用的边界（景天魁，2009）。

总之，在以上各种意义上，底线是一种相对关系，而不是一个绝对的数字。尽管底线公平也可以有量的刻画，但它不是一个固定的量，它表示一种责任关系，一种机制，一种适度性。体现底线公平的这几项主要的制度（其他社会保障制度也与底线公平有关或本身也有底线公平的意义），大多是要财政出钱的，这对改变前几年在民生问题上财政缺位或支持不够

---

① 景天魁：《适度公平就是底线公平》，《中国党政干部论坛》，2007年第4期第7页。

的偏向，促进财政支出结构的转变，具有关键意义。[①]

"底线公平"的重点在"底线"上。现阶段，工作重点在优先解决弱势群体的需要，解决富裕反衬下的贫困问题、发展必须重视的教育和医疗问题。在许多地方，表现为快速城镇化过程中被征地农民、移民、农民工、城镇老龄居民、边远地区居民的社会保障问题，尤其老年人群体的收入保障问题。这些问题的解决是政府责任的底线，是必需的，不能含糊的。

"底线公平"的提出，很大程度上是基于对社会公正问题的关注和对公平与效率问题的理解。

社会公正是人类社会永恒追求的一种价值标准，它关注的是社会底层人们（弱势群体）的命运，目的在于保障这些人的生存权和发展权。在区域发展差距和贫富悬殊过大的情况下，社会分配的公正就成为一个无法回避的问题。对于中国而言，正在进行一场剧烈的社会和经济转型，在这个过程中，目标的确定极为重要。一个关于社会公正的理论恰恰是为转型提供了一个最终目标，以它来避免转型混乱。社会公正理论是现代伦理学、政治学、经济学和社会学共同关心的核心问题之一，近几十年在罗尔斯、诺齐克、阿马蒂亚·森等人的努力下，取得了重要的理论成就和社会影响。所谓社会公正，就是公民衡量一个社会是否合意的标准，换言之，它是一个国家的公民和平相处的政治底线。[②] 政治的目的是调解利益冲突，每个利益集团都会极力利用政治过程达到增加本集团利益分配的目的。但是，这样的竞争不能是无序的，必须在某个被广泛认同的理念的基础上进行，否则的话一个国家就会陷入奥尔森所说的"不可治理性"，甚或出现动乱和战争。社会公正理念在于为全体公民提供一个关于社会分配好坏的共识，并在此基础上进行和平有序的竞争。公正，在一个层次上，它代表程序正义。人们经常讨论的不公正的待遇，主要是指不符合既定的程序标准。在另一个层次上，它也代表人们对社会分配结果的评价。在这里，公正往往和公平、平等联系在一起。人们通常所说的公平概念就兼有公正和平等的内涵。但是，公正却不等同于平等。同时，这也与程序正义相冲突，因为符合程序正义的社会分配极可能是不平等的，但却可能是公正的。最后，公正有时也被人们赋予道德价值。公正是社会成员对社会分配

① 景天魁：《底线公平：和谐社会的基础》，北京师范大学出版社 2009 年版，第 9—10 页。
② 约翰·罗尔斯：《正义论》，何怀宏、何包钢、廖申白译，中国社会科学出版社 1997 年版，第 56 页。

所采纳的一套评判标准（汪行福，2003；吴忠民，2004）。

由于每个人在智力、家庭背景、社会关系以及政治地位等方面都存在着极大的差异，他们利用制度所赋予他们的机会的能力因此会非常不同，再由于结果的不平等往往会反过来影响起点的平等，因此程序正义是必需的，但社会分配结果也应该得到关注。公正正是关于社会分配好坏的社会标准。在现代社会中，市场经济的竞争规则为几乎所有的交换行为提供了一个约束机制，但市场本身也是有局限的，市场的局限性说明了社会公正的不可替代性。

关于社会保障制度改革及其模式选择问题的争论，最终归结到制度选择的价值判断和取向上来。从本质上说，笔者所说的经济增长与发展是以人为本的。社会各方面的发展，最终目的也是为了人的全面发展服务的。"人是目的"这一理论，已经逐渐为大多数人所接受。实现人的全面发展，是人类追求的终极目标，必须要发展先进生产力，发展先进文化，创造必要的物质文化条件。同时，还要健全民主与法治，建立社会保障制度，保障弱势群体的基本生存权利，保持经济与社会的协调发展，这是不断接近这个目标最理想的方式。老年收入保障制度作为一项重要的社会经济制度，自然无法回避人类社会的基本价值理念——社会公平。"底线公平"的提出正是蕴涵着基本价值理念，即社会公平。

讨论分配时必然要讨论公平问题。从根本社会性质上看，社会主义生产资料公有制的建立，使每个劳动者都享有对全社会生产资料的平等的所有权。这种平等的所有权体现为全体社会成员平等的劳动权利，即任何有劳动能力的社会成员获得收入就必须劳动。正是有了生产资料公有制，才出现分配关系的社会主义平等权利，从根本上保证了社会财富的公平分配。公有制的实现消除了劳动异化，使劳动者摆脱了对物的依赖关系，能够自由支配自己的生活和劳动，实现了人的全面发展。因此，基本社会经济制度的公正公平性，是人类实现全面发展的前提。只有消除了劳动者与生产资料的对立，大大激发了劳动者的生产积极性，才能最终促进生产效率的提高。正是基于这样的基本判断，本书才能得出结论——一定社会经济制度的公平性，对社会生产的效率具有巨大的促进作用。

"底线公平"的提出，对公平与效率关系认识发生转变。过去，在改革开放初期为了迅速发展生产力，提高社会经济水平，在经济领域提出了"效率优先、兼顾公平"的要求，并将之确定为制定各项经济政策的基本原则。由于注意力集中在经济建设，对发展中出现的一些问题没有引起足够的重视，而当社会经济发展到一定程度，需要更加突出公平的时候，在社会保障领域，却仍将社会保障制度的价值取向与经济政策的价值取向混为一谈，结果导致社会保障制度设计出现了偏差，有关内容将在后面进一步展开。因此，正确理解公平和效率的关系，是社会保障制度设计和操作的关键。"底线公平"核心在于注重社会公平，在于正确反映和兼顾不同方面群众的利益，在于正确处理人民内部矛盾和其他社会矛盾，妥善协调各方面的关系。"底线公平"主张将过去消极的被动的"事后补救性"社会保障制度，转变为"积极的"社会保障制度，主张政府明确基本责任，积极主动地采取一切有效措施，关心困难群众的生产生活，解决其实际困难，逐步消除两极分化，最终实现共同富裕，以真正体现社会主义制度的本质属性。[①]"底线公平"理论认为：社会公正与公平，非但不排斥市场机制的效率目标，保证市场机制的效率正是社会公正理念的题中之意。老年收入保障，作为现代社会人类生存的基本物品之一，应该由国家均等分配给全体社会成员。它不是一项经济制度，不适合完全依靠市场机制来运行，而应该是一项社会制度，是从制度上保障公民养老这一基本权利的实现，使人们获得更大的自由和更多的发展空间（景天魁，2009）。

二、底线公平的基本原则

底线公平理论的基本原则主要是调整不同阶层和利益群体的利益关系，其基本原则主要内容有四点：

1. 政府首责

政府首责主要处理政府与社会、政府与市场之间的关系。底线公平特别强调政府的转型、政府的责任。"底线"就是政府责任的"底线"，在市场经济条件下，政府必须管的事情。如果总结改革开放以来，我国在教育、医疗和社会保障领域的改革经验教训的话，那就用得着邓小平常说的："政府要管该管的事情"，"该管的事情"主要就是"底线公平"要管的"基础性需求"。"基础性需求"也反映出中国社会保障的基本特征，因

---

① 梅哲：《构建社会主义和谐社会中的社会保障问题研究》，中国社会科学出版社 2007 年版，第105 页。

为社会保障制度所要满足的民生需求应该是也只能是基础的民生需求。基础性是政府对所有人民的承诺。因为部分的保障需求是人民生活的最基本的要求，缺乏了就难以正常地自我发展和参与社会，这部分的保障需求就需要政府的承诺，它不可以降低。[①]

底线公平最符合以发展为第一要务的执政理念。我国在一个很长的历史时期里都要坚持把发展放在第一位，但我们追求的发展是科学发展，和谐发展，和平发展。什么样的公平水平是与这样的发展相匹配的？显然，不公平不利于发展，过分公平也不利于发展，底线公平是最有利于健康而可持续和谐发展的。在下文中将证明最低生活保障的提供，能够最大限度地转化为即期消费，从而促进基本生活资料的生产发展并促进就业；教育保障和健康保障是公认的提高人力资本的最有效的途径，这已经被大量的科学研究和经验事实所证明。所以，底线公平不仅有利于促进经济增长和实现社会和谐，它还可以成为科学发展的不竭动力。[②]

2. 弱者优先

这条原则主要处理富人与穷人、强势群体与弱势群体之间的关系。按照底线公平的原则，弱者优先可以获得最大的社会效益。同样一笔钱，用在穷人、弱者身上，解决他的基础性需求，比用在富人、强者身上，满足他们的非基本需要，其社会效益要大得多。比如100元钱，如果给了月收入万元、十万元甚至百万元的人，其作用几乎等于零，如同给一个游泳池倒进了一杯水，对于他满足豪华型消费几乎不起作用。但如果给一个饥饿的穷人，就能挽救他的生命；给一个面临辍学危险的小学生，他就能继续学业，继而改变他一生的命运，将来他可能对社会做出100元所无法比拟的贡献。可见，弱者优先这条底线公平原则的社会效益是倍增式的（景天魁，2009）。

发达国家的经验证明，当人们的基本需求没有得到满足时，对收入差距的敏感度比较强，但当低收入阶层的基本需求得到满足之后，对收入差距的敏感度就明显减弱。

3. 社会补偿

这条原则主要处理个人与社会之间的关系。作为一条处理利益关系的

---

① 景天魁：《基础整合的社会保障体系》，华夏出版社2001年版，第19页。
② 景天魁：《适度公平就是底线公平》，《中国党政干部论坛》，2007年第4期第7页。

原则，"社会补偿"就是要在个人与社会之间建立起一种责任关系，契约关系。这一条很重要。所谓正义社会，从利益关系角度讲，就是有社会补偿的社会。社会主持公道，在个人与个人之间不能实现有效补偿的情况下，社会要给予补偿。这样，社会正义才能得以维持。不然的话，个人有了损失，社会无动于衷，社会正义从何谈起？要实现社会公平正义，一方面，个人要对社会尽责；另一方面，社会也要对个人尽责。过去只讲个人要向社会作贡献，不讲社会要对个人尽责任，这是片面的。其结果，个人对社会的责任感也没能很好地建立起来，新中国成立以来，虽然时时处处强调集体主义，但集体主义还是不如个人主义那么根深蒂固。从社会建设的角度看，确有值得反思之处（景天魁，2009）。

4. 持久效益

这条原则主要处理经济与社会、近期利益与长远利益之间的关系。底线公平原则适用于所有社会成员，当他们的生存权利、健康权利和受教育权利难以实现时，都可以得到政府和社会的保障。但在实际上，这项原则的目标群体，首先是无力实现自己上述权利的儿童、穷人、病人和残疾人等。满足他们的需求，毫无疑问可以得到重要的社会效益和政治效益，这是获得长久的经济效益的必要条件。如果只追求近期的经济效益，那么，投资办一些"短、平、快"的项目，虽然投资小、见效快，但是很快就会成为产业结构调整的对象，变成包袱，造成浪费。投资于教育、健康、扶贫，也许短期效益不大，但长期效益可观。假设这种投资需要在5年以后或者10年以后收获到经济效益，那么从现在起投资，5年或10年以后就可以持续受益。而且，这种经济济效益的可积累性，远非近期效益所能比拟的。所以，持久效益原则所触及的实际上是执政理念、执政目的问题。[①]

三、底线公平的主要作用

1. 底线公平首先从认识论高度看待社会保障制度本质

"底线公平"理论坚持以历史唯物主义为认识论基础，因此它对于社会保障的认识，是从社会保障制度本质层面开始的，它认为社会保障制度建立，首先要解决人的生存和发展问题。因为，人类社会实施社会

---

① 景天魁：《底线公平：和谐社会的基础》，北京师范大学出版社2009年版，第203–205页。

保障制度就是基于人类生存需要，只要有人的存在，社会就要为之服务，就要满足其基本的生存和发展需要。恩格斯指出："马克思发现了人类历史的发展规律，即历来为纷繁复杂的意识形态所掩盖着的一个简单事实：人们首先必须吃、喝、住、穿，然后才能从事政治、科学、艺术宗教等。"① 物质生活的满足是第一位的。需要是人对物质生活资料和精神生活条件依赖关系的自觉反映，"他们的需要即他们的本性"。② 这是从哲学高度对人的生存和发展需要进行的思考，这也是对社会保障制度的本质认识，不断满足人的生存和发展需要，才能充分发挥人在社会生产中的积极性和创造性，而生存的需要是社会成员必须得到的最低限量和最基本的需要，是人类赖以生存和发展的基本条件，是衡量社会发展的基本尺度之一，是实现社会公平的出发点。这也是"底线公平"理论的认识论基础。③

底线公平理论认为，公平正义社会的建立是需要不断努力的长期过程，但从最能体现底线公平的社会保障制度出发尤为重要。贫困是造成社会主义初级阶段社会不公平的直接原因，我国现在仍有 700 余万城镇失业人员，3000 余万城市贫困人口，8000 余万农村人口陷于贫困中，他们的衣食和医疗都面临很大困难，失业和贫困严重威胁着他们的生存，急切需要通过国家采取社会保障等一切有效手段来解决他们最关心的生存问题，维护社会稳定。我国正在逐步建立覆盖城乡居民的最低生活保障制度，逐步覆盖贫困群体，覆盖缺乏参与社会选择、缺乏劳动能力和遭受各种灾害的社会成员，为其生存提供最基本的物质生活条件，解决他们的基本温饱问题。同时，为了保证社会劳动力在社会化大生产条件下解决养老、失业、医疗工伤、生育等劳动风险问题，以适应现代经济社会发展的需求，国家正在积极通过建立社会保险制度来满足他们的发展需求。这些制度的建立是解决社会成员基本生存和发展，实现"底线公平"的有效手段。

2. 以底线公平为基础构建和谐的利益关系格局

底线公平的概念并不是意味着所有最低水平的公平，它是有重点的公平。在现阶段，重点在"底线"上，即优先解决在市场经济发展中那些处于弱势地位的群体的需要；那些在普遍走向富裕的时候更为显眼的贫困问

---

① 《马克思恩格斯全集》第 19 卷，人民出版社 1963 年版，第 374 页。
② 《马克思恩格斯全集》第 3 卷，人民出版社 1960 年版，第 514 页。
③ 袁方、梅哲：《对底线公平的辩证思考》，《高校理论战线》，2010 年第 2 期第 46—47 页。

题；那些为了现在和将来的发展必须重视的教育和医疗问题。这些是底线，是公平的底线，也是责任的底线。在这个意义上，底线正如"道德底线"一词中所表示的意思一样，是必需的，不能含糊的，要优先保证的意思。不是"低水平"的公正和"高水平"的公正的意思（景天魁，2009）。

按照底线公平的这一原则，相关的制度和政策有很多，例如社会救助制度、儿童津贴制度、奖学金助学金制度、对经济落后地区的支持和优惠政策等。在这里，仅以城乡最低生活保障制度为例略展开讨论。经验证明，这方面的制度和政策能够更明显地提高社会公平水平；这个方面的需求满足了，可以明显降低人们对贫富差距的敏感度；从而使社会心态趋于平和，社会秩序明显改善。

城乡最低生活保障制度目前是政府主要的社会救济形式，它是政府的一种郑重的承诺，即凡是基本生活达不到最低标准规定的都可以获得政府提供制度性收入保障。尽管我国很早就建立了社会救助制度，但那通常是针对特定对象的，如"五保户"、残疾人等，并且通常是缺乏明文规定的标准的。最低生活保障制度的建立依据家计调查或其他科学方法，制定了贫困线，凡是处于贫困线以下的都有权享受政府提供的保障金。这样，最低生活保障制度就把原来那种受助和施助之间的惠予性质的关系变成权利与责任之间的关系。政府在安排财政支出时，必须优先安排最低生活保障金。不仅如此，最低生活保障家庭在住房、供暖等方面还享有诸多优惠。最低生活保障制度在城市建立以来，不仅使上千万的最低生活保障家庭得以维持比较体面的生活，还使其中相当一部分家庭摆脱贫困。在社会转型期一些弱势群体面临生存危机的情况下，保持了社会的安定。

我国最低生活保障制度较好地发挥了"托底保障"功能，根据民政部公布的最新数据显示：截至2011年底，全国城市最低生活保障对象共有1145.7万户、2276.8万人。全国城市平均最低生活保障标准287.6元/月，最低生活保障对象人均补助240.3元/月；2011年农村最低生活保障对象共有2672.8万户、5305.7万人，农村平均最低生活保障标准143.2元/月，人均补助106.1元/月。城市最低生活保障基本实现"应保尽保"，将符合条件的各类城市困难群众全部纳入保障范围。同时，在应保尽保、有进有出、应退即退、动态管理的原则下，城市最低生活保障制度也在不断完善并探索促进最低生活保障对象就业的办法和机制。农村最低生活保障制度正在向"应保尽保"目标迈进。农村"五保户"财政供养逐步落实，基本实现了农村"五保户"从集体互助向财政供养为主的历史性转变，初步实现"应保尽保"，全年共对 530.2 万户抚养对象中的 184.5 万农村"五保户"实施了农村集体集中供养。① 这些惠及几千万贫困农民的德政盛举，为构建和谐的社会关系作出巨大贡献。

3. 以底线公平明确政府所担当的责任

所谓"政府是第一责任者"，其含义不是说将政府置于"全能型政府"状态，包揽一切，而是指要正确处理政府与社会的关系。因此，必须进行一系列的制度建设、政策建设。以底线公平明确政府是第一责任者，必须处理好以下几个方面的关系：

（1）政府和民众，何为第一利益主体？如果按照科学发展观"以人为本"、"执政为民"的理念，这一问题的答案是很明确的，人民群众是第一利益主体。但是，如果当政府也作为一个利益主体时，它在与其他利益主体的关系中，会因本身所拥有权力而成为当然的强势者，如果再缺乏严格的法律约束、制度约束，政府与人民争利、侵占人民利益的事情就极其容易发生。特别是在为完成政府确定的正当目标的借口下，极易将侵占人民群众利益的事情合理化。

（2）扶强和扶弱，政府如何进行选择？在市场经济条件下，为了迅速发展生产力，实现经济体的快速发展，通过政府大力引进外资，扶持私人企业，增强企业在市场上的竞争力，即所谓"做大做强"，在这个层面上，政府"扶强"是必要的，应该给予肯定。问题是在扶强与扶弱之间发生冲突怎么办？这里有三种选择：第一种是"扶强不扶弱"。理由是只有当强者继续强下去直到富得流油时，就会自然发生"渗出效应"，富人从手指缝中漏出一点儿也就够解决穷人的问题了，在此之前，弱者就只好继续忍耐下去了。这大体上是新自由主义的主张。第二种是"扶弱不扶强"。理由当然有很多，例如，平等是更高位的价值；再如，只有多数人认可，发展才有意义方有可能。这大体上是平等主义、民主主义的主张。第三种就是在"扶强与扶弱"之间寻求平衡，二者兼顾，使之达到在博弈过程中双方都能接受的状态。这大体上就是我们现在所说的追求"和谐"的战略。显然，第三种战略对制度和政策的高明程度有严格的要求。

（3）包揽和尽责，政府如何取舍？计划经济时期，政府是全能型政

---

① 《2011 年民政事业统计公报》，国家民政部、国家统计局发布。

府，包揽一切，任何事情都要在政府的"管理"下运行，所以没有管与不管的"界限"问题。在市场经济条件下，情况发生了巨大变化，变得非常复杂，需要政府尽到应该尽的责任，这就要准确地把握责任的底线，但这是一个需要不断摸索的过程。曾有一段时间，由于受市场万能论的影响，政府以为像义务教育、公共卫生和医疗保障这类事情都是可以引入市场机制或者干脆推给"市场"的。义务教育政府不出钱，叫学校"创收"，于是就出现了一个问题：经过 20 多年的快速经济增长，人均收入水平比计划经济时期高多了，但却出现了严重的"上学难、上学贵"问题。公共卫生和医疗问题也是这样，政府投入不足，叫医院去"创收"，结果"看病难、看病贵"问题随之出现。现在，解决这些问题的办法也很清楚明白：要解决问题必须政府出钱或以政府出钱为主，形成政府、企业、个人和社会合理分担的筹资机制。义务教育、公共卫生和医疗救助以及扶贫这三件事情，正是底线公平所划的"底线"的制度内容，现在很清楚，它们正在成为责任政府的工作重点。

"底线公平"对政府责任的要求，还有另一个重要方面：就是重视底线，不随意冲破底线。"底线"以下政府必保，"底线"以上，政府不是不管，但要换一个管法，不能大包大揽。即使在财政富裕的情况下，也不能无视底线，或者为了拉选票，或者为了显示"政绩"，随意在福利问题上承担不该由政府而该由个人、家庭、企业和社会承担的责任，这是一个机制问题，不单是一个政府有没有钱、愿不愿出钱的问题。因为，一旦政府在不该包揽的事情上包揽了，福利刚性就失控了，柔性（可上可下、可多可少）的调节机制就失灵了，经济发展和社会福利之间的均衡就打破了。[1]

4. 底线公平体现社会补偿的相关政策

个人与社会之间的责任关系，应该通过一系列的制度和政策予以保证和体现，特别是在市场经济条件下，各种资源是通过市场机制进行配置的，但市场配置资源的原则是追求经济效益的最大化，即边际效益越大，获得更多资源的机会越多。这样，表现在不同贫富阶层上，就是越是富有者获得社会资源的机会越多；越是贫弱者获得社会资源的机会越少。这种市场机制是否适用于经济领域，适用于社会生活领域特别是和谐社会？

如果社会与个人之间也以这种市场机制配置资源，那么社会事实上也

① 景天魁：《底线公平与社会保障的柔性调节》，《社会学研究》2004 年第 6 期。

变成了"市场"，这种"市场社会"扶强不扶弱，使强者越强，弱者越弱，变成强者的天堂，那么弱者呢？就会以强烈的方式进行抗争，这个社会不用说和谐，恐怕就连正常的秩序也无法维持。所以，社会在处理个人与社会的关系时，采取另外一套机制：保护和扶持弱者。怎么保护扶持？一个基本方式就是对弱者进行补偿。所谓社会正义，在利益关系上就是补偿正义。社会拿什么补偿弱者？就是从获得资源多的人那里（通过征税等手段）获得补偿金，然后"取有余而补不足"。社会有什么理由这样做呢？社会的理由是：社会资源总是稀缺的，任何对社会资源的占用都要求做出回报。一方较多占用资源，就必有一方较少占用资源；占用资源较多的一方就应该给占用较少的一方必要的补偿。因此，越是巨富，占用社会资源越多，越应该更多地回报社会；越是贫弱，让出社会资源越多，越应该给予补偿。

5. 底线公平的要义在于形成机制

社会福利模式的要义不在于福利水平，而在于机制。底线公平机制是处理经济发展和社会福利相互关系的一般原理。将来中国富裕了，也只有处理好这一个基本关系，社会福利才真的可持续。因此，底线公平理论也适用于中国将来经济富裕起来以后，或者说，它更适用于国家富裕起来以后。"底线公平"的要义是机制。机制不是钱多了，经济条件好了，就可以随便改变的，如果随便想换就换，那是要付出政治和社会代价的。底线公平理论划出的这个界限，是经济发达与社会福利之间达至均衡的代价最小的界限，守住了，福利模式就有了良好的调节机制。[1]

老年收入保障制度的价值核心也是提供老年人维护基本尊严的收入保证，免除他们在丧失劳动能力之后可能受到的贫穷、疾病和被遗弃的困扰。因此，在公正理念中，老年收入保障制度处于的最基础层次，是人类存在和发展的基本物品。既然是基本物品，也就具备全国性、统一性、强制性等特征。

---

[1] 景天魁：《底线公平：和谐社会的基础》，北京师范大学出版社2009年版，第212-213页。

第二节　对底线公平的辩证思考

党的十七大报告提出"加快推进以改善民生为重点的社会建设"，明确了我国社会建设的方向。理论界围绕如何开展社会建设，如何选择社会建设机制等问题，展开了深入的研究。中国社会科学院景天魁研究员提出的底线公平理论，是社会建设模式选择的理论探讨之一。所谓"底线公平"，是指"所有公民在这条底线面前所具有权利一致性"，[①] 即政府保障社会公平的责任底线和公民实现社会公平的基本权利底线的同一性。底线公平理论体现了研究者运用辩证思维研究社会建设问题的方法自觉。

一、底线公平理论体现辩证思维逻辑与历史的统一

目前，中国正广泛开展的以民生为重点的社会建设，面临许多亟待解决的难题，迫切需要理论思考。底线公平理论正是在这种背景下，总结党执政六十多年社会建设的基本经验作出的应答。马克思主义认为，经验或理论的逻辑总是要与历史的逻辑相一致。经验是历史的总结，理论是对经验的升华。思维或理论的逻辑进程应当与客观现实的历史发展进程相一致、与思维或理论的发展历史相一致。中国目前已步入经济社会高速发展期和矛盾凸显期，经济快速发展和社会机制相对滞后引发的民生问题尤为突出。利益关系的复杂性、利益主体的多样性、价值取向的多元性、利益结构的分化性交织在一起，以前所未有的态势深刻地呈现在人们面前，历时态社会发展进程在中国同时态展开。社会建设机制选择的价值基础何在？社会建设能否保持适度张力？多元利益主体诉求何以表达？政府、社会、个人责任与权利边界是否明晰？各种利益主体行为如何协调等，社会建设的诸多理论问题引发人们的思考。当前，伴随经济快速增长而来的是城乡收入差距不断扩大。据中国发展研究基金会的研究数据显示：我国农村居民收入差距的基尼系数从 1979 年的 0.24 上升到 2005 年的 0.38；城镇

---

① 景天魁：《底线公平：和谐社会的基础》，北京师范大学出版社 2009 年版，第 133 页。

居民收入差距的基尼系数从 1979 年的 0.16 左右上升到 2005 年的 0.35；全国的基尼系数从 1978 年的 0.3 左右上升到 2007 年的 0.48。[①] 这足以引起我们高度警惕。

底线公平理论指出，收入差距问题不仅是表象的收入差距大小问题，它与现行的分配秩序、差距形成过程的透明化、公开化、合法化问题，差距的认可度、致富的合法性、先富和共同富裕原则等问题都有极大相关性。底线公平理论运用辩证思维，遵循既能保持发展活力又能实现社会公平的基本原则，从三方入手，调控富裕者收入，理顺中产者收入，提高困难群体的收入，保障无收入者的基本生活，并从改革税收制度、完善社会救助体系、扩大社会保障覆盖面、理顺公务员的工资结构等具体政策层面调整利益结构，缩小收入差距，以期实现社会建设的根本目标，即"保障人民各项权益，走共同富裕道路，促进人的全面发展，做到发展为了人民、发展依靠人民、发展成果由人民共享"。[②]

可见，底线公平理论不仅是开拓社会建设理论的新视野，也是对社会建设的实践总结，体现了辩证思维的逻辑与历史的统一。

二、底线公平理论体现辩证思维的本质特征

辩证思维是对事物或要素的内在联系及其运动的本质规律进行宏观把握或细微分析的思维方式，在不同国度不同民族不同领域其表现形式呈现出多样化的特征。底线公平理论作为中国特色的社会建设的理念、模式和机制，带有强烈的辩证思维色彩，充分体现出辩证思维在社会建设理论研究和实践推进中的独特智慧。

1. 底线公平与社会公平

"民主法治、公平正义、诚信友爱、充满活力、安定有序、人与自然和谐相处"，是社会主义和谐社会的基本特征，也是公平社会的具体体现。从现阶段看，尽管我国取得了举世瞩目的发展成就，从生产力到生产关

---

① 中国发展研究基金会：《中国发展报告 2008/2009：构建全民共享的发展型社会福利体系》，中国发展出版社 2009 年版。

② 胡锦涛：《高举中国特色社会主义伟大旗帜——为夺取全面建设小康社会新胜利而奋斗》，人民出版社 2007 年版，第 15 页。

系、从经济基础到上层建筑都发生了意义深远的重大变化，但我国仍处于并将长期处于社会主义初级阶段的基本国情没有变，因此社会主义初级阶段这个基本国情应是一切理论创新的逻辑起点和实践基点。社会公平是人类追求美好社会的一个永恒主题，是社会主义社会追求的价值目标，也是我们党的一项政治主张和奋斗目标，它不应仅停留于理论的抽象和逻辑的论证，要在实践中实现"思维的现实性和力量，自己思维的此岸性"。[①] 底线公平理论的提出，就是"为了确立社会公平的基点，明确政府责任的边界，寻求全社会可以共同接受和维护的价值基础，确定当前实际可以达到的起码的公平"。[②] 可见，底线公平是社会公平的现实性理念。实现社会公平在现阶段就体现为致力于底线公平的实现。

底线公平是社会公平的现实根基，没有底线公平，社会公平的实现就是一种海市蜃楼般的空想。社会公平意味着社会的政治利益、经济利益和其他方面的利益在全体社会成员之间合理而公平地分配，不同利益主体享有权利平等、机会均等和司法公正。社会公平作为一种理念、一种制度设计、一种政治主张是历史的具体的，是通过人们不断争取社会公平的现实社会实践活动体现出来的，就此意义而言，底线公平也可理解为现阶段的与中国基本国情相适应的社会公平的具体化和现实化。因而，底线公平的提出不是对社会公平的否定、替代或背离，更不会"降低社会公平的价值"，因为它们不是非此即彼的关系，更不是片面与全面、部分与整体的关系。社会公平蕴涵在底线公平之中并通过底线公平得以体现，底线公平是具体的现实性的社会公平的表达，是人们对社会公平理念在现实中的主观认知和客观实现程度。

2. 底线公平是质量统一的适度公平

"底线公平是一个确定和描写社会公平度的概念。"[③] 社会公平度是建立在一定公平质的基础上量的限度。社会公平度在现实生活中如何体现？首先，底线公平是以一定量的规定性表现出来。就民生而言，它是一个社会成员如何从社会和政府那里获得自己生存和发展的社会资源和社会机会，以支撑自己物质生活和精神生活的问题。党的十七大报告所提出的"学有

[①]《马克思恩格斯选集》第 1 卷，人民出版社 1995 年版，第 55 页。
[②] 景天魁：《底线公平：和谐社会的基础》，北京师范大学出版社 2009 年版，第 148 页。
[③] 同②，第 146 页。

所教、劳有所得、病有所医、老有所养、住有所居"是我们构建和谐社会要实现的民生基本目标，而当前影响基本目标实现的主要障碍就是社会不公现象。所以，政府根据各地具体情况设定的城乡居民最低生活保障费、社会基本养老金等，都是从量的规定性上体现人们获得社会保障的公平性，但是这些量的规定性并不表征底线公平的全部内涵，因为这些量的规定性都是建立在一定质的基础之上，底线公平的质就是政府保障社会公平的责任底线和人们获得基本权利的底线。政府对保障人们生存和发展的基本权利方面应负首责，这是由社会主义制度及中国共产党的执政理念决定的。在社会主义初级阶段，在现有生产力发展水平基础上，政府要满足人们最基本的生存需求、发展需求、安全需求，因为这些需求的满足不仅是对人们基本权利的保障，更是使人过上有尊严的生活的基本条件。满足人们最基本需求的底线是一条人人可以达成共识的权利底线，也是政府必须做到保证公平的责任底线，是政府、社会、个人责权利的结合。随着经济水平的提高，社会进步的加快，人们的基本需求也必然提升，底线公平设定的量的规定性乃至整个社会公平度也必然随之改变，但公民最基本的权利和责任则是社会发展到任何一个阶段都需要加以维持和巩固的。总之，与现有基本国情相适合的底线公平是质量统一的适度公平。

3. 底线公平是有重点的相对公平

正如社会公平在特定条件下有其特定的表现形式一样，底线公平既有其确定的内涵，又具有相对性。从词源学的意义讲，"底线"的"底"与"低"有一定的关联，"底"的含义之一就是"物体的最下面的部分"，即是最底下的部分。但是"低"是与"高"相对而言的，而"底线"则强调的是一种界限，也作"底限"，指的是最低的条件或最低的限度。因而，底线是一种可以设定的边界，跟它的位置水平高低无关，只与它的性质和划定的标准相关。可见，底线公平不是绝对意义上的抽象公平，而是一种相对的现实公平，是相对于政府的责任和公民的权利而言的公平底线。底线公平的"底线"，并非一成不变或平均着力，而是稳中有变，在社会发展的不同阶段，其侧重点也不同。我国各地经济发展的不平衡性决定政府在实施底线公平时决不能采取"一刀切"的做法，要根据各地突出矛盾的性质、冲突的程度等确定底线公平的侧重点。现阶段，民生问题是政府要着力解决的突出问题，如社会贫富差距加大，困难群体对社会资源和社会机会存在强烈被剥夺感，干群关系对立等问题。因而，底线公平要求政府一定要将重点放在公平"底线"的设定上，优先解决在改革中利益不断遭到损害或没有分享到改革成果成为社会困难群体的基础需求，特别是贫困地区人口的基本生存需求，如温饱问题、教育问题、健康问题。这个最基础的需求底线，政府的责任是不能含糊的，是"必须做到的公平"，[1] 当然也是目前政府能够做到的起码的公平。

4. 底线公平是刚柔相济的矛盾统一体

如前所述，底线公平不是绝对的抽象的公平，是具体的现实的公平，是包含一致与差异的公平。底线公平的一致性体现在政府设定的责任底线之下部分，这是每个社会成员基本权利的一致性部分，即拥有基本权利的共同性部分。比如，每个社会成员的基本生存权利、教育权利、健康权利等，这是每个社会成员应该享有而政府必须负责保障的部分，这就是刚性的体现。底线公平的差异性体现在政府设定的底线之上部分，即每个社会成员在基本需求满足基础上更高的或其他的需求的满足是允许存在差异的。毕竟每个社会成员的经济条件、社会地位、文化结构、价值取向不同，对权利的认知和实现要求存在差异，这决定了底线公平以上部分不可能做到绝对统一，必然存在差别，这就是柔性的体现，也是可调控的部分。由此可知，底线公平的底线之下是刚性的一致的权利，底线之上是柔性的差异的权利。底线之下是由政府必须负责的，而底线之上是由市场调节或由政府和市场共同调节的。底线公平是在承认人的天赋、权利、能力有差异前提下的刚柔相济的矛盾统一体。

三、底线公平理论体现辩证思维动态性特征

底线公平理论的提出，不仅是一种理论创新，而且是开展社会建设实践的社会运行机制。"底线公平理论的假设是，在底线公平基础上可以最大限度地形成共同性，找到均衡点，提高协调的效果。"[2] 作为社会建设的机制，底线公平就是一种追求利益共同性、寻找利益均衡性，增强利益协调性的社会运行机制。

---

[1] 景天魁：《底线公平：和谐社会的基础》，北京师范大学出版社 2009 年版，第 9 页。
[2] 同[1]，第 155 页。

1. 追求利益共同性的机制

当前我国利益关系格局错综复杂，呈现出利益关系不公平、利益差别敏感性、利益矛盾复合型、利益诉求联动性、利益冲突易发性、利益获取即期性等特征，[1] 每个利益主体都致力于实现自身利益最大化，而构建社会主义和谐社会就是要寻求不同利益主体之间的利益共同性。底线公平作为社会成员对公平理念及其社会规范的主观认可，对自身基本权利的理性认知，可以使多元利益主体的多样性诉求基于理念认同基础，通过底线公平机制寻求并扩大同质性利益基础，从而展开和谐有序的竞争。同时，底线公平作为现代社会行为的基本准则，可以规范社会不同利益主体的行为模式。通过底线公平机制，调整社会关系和规范利益主体的行为，使其对不同利益主体的行为具有普遍的约束力和权威性。底线公平机制的导向功能，规范、引导不同利益主体按照底线公平的要求，采取同向行动，在"异"中实现"求同"最大化，不断提高社会关系的和谐度。

在追求并扩大利益共同性的同时，政府作为底线公平机制的制定者和实施者，要深刻认识到社会不公是影响并制约政府进行社会管理的重要障碍。实施底线公平机制，从一定程度上可缓解不同社会利益主体对社会分配不公的不满情绪，在底线公平基础上取得社会各个阶层的广泛共识和认同，获得最广泛的社会支持，从而增强社会凝聚力，减少社会冲突。[2]

2. 寻求利益均衡性的机制[3]

社会生活中多元利益主体存在多样化利益诉求，随着社会开放广度和深度的拓展，利益主体权利意识和维权能力的不断提升，个性自由发展的社会氛围已被营造，利益诉求的差异性成为各种社会矛盾的重要根源。底线公平在保障人们最基本最迫切的刚性需求即人们基本权利的共同性的同时，也保障利益主体不同需求的差异性。对于差异性，底线公平机制要通过寻求不同利益诉求的均衡点，在不同的利益主体中尽可能做到一视同仁，既能维护他们获得社会资源的机会均等、制定的规则同一，也能保证起点的公平和结果的合理。当利益主体无法形成共同利益的时候，底线公平机制要使他们之间力求达到一种均衡的关系。城市和乡村，东部与西部，不同社会阶层之间，政府、社会、个人之间等都存在着差异，通过底

---

① 景天魁：《底线公平：和谐社会的基础》，北京师范大学出版社 2009 年版，第 193–195 页。
②③ 袁方、梅哲：《对底线公平的辩证思考》，《高校理论战线》，2010 年第 2 期第 46–47 页。

线公平机制缩小差距，不至于顾此失彼，造成社会不均衡发展，而政府、社会、个人之间的责权利之间的差异也可通过底线公平机制达到一个彼此制约的均衡点，形成人与人、人与社会、个人与政府、社会与政府之间的均衡态势。[①]

3. 促进利益协调性的机制

底线公平机制在各利益主体之间难以形成共同性，也无法找到差异的均衡点时，就发挥其协调功能，促进利益主体为实现彼此的利益而让渡自己的部分利益。现阶段，社会主义市场经济尚处在初步建立并不断完善的过程中，作为一种人类历史上前所未有的经济体制，社会主义制度与市场经济的结合不仅是一种理论创新，更是一种巨大的实践挑战。政府传统的统一管理模式面临转型，政府调控与市场机制之间始终存在着利益冲突，并充斥于社会生活的各个领域。从表面上看是政府与市场的分工问题，但其实质"是利益的归结性问题"。[②]"改革开放三十年，在一定意义上讲，也是探索政府与市场关系如何协调的三十年。底线公平理论的提出，为解决二者关系提供新的理论和实践路径。底线公平机制在政府的责任底线与市场机制之间找到一个界限，底线之下，政府负责，底线之上，市场机制可充分发挥作用。底线公平机制充分发挥协调政府责任与市场责任关系，底线一旦明确，政府责任与市场责任关系就会明晰，即使社会发展水平提高，社会保障水平调整，政府与市场的责任底线也会保持相对稳定。底线公平机制的协调功能推动政府与市场充分发挥各自独特作用。"[③]

四、底线公平理论的制度基础和保证

实现社会公平是社会主义制度的本质要求，社会主义社会的本质是解放生产力，发展生产力，消灭剥削，消除两极分化，最终达到共同富裕。社会公平与社会主义本质是内在统一的。社会主义的分配制度必然体现社会公平，这是由生产资料的社会主义公有制决定的。坚持以公有制为主体的经济制度，是实现底线公平理论的制度基础和保证。

---

① 袁方、梅哲：《对底线公平的辩证思考》，《高校理论战线》，2010 年第 2 期第 46–47 页。
② 景天魁：《底线公平：和谐社会的基础》，北京师范大学出版社 2009 年版，第 156 页。
③ 同②，第 150–153 页。

　　马克思主义认为，在人类全部经济活动中，生产、分配、交换、消费"构成一个总体的各个环节，一个统一体内部的差别"，"一定的生产决定一定的消费、分配、交换和这些不同要素相互间的一定关系"。[①] "所谓分配关系，是同生产过程的历史规定的特殊社会形式，以及人们在他们的人类生活的再生产过程中互相所处的关系相适应的，并且是由这些形式和关系产生的。这些分配关系的历史性质就是生产关系的历史性质，分配关系不过表示生产关系的一个方面。"[②] 正是由于生产资料所有制对分配、交换和消费关系的这种决定性作用，马克思和恩格斯才把生产资料所有制从一般的财产关系或产权关系中分离出来，把它作为整个社会生产关系和经济制度的基础。这是马克思主义政治经济学的一个核心命题。在马克思主义看来，社会公平是历史的、具体的、相对的和有阶级性的，不存在任何超越特定历史条件、超越特定阶级的抽象的永恒公平，"在国和国、省和省，甚至地方和地方之间总会有生活条件方面的某种不平等存在，这种不平等可以减少到最低限度，但是永远不可能完全消除"。[③] 社会公平作为道德观念，体现出处于不同经济地位的人们对待利益调节关系的基本价值取向和价值态度，其性质和内容必然而且只能由经济基础来决定，最终取决于生产资料的占有形式。因此，以按劳分配为主体的分配制度所追求的社会公平不是永恒的抽象的社会公平，也不是表象的纯而又纯的平等主义，而是有着特定内涵的相对的社会公平。

　　在社会主义市场经济体制逐步确立和不断完善的过程中，新自由主义的论调甚嚣尘上，"只有市场经济才能实现社会公平"等杂音不绝于耳，其实质是认为商品经济关系的公平才是社会主义的公平。其实，这根本不是什么新观点，早在一百多年前，马克思在批判小资产阶级社会主义和无政府主义的创始人普鲁东时就指出，普鲁东说商品生产形式像公平一样也是永恒的观点，是"给一切庸人提供了一个使他们感到宽慰的论据……如果有人说，'高利贷'违背'永恒公平'、'永恒公道'、'永恒互助'以及其他种种'永恒真理'，那末这个人对高利贷的了解比那些说高利贷违背

---

①《马克思恩格斯选集》第 2 卷，人民出版社 1995 年版，第 17 页。
② 马克思：《资本论》第 3 卷，人民出版社 2004 年版，第 999–1000 页。
③《马克思恩格斯全集》第 19 卷，人民出版社 1963 年版，第 8 页。

'永恒恩典'、'永恒信仰'和'永恒精神'的教父的了解又高明多少呢?"①可见，商品经济关系的平等不仅不是实现社会主义公平的样板，更不是抽象的永恒的存在。我国建立的社会主义市场经济与资本主义市场经济有着本质的区别，公有制为主体的社会主义经济制度决定了社会在进行一次或二次分配过程中必然要体现出社会主义公平，在多种所有制并存的前提下，社会公平的实现只能从底线公平着手。政府首先要保障每一个公民获得生存和发展的最基本权利的一致性，即最基本权利的公平性;作为一种刚柔相济的机制，底线公平既反映社会主义公有制为主体的经济制度的客观要求，又体现多种所有制形式并存的多样性需求。以公有制为主体多种所有制形式并存的社会主义经济制度是底线公平理论实现的制度基础和实现保障。②

中国共产党人从未停止探索社会公平科学理念和现实道路的脚步，从毛泽东提出人民民主专政、实现人民当家做主的政治公平和生产资料占有形式上的经济公平，到邓小平把实现社会公平纳入社会主义本质要求之中;从江泽民强调要把社会公平问题作为涉及全社会的重要战略问题加以解决，将满足最广大人民的最根本的利益作为"三个代表"重要思想的出发点和落脚点，到胡锦涛把促进社会的公平和正义作为社会主义和谐社会的基本特征和重要目标，在科学发展观统领下构建社会主义和谐社会。底线公平理论作为社会建设基础理念的提出，无疑彰显出一种巨大的理论勇气和可贵的实践精神。③

第三节 社会公平与社会保障

社会公平是指社会利益分配的均衡状态，这种均衡状态能对社会基本结构产生积极影响，并能促进社会合作与社会发展。在市场经济状态下，市场对效率的最大追求必然会损害社会公平，导致一部分人的生存和发展

---

① 《马克思恩格斯全集》第 23 卷，人民出版社 1972 年版，第 102 页。
② 袁方、梅哲:《对底线公平的辩证思考》，《高校理论战线》，2010 年第 2 期第 47 页。
③ 同②，第 48 页。

危机。单纯的市场分配存在着自身难以克服的不足与缺陷，由于社会成员拥有的要素（资源）数量和质量不同，他们的竞争机会也就不均等，因而他们的收入也就不平等；要素的差别，体现在拥有的财产和个人天赋的差别，而财产和个人天赋的差别所产生的机会不均等和收入不平等是市场自身难以克服的。其结果可能是相当一部分社会成员收入低于最低生活水平，以及那些没有财产的年老、残疾和失业的社会成员无法取得收入以致不能生存。

一、社会公平是人类不懈追求的理想和目标

在人类社会发展的整个历史过程中，人们构想了诸如理想国、太阳城、大同社会等一些虚构的公平社会制度安排，其中无不饱含着对公平的向往与追求。在某种意义上说，人类社会的发展史，也就是社会公平的实现史。构建社会主义和谐社会，社会公平更是促之实现的基本条件，实现社会公平重要性和紧迫度也因此被提升到一个前所未有的高度（吴忠民，2004）。

简单地说，公平不专属于某一个领域，不同领域不同视角对于公平的理解有着不同。学术界也是如此，公平（Equity）在大多数情况下是抽象概念，需要根据不同的理解加以区分。如亚里士多德从法哲学的角度认为，公平是指法律判决的结果符合这个社会的"习惯法"，即符合公众的常识、道德与良知。因此，公平是高于正义的，必须通过公平的理念来对法律的判决做出某种矫正。经济学对公平的思考尤为深刻，如约翰·罗尔斯（John Rawls）、阿马蒂亚·森（Amartya Sen）、罗纳德·德沃金（Ronald Dworkin）和约翰·罗默尔（John Roemer），在各自领域都对公平做了独到而重要的研究。尽管他们提出的公平理论在一些重要方面存在差异，但彼此之间也存在很多共通之处。其中，最大的共通之处应该是：他们似乎都在不同程度地诉诸哈桑伊（Harsanyi，1955）提出的"无知之幕"（Veil of Ingorance）的理论。这一理论认为，判断一个社会资源分配是否公正，只要问一问那些并不知道自己社会处境的社会成员就可以了。2006年的世界银行报告以发展与公平作为主题，对何为公平也进行了解读。与前人相比，世界银行更为强调机会公平和共享社会发展成果的权利，在此基础上认为为了维护一代人的机会公平需要保证上一代人的结果分配公平。

　　综合学术界关于公平的思考，公平总是表现为人们参与某类社会事务的权利、起点、过程与结果分配等诸方面的相对平等，同时有一套具有强制力与公信力的、明确的法规与政策保障这种平等的实现。由此可认为，好的制度设计是实现社会公平的保证。公平这个概念较为接近于平等，但是绝不等于平等，公平概念中的平等是一种相对平等，它允许分配上存在一定差距，但是这种差距必须控制在"社会公众心理所允许的范围内"。①

二、社会保障是维护社会公平最具备平衡利益的手段

　　市场分配导致分配不公平的内在缺陷，需要借助外在的力量来加以弥补和矫正。这就要求在市场之外能有一种法律制度来弥补市场的缺陷，矫正市场的偏差。这种法律制度就是社会保障。社会保障通过对"市场分配"缺陷的弥补和矫正来实现社会公平。社会学家普兰尼认为社会保障制度作为社会保护机制的一部分，为应对"市场逻辑的去镶嵌化"的过程而生。他在详细考察资本主义的发展过程后认为社会保障制度可以抵抗过于关心效率、手段与目的之间关系的市场逻辑，社会保障制度天然地具有公平属性。从根本上来说，社会保障基金都是来源于社会成员所创造的社会财富，"社会保障制度的本质是社会收入的分配和再分配，它同分配正义的社会要求具有内在的联系"。②

　　因此，社会保障实质上是借助国家的力量在全体社会成员之间对国民收入进行再分配的形式，是国民收入在不同社会群体之间的转移，这种转移既有横向转移也有纵向转移。横向转移即国民收入在富裕者和贫困者之间、健康者和病残者之间、在职者和失业者之间的转移；纵向转移是一种代际转移，是后代人的国民收入对前代人的转移。无论是横向转移还是纵向转移，就整个社会而言，社会保障都呈现出强烈的社会公平思想。

　　作为社会保障制度的一个重要部分，老年收入保障制度实际上属于纵向转移，它是财富从年轻者向年老者的一种转移，老年收入保障制度不仅应是社会公平的保护机制，同时也应是社会公平的实现机制。老年收入保

---

① 陈成文、严丹：《从公平正义看当前我国城镇养老保险的制度设计》，《天府新记》，2007 年第 3 期第 5 页。
② 汪行福：《分配正义与社会保障》，上海财经大学出版社 2008 年版，第 11 页。

障制度设计应以实现社会公平作为基本价值理念。自20世纪90年代，由于人口老龄化的影响，大部分经济合作与发展组织（OECD）国家和其他一些国家都对老年收入保障制度进行了调整。从本质上讲，全球老年收入保障制度改革的基本走向可总结为，个人与市场作用的扩大和国家与政府责任的缩小，在减少养老金成本、削减养老金标准的同时追求养老保险制度的公正性，将实现社会公平作为制度的首要参考价值。

在实现社会公平价值理念下，各国政府建立社会保障制度成其为重要职能之一。政府介入老年收入保障领域的原因主要基于三方面的考虑：首先，政府强制性的老年收入保障制度可以纠正市场失灵；其次，由于养老保险制度、最低生活保障制度具有很强的再分配功能，一定程度上可使财富在不同的收入阶层和代际之间再分配；最后，政府可以帮助克服某些个人的短视行为，因而政府推行的老年收入保障制度必须是强制性的。

三、社会公平理念在改革过程中出现偏差

养老保障制度关注全体社会成员的基本保障，以实现整个社会的安全，作为社会保障重要组成部分的养老保障制度，尤其是公共养老保险制度，特别强调全体社会成员的公平性。在整个社会成员中，如果一部分人能够受益于养老保障制度，而另一部分人不能够受益或受益不够，或者说不同的人享受相同的养老金待遇却要付出不同的代价，这显然是不公平的。

公共养老保险制度的发展水平要受制于经济发展水平，这是基本原则，但也容易因此而使公平出现偏差。从世界养老保障制度发展历史来看，工业化初期的18世纪下半叶并不存在公共养老保险制度，后来随着产业工人队伍的壮大，早期资本主义国家都先后对社会性养老问题进行一些探索，直到1889年德国的俾斯麦政府才建立了世界上第一个覆盖面有限的强制性国家养老保险制度。第二次世界大战后，现代意义的公共养老保险制度开始在工业化国家或所谓的发达国家迅速完善起来，经济发展所积累起来的财富使其养老保险制度覆盖面也逐步从工资收入者扩展到全民。发展中国家的公共养老保险制度只给社会成员中的一部分人提供了保障，一般是现代产业部门中的工资领取者，都没能覆盖全社会，这与发展中国家工业化进程缓慢有关。但随着发达国家"福利国家"制度的建立，养老保险覆盖面广、成本高，基金收不抵支的矛盾越发突出，已经成为许

多国家公共财政的一大负担，并且开始成为实行养老保险制度的国家都不得不面对的世界性难题，各国在最近十几年中各种改革方案不断被提出和尝试，世界银行等国际机构对此也开出了自己的药方。国际性的养老保险制度改革的焦点集中到一个根本性的问题：采用哪种养老金体系？现收现付制（Pay-as-you-go）抑或完全基金制（Fully Funded）？对于现收现付制的批评缘于其对人口老龄化趋势难以招架，随着生育率的下降和预期寿命的延长，这一养老金体系将不堪重负。与此对照，基金制可以使公共财务摆脱不利的人口结构变化所带来的风险，并保证每个人只为自己存钱养老。然而，基金制却又引出另外一些矛盾，如金融风险、基金的监管问题、缺乏再分配的功能等。鉴于现收现付制和基金制各有所长，世界银行的作用在外生变量中最为关键（Huber 和 Stephens，2000）。世界银行的观点主要反映在 1994 年出版的《防止老龄危机》（*Averting the Old-Age Crisis*）一书中。世界银行积极鼓励各国，尤其是发展中国家，其主要观点可以概括为"三支柱的养老金体系"，或者称为"混合体制（三支柱体系）"：第一支柱为公共养老金计划，由政府或公共机构管理，实行确定受益制（Defined Benefit，DB），通过政府税收筹集资金；第二支柱为强制性私人养老保险制度，采取确定缴费制（Defined Contribution，DC），由私人部门管理；第三支柱为自愿建立的养老金计划，可以是个人储蓄计划，也可以是企业年金计划。其实，在此之前，国际劳工组织也提出一个"三支柱"方案，第一支柱为强制性养老金，提供基本的普遍养老金，采取现收现付模式，资金来源于税收，由政府管理；第二支柱为强制性的个人账户（部分积累的养老金），资金来源于雇主和个人的缴费，采取确定受益制，由公共机构管理；第三支柱为商业保险或自愿性的养老金计划，由私营部门管理。两个方案在第二支柱上的区别反映了两个国际组织在养老金理念上的区别，即世界银行的方案更加注重养老保险对经济增长的影响；国际劳工组织更加强调国家的责任和社会公平。世界银行依仗其雄厚的财政实力和西方发达国家的强力支持，取代了反对私有化的国际劳工组织在养老金改革过程中的作用。[①] 这样，在养老保障制度改革过程中，社会公平理念就出现了偏差。

---

① 杨立雄：《利益、博弈与养老金改革》，《社会》2008 年第 4 期。

第四节 底线公平在社会保障中的作用

以"底线公平"为社会保障体系制度设计基本理念，意义在于：明确政府与社会成员之间的关系，明确政府在社会保障制度中最主要的责任和关注重点。制度设计关键在于所有参加社会保障人员具有一致的权利，但不是要用同样的水平覆盖所有人，而是指对最需要的人进行保障。因此，保障标准具有动态性质，它要保障制度覆盖范围内的人能够实现"能保障基本生活"的公平，它明确了政府、市场与个人之间的责任划分。在社会保障制度范围内，社会保障标准及其以下水平是政府的"兜底"保障责任，这个保障水平是保障所有参保人员基本生活最起码的，不可缺少的，是对政府必须保障、必须承担的责任而言的，政府只有运用公共财政进行"兜底"保障保持这个水平，才能体现出社会保障制度的"国家责任主体"地位。

"底线公平"，不单是指社会保障制度中几项显现"底线公平"的制度——最低生活保障、基础教育、公共卫生和医疗保障，还包括养老、失业、生育等社会保险、各项社会救助和面向许多群体的社会福利。底线公平基础上建构社会保障体系，是政府、个人、家庭和社会之间的社会保障责任关系的一种界定。在以往社会保障实践中，曾有过两种相反的倾向：一种是计划经济时期的"劳动保障"，个人不用缴费，享受与贡献基本脱钩；另一种是改革开放以后，改革的主要取向是加大个人、家庭的责任，减少企业（主要是外资、民营企业）和国家的责任（主要是财政负担）。总结以往的实践经验，看来还是要找到一种责任共担的关系和机制。

一、明确了政府的社会保障职能

社会保障行政管理制度是指社会保障管理体制设置与管理方法的总和。我国正处在进一步深化改革，构建社会主义和谐社会奠定基础的过程，在这个时期建立的社会保障制度，是将过去的企业保障转变为现代社会保障的过渡性制度，但这是一个逐步推进的改革过程，这个过程是与我国社会主义市场经济体制改革过程同步的，是政府实现职能转变，对社会保障职能重新定位以及设置合理管理体制的过程。在这个时期，我国政府社会保障职能的具体内容是不断发展变化的。现阶段，我国政府的社会保障职能主要集中在社会保障宏观决策、组织实施、监督管理等方面。

　　1. 政府社会保障职能定位的再认识

　　建立体现社会公平的社会保障制度首先是国家（通过政府）是社会保障制度责任主体地位的具体体现，同时是构建社会主义和谐社会战略目标的重要内容。改革开放以来，随着社会主义市场经济目标定位和国有企业改革的逐步深化，社会保障建设取得了令人瞩目的发展，已经基本上构筑了一个以社会保险制度、社会救助制度以及社会福利服务为骨架的中国城镇社会保障制度体系雏形。农村社会保障制度已经开始进行探索，但从总体发展程度来看，与构建社会主义和谐社会的目标要求还存在着很大差距。党的十七大报告提出的"建立覆盖城乡居民的社会保障体系"，是未来社会保障总体发展要求。根据构建社会主义和谐社会目标要求对政府社会保障职能进行新的定位，在这个时期显得尤为重要（梅哲，2007）。

　　（1）保障公民享受社会保障权是政府的首要职能。人权问题是当今经济社会发展的重要问题之一，其基本内容包括生存权和发展权。生存权的确立要求政府要尽可能保障社会成员的生存，这是人权的第一层次或基本层次，是基础；发展权的确立要求政府创造一切条件满足社会成员的发展需求，这是人权的第二层次，是社会发展的最终目的。因此，保障人权是政府应尽的职责，而政府推行社会保障制度就是为了解除和预防贫困以及某些经济社会风险对社会成员造成的威胁，通过立法和一系列公共措施，为社会成员的生存和发展提供的一种保护，是为全体社会成员提供生活的安全感和发展条件，维护人格尊严。因此，社会保障权是社会成员的一项基本权利，这已经得到各国法律和一些国际法的确认（梅哲，2007）。《世界人权宣言》要求："人既为社会之一员，自有权享受社会保障。"[①] "人人有权享受其本人及其家属康乐所需之生活程度，举凡衣、食、住、医药及必要之社会服务均包括在内；且于失业、患病、残废、衰老或因不可抗力之事故导致有某种丧失生活能力之情形时，有权享受保障。"我国的宪法也

————————

[①] 联合国人权委员会：《世界人权宣言》，1946年起草，1948年12月。

对此做出了具体明确的规定。

社会保障权集中体现了国家意志，并需要利用国家强制力量组织实施，它要通过国家强制力量集中资源，并将资源分配给那些最需要它的社会成员，或用于提高全体社会成员的福利保障水平。这其中涉及社会成员间的再分配过程，在这个过程中，利益遭受损失的利益集团必然会逃避甚至阻挠这一过程的顺利实施，因而必须利用国家强制力量进行干预。另外依据"大数法则"，通过多数人集中参与来分担少数人可能遭遇的风险。社会保障制度要想达到保障国民生活的目标，也必须保证保险的大规模，客观上要求国家采用强制力量，将符合条件的所有社会成员均纳入社会保障体系中。政府是国家强制力量的体现，只有政府的强制力量才能够保障公民享受社会保障权，这种职能是其他任何社会团体所不能替代的（梅哲，2007）。

（2）维护社会公平是政府的社会职能。从承担市场风险责任角度看，现代大工业和市场经济的发展把越来越多的人推向了越来越多的动态风险，众多的社会问题随之产生，这些问题单靠原来的私人或团体的慈善救助已经无法解决，而必须依赖于强有力的国家政治经济权力的集中代表——政府来解决。

从维护社会公平的角度看，政府有必要创造一种"就基本的生活需要或是向一定方向发展的机会而言，任何人均无需依赖其他某些人"的条件，这也是实现人的全面发展的基本要求。维护社会公平是经济社会发展的重要内容，经济社会发展应维护公平，又应是高效率的，但是公平与效率的统一是需要进行协调的。如果制度安排得合理，公平与效率是完全可以同时实现的，而社会保障是公平与效率的统一，建立完善的社会保障制度就可以达到这一目的。如果贫富差距过分拉大，极有可能导致社会冲突和社会动荡。单一市场调节无法完成社会保障制度要求的规避风险和收入再分配任务，必须由政府将这些任务作为职能承担（梅哲，2007）。

（3）承担转制成本是政府必须负担的经济责任。由旧的制度向新的制度转变过程中所产生的成本，称为转制成本。国家（通过政府）作为社会保障制度的责任主体，承担了社会保障制度转制成本的责任。以我国养老保险制度由现收现付制转变为部分积累制这一转制成本为例。由于我国在社会主义初级阶段社会经济发展程度还不是太高，国家、用人单位、劳动者个人负担社会保障费用的能力有限，社会保障基金不足的问题普遍存在。以我国社会基本养老保险为例。我国自 20 世纪 80 年代中期实施"统账结合"新型养老保险制度模式以来，养老保险基金虽有一定的积累，但由于过去没有积累，支出增长幅度很快，只得动用历年基金结余。基金支付存在着巨大缺口，因此，迫切需要找到恰当的消化转制成本方式来补偿养老保险债务。在消化养老保险转制成本的具体方式上，虽然可以继续通过"统账结合"制度，用社会统筹账户的缴款来消化部分转制成本，但完全消化是不可能的，政府在这个时期承担养老金按期支付的最后责任。因此，这种职能直接起到稳定社会的作用，起到维持以"统账结合"为核心的社会基本养老保险制度正常运转的作用（梅哲，2007）。

2. 政府的社会保障宏观决策职能

政府的宏观决策涉及许多方面，从中央到地方各级政府都有不同范围的宏观决策职能。就中央一级的社会保障决策职能来看，同样包含着许多内容，限于篇幅，这里只对中央一级政府在具有全局性的社会保障问题的宏观决策职能进行论述。

（1）制定与国情相符合的社会保障事业发展规划。制定社会保障事业发展规划，直接决定着今后社会保障事业发展方向和目标，无论是制定"五年规划"还是"十年以上的远期目标"，坚持社会保障水平与生产力发展水平相适应是社会保障事业良性发展的根本前提。"底线公平"就是强调在现有经济发展水平上，在思想上树立"全民社会保障"的理念，在实施步骤上分步实施。因此，政府在进行"统筹城乡居民社会保障体系"发展规划决策问题上，要特别注意：一方面，在进行社会保障制度设计时一定要注意社会福利刚性增长法则，起点要低，不能仿效外国高福利的做法，不要形成超过现有水平的高的制度项目和待遇水平，要注意与原有项目和待遇水平的制度衔接，否则欲速而不达；另一方面，规划要有整体性，要克服长期以来，我国社会保障制度建设一直陷于被动配套的状态，制度设计分散化，制度执行非规范化，尤为缺乏针对中国社会结构变革的基础分析和社会保障制度整体建设的长远考虑，这在我国以前社会保障制度建设中是有过教训的。

（2）按照依法治国的要求全面推行社会保障法制化。社会保障制度的基本特征之一就在于强制性，而强制性必须通过法制化渠道才能得到有效的体现。当前，我国存在的社会保障覆盖面窄和社会保障基金征缴率低等问题，很大程度上是由于社会保障的"非法制化"原因造成的。事实证明，仅依靠社会保障主管部门和经办机构通过行政手段和宣传动员的做法来推行社会保障制度的完善，只能起到事倍功半的结果。社会主义市场经济体制建立的基本任务之一就是要建立市场秩序、规范法律制度和监督体系。政府社会保障职能作为一种国家职能，涉及多方的利益，随着经济体制改革引发的政府职能的转变，政府应改变原来的单纯依靠行政手段管理的方式，适时地转移到法制的轨道上来，不断规范制度。一方面，充分依靠现有法律、法规，理顺和规范社会保障运行；另一方面，应在国家社会保障基本立法的基础上加快各种行政法规的立法，依法推进社会保障制度的改革和完善，进一步规范社会保障制度的运作。政府除了强化推进立法工作力度以外，还必须在现有社会保障法律法规基础上，强化社会保障行政执法工作，政府作为行政执法的责任主体，要清晰地确立社会保障行政执法责任制，积极开展社会保障执法监督工作，强化基金征缴力度，以充分体现社会保障的强制性。

（3）建立社会保障预算和财务规章制度。建立社会保障预算制度是政府从公共财政角度作出的宏观决策，这是社会保障制度运行的物质基础，也是政府作为社会保障事业最后财政负担者角色的体现。社会保障预算是社会保障基金的专项收支计划，是我国复式预算制度的主要内容之一。我国已明确规定，财政预算包括政府公共预算、国有资产经营预算和社会保障预算三大主要内容。建立社会保障预算有利于维护国家预算的完整性。强化用款单位和社会保障基金经办机构的责任，强化国家财政的宏观调控功能，彻底改变各项社会保险基金游离于预算外的局面。要强化研究制定社会养老保险基金、失业保险基金等各项社会保险基金经办机构的财务会计制度，要建立社会保障预、决算审批制度，并对其进行经常性的监督检查，促进积极收缴、支付和投资运营计划管理费提取的合理化、规范化。此外，还要研究制定和重新修订社会保障基金使用效益考核办法。

3. 政府的社会保障组织实施和监督职能

政府社会保障职能除了政府宏观决策职能，还具有组织实施和监督职能，主要包括：

（1）依法建立完善、高效的行政管理体制。在构建社会主义和谐社会中，由于市场经济条件下利益主体的多元化，政府社会保障行政管理模式，还只能是政府直接管理模式，属政府主导型。社会保障行政管理必须由中央设立专门管理机构，并直接接受中央政府领导，实现统一制度、统一政策、统一标准的行政管理体系。社会保障制度的基本目标和功能，就是通过转移支付，调整初次分配的收入不平等，它所赖以建立的基础，就是人们在同一社会保障体制下具有享受社会保障的同样权利，如果在行业、地区和部门之间各自为政，那就起不到社会转移支付的作用，反而会使再分配中的不平等制度化，从而背离建立社会保障制度的初衷，并为以后的改革制造障碍。

建立统一的社会保障管理体制是走向市场经济的必然选择，经过多年的探索，最终确立了我国社会保障行政管理的最高机构——中华人民共和国劳动和社会保障部，统一负责全国城镇企业、机关事业单位以及农村的养老、失业、医疗、工伤、生育等社会保障工作。根据政、事分开的原则，政策的制定主要由各级劳动保障部门的行政部门负责；具体业务经办，基金的收缴、发放、管理和统计等工作，由各级社会保障经办机构负责；社会保障基金监督由专门机构负责。劳动和社会保障部成立了社会保障基金监督司，专门对社会保障基金进行监督核查，有的地方还成立了社会保障基金监督委员会。同时，强调社会保障机构、财政部门、审计部门之间的相互监督关系。随着行政管理体制改革的深入，2008 年国家实行"大部制"机构改革，从社会保障制度建设来看，目的是继续坚持法制化、社会化、一体化、规范化原则，坚持行政管理与业务经办分开原则，对我国在长期改革实践成功经验进行总结，并用法律形式予以确定；制定统一的社会保障基本制度和大政方针，避免政出多门、各行其是的现象；坚持政府对社会保障基金的调控管理，明确中央与地方的权限、职责，绝不能发生失控的现象。在建立完善的行政管理体制同时必须保持清醒的头脑，处理好改革与稳定的关系，坚持慎重、稳妥的原则，全盘考虑各项改革方案，改革工作一方面采取"低起点、渐进式"的发展方式，另一方面应由分散、临时项目过渡到统一和经常性体制，形成一个一体化的社会保障计划，以避免因改革而造成相当大的负面影响，给国内社会安定、经济生活带来损失。

（2）实行社会保障经办机构的垂直管理。为避免因地方政府由于拥有较大的自主权和存在地方主体利益观念，出现有利于地方利益而损害广大人民群众利益的违法乱纪的情况，有效地规范和稳定中央和地方的关系，在暂没有统一法律规范和约束的情况下，当前需要实行社会保障经办机构省级垂直管理，实行社会保障经办机构人事任免、人员经费、办公经费、固定资产、基金调拨由省里统一管理。这样做，有利于明确地方政府的自主权范围，推动地方政府职能转变以及经办机构改革，减少行政成本，提高管理效率，统一规范经办机构的行为和政策执行标准。[①]

（3）依法建立良好社会保障的基金运行机制。社会保障基金运行机制包括基金的收缴、投资运营和支付等方面。社会保障制度存在着一个重要制约因素就是基金的短缺。具体说，社会救济基金主要来自政府和民间捐款，社会福利和社会优抚基金主要来自政府财政，社会保险基金来自单位和个人的缴费以及政府财政支持，但总的来说，基金来源渠道比较单一。所以，社会保险基金应该继续坚持走多渠道筹集资金的道路，实行政府财政、用人单位、劳动者个人三方共同负担缴纳社会保障基金的筹集制度，扩大社会保险基金规模。要合理确定政府与单位和劳动者个人三者负担的比例。为保证社会保障基金有可靠的、稳定的来源，应以专门法或法律效力较高的行政法规来规范、强化社会保障基金征缴。在条件成熟的时候，应逐步推行社会保障税制度，通过税收手段来消化收入的贫富悬殊差别，维护社会的公平。

政府还应对有积累的社会保险基金进行投资运营，通过投资运营来使基金保值、增值，以便于应付人口老龄化高峰到来时对基金的巨大需求。在投资运营中，要充分发挥政府的作用。就社会保险基金投资而言，政府部门尽管并不直接参与社会保险基金的日常运作，但在根据国家发展计划规定高回报的投资项目、建立充分有效的监督机制以确保社会保险基金的高效运作和保证职工及退休人员的利益方面，起着决定性的作用，这种决定作用，体现在对社会保险投资政策"特殊性、收益性、流动性"原则的规定。[②]

（4）以政府为主导构筑覆盖城乡居民的社会救助体系。我国的社会保障制度改革是与经济社会转型同时发生的，市场经济在带来高效率的同时，也产生了贫富分配不均、两极分化的趋势，社会中困难群体更容易受到经济体制改革的负面影响，从而处于更加困难的境地。[③]另外，社会保

①②③ 梅哲：《构建社会主义和谐社会中的社会保障问题研究》，中国社会科学出版社 2007 年版，第 155–156 页。

险改革作为社会保障制度改革的主体部分，往往成为政府政策的重点和社会关注的中心，社会保险是以就业和缴费为基础的体系，而社会中的贫困人口或长期处于失业状态而没有稳定的收入，或在非正规部门就业而没有被纳入社会保险所覆盖的体系，或因其他原因而无力缴纳社会保险费。社会保险制度本身不能有效地解决贫困人群和社会弱势群体面临的生活问题，而政府能否对这部分人群提供最低生活保障，不但关系到社会的稳定、经济改革和社会保障制度能否顺利实施，更关系到构建社会主义和谐社会战略目标能否实现。政府建立社会救助体系，就是坚持"底线公平"的基础上，通过社会救助和收入支持的方式对社会上最困难的群体提供最低生活水平保障，但要在政策中注意在社会保险与社会救助之间建立互补关系，注意处理城镇和农村社会保障体系的衔接关系，注意将所有人都纳入保障体系中来。①

（5）政府对社会保障监督职能。社会保障政策的贯彻执行，特别是社会保障基金的运营，离不开强有力的监督。政府作为社会保障行政立法者和参与主体，无论从威信、能力还是从权利、责任来看，都应该在社会保障监督中发挥举足轻重的作用。然而，由于政府作用的局限性，决定了政府必须不断纠正各种偏差。以往人们倾向于认为市场失灵领域就应当由政府来配置资源，政府失灵的领域应当由市场发挥作用。实际上，二者的职能并非完全互补，市场失灵的领域政府未必就能有效发挥作用。因为政府有时在社会保障领域由于政府决策能力限制导致决策失误，或由于政策执行效果偏离政策目标。政府监督职能是政府致力于弥补市场经济的缺陷，在公正、公平的基础上实现社会的发展和稳定（梅哲，2007）。

为了有效地进行监督，政府应设立专门的监督机构，从社会保障体系分设内部和外部监督机构，对社会保障的运行从制度设计到政策制定，从社会保障基金管理到日常运行进行全面监督。政府对社会保障监督是否有效，在很大程度上取决于监督机构是否完善合理。此外，还要加快监督法律体系的完善，使投资规则体系更加健全。

---

① 梅哲：《构建社会主义和谐社会中的社会保障问题研究》，中国社会科学出版社 2007 年版，第 156 页。

二、构筑基础整合的社会保障体系

作为一个发展中大国，在较长时期内我们不可能建立起一个高水平的普救性社保体系，而只能选择一个补救性模式，对此，应有一个清醒的认识。所谓社保体系的补救性，其主要特点有三：第一，社保体系的作用应强调雪中送炭，将目标瞄准在最需救助的贫困群体上。有统计显示，贫困率越高，社会越不和谐；贫困人口越多，社会越不稳定；贫困既不利于经济的长期发展，又是构建和谐社会的一个主要障碍。由于社保制度目前覆盖的主要是城镇人口，贫困群体绝大部分集中在农村，所以社保体系的减困作用十分有限，即使在城镇，与国外相比，其减困作用也存在较大差距。例如，美国老年贫困率只有 8.6%，但要是没有社保制度就将高达 42%；欧盟贫困率是 16%，但要是没有社保制度就将高达 46%。第二，在提高对弱势群体瞄准精确度的同时，要扩大非缴费型社保制度（如最低生活保障和其他救助扶贫项目）的相对支出规模。在过去的 30 年里转移支付对减困发挥了巨大作用，农村贫困率从 1978 年的 31% 下降到现在的 2.5%，但这个贫困线标准还很低，它制定于 20 世纪 80 年代，一直沿用至今，在人均 GDP 已翻了好几番的今天，显然已不能适应社会经济发展水平，不利于构建和谐社会。第三，福利制度应保护和发挥而不是排斥和拒绝市场本应发挥的作用，应为市场功能和社会功能留出一定的"剩余"空间，为中产阶层获取更多的市场福利创造良好的条件，集中财力，将老年贫困和弱势人群作为主要救助对象，使这两个群体成为社保体系的真正受益者、社会制度的忠诚者、社会和谐的支持者，而不是相反。

但是，发挥社保体系的补救性不等于弱化国家作用的主导性和中央政府的权威性，现代社保体系只有通过国家的强力介入和全国范围的立法才能树立起社保体系的权威性、规范性和统一性；目前的现状恰恰相反，国家本应承担的责任没有完全承担起来，相当一部分由地方政府代劳；国家本应统一的制度没有完全统一起来，相当程度上已形成大小碎片，各唱各的调，五花八门，严重影响了全国大市场的形成；国家本应立法的没有做起来，政策缺损和制度缺位导致中央各部门之间、中央与地方之间博弈和推诿现象十分严重，成本费用巨大，效率十分低下，这就必须要整合制度基础（景天魁，2001）。

正是在这样的背景下，在"底线公平"理念基础上建立的社会保障体系，制度设计模式不是一个锦上添花的模式，而是一个雪中送炭的模式。在未来的二三十年内，主要任务应该是先解决雪中送炭的问题，再逐步适当解决锦上添花的问题。那么，制度设计原则应遵循以下三点：

1. 适度性——成本较低但效益最大

社会保障体系建设应该是成本较低、边际效益最大。因为中国老年人口有 1.4 亿，社会保障的需求大，目前年财政收入虽然达到 50000 亿元，但是人均收入水平相对还是较低的，总体上的缴费能力低而消费需求极其庞大。所以，如果搞高起点的普惠型的社会保障，实际上是不现实的。或者即使建立了普惠型的保障，也只能是"撒胡椒面"，想解决的、能解决的问题也解决不了。看起来很公平，实际上造成资源浪费。所以，第一个原则就是适度性。①

适度性是指养老保障既能保证老年人群体的基本生活需求，又能实现养老保障基金收支周期平衡的水平。换言之，养老保障适度水平就是能够同时满足适度需求标准和适度供给标准的水平。根据中国的现有国情和经济社会发展现实程度，养老保障制度体系的制度设计与政策走向，在今后相当长的发展过程中，应该始终坚持适度发展，建立养老保障的长效机制，是中国老年收入保障体系的发展方向。所谓适度发展，就是在建立和完善社会保障体系过程中，始终坚持结构的适度性和水平的适度性，根据经济社会的发展现实以及国家、企业和个人的承受力，来确定养老保障制度的模式、缴费和给付水平；制度体系结构的适度性实际上是一种科学的制度安排，承认不同社会群体的经济社会差异，而做出的一种符合中国经济发展水平各方承受力的理性选择。在坚持制度安排的适度性基础上，还必须考虑制度保障水平的适度性。保障水平不应该无限上升，当今西方发达国家中产阶层不断扩大，贫富阶层相对缩小等事实说明，社会保障水平达到一定的限度后就会稳定发展，甚至到一定时期还会逐渐下降。因此，社会保障的支出水平也应该保持在一个适度的范围内。从社会保障给付来看，养老金或者救济金应该保持一个适度水平，从国家财政转移支出来看，财政用于社会保障的比率也应该保持一个适度水平。这要涉及社会保障模式的科学设计，涉及缴费率、国家财政支出比率、给付标准的确定，

---

① 梅哲：《重庆市城乡统筹的社会保障体系研究》，《探索》，2009 年第 2 期，第 148 页。

也要考虑工资增长率、基金投资回报、物价指数及退休年龄等因素的影响。社会保障体系的结构适度性和水平适度性是既有区别又有联系的，是构建充满活力的社会保障水平体系的基础。前者涉及的是制度的理性安排，考虑的是宏观的层面；后者涉及的是制度的科学设计，考虑的是微观的层面。只有确立了社会保障体系的适度发展原则，才有可能使我们真正认识清楚现在社会保障体系改革中所遇到的各种困境和问题，才有可能使我们切实把握社会保障体系的发展方向，从而在长期内建立一个有利于经济发展，也有利于为全体国民提供持续稳定经济保障的社会保障。

2. 适当性——覆盖面广和有利于促进公平

建立在"底线公平"基础上的社会保障体系，还具体表现为发展成果"人人共享、普遍受益"。这既是现代文明的标志，也是社会主义本质要求。社会主义社会应当"结束牺牲一些人的利益来满足另一些人的需要的状况；彻底消灭阶级和阶级对立；通过消除旧的分工，通过产业教育、变换工种、所有人共同享受大家创造出来的福利，通过城乡融合，使社会全体成员的才能得到全面的发展"。[①] 但是，如果发展的结果是只有一部分人，甚至是一小部分人占有发展成果，那么这种发展是不为社会成员所认同的，由此，这种发展也容易引起社会动荡乃至政治上的不稳定。正如邓小平指出的："少部分人获得那么多财富，大多数人没有，这样发展下去总有一天会出问题。分配不公，会导致两极分化，到一定时期问题就会出来。这个问题要解决。过去我们讲先发展起来。现在看，发展起来以后的问题不比不发展时少。"[②] 对于目前在快速发展过程中，出现的城乡贫富悬殊逐步扩大的迹象，应引起各地政府高度重视。

制度设计的适当性，就是要有利于促进公平，而不是撇下那些无助的人去保那些有钱的人。多数人收入水平不高，全国目前处于绝对贫困的人口还有 2000 多万，还有不少人的生活水平即便高于贫困线也相去不远，返贫的危险仍然存在。因此，社会保障首先要把这些无助的人保住。先保证雪中送炭，有条件再适当"锦上添花"。不能先保富人，谁缴得起钱就保谁，谁缴纳的钱多谁多享受，那就有悖社会公平的初衷了。在社会保障的制度设计中，根据适度发展的原则，建立适合城乡、城镇内部不同社会

①《马克思恩格斯全集》第4卷，人民出版社1958年版，第371页。
②《邓小平年谱》下卷，中央文献出版社2004年版，第1364页。

群体的社会保障政策体系，并在不同的经济社会发展阶段，可实现自由平滑对接。这是一个兼顾公平与效率，既考虑眼前又顾及长远的适合中国国情的发展路径，是一种符合经济发展规律的理性选择。[1]、

3. 适用性——机制灵活和持续性强

由于制度设计原因，现行社会保险制度主要针对有稳定工作和收入，能按时缴费的群体，可现在的农民工、城市灵活就业人员也是很大一个群体，他们没有固定工作，也不见得每月都能缴费，如果制度是僵硬的，那就很难把这些人"扩大"进社会保障网中来。[2]

社会保障的适度发展，就是制度设计必须根据中国的国情和经济社会发展现实，从而做出理性的、恰当的、符合实际的选择。在中国，城乡二元经济将存在很长一段时期，尽管经济增长速度推动城镇化的步伐不断加快，但城乡二元经济结构要想达到西方发达国家的水平至少需要 50 年的时间。在这种城乡二元经济结构下，城乡经济社会发展极不平衡，城乡居民收入差距很大。实事求是地讲，占中国总人口大约 2/3 的农村人口还不可能在短时期内与城镇居民一样平等地享受工业化进程带来的诸多福利。虽然这样的差别不符合社会保障的宗旨，但在现实中确实因为经济结构和发展水平的差异而造成它存在的暂时"合理性"。在这种情况下，从制度的约束力、政府财政能力、个人承受力等方面考虑，都不可能在全国建立一个统一的一元化的社会保障制度体系。那么，在整合现有各种社会保障制度的基础上，关键要能够实现各类制度的平滑对接，形成灵活的机制，促进社会保障制度可持续发展。

三、探索覆盖城乡的社会保障体系

从"底线公平"的视角，进行社会保障制度设计不是单纯为了设计理想化的制度而进行设计，归根到底，设计合理的制度促进社会保障事业科学发展是为了维护广大人民群众的根本利益，更加有效地解决社会发展过程中出现的诸多利益不平衡问题，维护社会稳定，从而推动和谐社会的构建。但是，目前最突出的问题就是城乡二元社会保障制度的客观存在，这个问题已经成为阻碍社会保障体系全面、协调、可持续发展的制度性障

---

[1][2] 梅哲：《重庆市城乡统筹的社会保障体系研究》，《探索》，2009 年第 2 期，第 149 页。

碍，这是当前我国社会保障体系中存在的诸多制度结构问题中最突出的一点，它的存在直接影响和阻碍着构建社会主义和谐社会的步伐。所以，在构建社会主义和谐社会的社会保障中，必须建立统筹城乡的制度设计，这就要把认识和实践建立在新的基础上。

1. 城乡二元社会保障制度背离了社会公平性原则

现代社会保障制度是建立在社会发展和进步的社会公平的基础上，实现人们对于平等、和谐生活的追求和保障全体社会成员共享社会经济发展成果。按照构建社会主义和谐社会的社会公平和正义原则，社会保障制度是全体国民应普遍享受的权利和需要，但是现行城乡二元社会保障制度的存在，无论是过去制度设计还是现实农村需要都表现出社会公平性的缺失。

城乡二元社会保障制度产生的根源无疑是计划经济体制的存在，当时的社会保障体系带有明显的平均主义痕迹，缺乏真正意义上的公平。改革开放以后，我国采取了一系列社会保障制度改革措施，但是在制度设计的思路上仍采取了城乡分类的做法，对城镇居民采取了全面而慷慨的保障制度设计措施，而长期忽视了农村社会保障的制度设计，导致城市社会保障制度优于农村。前几年，"我国农村社会保障基金收入每年约400多亿元，仅占GDP的0.5%左右，其中有2/3来自乡镇企业和农民自筹，基本上是农民自我保障。2002年全国城市居民实际领取的最低生活保障金人数达2053万人，最低生活保障支出金额为112.3亿元，基本实现应保尽保。而广大农村尚未完全建立居民最低生活保障制度，每年仅为占农村应保人数的25%，约404万人，提供了最低生活保障，农村的社会保障覆盖率只有3%，城乡覆盖率的比例为22：1，城乡人均社会保障费用的比例为24：1"。① 占全国人口近70%的农民只享受全部社会保障费用的11%，而占全国人口30%的城镇居民却占用了全部社会保障费的89%。这样的制度设计，忽视了社会主义国家作为全体社会成员公平主体应尽的责任，客观上使应受社会保障覆盖的广大农民长期处于被忽略地位，过去农业对城市工业化所付出的巨大代价长期被忽略，在制度保障上，农民要平等地分享社会经济发展成果也就无法实现，制度设计体现出来的缺陷显然背离了社会公平性原则。②

---

① 农业部产业政策法规司课题组：《统筹城乡和统筹经济社会发展研究》，《农业经济问题》2004年第1期。
② 梅哲：《构建社会主义和谐社会中的社会保障问题研究》，中国社会科学出版社2007年版，第131页。

　　城乡二元社会保障制度的存在，导致制度上农民缺乏保障，而现实中广大农村地区对社会保障制度有着急迫的需求：一方面，农村贫困人口多，而且因病返贫的人口逐步增加，这些贫困人口中大部分是没有农村最低生活保障的，更谈不上像城镇居民一样享受其他社会保障待遇；另一方面，目前农村老年人在全国老年人总数中所占的比重高于城市，农村已经先于城市进入了老龄社会，加上因推行计划生育国策后子女数目的减少，在一定程度上使传统的"多子多福"的家庭养老保障受到强烈冲击，农村老年人又无法像城市老年人一样可以享受退休金生活。因此，农村对社会保障制度的急切需要与现实状况形成了明显的社会不公平。

　　显然，城乡二元社会保障制度不利于农村社会的稳定和社会公平的实现。如果今后的社会保障制度建设仍然依据城乡二元经济结构去进行社会保障的制度设计，必然会与以人为本的科学发展观相违背，会与城乡统筹发展的精神相违背，会使社会主义社会保障制度发展失去正确方向。① 但是，基于现有的物质条件，企图一下消除城乡二元社会保障制度的差距，也是不现实的。底线公平理论首先在维护公平的基础上，为科学适度地解决这一问题开辟了一条有益的途径。

　　2. 统筹城乡的制度设计旨在从制度上维护公平

　　社会保障制度理念基础就是社会公平。② 那么在统筹城乡社会保障的制度设计时，第一，要确立公平和共享社会经济发展成果的价值观，在观念上彻底消除城乡分割和有损人格尊严的一切做法。维护社会公平不是一句空话，它必须有相应的制度和物质条件予以保证。党中央提出了"两个趋向"的重要论断，指出"中国从总体上已经从农业支持工业、为工业提供积累的发展阶段，进入了工业反哺农业、城市反哺农村的发展阶段"，这是对我国社会经济发展水平和经济发展阶段的准确把握，为统筹城乡社会保障制度的思想认识做出了正确定位，在进行社会保障制度设计时既不要落后于这个阶段的物质基础，同时也不能超越这个阶段所具有的物质基础。第二，从法律角度出发，统筹兼顾，法律既要体现出党和政府的执政纲领都是从包括农民在内的人民群众的根本利益出发，又要体现出以法律形式对农民社会保障问题进行制度保证，维护社会公平。第三，从经济发

①② 梅哲：《构建社会主义和谐社会中的社会保障问题研究》，中国社会科学出版社 2007 年版，第132 页。

展角度出发，随着社会主义市场经济体制的逐步建立和完善，广大农村地区得到了飞速发展，持续的经济增长提供了农民共享社会经济发展成果和将农民纳入社会保障体系的物质前提。

3.统筹城乡的制度设计关键在于制度设计的科学性

统筹城乡社会保障制度的关键在于努力实现新制度的科学性，也就是要努力提高新制度的合理性、有效性。经过30多年的改革，我国现有社会保障制度基本框架已经形成并正在发挥日益重要的作用。但从构建社会主义和谐社会中的社会保障制度整体要求来看，现有整个制度体系还未完全定型，仍处在一个不断建立和完善的过程之中，也就是说，现有社会保障制度体系是一个在社会主义初级阶段内需要不断调整、完善、充实的过渡性制度体系，无论是宏观总体制度还是单个具体项目制度设计都还存在着一定缺陷，因此，提高新制度的有效性已经成为社会保障制度建设的当务之急。由于社会公平是制度设计的核心价值取向，因此"守住底线"或者说"底线公平"就应该成为"统筹城乡社会保障制度"的基础。"底线公平"首先是指所有社会成员的生存权利能够得到平等维护，只有生存权利得到平等维护，才谈得上其他公平问题。所以，从总体上讲，统筹城乡社会保障的制度设计，要在"底线公平"理念下，整合现有制度基础，在制度设计上一定要从统筹城乡角度出发，不能仍在现有二元结构里兜圈子，要将优先发展公共财力可以承担、公共性较强的以农村最低生活保障为核心的社会救济制度，作为奠定农村社会保障制度体系的基石，同时在经济发达地区探索农村社会保险制度，设计适合进城务工人员的社会保障制度，促进城乡社会保障制度的对接和融合。

4.统筹城乡社会保障的制度设计不等于同一设计

"统筹不等于同一"。统筹城乡社会保障制度不等于实施城乡同一的制度，并不是要在现阶段强求完全相同的市场，完全相同的一套管理制度，完全相同的一套服务模式。①

由于历史与现实的原因，我国城乡劳动者是两个不同的群体，在社会意识、文化技能、需求偏好等方面表现出明显不同的特质，从而也需要有针对性和适应性的市场。当前，学术界有人从维护人权的平等角度，认为应同步推进城乡社会保障制度改革，不能等待城市体制健全以后再考虑农

① 梅哲：《重庆市城乡统筹的社会保障体系研究》，《探索》，2009年第2期，第149页。

村劳动力的社会保障问题，这种观点其实不全面。维护农村劳动者的合法权益，的确是党和政府一直高度重视的问题并正在日益解决的问题，但是不能因此就在现有经济发展水平的基础上，强求农村社会保障制度的推进，马上与城市改革同步进行，而是应有所侧重，根据各自的特点，在从全局统筹安排的基础上，有先有后逐步分步实施。之所以要"统筹设计、分步实施"，有三点原因：第一，城市和农村社会保障的物质基础不同。新中国成立以来社会保障制度建设重点放在城市，城市职工享受着远高于农民的高保障和高福利、较高的生活水平、稳定的收入和较为舒适的工作条件。农民工作辛苦、收入低，基本不享受或极难享受社会保障待遇（梅哲，2007）。改革对于部分劳动技能较低、身体条件差的城市失业职工而言，由于经济结构的调整、产业结构的转换使他们失去了原有的就业保障机会和部分免费的集体福利，政府无论采取何种社会保障制度，只能维持其基本生活需求，从某种意义上讲是降低了这些下岗失业职工原有生活水平；对于原没有被社会保障制度覆盖的农村外来劳动者，由于允许他们流动参与城市就业岗位的竞争后，也为他们提供了一些相应的社会保障，使双方生活发生了质的变化。由于社会保障待遇的刚性增长原则，改革对城乡劳动力影响的感受是不一样的。相对于城市失业者是大大降低了收入水平和生活质量，而相对于农村劳动者是收入的提高和生活质量的改善。因此，社会保障制度改革的速度必须考虑城乡劳动者这种不同感受以及心理承受能力的变化，这是在制度设计前必须考虑的问题，既不能搞平均主义，也不能将待遇水平定得过低或者过高。第二，城市和农村劳动者对社会保障的需求也是不同的。城市劳动者的社会保障意识、对社会保障的需求、文化技能和素质普遍高于农村劳动者。其主要原因是：一方面由于农民工工作的不稳定感和较差的经济基础，他们普遍不愿牺牲少量的眼前利益（如让农民工自己在基本工资较低的水平上缴纳较高的社会保险费等）而获得更多的长远利益（退休后领取养老金）；另一方面是由于使用外来流动劳动力的用人单位多数是劳动密集型企业，劳动力的低成本是其盈利手段之一，为他们缴纳各种社会保险费无疑会增加其产品成本。第三，目前，社会保障制度是以中央或地方的财政担保为基础的。虽然社会保险的支付与缴纳标准有专业的精算为依据，但实际工作中不能保证社会保险基金都完全按照制度设计的征收和支付率均达 100%。[1]

从"底线公平"的视角，统筹城乡社会保障的制度设计，是要站在全局高度，在保障对象权利相同的基础上，进行整体制度设计，开展对现有制度资源的梳理、整合。在具体政策项目、待遇水平、筹资渠道等方面，则根据对象的不同需要给予相应的待遇水平，实现对社会保障制度"保障基本、按需分配"的目标。在现有经济条件下，实现城乡完全相同的社会保障水平，是不符合客观实际的，是搞平均主义。"底线公平"理念基础上的社会保障制度，不是说要马上完全消除不平等，而是在一定程度内承认差距和不平等的基础上，根据现有条件先通过老年收入保障制度的平衡和调节手段来逐步缩小差距，逐步趋向公平，实现动态的和谐。

---

[1] 梅哲：《构建社会主义和谐社会中的社会保障问题研究》，中国社会科学出版社 2007 年版，第 135 页。

第四章　中国老年收入保障
问题及原因

在中国现有的研究中，许多学者习惯于使用养老保障概念来描述老年人的收入。本书前面已经做过介绍，基于"底线公平"的视角，老年收入保障既包括养老保障制度，也包括最低生活保障制度，严格地说，应该是包括所有老年人的养老保障，包含收入替代和救济两大目标，目的是保障所有老年人有经济收入，满足其需要，维持基本生活水平。相对老年人而言，老年收入保障是能够保障基本生活的经济收入水平，是起码生存和体面生活的基础；相对政府而言，是政府建立社会保障的基础，是最起码要管的，是公共财政最应该支出的部分。建立在"底线公平"理念基础上的老年收入保障制度核心内容就是：明确政府责任，理清制度基础，限制过高收入，兜底过低收入，保障水平适度，维持基本生活需要。本章主要讨论中国老年收入保障制度变迁、结构矛盾、国外老年收入保障基本状况。

第一节　中国老年收入保障制度的问题

一、中国老年收入保障的特征

建立老年收入保障，保障老年人的基本生活需要。究竟什么标准才能满足老年人的基本生活，由于经济利益期望个体差异性的客观存在，会出现不同的争论：老年收入保障指的是维持老人自身最低生活水平的经济收入标准？还是维持老年人及其抚养亲属最低生活水平？或者是维持老年人自己的最基本生存水平？问题争论的焦点集中在两点：①保障的对象除了老年人本人是否还应包括其无经济收入来源的亲属？②保障水平是维持老年人的最低生活水平还是基本生活水平？人们可以先从两个方面加深对老年收入保障的理解。[①]

一方面，老年收入保障是相对概念，而非绝对概念。[②] 因为在不同的社会，同一社会的不同发展阶段，甚至同一个社会、同一时间的不同区域，基本生活的标准是不一样的，各个老年群体对老年收入保障的认识也是不一样的，其原因就在于老年人对于经济利益期望的个体性差异，比如有就业经历的退休人员与无就业经历的老年人之间、城市老年人与农村老年人之间对于经济利益的期望差异就很大。但是，有一点是明确的，老年收入保障标准不是一个固定数值，而应该是一个区间值，并且这个标准是随着经济发展程度经常作相应调整的，正如贝弗里奇说的，"在某种程度上，适当地确定人们维持生存需要什么是一个判断问题，对这一点的估计会随时间而变化，一般在一个进步的社区中，这种变化是向上发展的"。因而，对老年收入保障的把握应是动态的而不是静止的。

另一方面，老年收入保障是经济上的概念，而非文化上的概念。[③] 物质生活与文化生活之间存在着某种必然的联系，老年人若长期处于最低生活保障线以下，在文化生活方面必定会表露出缺陷性。老年人虽然是在一定物质和文化环境下生活，但老年收入保障是一个用现金来测算收入的经济标准，不反映其文化生活状态，这个标准只是在经济上要求能够维持老年人的基本生活，并且随着当地的经济发展作相应的调整。因此，它只反映老年人经济收入保障程度，不反映老年人（包含文化生活方面）的生活质量。

以养老保障为例，按照"底线公平"理念确立的老年收入保障，不能简单地将养老保障理解为和贫困线一样，它在养老保障制度框架内就政府的责任而言，其基础性养老金是一个必须承担的责任水平，它不是指维持退休人员最低的基本生存条件或水平，而是指维持退休人员本人基本生活水平。这个水平应该高于最低生活保障，若将保障基本生活与最低生活保障画等号，那就等于一方面否定了退休老人过去为社会所做的贡献，另一方面把属于对一般老人的社会救济和属于对退休老人的社会保险混为

---

①②③ 梅哲：《最低养老金标准问题理论浅析》，《湖南师范大学社会科学学报》，2008 年第 3 期第 93–94 页。

一谈了。[1]

确立老年收入保障时还要遵循一个基本的经济规律：老年收入保障的制定和实施，归根结底受到社会生产力水平和社会承受能力的制约，受到养老保险基金及地方财政承受能力的制约。因为养老金作为一种可分配的产品，在"分配方式本质上取决于可分配的产品有多少，而产品的多少当然随着生产和社会组织的进步而改变，从而分配方式也应当改变"。[2] 如果不注意这一点，由于退休群体经济利益差异性和多元性的存在，仅仅根据退休人员对养老金的期望值来确定养老金标准，一方面是永远满足不了退休老年人的需要，另一方面必定会挫伤劳动者生产的积极性。因此，在确定老年收入标准的时候，可以考虑采取以省（或市）为单位确定老年收入保障。标准设立的测算，要注意三个方面的内在逻辑关系：①养老金收入水平取决于社会经济发展水平，只有经济发展才有养老金收入水平提高的物质基础；②退休人员生活水平是由其养老金收入水平决定的，在达到"基本生活需要"的家庭中，退休人员生活费收入应该可以满足其生活费的支出；③退休老人的消费支出水平反映退休老人的生活水平，而退休老人的消费结构直接表现出退休老人的生活质量。由于我国社会生产力发展水平不平衡的客观现实存在，决定了老年收入保障标准的设定是一个区间数值，而不是一个具体的数值点，也就是说标准的设定必须贯彻"底线公平"理念，设立一个"适度公平"的区间数值的标准，这个区间数值的标准设定要包含两层含义：①这个区间的标准要使退休人员的平均生活水平不致因退休而大幅度下降；②这个区间的标准使退休人员的平均生活水平至少不低于社会最低生活保障水平。各地在确定老年收入保障时起点要定得低一些，所有退休人员养老金若低于这个标准均按照这个标准补齐，当然，这个标准随着各省（或市）居民收入水平和全国居民收入水平的提高会逐年递增。[3]

① 梅哲：《最低养老金标准问题理论浅析》，《湖南师范大学社会科学学报》，2008 年第 3 期第 93-94 页。
②《马克思恩格斯全集》第 37 卷，人民出版社 1978 年版，第 432 页。
③ 梅哲：《和谐社会视野下养老金收入保障机制构想》，《社会科学家》，2008 年第 3 期，第 46 页。

二、老年收入保障制度变迁

中国老年收入保障制度的建立开始于 20 世纪 50 年代，迄今已有近 60 年的历史，其中还因"十年浩劫"而被迫中断。老年收入保障制度以养老保障制度为主要内容，先后经历了从小范围覆盖、集体自保、国家全面负担到大范围覆盖、全国统一保障以及国家、集体与个人三方责任负担的养老保障体系建立的过程。限于篇幅，本节不对养老保障制度以及最低生活保障制度变迁进行详细描述，仅通过对制度阶段性特征基本了解以便于从整体上掌握基本理念和制度设计初衷，为后面进行制度结构分析奠定基础。

1. 养老保障制度变迁

（1）改革开放以前养老保障制度基本状况及特点（1951~1978 年）。新中国的养老保障制度，以 1951 年 2 月政务院颁布的《中华人民共和国劳动保险条例》为创建标志。该条例规定，社会保险费全部由企业承担，企业根据其工资总额的 3% 缴费，费用由企业的工会控制，各地政府工会再将各地企业上缴养老金（当时称为劳动保险金）的 30% 交给中华全国总工会管理，用于全国的调剂，70% 留存于企业工会基层委员会，这一制度主要覆盖城镇企业职工。1955 年，国家颁布了《国家机关事业单位工作人员退休暂行规定》，建立了机关、事业单位工作人员的养老保险制度。1958 年和 1966 年为了适应经济的发展需求，国家对养老保障制度进行了初步的调整，对一些具体的项目、管理和标准等进行了一些完善。直到被 1978 年出台的《关于工人退休、退职的暂行办法》和《关于安置老弱病残干部的暂行办法》所取代。

总体上讲，这个历史阶段的养老保障制度处在初创和艰难探索时期，其特点是：养老保障制度是在计划经济体制下实施的，重点突出保障的互济性，完全体现社会的"公平"原则，所有的个人福利与生老病死都由企业负担，充分调动了职工的积极性，但是覆盖范围有限，养老保障制度的统一性还没有建立，其保障对象是城镇机关、事业单位和国有企业职工，且以国有企业职工为主体。由国家规定统一的养老待遇，各类单位和企业支付养老费用。这实际上是一种现收现付型养老保险体制，是"企业保障"，而不是"社会保障"。

（2）改革开放 30 年来养老保障制度变迁及特点（1978~2008 年）。改革开放 30 年来，我国养老保障制度变迁大体可以分为三个阶段：第一个阶段是 1978~1991 年的恢复性改革阶段；第二个阶段是 1991~2006 年的探索性改革阶段和"做实"试点阶段；第三个阶段是 2006 年以来，探索"覆盖城乡居民的社会保障体系"的"全覆盖"改革攻坚阶段。

1）1978~1991 年的恢复性改革阶段。1978 年，中共十一届三中全会扭转了我国社会经济的混乱局面，为养老保障制度改革提供了宽松的政治、社会条件。随着经济体制改革的逐步深入，养老保障制度改革开始在部分地区试行。以 1986 年国务院颁布的《国营企业职工退休费用实行社会统筹的暂行规定》为标志，政府进行了一系列养老保障制度改革，主要是建立劳动合同制工人养老保险制度，养老保险基金实行国家、企业和个人三方负担，引入个人缴纳养老保险费机制，改变了过去完全由国家和企业出资的办法，从而揭开了中国老年收入保障制度改革的序幕。

这个阶段的主要特征是：由解决历史遗留问题和恢复被破坏的养老保障制度入手，开始探索由"企业保险"向"社会保险"的转变，开始尝试养老保险费用的社会统筹，其目的是"还原"养老保障的基本职能。从 1984 年开始在部分地区试行退休人员的退休费社会统筹，并逐步提高社会统筹层次，至 1994 年全国先后有 13 个省、自治区、直辖市实现了省级统筹，11 个行业实行了养老保险的系统统筹。

2）1991~2006 年的探索性改革阶段和"做实个人账户"试点阶段。1991~2006 年这 16 年是中国养老保障制度的探索性改革阶段，也是我国养老保障制度框架形成的重要时期。这一历史阶段也可以划分为两大阶段：第一阶段（1991~2000 年），养老保障制度框架初步建立；第二阶段（2000~2006 年），养老保障制度逐步完善。

在第一阶段，政府在试点的基础上，对养老保障制度进行探索。1991 年，国家改变了养老金完全由国家、企业包揽的办法，开始了以国家基本养老保险为核心，企业养老保险为补充，与职工个人储蓄性养老保险相结合的企业职工养老保险制度基本框架建设。1993 年，《中共中央关于建立社会主义市场经济体制若干问题的决定》，正式决定实行"社会统筹和个人账户相结合"的养老保障制度模式。1995 年，国务院发布具体确定"社会统筹与个人账户相结合"的实施方案，确定"统账结合"是中国城镇企业职工基本养老保险制度改革的方向。提出到 20 世纪末，基本建立适应社会主义市场经济体制要求，适用于城镇各类企业职工和个体劳动者，资本来源多渠道，保障方式多层次，社会统筹与个人账户相结合、权利与义务相对应，管理服务社会化的养老保险体系。到 1998 年，以"社会统筹和个人账户相结合"制度模式为特征的，全国统一的养老保障制度框架基本形成。

在这一阶段，中国养老保障制度探索取得的最重要成果，就是初步确立了"统账结合"的新型养老保障制度模式。但在这一阶段，在新制度模式实际运行中，由于对探索建立一种新养老保障制度存在认识上的差异，同时也由于在具体操作中遇到了地方与中央、行业与地方，不同省份各市、县之间利益不一致，形成了养老保险制度的多种方案并存的破碎局面，全国产生了上百种改革方案，也导致了地区之间养老金水平相互攀比，中央难以管理、调控，职工跨地区流动困难等问题。这些现象在一定程度上暴露出中国养老保障改革的深层次矛盾和改革的复杂性。1997 年 7 月国务院为解决制度多种方案并存的破碎局面，采取果断措施，使问题得到一定程度的解决。但个人账户"空账"问题仍困扰着改革前进的步伐。

第二阶段，2000~2006 年，这是"做实个人账户"和完善"养老金计发办法"试点阶段。由于"个人账户空账"问题的存在，从 2000 年开始，国家选择辽宁省进行试点，核心内容是将一直"空账"运行的个人账户"做实"，实行真正的"半积累制"。2003 年党中央、国务院决定，在总结辽宁省试点经验的基础上，在黑龙江和吉林两省进行扩大试点，为完善我国城镇社会保障体系进一步积累经验。从 2006 年起又将试点改革扩大到除东三省之外的八个省、区、市。

以"统账结合"为特征的新型养老保险体制取代原先体制，从制度设计初衷上讲是有积极作用的。因为：该制度一方面将职工个人的贡献（缴费）与获益（退休后领取养老保险金）在某种程度上结合了起来，使它从理论上讲具有了更强的激励作用，体现了效率；另一方面，社会统筹部分对不同收入的养老金领取者进行了收入再分配，这正是养老保障制度公平性的重要体现。更为重要的是，它部分剥离了国有企业的养老保障社会职能，廓清了其经营成败的"责任归属"，便于其提升竞争力，也有利于国家保护国有资产的保值与增值。

3）从 2006 年至今探索"城乡居民社会保障体系"实现"全覆盖"的改革攻坚阶段。2006 年中共十六届六中全会从构建社会主义和谐社会的战略高度，明确提出到 2020 年建立覆盖全民的社会保障体系。2007 年中共十七大报告再次提出加快建立覆盖城乡居民的社会保障体系。这标志着中国社会保障制度建设进入了一个新的历史阶段。到 2020 年，中国政府要在一个十几亿人口的大国做到全民保障。这就确立了整个社会保障体系改革的长远目标，同时，也为养老保障制度改革确立了进程表，这不仅是中国广大老年人的福音，也是对世界养老保障制度的一个重大贡献。

这一阶段，国家也加快了社会保障法制化建设的进程。2007 年底，《中华人民共和国社会保险法（草案）》提交全国人大常委会审议，草案确定了"广覆盖、保基本、多层次、可持续的"方针，明确了我国社会保险制度的基本框架，对社会保险的覆盖范围、社会保险费征收、社会保险待遇的享受、社会保险基金的管理和运营、社会保险经办机构的职责、社会保险监督以及法律责任等方面作了规定。《社会保险法》的出台将有助于推动中国养老保障事业的法制化，增强老年收入保障制度的权威性和稳定性。

2. 社会救助制度发展状况

社会救助是老年收入保障制度另一重要内容。我国的社会救助政策过去的主要任务是对无劳动能力、无生活来源、无法定赡养人和抚养人的城镇孤老、社会困难户等一些特殊救济对象进行定期定量救济和临时救济。改革开放以后，面对城市中越来越多的困难群众，以前的社会救助政策已经不能适应现实的需要，现在城市困难群众中人数居多的主要是在社会经济转型过程中形成的城市新困难群体，这些困难群众产生贫困的主要原因，并不是源于不可抗拒的自然灾害或恶劣的自然环境条件，也不是个人因素引起的，而是大多与经济体制转轨、社会转型、市场风险加大等诸多因素联系在一起，具有体制转轨性贫困的鲜明特征。在这种背景下，1993年开始，上海等一些城市陆续开始进行城市最低生活保障的实验。1997年 9 月 2 日，国务院发布《关于在全国建立城市居民最低生活保障制度的通知》，从政策上正式确定了在全国范围内实施最低生活保障工作，在这项政策中，首次对城市最低保障的对象做出了明确规定——人均收入低于当地最低生活保障标准的持有非农业户口的城市居民，具体确定为三类人员：无生活来源、无劳动能力、无法定赡养人或抚养人的居民；领取失业救济金期间或失业救济期满仍未能重新就业，家庭人均收入低于最低保障标准的居民；在职人员和下岗人员领取工资或最低工资、基本生活费后以及退休人员领取退休金后，其家庭人均收入仍低于最低生活保障标准的居民。由于最低生活保障政策的覆盖对象是处于极度贫困而又无能为力的人群，"最低生活保障"因而被形象地称为"城市社会保障体系中的最后一道安全网"。民政部也认为，建立城市居民最低生活保障制度是"一项政府花钱不多，社会效益极佳的民心工程"。经过几年的努力，到1999年，全国大多数城市都实施了城市居民最低生活保障政策，国家于1999年颁布了《城市居民最低生活保障条例》，以最高行政法规的形式，将这项政策纳入了法制化轨道。

近几年，中央加大了对农村居民的社会救助支持力度，使社会救助工作逐渐走上了综合协调发展的新阶段，覆盖城乡的社会救助体系基本建立。这表现在：①城市居民最低生活保障制度稳健运行。2008年，民政部先后两次会同财政部下发提高最低生活保障标准和补助水平的通知，督导各地根据经济发展和物价涨幅不断提高救助水平，进一步巩固了应保尽保成果，初步形成了最低生活保障标准与补助水平的动态调整机制。②农村居民最低生活保障制度快速推进。2008年，农村最低生活保障制度全面推行，重点将因病、因残、年老体弱、丧失劳动能力和生存条件恶劣的常年贫困人口纳入最低生活保障范围，救助水平明显提高。③农村"五保"供养制度逐步落实。2008年，各地逐步将符合条件的困难群众全部纳入供养范围，初步实现应保尽保。同时，各地根据当地实际调整公布供养标准，落实供养资金，供养水平不断提高。

三、老年收入保障制度存在的问题

1. 养老保障制度存在的问题

虽然"社会统筹和个人账户相结合"养老保障制度模式已基本建立并正在运行，但是在"社会统筹和个人账户相结合"的制度模型下，由于改革前缺乏积累，造成统筹账户存在巨大支付缺口，各地均调用个人账户资金用于当期支付，个人账户有名无实，长年"空转"。个人账户的长期空转不仅严重打击了个人缴费的积极性，而且背离了统账结合的改革方向，制度设计初始目标和运行都出现了错位。

（1）制度设计的初始目标出现了错位。由于制度设计的原因，客观上形成了"公平养老缺失"，使制度设计的初始目标出现了错位，具体表现在：

错位一：现行制度设计形成"双轨制"并存局面。

笔者在主持《养老保险制度设计问题与对策研究报告》课题研究中，曾进行过 100 多人的深度访谈，在访谈中发现以下现象：

> 编号：FTWH970011
>
> 李先生 1951 年在农村初建三社时参加了供销合作社工作，工资由供给制转为薪金制。次年作为"国家干部"的身份下放农村生产队搞整风运动，后又被调回原企业单位搞基层社财会人员辅导和审计等工作，1982 年县政府以"照顾老干部"的理由给他办了退休，退休时基本工资是行政级 57.5 元，当时属单位最高级别的行列。李先生一直不遗余力努力工作，1991 年财政部还发了荣誉证书以表彰他"为社会主义建设作出贡献"。虽然他近年的退休金由 495 元增至 545 元，但依然比其他机关单位的退休人员低很多。
>
> 编号：FTWH970133
>
> 王先生等人原属国家冶金部科研单位的退休技术人员，同样都是 1963~1965 年参加工作的，退休时也具有同样的职称，但由于 1999 年 7 月起，我国科研机构企业化转制，导致了转制单位职工退休待遇与原机关事业单位人员退休待遇的很大落差。在此"门槛"前退休的，享受事业单位退休金待遇，而在此"门槛"后退休的，则享受企业退休金待遇。这样一来，像王先生他们这些在"门槛"后退休的，退休金仅是"门槛"前退休的 70%，这样的处理给后退休的这部分人的退休生活造成的影响是明显的。

近年来，关于企业与机关事业单位退休人员待遇差距过大、企业退休人员养老金偏低的问题各地反映强烈，以及企业单位退休人员养老金过低、物价上涨后对企业单位退休人员生活带来负面影响等问题人们也颇有怨言。虽然政府逐步提高了退休人员的养老待遇，无论企业还是事业单位，退休人员退休金都有增长，然而现行的养老金制度出现"双轨制"，又使企业与机关事业单位退休人员的养老待遇拉开了差距。每次调整养老金时，企业退休人员总是要比机关事业单位的退休人员少很多，差距是几倍以上。相同条件下，只因为原工作单位的区别，养老待遇出现了千差万别。"双轨制"并存凸显的弊端是显而易见的，养老金制度的公平原则无法体现。

机关事业单位工作人员的养老保障制度严格而言，不能称其为养老保险制度，它到目前还只能叫做退休制度。社会保险制度设计的原理和本质在于运用"大数法则"分散风险、责任分摊，由国家、集体、个人三方共同承担风险。目前的制度设计是：我国的机关事业单位工作人员仅仅是"视同缴费"，以一种预先扣除的方式来缴纳养老费，事实上不缴纳任何费用。因此，机关事业单位工作人员的养老保障制度在很大程度上以退休制为内容，表现为职工不需要缴纳或是缴纳很少的一部分钱，其退休后收入（退休金）绝大部分甚至全部来自财政预算，且退休金随在职人员的工资调整，较多地共享了社会文明进步的成果；相比之下，由于受到人口老龄化的冲击和转制成本的影响，我国企业及其职工的缴费率日渐攀升，有些地区企业的缴费率甚至到了30%以上。这已经成为了某些劳动力密集型企业和夕阳行业盈利的"瓶颈"。同时，由于物价指数的上升，企业职工的养老金购买力呈现下降的趋势，退休时间越长，这种趋势越明显。[①]

笔者借助《发展和改革蓝皮书——中国改革开放 30 年（1978~2008）》一书中有关材料，对"双轨制"问题进行更详细的分析，以便加深理解。

由于"双轨制"并存，企业和机关事业单位的退休后收入水平差距正在逐渐扩大。通过对图 4-1 的观察，可以发现"1994 年企业退休人员人均年养老金为 3248 元，机关事业单位退休人员人均年养老金为 4331 元，

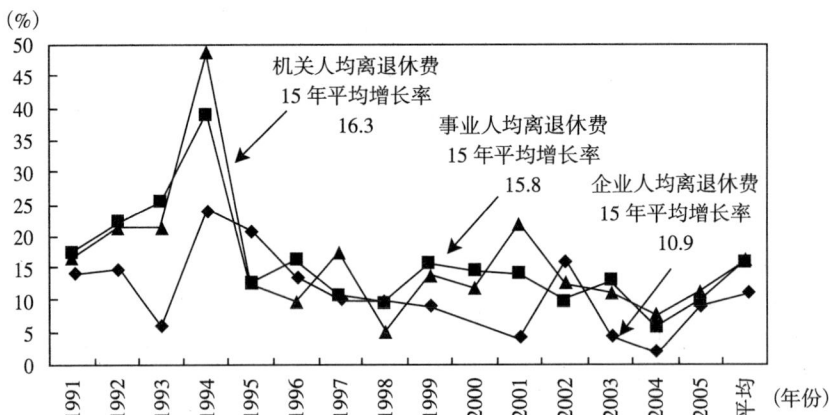

图4-1　企业和机关事业单位人均离退休费历年增长率

资料来源：2002~2006 年《中国劳动统计年鉴》。

---

① 梅哲、刘姗姗：《制度与运行：社会养老保险制度运行效果考察》，《长江论坛》，2007 年第 3 期，第 43 页。

均比企业退休职工高33%，到2001年这一差距扩大到69%"。2000~2005年的6年间，全国机关、事业单位的退休金年均增长13.07%和11.48%，而同期企业退休职工的退休金年均增长仅有6.92%。企业退休人员与机关事业单位退休人员因为身份的差异，退休后收入居然相差三四倍甚至更多，这显然十分不公平。差距的存在让企业退休人员倍感不公正，尤其是那些原本在机关事业单位工作而后调到企业单位的退休老年人群。

图4-2所示为企业和机关事业单位1990~2005年的人均离退休费。在1990年，企业单位人均离退休费为1664元，机关和事业单位分别是1889元和2006元，事业单位和机关人均离退休费分别比企业高出13.5%和20.6%。到了2005年，企业单位人均离退休费为8803元，事业单位和机关分别是16425元和18410元，事业单位和机关人均离退休费分别比企业高出86.6%和109.1%。"双轨制"下人均离退休费的差距变化是惊人的，而由于制度原因产生的养老金"政企不公"成为客观事实。

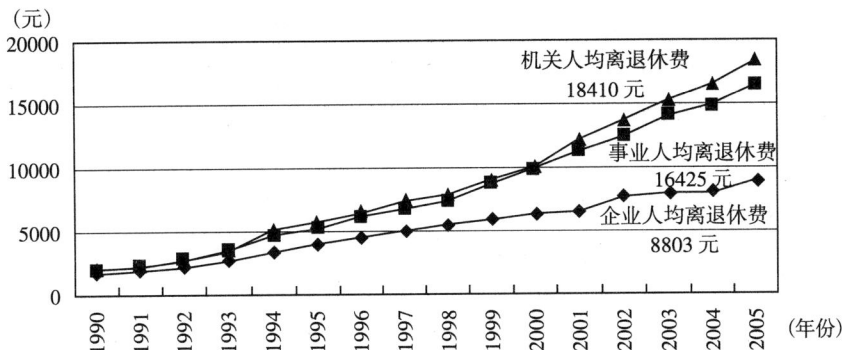

图4-2　企业、机关和事业单位1990~2005年的人均离退休费

资料来源：2002~2006年《中国劳动统计年鉴》。

图4-3是企业、事业和机关单位离退休费总额的历年增长率。整体而言，1991~2005年的15年间，机关单位离退休总费用的平均增长率是23.2%，而企业离退休总费用的平均增长率是16.7%，机关单位高出企业6.5个百分点。同样的，事业单位离退休总费用的平均增长率是23.8%，高出企业7.1个百分点。就个别年份而言，在15年中，企业离退休总费用增长率高于机关单位只有5年，高于事业单位的仅有3年。

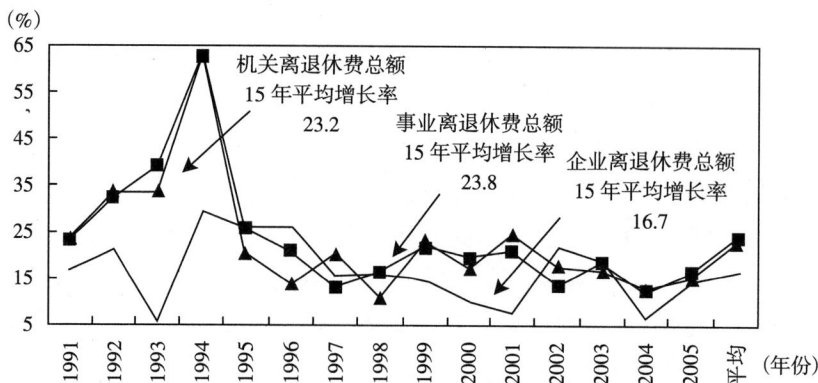

图4-3 企业、机关和事业单位离退休费总额历年增长率

资料来源：2002~2006年《中国劳动统计年鉴》。

总之，在"双轨制"下，无论根据人均离退休费的绝对量，还是根据人均离退休费的增长率，甚至离退休总费用增长率均表明：中国养老金"政企不公"的问题十分严重。因此，改革机关和事业单位养老保险制度已迫在眉睫、刻不容缓。

错位二：现有制度本身存在"排斥性"和"非公平性"缺陷。

现有养老保障制度存在的制度设计本身缺陷，就是针对工薪收入者征收养老保险费用，实行缴费义务与享受养老金权利挂钩原则，这样的制度似乎遵循了权利与义务对等原则，但事实上将大多数普通劳动者特别是广大农村人口拒于制度大门之外，这种模式由于制度尚未完全覆盖全体城镇劳动者，制度实施范围小、覆盖面窄，绝大多数农村人口、私营企业与乡镇企业员工、自雇者、农民工和灵活就业者被长期排斥制度之外，他们参与养老保障的权利被无情地剥夺。[1]

现有养老保障制度对于待遇问题也呈现"非公平性"，已享受待遇的城乡老年人待遇差别较大，以2005年国家进行的基本养老金制度改革为例，这次改革，目的是想通过纠正一些不完善的地方，应该说，这次改革养老金计发办法不仅纠正了旧计发办法在支付基础养老金的均等化，体现出制度设计对个体的公平，而且提高了养老保险制度的效率，促进了我国养老保险事业的新发展。但是，由于整个养老保障制度设计存在缺陷，依

---

[1] 梅哲、刘姗姗：《制度与运行：社会养老保险制度运行效果考察》，《长江论坛》，2007年第3期，第43页。

然存在许多不完善的地方。与旧计发办法相比，新计发办法提高了高收入阶层的养老金水平，却降低了中低收入阶层的养老金水平，尤其是缴费年限比男职工短的女职工，且高低收入阶层养老金水平差异较大。职工在工作期间，由于社会分工不同，个人对社会的贡献不同，工资水平必然也应该有所区别，不同的工资水平必然导致个人缴纳养老保险费用的差异。新计发办法较好地展现出因缴费的差异而导致领取养老金水平的差异，体现出制度设计对个体的公平。但是，无论高收入阶层，还是中低收入阶层，退休后都不再参与社会劳动，养老金水平应有所差异但不应差异较大，制度设计应代表大多数人的利益，尤其应考虑到广大中低收入阶层的利益，应体现出对大多数社会成员的公平。新计发办法虽然因人而异地体现出对个体的公平，但对个体的公平不等于对全体社会成员的公平，新计发办法造成了不同收入阶层养老金水平的较大差异，出现了"穷则穷，富则富"的巨大反差，表现出对大多数中低收入阶层（工薪阶层）的公平明显不足，产生新的不平等和对最困难的社会群体的剥夺，背离了基本养老保险制度突出公平性的宗旨。可以说，新计发办法较旧计发办法虽然提高了效率，但公平性明显不足。这是现有制度设计中存在的严重缺陷。

（2）"统账结合"制度在运行中出现偏差。在我国复杂的国情下，加上"统账结合"制度设计本身的缺陷，在运行中暴露出许多弊端。其主要体现在以下几个方面：

首先，制度运行引起了高额缴费问题。由于制度转换，现有在职职工既要为建立养老保险个人账户缴纳保险费，又要为已退休的老年人提供养老金（现收现付体制下的义务——转轨成本），因此就必须设计出更高的缴费费率以保证基金支付。[1] 目前，我国社会基本养老保险体制的缴费率已经高达28%，应该说基本没有了上浮的空间。据有关部门对经济合作与发展组织（OECD）24个国家社会保障缴费率的统计资料显示：只有意大利（29.64%）、葡萄牙（34.75%）等少数国家高于中国。但如果考虑到OECD国家的社会保障缴费率为包括养老、伤残和死亡三项保险合计数，而我国社会基本养老保险一项的缴费率就达到28%，则我国的养老保险缴费相当高了。

---

[1] 梅哲、刘姗姗：《制度与运行：社会养老保险制度运行效果考察》，《长江论坛》，2007年第3期，第44页。

"统账结合"制度下的现实参保情形也验证了这一点。现有制度高缴费率使得参保的国有企业不堪重负，导致保费收缴率逐年下降，欠缴保费的情况大量发生，同时削弱体制外企业加入新体制的积极性。2008 年底随着国际金融危机的影响，这种高缴费率对我国参保企业造成了沉重负担，迫使社会保险部门不得不降低缴费率，给制度运行造成巨大冲击。

其次，制度运行引起了养老金支付问题。由于"统账结合"制度设计之初，过多是从制度运行和基金积累等方面在考虑问题，对于养老金待遇计发问题没有进行充分的考虑，制度设计过于依赖国外的经验，特别是对于养老金待遇问题没有进行充分的研究，在企业年金等支柱没有建立起来的情况下，盲目降低养老金替代率，结果造成长期养老金水平过低，群众反映强烈。中央政府为了广大人民群众的利益，不得不连续 6 年大幅度提高养老金水平，这又使得养老金正常调整机制失灵，同时引起了基金的大额支出，客观上造成了现实与制度的矛盾、养老需求与基金供给的矛盾，使养老金当期收入状况更加复杂化。导致这些问题的根本原因，在于制度设计中养老金支付办法方面缺少平滑过渡。"统账结合"制度下支付实行"新人新办法，中人中办法，老人老办法"实质上将领取养老金的人群划分为三个部分，从制度设计看来似乎合理，但是一经运行后，由于政府并没有从公共财政支出中提供额外的资金，来解决"老人、中人"在原"现收现付"体制下拥有的养老金权益——转轨成本，而是试图通过提高现有职工和企业的收缴率、扩大承保面等方式逐步消化转轨成本。其结果事与愿违。

最后，制度运行产生了高额的制度成本。由政府承担养老保险体制转轨成本是顺理成章的，但如果在不事先解决转轨成本的情形下，试图通过在新体制下扩大承保面和提高收缴率等方式逐步消化转轨成本是不可能的。为了解决"空账"问题，在全国大多数省份还没有起步的情况下，辽宁的试验在把"空账"变为实账的同时，个人账户规模却大大缩小了，个人账户的规模从相当于个人工资的 11% 降为 8%，完全由个人缴费形成。原来规定的用人单位的缴费不再划入个人账户，全部形成社会统筹基金。试点扩大到吉林和黑龙江两省时，"做实"个人账户的规模降到了只有5%。在没有进行试点的地区，统筹账户和个人账户仍然实行混账管理，相互调剂使用，因而继续积累个人账户上的巨额"空账"规模。离国家要求"做实"个人账户的要求差距遥远，各地基于本地利益的考虑，谁也不愿意拿出地方财政来"做实"个人账户。

我国养老保险制度的转轨成本到底有多少呢？国内外的专家有不同的估算结果，但大多数人，包括世界银行估算是 3 万亿~4 万亿元。应当指出的是，转轨成本并不是必须在一年或者几年以内偿还的。因为转轨成本包括实施"统账结合"模式以前"老人"的全部养老金，和实施"统账结合"模式以前参加工作，在此以后退休的"中人"的过渡养老金。如果将这两部分人全部去世视为转轨结束，那么这之间大约有 50 年的时间。如果将 3 万亿~4 万亿元总转轨成本分摊到这一时间内消化，假定未来 50 年的平均利率为 5%，那么每年应对冲的转轨成本大约在 2000 亿元。制度转换引起的制度成本问题如果不从制度上找到解决的有效途径，按照现有的计算方法计算，将来的高额成本将会使政府陷入到无限政府责任中去。

2. 最低生活保障制度存在的问题

城市居民最低生活保障政策的起步是为了解决城市大量失业下岗工人的生活问题，失业者构成了受助者的主体，应该说这项政策是以体现社会公平为核心价值取向的，这项政策对城市中的困难群众都是一视同仁的、公平的。但是，在实际工作中却出现了偏差，主要表现在：

（1）现行制度分设和政策规定缺乏公平性。[①] 由于现行制度按照城镇和农村分设，使制度设计一开始就形成了城乡制度二元结构，埋下了"制度排斥"的隐患。首先，在确立最低生活保障对象资格时，就将人进行了划分。按照《城市居民最低生活保障条例》的规定"城市低保对象必须具有城市户口"，那么目前城市家庭成员中既有农村户口，又有城市户口的人为数不少，特别是在大城市郊区、小城镇以及以矿山和军工企业为主体的城市居民区，有相当数量的家庭中"共同生活成员"的人，身份无法甄别，由于制度的分设，城乡居民最低生活保障制度均把他们"排斥"在制度以外，这样的问题直接影响到制度的公平程度。

最低生活保障标准实际上是政府和社会认定城市贫困人口的"贫困线"。各地在制定标准时，过于随意化使制度有失公平。从救助标准的确定上看，文件并没有明确规定各地标准制定的具体方法，所以各地标准确定的方法不尽相同。洪大用通过调查，概括出各地具体执行时的 5 种方法：抽样调查型、部门协商型、参照制定型、主观判断型和混合型。此 5

---

① 梅哲：《构建社会主义和谐社会中的社会保障制度》，《社会主义研究》，2005 年第 4 期，第 46 页。

种标准确定方法的归纳如表 4-1 所示。由于标准制定主观随意性较大，从而低保标准普遍较低且差距较大。同时，标准的动态调整也没有具体规定，国务院《城市居民最低生活保障条例》中只规定了城市居民最低生活保障标准需要提高时，依照规定重新核定。

表 4-1 各地标准制定方法及评价

类型	描述	评价
抽样调查型	利用抽样调查手段，识别贫困人口、规模及生活状态，确定标准	客观性较强，政策与利用者沟通渠道较为顺畅。但一般要求工作人员素质较高、地方财政状况良好，并需要一定时间
部门协商型	民政、财政、统计、物价等行政部门进行协商，一般按照财政支付能力确定标准	有利于救助工作的落实。但标准制定受到部门利益影响；贫困人口的基本需求无法通过正常途径反映；容易出现以钱定人、降低标准的问题
参照制定型	参照周边或其他可比地区的标准制定，或相同，或小幅度调整；还有一个参照体系就是与下岗工人基本生活费、失业救济金的参照	客观性受到参照体系的影响最大。通常低保制度的执行不被重视、工作人员专业性不强的地区选择参照制定型
主观判断型	主要领导根据自己的经验和感觉，参照财政支付能力确定标准	标准确定主观性影响大，财政能力因素和领导主观认识都直接影响标准确定
混合型	综合以上做法确定标准	使用较为普遍，评价居中

（2）思想观念因素影响到政策的公平性。由于思想观念的影响，社会上有些人特别是一些政府部门的领导，有的担心因失业而接受救助的困难群体，在获取救助后影响到其再就业的实现，故在执行最低生活保障政策的同时，附加了一些有损人格尊严的宣传，这对于受助的困难群众是非常不公平的，它事实上让本身经济上处于极度贫困的家庭，被迫背上了沉重的思想包袱，使得接受救助的困难群众不得不因急于就业而接受条件苛刻、待遇较差的不满意的工作，使得困难群众无法以正常人的心态从容地接受国家提供的免费再就业培训、寻找到能够更好发挥专长的工作，使社会救助政策的公平作用受到影响；有的地方因对政策理解的偏差导致政策执行偏离公平，在社会救助政策实施中，随意降低救助标准、盲目扩大救助范围，使得社会救助人人都有一点，应保的人却远未救助到位，社会救助的滥用和社会救助的剥夺情况同时存在，使以社会公平公正为核心价值取向的社会救助政策在实施中出现了严重的社会不公平。

（3）覆盖面窄责任分担不清影响政策的公平。中国城市最低生活保障制度实行地方各级人民政府负责制，规定了县级以上政府民政部门负责本行政区域的低保管理工作。然而，作为政府责任的核心问题——财政支持，《城镇居民最低生活保障条例》未作具体规定，只规定"城市居民最低生活保障所需资金，由地方人民政府列入财政预算"。有关最低生活保障制度的规章、文件并未规定中央财政对最低生活保障的义务和责任（于秀丽、陈守峰，2008）。

居民最低生活保障的安全网要发挥作用，一项基础工作是搞清楚贫困人口的具体数目。事实上，中国政府各部门以及学术界对于中国到底有多少贫困人口到目前为止无法真正做到精确统计。对于城市贫困人口的数字，2000年民政部曾将全国城市贫困人口统计汇总，得出全国城市贫困人口总数为1382万；国家统计局有关资料显示，2000年中国城市贫困人口总数为1170万；中华全国总工会提供的数字是，全国生活在城市最低生活保障线之下的职工有1828万人。另根据学者研究，贫困人口更多，如中国社会科学院社会学所朱庆芳估算城市贫困人口有3100多万。

由于覆盖范围不足，政府财政也无法准确地测算最低生活保障资金的预算，往往是在城市居民最低生活保障工作迅速扩面之后，部分地市区、县最低保障金难以按时、足额发放。不能按时足额发放的原因虽然有当地政府财政资金不足问题，但覆盖范围不足、底数不清影响决策是一个值得注意的重要原因。由于这个原因加上资金有限，导致有的地方虽然规定了较高的最低生活保障标准，但实际上无法执行，只是根据资金状况决定发放标准；有的地方对全国统一提高低保标准的政策执行不力，造成实际低保标准低于政策标准；有的地区把低保制度理解为临时救济制度，只是不定期地给低保对象一些补助；还有一些地区根据上级财政转移支付的情况决定低保金的发放，上级拨款不到位，低保金的发放也就暂停。针对这种情况，国务院决定对最低生活保障进行财政补助。2000年，国务院第一次在"两个确保"的文件中明确提出："各级财政要积极支持完善城市居民最低生活保障制度工作，努力增加投入，确保资金到位，对财政确有困难的地区，中央财政酌情给予支持。"此时中央财政仅作为临时性补贴的角色出现。从2001年开始，中央财政对低保制度资金投入开始常规化，全国投入低保的资金是54.2亿元，比2000年的29.6亿元增加了83%。其中，中央财政投入23亿元，占42.5%；省级财政投入10亿元，占18.5%；省级以下财政投入21.1亿元，占39%。不可否认，国家对最低生活保障如此大规模投入是空前的，但不能忽视的一点是，全国低保保障人群每年仍在以100万人的速度递增，因此尽可能地弄清需要覆盖范围的人数与资金，并进行合理的财政责任分担，是维护政策公平性的当务之急。

（4）保障水平低削弱救济的保障功能。从目前整体上看，我国的最低生活保障水平不高。以2006年的统计数据分析，2006年城镇居民最低生活保障人均补差82元/月，仅相当当年城镇居民人均可支配收入（979.79元/月）的8.46%；2006年农村居民最低生活保障平均补差33.2元/月，仅相当当年农村居民人均纯收入（3587元/年）的11.01%。全国很多地方实际水平比这个水平还要低，与目前国际贫困线标准（人均每天1.25美元）相差甚远。

这些问题的存在，使得最低生活保障制度这个原本是促使社会融合的政策产生的效果却是"包容中的排斥"，即在反社会排斥的同时产生了社会排斥。具体到贫困救助政策，因其采取财力调查的方式，所以产生社会排斥的环节会更多。在政策制定、政策执行、政策结果以及主观感受（耻辱感）等方面都会产生社会排斥。城乡分设的最低生活保障制度，最直接的社会排斥表现是制度设计和实施层面的社会排斥、思想观念层面的社会排斥以及资源分配层面的社会排斥。在这种制度下的老年人状况就更加令人忧虑。

最低生活保障制度与养老金制度本是我国老年保障的两道防线，这两条保障线相关政策建立的初衷是要在保障对象上分工负责、相互协调，保障线政策覆盖的对象是层层向下过滤的，任何一条保障线的不到位，都会给保障工作带来麻烦，出现许多漏洞。但在实际的操作运行中，两条保障线分属不同的部门主管，存在着相关政策衔接不紧密的情况，造成一部分人员游离于保障线保障网之外。例如，一个没有足额领取养老金的老年人家庭，在按最低生活保障线标准实施"差额补助"时，是视同足额领取的。这样使一部分家庭实际的人均收入低于统计的人均收入，生活上的困难是"雪上加霜"。这部分人主要以死亡退休人员遗属和中西部偏远地区集体企业退休人员为主（陆风雷，2003）。

从上述分析，可以这样说，现有老年收入保障制度虽然解决了数以千万计老年人的收入保障问题，但是现行制度隐含的巨大隐患已经开始显现，这就需要人们对此制度进行深刻反思。

第二节　国外老年收入保障制度的经验

一、相关国际会议、公约和宣言

1942 年英国《贝弗里奇报告》第 251 段，就老年收入保障提出建议："建议与失业保险待遇相同。若严格按基本生活需要来决定待遇的话，养老金的基本标准比工作年龄内的待遇定低一些。"[①] 为了保证广大退休人员实际生活水平不至于因物价上涨而下降，1944 年第 26 届国际劳工组织大会通过的——《收入保障建议书》（第 67 号）要求："社会保障待遇标准应该随着主要收入水平或生活费用的任何变化而重新审查。"[②] 1953 年，由国际劳工组织通过的《社会保障最低标准公约》就明确提出，要"使受保护者获得养老补助金而无虞"，[③] 规定"具有 30 年工龄的中等收入职工应当收到相当于在职收入 40%的养老金"。[④] 1967 年颁布的国际劳工组织《病残、老年、遗属补助公约》（第 128 号）规定："交费和就业 30 年并有一个符合养老条件的配偶，正常年金比例不得低于原工资收入的 40%~50%。"[⑤] 1982 年，维也纳"老年问题世界大会"把保障老年人的经济收入列为重要议题，大会强调，"对于老年人来说，任何问题都不如保障、维持和保护收入方面的问题重要。'保障收入'意味着作为一种公众政策应该确保老年人有足够的收入来支付某一特定社会最低标准的生活费用"，"必须解决保障、保护及维护老年人收入的问题"。在这次大会上通过的《行动计划》中建议"各国政府采取适当行动保证所有年龄较长人士能有适当的最

---

① 《贝弗里奇报告》第 251 段，中国劳动和社会保障部社会保险研究所译，中国劳动社会保障出版社 2008 年版，第 109 页。
② 《收入保障建议书》（第 67 号），载国际劳工组织：《社会保障基础》，吉林大学出版社 1989 年版，第 30 页。
③ 国际劳工组织：《社会保障最低标准公约》（第 102 号）。
④ 国际劳工组织：《病残、老年、遗属补助公约》（第 128 号）。
⑤ 国际劳工组织：《老龄问题研究》，中国对外翻译出版公司 1983 年版，第 259 页。

低收入……根据向所有老年人都提供保险的原则、建立或指定社会保险制度"。① 强调必须"确保老年人得到足够最低收入，合理地补偿以前的收入，以及继续调整收益水平，以使老年人分享国民生产率和生活水平的提高"。② 大部分社会保障方案的目标是提供收入保障，即为了那些需要的人员提供最低收入，以及为按其收入水平的比例缴费的人员提供合理的替补收入。国际劳工局 1983 年的一项调查报告指出："考虑到物价变化和在职人员工资收入的增加，目前大多数国家调整那些不在工作的人的津贴。一些国家通过法律确定长期津贴的调整指数，而另一些国家则由主管机构行使自决权，而且由津贴代替工资的比例一直呈上升趋势。那些按传统方式提供统一金额津贴的国家，趋向于增设与工资收入挂钩的津贴。"1991年，联合国第 46 届大会通过了旨在促进老年人保障的《联合国老年人原则》，第一条首先强调的是保障老年人的收入，"老年人应能在有收入、有家庭和社区的帮助以及自助的情况下，获得足够的食物、水、住房、衣着和保健"。1992 年，联合国第 47 届大会召开"老龄问题特别全体会议"，通过了《老龄问题宣言》，提出"2001 年解决人口老龄化问题方面的奋斗目标"，再次强调要"建立、加强和执行为老年人提供收入保障的计划，使老年人的收入水平与国家的经济发展保持一点平衡"。在联合国起草 2002 年国际老龄问题行动计划中已经将消除老年人贫困作为国际社会行动的重要任务，并提出各国在 2010 年要将贫困老年人比例降低一半的目标。

2002 年马德里老龄问题国际大会，以收入保障、社会保护/社会保障和预防贫穷为主题。大会认为："全球化、结构调整方案、财政紧缩以及老年人口日益增加的情况，给正式的社会保护/社会保障制度造成压力。能否持续提供足够的收入保障非常重要。在经济转型国家，经济转型使人口各部分、尤其是老年人和许多有孩子的家庭遭受贫穷。在发生恶性通货膨胀的地方，养恤金、伤残保险、保健福利和人们的储蓄几乎变得一文不值。因此，必须采取适当的社会保护/社会保障措施，解决贫穷妇女尤其是贫穷老年妇女人数日增的问题。需要建立的第一目标是：'推动各种方案，使所有工作人员都能够获得基本的社会保护/社会保障，包括适用的养老金、伤残保险和保健福利。'针对这个目标大会所制定行动计划的部

①② 国际劳工组织：《老龄问题研究》，中国对外翻译出版公司 1983 年版，第 259 页。

分建议包括：①制定并实施各项政策，以确保所有人老年时都有足够的经济和社会保护……⑥ 尽力确保养老金计划和适当的伤残保险的完整性、可持续性、清偿能力和透明度；⑦为私营和起补充作用的养恤金及适当的伤残保险建立管理框架；⑧向老年人提供社会保护/社会保障各方面的顾问和咨询服务。需要建立的第二目标是：'保证所有老年人有足够的最低收入，特别关注社会上和经济上处境不利的群体。'"对此大会制订的行动计划建议是：①考虑酌情建立一个不自缴保费的养恤金制度和残疾抚恤金制度；②在没有社会保护/社会保障制度的地方，紧急建立这种制度，确保无其他赡养手段的老年人（大多为妇女）的最低收入，尤其是独居和容易陷于贫困的老年人；③在改革养恤金制度和伤残保险时，考虑到老年人的生活水平；④采取措施，抵消恶性通货膨胀对养恤金、伤残保险和储蓄安排的影响；⑤请国际组织，尤其是国际金融机构，按照其任务规定，协助发展中国家及所有有需要的国家努力建立基本社会保护，特别是保护老年人。①

二、国外老年收入保障制度的做法

据国际劳工组织统计，在许多发展中国家，只有不足 10% 的退休老人有正规的社会保障。② 许多老年人特别是老年妇女生活在极度的贫困之中。年龄在 70 岁以上的老年人处境更为凄惨。据统计，在几乎所有的发展中国家，有老年人的家庭的贫困率比没有老年人的家庭高出 29 个百分点。同样，在许多国家，依靠家庭养老的传统模式随着城市化、现代化、移民、经济结构和家庭结构的变化而被削弱。那么，为发展中国家退休老人提供社会保障的最佳途径是什么呢？国际劳工组织认为，为发展中国家老人提供社会保护的途径，如扩大正规社会保险的覆盖面、建立互助形式的小范围保险制度、提供养老金三种途径中，对生活在城市贫困线以下高风险的退休老年人群体，提供养老金收入是最佳途径。

国际劳工组织和世界银行都强调向退休老年人提供最低养老收入保障的必要性。世界银行认为，养老金应成为所有国家向人民提供社会性保护

①② 国际劳工局·日内瓦：《2000 年世界劳动报告——变化世界中的收入保障和社会保护》，中国劳动和社会保障部译，中国劳动社会保障出版社 2001 年版，第 74 页。

的"第一支柱"。它最适合应用于最贫困的社会群体，因为它不要求被救助对象付费，也不要求具备若干年的工作记录。在许多发达国家，这种最低养老收入保障制度早已存在，而在许多发展中国家还远不完善。

OECD 国家的老年收入保障，由社会最低生活标准决定，它是根据最低生活需要来确定老年收入保障。很多国家没有最低生活需要的数据，他们通过对食物价格和房租的调查来确定老年收入保障水平。[①] 在制定其标准时，如果老年收入保障是低收入者唯一的养老收入来源，那么就要考虑在替代工资养老金收入以外还要给予其他补助；如果退休人员养老金收入以外还有其他收入，则在支付老年收入保障时给予一定的限制。在所有的发达国家中，收入最低的 40% 的退休人员，他们的养老金待遇几乎都来源于政府，而收入高的那 60% 的退休人员，其养老金待遇还包括雇主提供的职业养老金和个人储蓄养老金，这三种养老待遇也就是常说的养老金待遇"三支柱"计划。马歇尔·N.卡特在《信守诺言——美国养老保险制度改革思路》中提出"实现 42% 老年收入保障替代目标"。[②] 英国工党政府 1969 年发布白皮书《国家退休养老金和社会保险：对与收入挂钩的社会保障建议》，书中建议以普通独身男性工薪收入的 42.5% 为标准建立与收入挂钩的养老金，政府在 1988 年确立老年收入保障规定，必须根据零售价格指数调整。1980 年，保守党政府绿皮书也声明了为所有养老金领取者设立"最低收入保障"，从 1999 年 4 月起，单身养老金领取者为每周 75 英镑，一对夫妻为 116.6 英镑，这是由基本养老金和收入扶持结合而计算出的。综合各国实施的状况来看，多数国家老年收入保障最低收入标准，都是以《社会保障最低公约》（第 102 号）规定的最低标准为基础，再结合各国的实际情况，采取根据当前物价或工资水平相应调整养老金的。

国外老年收入保障的发放对象是具备领取养老金资格的老年人。在确定老年收入保障标准时，一般有几个限定条件：①该标准应能满足退休者最低生活费，不应有过高积蓄；②该数额只满足退休者本人需要而不应再

---

① 科林·吉列恩、约翰·特纳、克利夫·贝雷、丹尼斯·拉图利普：《全球养老保障——改革与发展》，杨燕绥等译，中国劳动社会保障出版社 2002 年版，第 44 页。

② ［美］马歇尔·N.卡特：《信守诺言——美国养老保险制度改革思路》，李珍等译，中国劳动社会保障出版社 2002 年版，第 114–116 页。

承担家庭内其他成员的费用；③老年收入保障应本着略高于温饱水平的标准发放。

国外最低养老收入保障制度主要分为以下两类：

（1）无条件地提供给一定年龄段的老年人。世界银行的调查报告强调向退休老人提供最低养老收入保障的必要性，并提倡无条件的老年人养老金计划，而这事实上更多地含有社会救济的性质（毛振华、梅哲，2010）。

例如，法国，严格地说，法国最低养老收入保障机制不是一种退休机制，而是一种社会救济机制，它包含了九种针对不同类型、不同情况的无收入或低收入老年人的救助措施。例如，对老年原受薪劳动者的补助，对老年原非受薪劳动者的补助，补充性补助，老年特别补助，特多子女母亲补助，对原农业劳动者的补助；等等。法国2004年6月24日颁布法令对老年收入保障制度作了较大的改革，设立了老年人养老补贴，以替代目前名目繁多的各种老年人生活补助。博茨瓦纳、毛里求斯、纳米比亚、玻利维亚、孟加拉国、泰国等都实行类似的无条件养老金计划。例如，在智利，那些在旧制度（1981年以前）和新制度下共计缴费至少20年的个人，可以从政府得到相当于法定最低工资85%的老年收入保障（70岁和70岁以上的人是90%）。尼泊尔实行两种不同的保障制度，一种是1995年该国开始对75岁以上老年人实行的"老人津贴制"，实行无条件的养老金计划；另一种是以家计调查结果为依据实行针对收入低于某一设定标准老年人群体的老年收入保障计划。在非洲，南非和塞内加尔实行的是以家计调查为依据的养老金制度，而博茨瓦纳、毛里求斯、纳米比亚实行的是无条件的养老金制度，莫桑比克实行的是对有慢性病和残疾的老年人的现金支付机制。

（2）依据家计调查有选择性地提供给符合一定标准的老年人。瑞典、挪威、南非、塞内加尔、阿根廷、巴西、智利等国家均向最贫困的老年人提供以家计调查为依据的养老金制度，这种制度更多地具备社会保险性质。哥斯达黎加、多米尼加、墨西哥和乌拉圭向最贫困的老年人提供以家计调查为依据的救助金。玻利维亚实行无条件的救助办法。在亚洲，孟加拉国政府向生活在城市的57岁以上的老年人每月提供150达卡（折合2.58美元）的养老金，政府计划要将救助范围扩大到100万老年人，占全国老年人的14%。泰国也有类似的政策。印度实行两种不同的以家计调查为依据的养老金计划，目前覆盖面约为600万65岁以上的老年人。75岁以上的老年人每月可获得 75 卢比（折合 1.50 美元）的社会养老金。尼泊尔在 1995 年开始实行无条件的养老金计划。以家计调查结果为依据的养老金计划针对的是收入低于某一设定标准的老年人群体，它考虑到了个人及家庭的收入和家产、子女赡养能力等。但是，它有以下缺点：削减人们工作的积极性；鼓励人们从事非正式的工作，其后果是税收流失。同时，这种方式有一定的随意性，为腐败敞开了大门。世界银行的调查报告提倡无条件的老年人养老金计划，它的管理费用较以家计调查为依据的养老金计划低得多，而且不会削弱人们工作和储蓄的积极性（毛振华、梅哲，2010）。

国外建立老年收入保障制度，无论是社会保险性质的养老金制度，还是社会救济的最低养老收入保障制度，均产生了许多积极的效果。例如，①提高整个家庭的生活水平。许多国家的经验表明，老年收入保障制度能够改善整个家庭的生活。在非洲，老年收入保障制度是数以百万计的老年人的生命线。②提高老人在家庭中的地位。有关发展中国家的文献表明，在传统上老年人很容易成为贫困人口，而且很多国家的老年人都生活在几代人的大家庭之中。给老年公民提供属于他们自己的收入有利于提高他们在家庭中的地位，他们从家庭的负担转变为一种资源。③改进老年人口健康状况。老年收入保障制度的实施，对于城市退休老年人和其家属在生活水平上以及在健康状况上有所改善，它对改进老年人口的健康状态，特别是老年妇女受益很多，生活在城市的老年妇女是老年收入保障制度的主要受益者。④促进老年人群的脱贫。在南非，老年收入保障制度减少了生活在贫困线以下人口数量的 5%；在巴西，家中有一个人领取养老金使家庭成为贫困家庭的可能性降低了 11%。有证据表明，在很多发展中国家，如印度尼西亚、纳米比亚、南非和尼泊尔，家庭老年成员的老年收入保障是很多贫困家庭收入的主要来源。⑤促进社会政治稳定。老年人的养老金收入保障不仅有利于其本人，也会使其全家受益，进而也有利于村落和社区的发展。在城市地区减少贫困、缩小富有的城市与贫穷的城市及地区之间的差距，将会促进整个社会的政治稳定与和谐（毛振华、梅哲，2010）。

三、国外老年收入保障制度的经验

第一次老龄问题世界大会以来，各国老年收入保障制度取得各不相同的进展。大多数发达国家都建立了处理老龄问题的相当成熟的国家协调机制，通过这些协调机制，关于老年人境况的法律、政策、方案和项目得以制定。绝大多数国家认为，1991年联合国大会通过的联合国老年人原则，是制定其本国计划的重要指导方针。一些发达国家设有普遍的、有限度的或自愿的养恤金计划和社会保障办法，用以保证老年人的收入。一些发展中国家已经实施养恤金办法，或对全国养恤金计划进行改革，实行养恤金指数化或一次总付等措施，更好地满足老年人的需要。

国外在社会保障发展初期阶段，没有建立现代化的社会保险制度的时候，是靠社会救助对低收入者实行帮助。享受社会救助者的资格是依据收入状况，即收入低于某一水平线者。所以，为审查某人是否具有资格享受社会救助，必须对其进行收入调查。社会保险制度出现后，这种保障方式仍未消失，继续在发挥它的作用。社会救助的资金完全来源于政府财政，个人不必事先供款。社会救助一般也不建立基金，而由当年财政预算解决。如果说社会救助是针对一小部分收入甚微者（包括老年人），那么普遍的老年保障项目（Universal Programs）则是针对全体公民的。资金来自于政府财政及雇主和雇员的缴费，政府财政资助的比例各国不相同。有关资料表明，丹麦政府负责了90%的费用；瑞典政府负责30%的费用；英国政府负责18%的费用；挪威政府只负担4%的费用。普遍的养老保障制度的覆盖范围是全体公民，享受资格与缴费与否无关，因而这种方式对国家的影响是相当大的。

养老金制度属于正规化老年收入保障制度体系的范畴，在任何国家，都是依法规范的一种政府行为。养老保险基金筹集主要来源企业和职工。建立养老金制度可以保证社会成员在年老时退出劳动领域后获得固定的养老金收入以维持其退休生活的需要，这样既能够使在职人员无后顾之忧，又能够使退休人员安享晚年，因此对社会的稳定和发展具有重要影响。

伴随着全球人口老龄化高峰的挑战，老年收入保障制度受到日益增加的养老金支出的压力。养老问题面临严峻挑战："为世界各国老年人提供经济保障的制度都面临越来越大的压力：大家庭和其他传统的养老方式正在衰落；正规体制在一些发展中国家正趋于崩溃；另外一些准备建立正规体制的国家，则冒着重复代价高昂的错误的风险。"[1] 人口老龄化对正规化老年收入保障的巨大压力表现在三个方面：第一，随着生活质量的改善，人们生存的平均寿命普遍延长，退休人员领取养老金的年限也相应地延长；第二，在固定退休年龄条件下，由于接受教育时间相对延长而使就业时间相对缩短，以及提前退休政策的存在，人们在岗实际工作的年限缩短，相应地，养老金计划规定的缴费年限减少；第三，由于人口出生率的相对下降，使在职人员的人口比例减少，在养老金计划规定的缴费比率不变的情况下，直接导致参加养老金计划人数的缴费基数减少。这些客观现实压力引起了各国（无论是发达国家，还是发展中国家）高度、广泛的重视，各国纷纷尝试养老金计划改革或调整完善原有养老保障体制，以便找到养老和经济发展的平衡点，最大限度地解决好人口老龄化引起的养老金改革这个世界性难题。全世界几乎所有国家和地区都把改革现行养老保险制度纳入了改革的历程（罗伯特·霍尔茨曼、爱德华·帕尔默，2007）。

虽然在不同的国家和地区经济社会发展程度不同，养老金改革动因多少有些不同，但它们有三个共同点：第一，短期财政压力通常要求立即采取行动，而由人口老龄化和制度缺乏长期适应力所导致的日益迫近的重大问题却没有得到恰当的解决；第二，经济社会的变化要求对支撑养老金制度的基本理念（有些可追溯到 100 多年以前）进行反思；第三，全球化的挑战和机遇要求各国更多关注养老金计划经济效应，包括建立一个覆盖各个职业、行业和部门的更大的风险池，并要求养老金权利具有便携性，易于在国内外转移。[2]

为了应对人口老龄化带来的重点挑战，全球养老金制度改革发展趋势表现为：减少福利成本，降低福利标准。很多国家都启动了创造性的改革，对养老金进行参数调整（提高退休年龄、把退休金与预期寿命挂钩、对提前或延迟退休者的待遇进行恰当的精算调整、提高缴费率），并采取政策设法使不断老龄化的人口具有可持续性。OECD 建议，为了分散风

---

[1] 劳动部社会保险研究所：《防止老龄危机——保护老年人及促进增长的政策》，中国财政经济出版社 1996 年版，第 1 页。

[2] 罗伯特·霍尔茨曼、爱德华·帕尔默：《世界银行报告：养老金改革——名义账户制的问题与前景》，郑秉文译，中国劳动社会保障出版社 2006 年版，第 1 页。

险、平衡代际负担、提高人们退休决策的灵活性，退休收入应该由税收收入转移支付制度、积累制养老金、私人储蓄和劳动收入等多层次制度体系来提供。[①]无论是发达国家还是发展中国家，如何保证退休养老金收入安全都是非常复杂的问题，但综观世界各个国家养老保险制度的改革，其基本趋势和特征主要是：从传统的现收现付制的单一的公共养老金体制，向多支柱、积累制、基金制转变。市场和个人的作用在不断扩大，国家和政府的责任逐渐减小。如果按照世界银行"三支柱"或者"五支柱"的划分方法，就改革的趋势而言，政府更加倾向将第一支柱作为一张"安全网"提供给低收入者，例如通过降低（未能完全重估）缴费和控制领取待遇的收入上限；另外，一些国家对确定养老金的支出水平更加关注，这包括英国着力于增加对最低收入担保水平的家什调查，而不是增加基本养老金的缴费水平。澳大利亚已经建立了明晰的家什调查第一支柱计划，同时以强制性缴费确定型计划作为第二支柱。然而，退休待遇水平将根据总体收入水平，在地区之间有所差异。[②]比如日本，其公共养老金制度主要由三部分组成：以全体国民为对象的国民年金；以公司职员为对象的厚生年金；以公务员为对象的共济年金。国民年金是所有居民都必须加入的，因此被称为"基础年金"。在此基础上，才区分职员与公务员，分别由公司或政府出资缴纳形成厚生年金或共济年金。在美国，同样有政府强制执行的"社会保障计划"面向全社会提供基本的退休生活保障，然后才是由政府或者雇主出资，带有福利的退休金计划——公共部门养老金计划和雇主养老金计划（罗伯特·霍尔茨曼、爱德华·帕尔默，2007）。

国外在老年收入保障制度改革过程中，采取了不同的路径和方式，其改革方向和内容也各有不同，但它们所取得的经验及其中的共性之处，为我国的制度改革提供了一些可供借鉴的地方（陆风雷，2003），例如：

（1）在政策制定和养老金制度目标上，应立足于经济和社会发展水平，确定清晰的制度目标和改革目标，处理好短期目标和长期目标的关系，避免改革过程中的随意性，把握好宏观面上的整体协调以及政策的前后衔接。

养老金制度的主要目标为救济贫困、熨平消费和保险。现阶段我国还

[①] 孙建勇：《养老金——趋势与挑战》，中国发展出版社2007年版，第1页。
[②] 同①，第85页。

处于经济发展水平较低层次，而且地区发展不均衡、贫富差距较大，救济贫困应该是养老金制度的首要目标，也应为整个制度体系设计的重中之重。也就是说，养老金的主要领取对象应是养老金的中低收入群体，而应将眼光盯在养老金的高收入群体身上。

（2）在宏观层面的养老金制度体系上，建立多层次、全方位的养老金制度体系已经成为共识，但体系中各层次各支柱的相对地位设计则应符合各国的基本国情（梅哲，2007）。

我国政府目前提供的社会基本养老保障制度覆盖率较低，机关事业单位、城镇企业和农村养老保险处于割裂状态，且在权利和义务等方面的规定不平等，占人口比例较大的广大农村人口基本未被涵盖。当前的制度改革着力点应放在保证养老金制度的公平性及扩大覆盖率方面，尽快提高统筹层次，建立起全国统一的基本养老金制度体系，并通过立法手段来保障强制实施。

（3）制度的多元化设计有助于分散制度本身的潜在风险，通过改革制度的筹资、管理和受益等方面的参数设计，保证筹资来源的稳定性和资金管理收入的安全性，理顺缴费和支付的对等关系。我国的基本养老金制度缴费动力不足，转轨成本问题突出，可携带性较弱，需要重新思考和改革统账结合制度。

第三节　中国老年收入保障制度问题深层原因

以社会养老保障制度为主要内容的老年收入保障制度经历了近60年的历史变迁。从20世纪90年代初期开始，我国加快了老年收入保障制度建设步伐，无论是在理论研究方面，还是在实践建设方面，在路径选择上都经历了重大的变迁。我国养老保障从1991年开始由现收现付型向部分个人积累制过渡。到1997年，正式确定了以"统账结合"为标志的新型养老保险制度模式。之所以选取这种制度模式，除了应对老龄化冲击等原因外，与世界银行积极向发展中国家推荐的养老保障"三支柱"模式建议有很大的关系。

一、国外经验带来的影响

1. 世界银行给中国的建议方案（见表4-2）

表4-2 世界银行给中国的建议方案

内容	第一支柱	第二支柱	第三支柱
特点分析	再分配加社会保险	储蓄加社会保险	储蓄加私人保险
政府角色	1. 保障最低生活标准 2. 养老金的管理 3. 税收和福利	1. 确保养老金最低回报 2. 对养老金实行监控 3. 税收和福利	1. 通过中央银行监控 2. 税收和福利
支付办法	1. 给退休者支付平均工资的20% 2. 基金的剩余进行购买国债、政府证券等投资 3. 残疾人和幸存者的福利支付	1. 养老金的支付 2. 剩余资金投资于政府债券和其他批准项目 3. 残疾人和幸存者的福利支付	1. 养老金的支付 2. 金融项目的投资
资金来源	1. 企业缴纳9%的工资税 2. 个人集资及国家基金的调整 3. 基金投资回报的收入	1. 由雇主和雇员分别缴纳员工的8% 2. 养老金的投资收益	1. 企业缴款 2. 养老金投资收益 3. 非正规部门员工在养老金公司的个人账户 4. 非正规部门员工向保险公司缴纳的保险费
政策	强制性	强制性	自愿

资料来源：世界银行1997年资料。

世界银行为中国养老保障制度改革提出的建议中指出，把"社会统筹与个人账户"结合起来，组成养老金的三重支柱：第一支柱，即基本养老金，目的是保证退休者的生活高于贫困线。这里体现了保障从较高向较低收入者的再分配。第二支柱，强制性个人账户，即利用完全积累的方式解决大部分的养老资金。第三支柱，即按照个人意愿建立自愿性私人保险或养老金账户。

2. 世界银行和国际劳工组织的分歧

老年保障问题一直被看作是一个政治和社会问题。起初是由于工业化造成的严峻生活风险和家庭养老功能的弱化，使得养老问题成为一个社会问题。工会组织的政治斗争也迫使政府将其看作一个政治问题。因此，政治家通过建立老年保障制度，一方面解决整个社会老年人群体的赡养问题，另一方面也借此保证社会稳定。第二次世界大战以来经济的快速发展、政治的民主化、政府干预经济的巨大成功，使得西方各国的政治家有条件、有动力来解决社会贫困尤其是老年人贫困问题，并进一步提高保障的水平和扩大保障的内容。到20世纪70年代，外部因素的冲击以及经济增长速度放缓，西方国家开始注意社会保障和福利病对经济造成的负面影响，人们开始认识到，老年保障不仅仅是社会和政治问题，对经济也有极重要的影响作用。于是，一些经济学家和经济组织开始日益关注和介入社会保障问题。在20世纪80年代初拉美国家的经济和社会保障危机中，世界银行和国家货币基金组织积极参与了一些国家的社会保障制度改革。人们开始认识到，社会保障不是一项纯粹的社会稳定机制，还和经济发展有着密切的关系。智利养老保障的私有化改革取得了一定的成果，世界银行等国际组织和经济学家开始相信对社会保障私有化市场化有助于促进经济增长。1994年，在总结智利改革的基础上，世界银行发表了由Estelle James等人撰写的政策研究报告——《防止老龄危机：保护老年人及促进经济增长的政策》（以下简称世行报告）（1994，1997），该报告对全球范围内老年保障问题做了专门的考察和分析，明确提出了"保护老年人并促进经济增长"的口号，这也反映了他们对老年保障的新的认识和定位。

世行报告认为，各国现存的老年保障体制存在许多的缺陷：不能应付人口老龄化的危机；养老金待遇过于慷慨，导致缴费过高，企业负担增加，失业增加；国家财政过多投入老年保障赤字，导致教育、基础设施方面的投入减少，间接影响经济发展；现收现付制的老年保障模式降低了国民储蓄水平；等等。世界银行主张进行根本性变革，在智利模式的基础上提出一个以基金积累制为中心的"三支柱"的改革框架，向世界各国进行推广。

世界银行报告认为："选择不同的老年保障方式会影响老年人福利，因为它决定了老年人在社会发展成果中可获得的份额。更重要的是，它还通过影响经济发展水平，进而影响每个人的福利。"报告明确指出其提出改造现存制度的目的"在于帮助选择和设计既有利于经济增长，又能使老年人公平分享经济发展成果的政策"。因此，它们更加强调的是老年保障制度的经济目标。世界银行报告认为，老年保障计划应该是促进经济增长的工具，同时是社会的安全保障网。

从世界银行报告可以很清楚看出在其价值选择上对经济增长的偏好和倚重。在此基础上，世界银行提出老年保障政策必须具备储蓄、再分配和保险三种功能。储蓄功能被放在第一的位置，这一思路传递的基本信息是，人们必须依靠自己养老，这是基本的老年保障方法。

另一类国际组织——国际劳工组织（ILO）和国际社会保障协会（ISSA）对这种不断扩大的市场化观念和市场化改革行动持反对态度。作为国际工人组织和以保护社会弱者、维护社会公平为宗旨的国际性专业组织，ILO、ISSA 与 World Bank、IMF 这类经济组织在社会保障方面存在着诸多的观念差异（见表4-3）。在社会保障如何改革，将来如何发展上，这两类国际组织的几乎对立的观点最具有代表性。国际劳工组织呼吁建立一个针对保护老年人的全新政策体系，在这个体系中，除了保证老年人受到平等就业机会和待遇，并为老年人提供适当的工作条件以外，就是建立全新的老年保障制度。就当前发展中国家而言，急需解决的问题主要是老年人现有的社会保障水平较低，老年人保护计划的融资水平下降、投资回报率偏低、管理不善、覆盖面太小且偏重于城市的正式部门、养老金替代率不高等问题。国际劳工组织更加强调养老保障制度的社会目标：保护老年人的基本生活，维护社会公平。国际劳工组织认为，世界银行的改革方案最大的缺憾就是缺乏社会互济功能，不能体现社会保障的基本价值观念——社会公正与公平。

表4-3　国际有关组织在养老保险制度改革方面的争论要点

序号	争论要点	ILO、ISSA	World Bank、IMF
1	总目标	社会目标为主	经济目标为主
2	财务系统	现收现付、部分积累（社会统筹）	个人账户完全积累
3	供款	不确定（以支定收）	确定（以收定支）
4	受益	确定	不确定
5	管理	公共	民营
6	政治独立性	渗透性	免疫性
7	改革形式	非结构性（调整）	结构性（改革）

资料来源：Carmelo Mesa-lapo：《八个拉丁美洲国家养老体制改革的比较研究：回顾、评价和教训》。

国际劳工组织反驳了世界银行所指出的现收现付制度的缺陷。它认为，在应付人口老龄化方面，私营制度并不比现收现付的公共制度更有效，公共制度也可以通过在人口老龄化到来之前，适当提高缴费率，积累部分基金，以供人口老龄化高峰到来之时填补基金的不足；世界银行指出的现收现付制度对就业、储蓄的负面影响也没有充足的理由。国际劳工组织认为，现收现付制度具有私营制度所没有的优点：通过再分配体现社会公平；管理成本较低；能够自然避免通货膨胀的影响等。国际劳工组织认为，世界银行提倡的基金积累制是一个风险很高的制度：养老金待遇受投资回报率影响大，具有很大的不确定性，不能给老人以安全感；私营积累式制度没有社会互济功能，不能体现社会保障社会公平的基本价值观念。作为国际性的工人组织，国际劳工组织更强调社会公平，而不是经济增长。

国际劳工组织得出的结论是：现收现付制度虽然存在一些问题，需要进行一定的改革，但克服缺陷的办法不是用高风险的私营积累式制度来替代它，而是需要进行一些小的调整（如提高退休年龄、适当降低养老金水平等），并加强管理。

3. 中国养老制度改革的方案与世界银行建议的方案比较

1997 年，国务院颁布了《关于建立统一的企业职工基本养老保险制度的决定》，规定企业必须为员工缴纳最多占工资总额 20% 的强制性养老金，员工个人至少缴纳 4%，从 1998 年开始，员工缴纳的比例将每隔两年增加 1 个百分点，直到 8% 的最高限额。员工个人的所有缴款将积累在个人账户，企业缴款的那一部分也全部划入员工的个人账户，以使员工个人账户的总缴款额度增加到 11%。换言之，到 2006 年，个人账户将会获得 11 个百分点的年缴款额，其中 8 个百分点来自员工个人的交款，3 个百分点来自企业的交款。个人账户可以随同员工工作的调动在企业和单位之间转移，个人账户的资金积累按年付息。但是，中国的养老保障制度与世界银行的三个支柱方案比较，具有以下几个方面的特征：①基本养老金缴款额度高。世界银行建议第一支柱养老金缴款 9% 来自企业，而中国实际是 23%~34% 来自企业；第二支柱 8% 的资金来自企业和员工，中国是 3% 来自员工。②各支柱工资替代率不一。世界银行建议第一支柱养老金的替代率为 25%，而中国现行的替代率为 70%~80%；第二支柱的替代率为 35%，而中国目前的替代率是 9%~10%。③覆盖范围较窄。世界银行建议覆盖所有就业部门，而中国目前主要覆盖部分企业。

二、理念混淆引起制度设计偏差

国家建立老年收入保障制度，其本质目的在于照顾社会上处于经济上弱势的老年人群体；当经济上处于弱势的老年人伤病、死亡或年老退休后需要帮助时，制度将集结所有人的力量来提供这些老年人最基本的经济生活保障，降低整个社会的贫困程度、维持社会经济安全，也就是说制度必须达到济弱扶贫、保障生活、均衡利益的功能。但是，无论是从养老保障水平的公平角度，还是从养老保障机会的公正角度，目前出现的老年收入保障制度公平性缺乏是一个不和谐的社会现象。制度公平性缺失与缺乏明确的价值理念有很大关系。

由于我国在制度选择上一直缺乏明确的价值理念，使制度缺少清晰的方向和持久的稳定性。中国社会保障制度改革的初衷是为了与国有企业改革配套，然后才是与市场经济改革配套，但是长期缺乏制度本身的明确和独立的定位。

（1）制度设计缺陷首先来自对效率与公平关系的认识偏差。首先回顾我国在效率与公平关系上的政策立场之变化过程。从新中国成立到 20 世纪 80 年代，中国总体政策置公平于效率之上，这是没有什么疑问的。直到 1992 年，中共十四大政治报告依然是提"兼顾效率与公平"。变化就发生在 1993 年 11 月，中共十四届二中全会在《中共中央关于建立社会主义市场经济体制若干问题的决定》中，开始提出"效率优先，兼顾公平"原则。此后，在历次重大会议的报告文献中都把它作为基本指导原则予以重申。当时这是为了迅速发展生产力，提高社会经济水平，在经济领域才提出了"效率优先，兼顾公平"的要求，并将之确定为制定各项经济政策的基本原则。当社会经济发展到一定程度，需要更加突出公平的时候，在社会保障领域，却仍将社会保障制度的价值取向与经济政策的价值取向混为一谈，在社会保障制度改革过程中，比较主流的价值观也是"效率优先，兼顾公平"，显然是将经济发展追求和实现的理念，混同于社会保障改革价值理念，偏重强调社会保障制度与经济制度相配套，强调社会保障制度的经济性，将社会保障制度仅定位于一项经济政策，定位于社会控制工具而不是社会公平机制。

"社会保障改革的价值取向与经济政策的价值取向日益混为一体，新制度的建制理念亦长期未找到准确的定位，这是社保改革至今无法定型的深层原因。"[1] 正是因为以"效率优先，兼顾公平"为设计思想指导，导致

---

[1] 郑功成：《社会保障制度改革必须确立公平的价值取向》，《南方周末》2003 年 1 月 1 日。

了社会保障制度改革与社会变化发展的需要不适应。这种不适应表现在：当社会出现较大贫富差距，一部分社会成员陷入生活困难，而社会保障又不能充分保障其生活时，就会伤害这些社会成员的社会公平感和改革所依赖的社会共识基础；当人们的注意力只集中在效率上，忽视公平时，就会造成对社会消费的抑制作用，应该拿出来进行第二次分配的没有拿出来，如许多效益较好的企业不断拖欠应缴纳的社会保障金，甚至通过瞒报实际分配水平以达到少缴社会保障费的目的，追逐利益而漠视了公平，这是产生社会保障收入分配差距越来越大的主要原因；还有，由于忽视公平，造成了巨大的城乡社会保障差距和给予不同身份的人以不同保障待遇水平的阶梯式社会保障现象，导致在社会主义社会出现了按等级身份享受待遇的不正常现象。这些都是对社会保障制度的"社会性"原则的背离。

　　正确理解公平和效率的关系，是社会保障制度设计和操作的关键。构建社会主义和谐社会中的社会保障制度更加注重社会公平，正确反映和兼顾不同方面群众的利益，正确处理人民内部矛盾和其他社会矛盾，妥善协调各方面的关系。社会保障制度将过去消极的被动的"事后补救性"制度转变为"积极的"制度。国家采取一切有效措施，关心困难群众的生产生活，解决其实际困难，逐步消除两极分化，最终实现共同富裕，而这正是社会主义制度的本质规定。消除两极分化、最终实现共同富裕是彻底的社会主义的公平观，是构建社会主义和谐社会所必须坚持的价值取向，也是与西方国家公平性的本质区别，也是构建社会主义和谐社会中的社会保障制度最突出特征。[①]在老年收入保障制度内部，应该针对不同的层面正确处理公平与效率的关系，只有公平与效率的关系处理得当，才能为老年收入保障制度提供坚实的物质基础。例如，在社会救助制度层面上，必须以突出公平为先，受助对象无须缴纳任何费用，因为救助对象大多是由于外界的不可抗力或先天的因素造成的丧失或部分丧失自救能力而无法正常生存的人，需要社会的救助。应当看到，老年收入保障通过保障全体老年人的基本生活，在一定程度上消除社会发展过程中的机会不均等，促进了起点公平和过程公平；"非歧视性原则"使任何老年人都可以享受法律规定的相应的老年收入保障，促进机会公平、结果的公平。

　　（2）制度设计缺乏"人人有权"的主体平等的理念。《世界人权宣言》

---

① 梅哲：《构建社会主义和谐社会中的社会保障制度》，《社会主义研究》，2005年第4期，第45-46页。

第一条开宗明义地写着"人人生而自由，在尊严和权利上一律平等"。主体平等在社会保险领域中的确切含义，首先是指"人人有权"，即《贝弗里奇报告》（贝弗里奇，2004）就已确认的"社会保障应该满足全体居民不同的社会保障需求"。第一，这种权利是无条件的，或者说其唯一的条件就是"生而为人"，正如《经济、社会、文化权利国际公约》在序言中两次确认的，"这些权利是源于人身的固有尊严"，而非以权利和义务相对应或别的什么条件为根据和理由的，在《经济、社会、文化权利国际公约》第9条规定的"本公约各缔约国承认人人有权享有社会保障，包括社会保险"。第二，它并不排斥根据主体的不同情况（包括不同的社会保险需求）采用不同的制度或方式来实现这种权利，即平等观念并不排斥方式手段的差异性，不否认社会保险制度要依地区与产业差异、历史传承、财政能力等因素做适当灵活的安排或者要有过渡期，但应予申明的是，所有这些考虑与主体平等原则比起来，都只能是从属的。

　　主体平等理念与社会保险公平性之间的关系，从逻辑的层面说，平等是公平的前提和基础。没有这个基础，往往在立法建制时就差别对待、分等处理，即所谓平等主体才有平等对待，不平等主体之间，何来公平？从制度的层面说，"双轨制"的长期存在，就是对人差别对待的主要表现，到现在"双轨制"破除不了的根本原因在于政府迄今没有真正确立起"人人有权"的主体平等的理念。

　　回溯我国历史，我国的传统里不乏"均贫富"的公平理想，可从来没能实现，甚至连接近都谈不上，其原因也正在于人们还有另一种更深的传统，即从观念到制度，所体现在人分九等、各有本分。"双轨制"并存、"养老金政企分开"问题，等于是将全体国民划分成了三部分：第一部分人（主要是公务员）缴纳的养老保险费相对较少，退休后反而能拿到较高水平的养老金；第二部分人（主要是正规就业的企业职员）需要自己缴纳养老保险费，但退休后能拿到的养老金水平却较低；第三部分人（主要是非正规就业人群和农民）根本没有资格加入公共养老保险制度，他们年老后自然也不能享受到任何公共养老保障。这种主体平等理念上的缺位，不但是造成中国养老保障制度不公平的最根本原因，而且是我国当今诸如城乡一元分裂、贫富两极分化等更深、更广、更重大的社会问题的构成原因。

　　"人人有权"享有社会保险的平等理念，不但关系到制度的公平性，而且关系到我国制度的统一性，它是建立统一制度体系的重要理论基础。

若舍此不顾，就真会让一些人以地区差异、财政能力等各种客观原因，或所谓"权利和义务相对应原则"为借口，主张进行各种零碎的个别的制度设计。观察当前我国实行的不同性质养老金制度，即"小二元"（城乡制度区别）和"小三元"（机关、企业、事业制度区别）可以发现，不同制度相互之间封闭运行，没有接口。现有制度对政府工作人员的养老问题另眼相待，从差别公平的角度出发，有一定区别无可厚非。但是，差别必须控制在一个合理的范围内。如果超出了这个范围，其他社会成员会感觉不公正。在改革纵深的时代背景下，利益分配格局势必面临重大变革，朝向更加公正的利益分配目标。新的利益分配格局将更加强调公平正义，旨在增进社会总体福利。在这种背景下，机关事业单位的养老金制度如果仍然保持基本不变，不与企业职工养老保险制度衔接，将引发极大的社会不公正感。

养老保障制度表现出不完善和改革进程缓慢，固然与中国所采取的渐进性改革方式有关，但是在某种程度上也是由于改革的目标模式有其不尽清晰之处。虽然养老保障制度改革的目标模式早在 20 世纪 90 年代后期就已经确立，但是只有在充分认识和考虑到人口转变特征、经济体制类型、公共财政性质和劳动力市场发育程度等一系列因素，并在制度设计中纠正了上述偏差之后，改革目标才能逐步清晰，改革步骤才能按照人们的期望推进。[1]

---

[1] 蔡昉：《重新思考中国基本养老保障制度改革》，《经济学动态》2008 年第 7 期，第 3-7 页。

第五章 老年收入保障风险及规避

风险（Risk）是保险需求存在的前提，风险的变动会引起保险需求的变动。实际上，到目前为止，风险和不确定性（Uncertainties）这两个术语是一直被可替代地使用的。风险是指意外事故发生的可能性，是一种客观存在的、损失的发生具有不确定性的状态。风险因素引起或增加风险事故，风险事故发生可能造成损失。[①] 老年收入保障制度作为处理风险的一种社会制度，通过强制性收入再分配这种集中和分散风险的机制，把社会成员个人的较大的不确定损失，转化为社会全体成员的较小的确定性损失，以保障社会成员的基本生活，维持社会稳定发展。但老年收入保障本身也面临着风险，既有制度本身的风险，也有运营环节上的风险；既有自然环境风险，也有社会环境和经济环境风险。本章研究的主要内容集中在老年收入风险分析与防范，对风险产生引起的需求进行分析，以及对政府的责任进行论述。

第一节 老年收入保障风险

老年收入保障制度的产生，缘于风险的客观存在，进入老年型社会意味着养老风险将是今后最大的风险，原因在于：老龄化风险不同于以往的一切风险，它是一种持续性的、增长性的风险。风险可以说经历了一个由外部风险向内部风险转移的过程，即由最初的自然风险（自然灾害）转向人身风险（工伤、疾病），再过渡到能力素质风险（技术、知识），最后发

---

① 魏华林、林宝清：《保险学》，高等教育出版社 1999 年版。

展到人口结构性风险（社会老龄化）。以往的收入风险都是阶段性的、非持续性。如工伤事故主要缘于工业化初期的技术不完备，以及劳动者与机器的直接结合，当技术的安全性能提高，特别是自动化、信息化成为工业化的核心组织系统后，人与机器避免了直接接触，生产的安全性大大提高，工伤事故也大幅度降低。失业风险主要缘于人口无节制的增加和技术对劳动的替代，但是随着人口老龄化程度提高，劳动力供给减少，以及人口增长率的下降，失业风险会随之减弱和消除。唯独老龄化风险有不断加重的趋势，它有一个不可逆的过程，即这种趋势难以改变，因为人的平均寿命会随着科学技术的发展、生活质量的提高而不断增长。从老年收入保障支付时间来看，个体老年保障延续时间长，因为一般人在退休后的寿命余年平均在 10 年以上，而且有增长的趋势，老龄化导致老年抚养比不断提高。养老风险也就成为老年收入保障面临的和需要解决的重要问题。

所谓风险，是指损失的不确定性。从经济收入的角度来讲，老年收入保障风险是老年人生活所需费用的不确定性。随着科学技术的发展，知识更新的提速，对人的威胁，越来越指向个人的内在素质。未来的养老风险是一种人口结构上的风险，它将导致社会保障管理模式和运行方式发生重大改变，即由资金供给性保障转向生活照料性保障。为了避免风险、转移风险或者分担风险，人们不但需要提高个人识别风险的能力和抗风险的能力，更重要的是需要设计出和实行有效的避免风险转移风险或者分担风险的制度。在现实生活中制度设计和制度安排具有头等重要的意义，老年收入保障就是这样一种可以满足人们这一需要的制度。

一、老年收入保障风险描述和分析

老年收入保障制度就制度本身而言，就是为了分散社会单个老年人成员的风险，为其提供经济收入保障，其基本性质具有不确定性。分散风险实质上是社会承担了一个中间人的角色，通过对养老等特定风险进行承保，将这些风险在社会全体成员当中进行分散，这时社会扮演着承包人的角色。其中，政府是责任的主体，它们向社会成员收取一部分的保险金额，另一部分则由政府来支付，这样政府实际上接受了所有社会成员所转移的风险。老年收入保障针对的就是风险，由于人的认知能力的有限性和信息的不完全性，人们不可能完全消除老年收入保障制度的风险，因而未来的保险支付就具有一定的不确定性，制度运行的风险无疑是很高的。由于社会风险是不可能完全预测的，任何养老保险制度或模式，都不可能完全地提供可预测的养老金收入。正如在本书导论中已经叙述过的，在现实生活中客观存在着容易使养老金产生风险的多种不确定性，其中最突出的两种：一是老年人退休后存活期限的不确定性。若退休人员存活时间长，即使通货膨胀保持在适度水平，退休人员的养老金实际购买力也会逐年下降。二是老年人退休期间经济状况的不确定性。[①] 这主要是物价、工资变动以及制度转轨成本等多种因素带来的影响。

中国所建设的庞大的系统工程是世界上其他国家都无法比拟的，由于正逢社会转型和急剧发展时期，进行中的老年收入保障制度改革任务艰巨，中国老年人的养老风险表现出的复杂性体现在以下几个方面：

（1）经济状况不确定性。退休老年人经济状况不确定因素主要是物价和工资变动所产生的影响。在退休人员领取养老金的初期，可能退休人员每月领取的养老金收入显得很充足，但随着社会经济的不断发展变化，基本养老金将面临双重风险危机。一方面，若物价上涨而养老金不变，则将导致养老金的实际购买力下降，退休人员生活水平的绝对下降。若物价上涨速度过快，还可能影响到退休人员的生活维持问题。另一方面，若全社会整体收入水平提高，但在职人员工资的增长和社会基本生活水平提高过快，则退休人员的相对生活水平会降低（毛振华、梅哲，2010）。

（2）制度设计风险。所谓制度风险，是指由于老年收入保障制度设计缺陷或运行机制紊乱而造成的风险。自 1997 年开始，中国统一实施了"社会统筹和个人账户相结合"的养老保险制度，新制度的实质是要实现现收现付制向部分基金制的转轨，但是新制度在设计时并没有处理解决好转轨成本问题，使制度设计本身就存在着一定的缺陷，经过十多年的制度运行，现行制度仍然是"统账结合"外壳下的现收现付制度，并且已经付出了巨大的制度成本还没有成型。新制度对养老金待遇设计为"老人老办法，中人中办法，新人新办法"，"老人"的养老金计算方法是其退休前档案工资按比例打折后再加上各种津（补）贴。由于"老人"过去长期实行的是"低工资"，档案工资水平非常低，再加上没有个人账户的积累，因

---

① ［美］劳伦斯·汤普森：《老而弥智——养老保险经济学》，孙树菡等译，中国劳动社会保障出版社 2003 年版，第 122 页。

此大部分"老人"的养老金待遇是偏低的，影响了退休人员的生活。新制度没有对低收入的"老人"进行托底保障的制度设计，对于历史原因形成的"老人"低收入养老金问题没有能够从根本上得到解决。因此，需要对新制度进行适当的调整和修改完善，为养老金低收入的"老人"、部分已经退休或即将退休的"中人"进行养老金收入托底保障设计。

在制度保障方面，老年收入保障制度立法的滞后、中央与地方事权划分得不明晰，地方将过多的制度职责推给中央等问题。制度设计虽然强调了各方面权利与义务的关系，但是由于缺少法律保障，导致权利与义务的脱节。也正因为各方之间的权利与义务关系不明确，没有一个制度强制管理系统，导致基金管理混乱，使社会保障基金应收未收、支出"越位"和"缺位"并存，这不仅扭曲了老年收入保障制度关系，并且加重了老年收入保障制度负担，加速了风险的形成。此外，财政风险的存在也加剧了老年收入保障制度的风险。在老年收入保障制度中，政府的财政在为老年收入保障制度基金兜底。近几年，我国的财政赤字相当大，巨大的赤字和债务风险使财政自身的良性运行都难以保证，就更难以为老年收入保障制度风险提供最后承担作用。

（3）政策安排状况。由于现行养老保险制度本身存在着一定的制度设计缺陷，多种退休政策的并存，养老保险政策在一定程度上出现了偏离公平的倾向，陷入了一些无法解决的政策性矛盾中：一方面，诸如新老退休人员之间、城镇企业与机关事业单位退休人员之间、特殊退休群体与一般退休人群之间、不同地区不同效益水平的单位退休人员之间养老金水平差距很大，而目前的养老保险政策在实际操作中还没能做到排除身份差异，在享受养老金待遇方面仍按等级身份享受待遇的事实，导致出现了政策性不公平；另一方面，由于转轨成本问题引起的基金问题，导致目前各级政府社会保险部门的主要精力集中在扩大职工养老保险覆盖面和强化养老保险基金征缴方面。对于企业退休人员养老金低收入的现状，尚无精力建立有效的政策保护措施，虽然中央采取积极的措施在全国进行了几次大的养老金调整，但从总体来说，尚未能够很好地解决养老金政策性矛盾。各地对于不断出现的退休人员因养老金偏低出现的群访事件，解决办法大多都是采取同级财政出资，提高各种生活补贴方式增加收入，但这种临时性政策既不能彻底解决问题，又与中央关于各地不得自行提高养老金水平的要求相矛盾。

（4）基金财务风险。财务风险主要表现在老年人口结构和抚养比的变化趋势增加了老年收入保障基金收支风险。人口老龄化高峰的迅速到来增加了对老年人保障金支付的风险，给老年收入保障制度造成了巨大压力。与其他国家相比，我国人口老龄化具有两个显著特点：一是基数大、速度快。据预测，我国 65 岁以上的人口将在 2000 年 9000 万的基础上，到 2035 年约为 27000 万，而 60 岁以上人口到 2030 年约为 33500 万。二是底子薄、负担重。我国的老龄化是在人均国民收入较低的情况下出现的。人口老龄化带来劳动年龄人口比重下降，直接导致老年赡养系数和总供养系数上升，老年抚养比是指退休人数与在职劳动者人数之比，它反映出每百名在职劳动者所赡养的老年退休者数量。抚养比越高，说明在职劳动者的抚养压力越大。据专家预测，世界平均抚养比在 2002 年是 1∶9，到 2050 年达到 1∶4，而发达国家将达到 1∶2。在这方面，中国的老年抚养比提高得更快，2000 年达到 19.91%；2005 年达到 23.02%；2010 年达到 26.17%；2015 年达到 29.68%；2020 年达到 37.66%；到 2050 年和发达国家一样，达到 50%，即每 2 个人就要抚养 1 位老年人。[①] 从而，直接导致我国制度风险和养老基金财务风险的并存。"统账结合"的养老保障制度模式使得现在的在职职工既要为自己将来养老进行个人账户积累，同时还要承担继续供养已退休的上一代老人的养老义务。这种双重负担使企业和职工经济上难以承受。人口老龄化进程的加快，又使这一制度模式的风险加剧。统筹基金缺口逐渐加大，其不足只有通过不断透支个人账户积累来支付，由此产生了个人账户空账运行的风险。如果按照世界银行估计，我国养老金的隐性债务高达 GDP 的 50%，仅此一项，就对我国政府构成了巨大的财务威胁。

（5）退休人员现实状况。截至 2011 年底，我国已有 6826 万离退休人员正在按月享受基本养老金待遇。[②] 由于种种原因个体之间的差异较大，部分退休人员养老金无法满足基本生活水平的需要，他们的养老金相当有限，没有足够的生活必需品，没有医疗服务，生活在低水平的社会保险贫困中。许多老年人每天的生活非常清苦，有的还在退休后继续付出艰辛的劳动以赚取微薄的收入贴补家用，并担负着照顾孙子、孙女的责任，甚至

---

① 田雪原等：《老龄化——从人口赢利到人口亏损》，中国经济出版社 2006 年版，第 198 页。
② 中国人力资源社会保障部：《中国人力资源和社会保障事业统计公报 2011 年》。

还要贴补失业下岗的子女，他们一生艰辛劳动，到晚年的生活却仍是无质量的，更谈不上安度晚年。

正是基于上述复杂情况，使我国现行老年收入保障制度具有更大的风险，给社会政治经济带来了不稳定的因素。本书对于制度理念、制度设计等方面的内容将在其他章节中讨论，这里着重分析老年收入保障面临的一个重要不确定性因素：通货膨胀。在市场条件下，随着工资水平提高，商品中所含价值随之提高，从而反映价值的价格逐期有所上升是合乎规律的现象。但通货膨胀与这种正常的物价水平小幅增长不同。在通货膨胀时期，不是个别商品价格的上涨，而是所有商品和劳务加权平均的物价水平上涨；不是一次性、季节性、偶发性和暂时性的物价上涨，以及商业的周期性萧条之后复苏阶段的物价上涨，而是持续的、趋势不可逆转的物价上涨。正如美国经济学家莱德勒和帕金对通货膨胀的定义："通货膨胀是一个价格持续上升的过程，也等于说，是一个货币价值持续贬值的过程。"可以说，通货膨胀是导致老年收入最大的不确定性因素，它主要表现在以下几个方面：

（1）通货膨胀导致的养老金实际水平的下降。在通货膨胀时期，虽然工资通常也随着物价而上涨，但是它不像物价上涨得那样快。受到损害最严重的依然是领取固定养老金的老年人。由于养老金的名义项目常常是固定的，因此通货膨胀导致它们的实际价值急剧下降。受保老人的实际保障水平同货币保障金水平的变动成正比，而同物价指数，尤其是生活费用指数成反比。通货膨胀造成一个特别严重的风险，使得老年人陷于贫困之中。例如，在委内瑞拉，1974~1992 年的高通货膨胀使平均实际退休养老金水平下降了 80%。

（2）通货膨胀降低工资基数的实际价值，导致养老金下降。在以工资作为养老金计发基数的收入关联制的养老保险计划中，如果在计算中不对过去的工资的实际价值进行重新估价，而按其当年的名义工资计算，则较高的通货膨胀率会降低工资基数的实际价值。例如，把过去 5 年中工资的平均值作为决定养老金的基数与只以上一年的工资作基数，在通货膨胀时期会使后者的工资基数提高许多。

（3）通货膨胀使积累的基金快速贬值。部分积累制和完全储备积累制的养老保险基金制度在运行中，作为一项时间跨度长达几十年的长期货币收支计划，积累的养老保险基金受通货膨胀侵蚀会快速贬值。这种状况既影响到养老金的实际购买力，也会影响积累基金的总体支付能力。一般情况下，将养老保险基金的滚存积累用于投资可以抵消通货膨胀的影响，但是，倘若投资收益率低于通货膨胀率，那么仍不能免于贬值。例如，在突尼斯、土耳其等国，公共机构管理的养老金储备被用来投资于公共债券，这些债券的收益率是负值，因而在通货膨胀时期养老金储备快速贬值。

（4）通货膨胀导致了养老金计发比例方面的道德风险（或曰策略性操纵行为）的发生。许多发展中国家的养老保险待遇标准是与退休人员临近退休时的收入挂钩，或者说计算工资基数的平均年份较短。大部分国家是用退休前3~5年的平均工资额作为计算养老金用的工资基数。将养老保险待遇标准与工资状况挂钩往往是在考虑到官方的就业记录的缺乏而选择的最简单的调整方式。但是，在通货膨胀时期，它带来的弊端也是显而易见的。它导致人们钻这种制度时间差的空子。例如，在临退休之前加倍工作以求获得今后相当长时期内倍加的退休金，用人单位也往往在员工退休前为其突击晋升工资等级。这种状况在公共开支的社会统筹养老保险制度中尤为明显。这种策略性操纵行为也表现为人们提前退休，到非正规部门中去就业，以获取双份薪酬。策略性操纵行为使养老保险的制度赡养率提高，进而削弱了养老保险金的支付能力。

二、建立老年收入保障制度的风险预警系统

老年收入保障是以经济手段来解决社会问题，老年收入保障制度建立的直接目的，是保证由于各种原因导致收入中断或减少的社会成员得到基本生活保障，消除贫困，使每个老年人都能老有所养，使每个老年人都能分享社会经济发展的成果。它是具有稳定作用的"安全阀"与"稳定器"，是社会稳定机制的重要组成部分。老年收入保障制度风险的影响因素主要有人口因素、经济因素、技术因素和社会因素等。老年收入保障制度的保障对象就是老年人，人口因素发生变化，就必然会引起制度运行的风险，完善的制度对经济发展起到促进作用，其资金来源于经济部门，其运行受制于整个社会经济运行状况。经济发展水平对制度的影响表现为基础性的制约，老年收入保障制度必须与社会经济发展相适应，是老年收入保障在发展进程中必须遵循的客观规律。技术因素主要指制度设计本身存在的各种问题，例如各地区、各部门之间制度的不统一，制度覆盖面小，筹资渠

道单一，退休条件和待遇政策不合理，养老金支付与养老保险费缴纳不联系，社会救助体系建设滞后和城镇居民最低生活保障线过低等。社会因素包括居民的风险意识、对老年收入保障的认识及社会保障管理方面的问题等。老年收入保障风险一旦发生，必然波及整个社会，因而建立一个科学灵敏的老年收入保障风险预警系统是防范老年收入保障风险的重要措施。

老年收入保障制度风险预警是指预测、监督机构通过建立科学的、灵敏的预警系统，以及对量化资料的分析，及时发现并预测可能出现的老年收入潜在危机，以便国家能够及时采取有效的预防措施，避免老年收入危机的发生，维持老年收入保障制度的良性运转。建立一套完善的老年收入保障制度风险预警系统，对于我国国民经济和社会的健康稳定发展至关重要：它可以准确预测我国未来老年收入保障制度运行的发展趋势，在其发生重大转折之前，及时发出信息，起到预警作用；它可以评价当前制度运行的状态；它还可以及时反映政策调控的效果，对制度运行中的不正常状态及时预警，对我国的老年收入保障制度实现具有前瞻性、预见性的科学调控；它对促进我国老年收入保障事业健康发展具有积极作用，也是我国社会经济发展中的一项带有全局性和战略性的基础工作（曹信邦、王建伟，2004）。

老年收入保障制度风险预警指标体系的设置，是建立老年收入保障预警系统的重要内容。指标体系的设置是否科学、合理，对整个预警系统的预警效果至关重要。预警指标的选择应遵循概括性、灵敏性、可行性、互补性和先行性等原则。一般地，老年收入保障风险预警指标体系应包括人口自然增长率、赡养率、老年人口比率、养老金率、养老金支出增长速度、缴费工资增长速度、医疗费用支出占社会总保障支出的比例、人均医保费用支出占人均医保缴费额的比例、社会医疗保险制度覆盖面、城镇失业率、失业持续时间、就业弹性、产业就业构成、GDP 增长率、医疗卫生用品价格增长速度、基尼系数、贫困发生率和成灾人口比例等。

对我国老年收入保障制度风险的预警，应将现有的统计预警方法与经济指数预警方法相结合，充分考虑我国的老年收入保障特点，采用改良后的景气警告指数法。首先，根据风险的成因选定一组风险预警指标，每个指标都能敏感地反映当前老年收入保障制度的风险因素；其次，将各个预警指标通过一定的统计方法合成一个综合指数，该指数可给出老年收入保障制度的风险得分，并通过将综合指数得分与事先确定的警戒线对比，来判断近期老年收入保障制度的运行状况。

三、老年收入保障制度调整措施

为了消除通货膨胀等风险带给对老年人收入的影响，除了建立老年收入保障制度风险预警系统外，更主要的任务是必须通过制度予以保障老年收入。所以，政府为了消除通货膨胀的影响，许多国家都从制度上规定了应对调整措施。调整的办法分为指数化自动调整和由政府不定期调整两类。指数化调整又分为价格指数化、工资指数化以及通过价格或工资两者的某种组合的指数化调整三种具体形式。在价格指数化调整机制下，养老保险的津贴水平随价格水平变动而变动，其实际价值的绝对量保持不变。在工资指数化调整机制下，养老保险金随在职人员工资水平变动而变动，老年人的实际收入也随之增加，反之则降低。第二次世界大战后，在经济合作组织国家中，对基本养老金计划进行指数化自动调整已比较普通，但大多数发展中国家只是根据通货膨胀情况，不定期地对基本养老金水平进行调整。许多拉丁美洲国家和转轨中苏联等东欧国家只是对最低基本养老金津贴收入作指数化调整。

人们一般认为对社会养老金进行指数化调整是政府的"专利"。换言之，只有政府才具备对基本养老金进行指数化调整的能力。这是因为通货膨胀风险是典型的社会性风险，任何商业性保险机构要承担这种风险都极其困难。因为当通货膨胀率比预期增长更快时，意味着所有投保人都在同一时间发生了保险事故，而实际上商业性保险机构难以同时承受其在所有保险项目上的损失，它会因无力兑现所有的承诺而不得不面临破产。然而，政府对动态性的、社会性的风险提供保险的能力与商业保险机构的同种能力之间存在着巨大差别。政府作为拥有"暴力潜能"的国家机器，作为政权主体，无疑具有某些强制权力。任何商业性机构都不具备政府那种至高无上的权威和统筹兼顾、调节经济利益和经济关系的权力。政府的这种运用强制性权力的能力意味着政府可以做私营机构或其他非政府机构做不到的事，从而可以在全社会范围内分散风险。

最接近养老保险津贴指数化支付的其他类别的保险要算职业年金保险，它通过投资同股票市场的运营相关联。这些保险类别产生之时，人们普遍认为它们提供了抑制通货膨胀的有效办法，因为股票市场一般随着价格的上涨而看涨。但是在 20 世纪 70 年代中期以后，西方经济陷入滞胀境地，绝大部分股票市场并没有与通货膨胀同步增长，从而使这些年金面临贬值风险。

从理论上说，政府在其实施养老金指数化调整的过程中。如果采用可现收现付制的筹资模式，可以通过提高工薪税（费）的办法，将通货膨胀的影响转移到年青一代，以保证养老保险金的真实价值不降低，因为年轻人适应能力较强，也比较容易对其进行补偿。然而，从世界范围看，在实践中，不完善的指数化机制比比皆是。许多国家基本养老金计划不包括指数化的内容，或者指数确定得不合理，因而职工在退休几年后所领取的养老保险津贴的真实价值与最初的价值有相当大的差别。事实上，有些国家的政府是在有意识地利用不作指数化调整的通货膨胀来降低实际的养老保险金支出。换言之，它们是在实施一种对养老保险金承诺打折扣的策略，以缓解养老保险基金财务上的困难境地。

当通货膨胀率特别高时，政府出于财政上的压力，往往会决定不考虑指数化调整条款，例如巴西在物价水平每天上涨 1% 的时期就推迟过实施指数化的调整，养老金因此降低了 25%~30%。按规定，老年人的养老金收入应随通货膨胀作指数化调整以帮助低收入工人，但有些国家的政府常常推迟甚至拒绝进行这一调整；高于最低标准的养老金只是部分地指数化，因而其真实价值降到最低标准的水平，在通货膨胀时期养老保险金的替代率大幅度下降。此外，美国在 1984 年暂停了一年的指数化调整。"暂停指数化调整"这一举措 1983~1985 年在比利时持续了 3 年，1992~1993 年在新西兰持续了两年。作出这种暂停的理由可以是把它作为减少每个人从国家预算中享有的利益的"一揽子"改革计划的一部分，但这并不能算作真正的改革，并且这种做法的成本是高昂的。因为当政府以此方式减少实际应支付的养老保险金以渡过财政危机时，就违背了隐含的对养老金领取者提供收入保障的承诺，给人民带来不安全感和不信任感，并使原本最需要得到帮助的老年人受到的伤害最大。这种状况会使现在在职的工人失去对养老保险制度的信任，逃税行为会增加，最终使基本养老金计划的支付危机加深。

综合各国实施的状况来看，多数国家都是以《社会保障最低公约》（第102 号）公约规定的最低标准为基准，再结合各自的物价或工资水平相应调整养老金。多数国家在确立调整标准时都是依据相关经济指标的变动进行的，所以许多人都把养老金给付的调整称为指数化调整。国外采用较多的养老金指数化调整的三种基本类型（物价指数化调整、工资指数化调整、根据物价指数和工资增长率的综合变化调整）。

1. 物价指数化调整

物价指数化调整即养老金给付随物价指数的变动相应浮动。当物价指数上升时，老年人的养老金收入也随之增加；从理论上说，当物价指数下降时，退休人员的养老金收入也随之减少，但由于养老金给付具有明显的刚性特征，向下调整的极少。在这一类型中还有一种变形的方法，即生活费用指数调整，是指据以调整的指标不是整个物价指数，而是与居民生活关系密切的生活费用指数。采用物价指数化调整的有意大利、日本、美国、比利时、加拿大、丹麦、厄瓜多尔等国。养老金物价指数化调整，是从绝对量的角度来保证退休人员的实际生活水准，以防止物价上涨、通货膨胀对老年人生活的冲击。

2. 工资指数化调整

工资指数化调整即养老金给付随着在职人员工资指数的变动相应浮动。当在职职工的工资指数上升时，退休人员的养老金收入也随着增加；当在职职工工资指数下降时，退休人员的养老金收入也随之减少。当然后者很少见。采用工资指数调整给付的有法国、巴西、奥地利、阿根廷、哥伦比亚等国。工资指数化调整是从相对量的角度来保证退休人员的实际生活水准，能让退出生产领域的退休人员在社会劳动生产率提高、在职职工工资水平提高的情况下，也能增加养老金收入，与在职人员一起分享社会发展的成果。

在动态经济条件下，这两种调整类型的指数变动是不同步的，它们对退休人员带来的影响是：如果在较长时期内，物价涨幅大于工资增长水平，则按价格指数调整就可能提高劳动者的养老金收入替代水平，与在职人员相比，养老金的增长速度快于工资增长速度，退休人员相对生活水平会提高，因而对退休者有利；按工资指数进行调整，收入替代率水平将保持稳定，与在职劳动者相比退休人员相对生活水平没有下降，但实际收入会下降。如果在较长时间内，工资的增长幅度大于物价的增长幅度，那么按物价指数进行调整，将会导致未来退休老年群体养老金的收入替代率水平下降，对退休人员不利；相反，如果按工资指数进行调整，则养老金的收入替代率水平会保持稳定，相对收入水平保持稳定，但总体给付水平得到提高，保险金的支出增大。可见，在不同的经济环境下，养老金按不同指标进行调整的政策效果会有差异。

3. 根据物价指数和工资增长率的综合变化调整

这种方式可以说是前两种方式的综合。这种方式可以有多种形式，如瑞士以一半工资指数与一半物价指数相加后的指数作为公共养老金的调整指数。一般来说，这种指数化调整机制首先保证老年人的公共养老金免受通货膨胀的侵蚀，在此基础上，使老年人适当分享经济增长的成果。[1]

如前所述，大多数经济合作组织国家和一些发展中国家，根据通货膨胀情况调整养老保险津贴水平，但是它又以根据物价还是工资的变化以及两者不同程度组合进行调整而有所不同，这三种调整机制所产生的效应也不同，人们对这三种指数化的调整机制的评价也不一致。

养老金随价格变动进行指数化调整的条件下，货币养老金水平随物价水平变动而变动，养老金的实际价值保持不变，这意味着由通货膨胀所引致的生活水平变动的风险将由年轻人承担。如果经济增长速度减慢，年轻人的缴费率将要提高。随价格指数变动还意味着老年人不能像工资指数化那样分享到在其退休后社会劳动生产率提高带来的成果。

支持价格指数化的人认为老年人对实际收入下降的承受力不如年轻人，加拿大、英国和美国均实行养老金随价格作指数化调整，而瑞士则实行价格指数化和工资指数化各占 50% 的调整。

养老金随工资变化进行指数化调整条件下，养老金同工资一起涨落，这意味着老年人和年轻人一起承受了人均实际收入水平下降造成的风险，但是，倘若工资增长，老年人同时也分享了经济增长成果。工资指数化使老年人的相对生活水平受到保护，而他们的绝对生活水平则不一定得到保障。工资指数化还有助于使享受平均养老保险津贴、生活状况调查津贴和最低养老保险津贴的所有养老金领取人均等地承受了外部经济影响。

此外，当养老保险基金是来源于工薪税（费）时，工资指数化调整机制使得养老保险金同工资受大体相同的因素影响和经济规律调节，使其从总体上对导致实际工资水平变动的外部冲击具有适应性。例如，当提高工资税率以适应社会保险成本的增加时，老年人因获得更少的养老金，从而与在职员工一样承担了社会保险成本增加的负担。如果预计要增加工资

---

[1] 韩伟：《适度统筹养老金调整指数》，经济科学出版社 2008 年版，第 72 页。

税，世界上许多国家倾向于用净工资而不用毛工资去对指数变化进行调整，以保持工人和养老金领取人在他（她）们税后的收入的相对水平保持不变。例如，德国和日本是按可支配工资的变化作指数化调整的。

劳动生产率是影响养老保险金指数化调整的重要变量。如果劳动生产率不变，按工资水平或价格水平进行指数化调整并无实质的差别。但如果劳动生产率发生了变化，无论是源于偶然因素或是周期性的萧条抑或增长，工资指数化和价格指数化调整将导致不同的实际养老金水平、缴费率和老年人的生活保障程度。

当劳动生产率提高时，如果其他因素不变，工资指数化调整，可保持既往的养老保险的缴费率不变，而在劳动生产率提高条件下的价格指数化调整则会使缴费率下降。人们究竟选择哪一种指数化方式取决于他们是关心其退休津贴的相对水平还是绝对水平，以及他（她）们是否愿意现在就支付高额工资税，以换取退休后达到较高的消费水平的可能性。如果人们既关注其养老保险津贴的相对水平，也关注其绝对水平，而政府也希望在劳动生产率提高的成果中获得一定的储蓄增量，那么最佳的选择是像瑞士那样，税后工资指数化和价格指数化各占 50%的比重，尤其是当某个国家预计在长时期内实际工资趋于上升，那么采取养老金随价格变动进行指数化调整，或者部分随价格、部分随工资进行指数化调整的办法，将保持支付每个养老金领取者所需成本下降，并有助于满足支付人口结构变动引起的成本升高的需要。

目前，就全国范围来讲，为了保障退休人员的生活水平不降低，各地在政府财政承受能力基础上，通过实施调整退休人员养老金政策，建立了以职工社会平均工资增长率为参数的正常调整机制，各地在国务院统一部署下，根据职工工资和物价变动情况，适时调整退休人员基本养老金水平，调整幅度一般为省、自治区、直辖市当地上一年度职工平均工资增长率的 40%~60%，并且向退休早、待遇偏低的退休人员倾斜，每次调整办法及具体标准，由省统一制定。北京、上海等地在退休养老金普调的基础上，以不同形式地确立了最低养老金标准，规定凡达不到最低养老金标准的，予以补齐，这项政策对于在养老保险制度范围内维护退休人员的基本生活起到了重要作用。

我国养老金水平基本上是与职工的工资同步调整的（每次提高幅度大致相当于职工工资涨幅的 40%~80%），这极易造成养老金增长过快的后果。参照国外的通常做法，基本养老金应与工资指数和物价指数双挂钩，这样，既可以防止养老金社会成本过高，又能保证退休人员生活水平逐步提高。工资指数的权数可定为40%，物价指数定为60%。如某人基本养老金为700元，本年职工工资指数为108%，生活费用价格指数为105%，则其基本养老金可调整为743.4元［700×（108%×40%＋105%×60%）］。实行退休金与工资、物价指数挂钩，并非每年都作频繁调整，而是确定一个指数变动幅度（如3%~5%），只有当指数变动达到这个规定幅度时，才对养老金支付额予以调整。

风险规避是社会保险重要内容，将应对风险作为老年收入保障制度改革的重要内容，将有助于从风险管理角度进一步拓展思路，使制度设计更加理性化、规范化。

第二节 规避老年收入保障风险的核心

社会保障制度中，有一个核心的概念，即保障人的"基本生活需要"，抓住这个核心就能规避老年收入保障风险。所以，它也是老年收入保障制度设计的核心概念，这里略进行一下讨论。

一、制度设计的核心概念——"基本需要"

人的需要是社会保障领域一个内在的范畴，对于老年收入保障制度来说，它既然为老年人提供一定的生活保证，那就要考虑他的需要究竟是什么？需要构成人类利益的始点，是人类提出各种要求的坚实源头。马斯洛说过，需要"构成了人类内在价值系统和利益系统的基础，这些价值和利益本身就是自身意义的明证，无须进一步证实"。[1]

就社会保障方面来看，现代社会保障是为了满足人的需要而建立的一整套社会制度。米勒认为，基本的制度结构必须首先遵守需要原则，"制度结构必须保证拨出社会资源的充分的份额并根据需要分配给个人。个人

---

[1] 马斯洛：《动机与人格》，许金声等译，华夏出版社1987年版，第6页。

的需要实际上是通过包括家庭、互助社以及诸如健康和社会保障服务这样的公共机构在内的各种广泛的制度得到满足的、要实现社会正义，根据得到整个社会承认并适用于整个社会的一种共同的需要标准来（充分地或按比例地）满足每个人的需要是必不可少的"。①有学者指出，需要涉及人的基本生存状态，它在社会保障中的地位绝不容忽视，"社会保障是对满足基本需求的经济资源配置的公共计划。基本需要概念建立在对人的'存在'的基本条件的了解和共识的基础上；因此，一个社会保障体系，开始于基本需要概念，这个体系必定有着深刻的'生存'伦理"。②社会保障制度主要通过为困难群体提供必要的救助、为社会成员提供预防风险和不确定性的保证、为全体社会成员提供生活前景的必要能力培养来满足人的需要。首先，一般来说，社会保障制度会设定一个基线，即一个社会成员要过上最起码有尊严和体面生活的基本需要标准。通过一个社会的最低限度体面生活条件来界定需要，进而对资源分配加以限制来满足这样的需要。例如，为了确保每个人得到食物需要的满足，就要调节收入分配来使得所有人能够买得起充足的食物，"诸如最低工资法规、失业者的利益以及养老金规定之类的措施就足以保证对食物的需要得到满足"。③其次，社会保障制度会针对特定群体的特定需要情况给予必要的救助，如残疾人、老人、儿童等，无论什么类型的社会保障制度，都需要予以这些无劳动能力的弱势群体足够的重视。此外，还可以通过市场化的商业保险作为满足个体额外需要的补充。像《贝弗里奇报告》（贝弗里奇，2004）指出的，社会保险应该保证人们在各种正常情况下都有一定的收入来足以维持基本生活需要，也就是人的需要。这里，"①通过救助，满足人们在特定情况下的基本生活需要；②由于自愿保险和储蓄主要满足人们超出最低生活需要的保障需求，国家将给予鼓励，使人们更易于参加此类保险"。④在社会保障如何满足人的需要问题上，贝弗里奇的观点是："社会保险满足基本需要；国民救助解决特殊情况的需要；自愿保险用于满足超出基本需要的额外需要。"⑤

①③ 戴维·米勒：《社会正义原则》，应奇译，江苏人民出版社 2001 年版，第 276 页。

② Shionoya, Yuichi: *Economy and Morality: The Philosophy of the Welfare State*, Cheltrnham: Edward Elgar, 2005, p.217.

④《贝弗里奇报告——社会保险和相关服务》，劳动和社会保障部社会保险研究所译，中国劳动社会保障出版社 2004 年版，第 83 页。

⑤ 同④，第 135 页。

以上只能说明一种情况，每个国家究竟如何满足人的需要，每个时代究竟如何看待人的需要，受经济、政治和文化等多重因素的影响。由"基本需要"限定到"基本生活需要"概念，已经多次出现在我国学术界研究著述和政府部门正式文件中，对这个概念的定性结论，中国社会科学院社会学所的张时飞、唐钧研究员曾在《论中国城市居民的"基本生活需要"》调查报告中，对此概念的定性结论进行过系统梳理。

"基本生活需要"的概念最早见于《社会保障教程》一书，作者在该书中提出了"社会保障的目标是满足人的基本需要"[1] 的观点。此后，这个提法被中国从事社会保障研究的专家学者广泛接受。

《中国社会保障体系的建构》一书中就提到："现实—理性的社会保障制度以保障社会成员的基本生活和促进其发展为根本目标。"[2]

《福利的解析：来自欧美的启示》一书中，将研究视野扩展到国际社会。该书作者谈到，联合国人权宣言宣称："社会的每个成员都有权享受社会保障——人类的生存是最重要的，首先应当保障人的生命，其次要保障人类社会成员的基本生活需求。"[3]

《社会保障经济理论》一书中评论道："对社会保障基本性质的认识比较一致"，"在社会保障提供的标准上，一般都认为是对基本生活的保障。"[4]

《社会保障理论与实践》（侯文若，1991）一书中是这样给社会保障定义的："社会保障可理解为对贫者、弱者实行救助，使之享有最低生活，对暂时和永久失却劳动能力的劳动者实行生活保障并使之享有基本生活，以及对全体公民普遍实施福利措施，以保证生活福利增进，而实现社会安定，并让每个劳动者乃至公民都有生活安全感的一种社会机制。"[5]

《社会保障制度改革》一书中认为，社会保障是"政府和社会为了保持经济的发展和社会的稳定，对劳动者和社会成员因年老、伤残、疾病而丧失劳动能力或丧失就业机会，或因自然灾害和意外事故等原因面临生活困难时，通过国民收入分配和再分配提供物质帮助和社会服务，以确保其

① 陈良瑾：《社会保障教程》，知识出版社 1989 年版，第 6 页。
② 雷洁琼、王思斌：《中国社会保障体系的建构》，陕西人民出版社 1999 年版，第 97 页。
③ 周弘：《福利的解析：来自欧美的启示》，上海远东出版社 1998 年版，第 167 页。
④ 丛树海：《社会保障经济理论》，上海三联书店 1996 年版，第 18 页。
⑤ 侯文若：《社会保障的理论与实践》，中国劳动出版社 1991 年版，第 11 页。

基本的生活需要"。①

《论中国特色的社会保障道路》一书中界定社会保障时提出："社会保障的目的是通过国家和社会出面来保证社会成员的基本生活权益和不断改善、提高社会成员的生活质量，促进并实现社会的稳定发展。"②

《社会保障概论》一书中对社会保障的定义是"社会保障制度的目标是满足公民的基本生活需要。社会保障制度是对处于低生活水平的社会成员给予生活保障，以保障其基本生活需求为目标"，认为"社会保障制度这一目标是基于生存权这一人的基本权利"。③

从张时飞、唐钧研究员对上述所引用的各家之言进行的梳理和归纳可见，"基本生活需要"这样的"核心概念"既是社会保障制度追求的目标所在，也是进行老年收入保障制度设计的思维逻辑原点。所谓老年人"基本生活需要"，其含义除了维持纯生理上的需要之外，还包含了另外两个意思：一个是保障退休老年人能够达到社会基本的生活水平，老年人基本生活水平的内容要与一定的物质文明水平相适应，也即退休人员生活必需消费品、消费构成要随全体人口消费量、消费构成的变化而变化，它要能够使老年收入不因为物价逐年上涨而导致实际生活水平的逐年降低；另一个是保证和维持退休人员退休前的基本生活水平，要与当地的经济发展和社会进步相适应，老年收入保障应随着社会进步和科学技术的发展相应提高，保证老年人在一定程度上分享经济发展和社会进步成果。所以，这两个意思与养老保险密切关联，在一定的条件下，养老保险制度实现的是一种特殊的"按需分配"，这个"需"字只能理解为"基本生活需要"，而不能理解为退休人员个体之间的对养老金水平的多元化期望。养老金水平上的"公平"，是保障"基本生活水平"的"适度公平"，这是"底线公平"理念在制度设计中必须始终要坚持的，否则制度设计就会偏离基本理念，偏离公平（毛振华、梅哲，2010）。在我国政府的法律法规中，也都强调了这个重要的价值理念。例如，1995 年国务院《关于深化企业职工养老保险制度改革的通知》中指出，改革是"为了保障企业离退休人员基本生活"。1996 年颁布实施的《中华人民共和国老年人权益保障法》第二十条

① 杜俭、郑维桢：《社会保障体制改革》，立信会计出版社 1995 年版，第 4 页。
② 郑功成：《论中国特色的社会保障道路》，武汉大学出版社 1997 年版，第 5 页。
③ 孙光德、董克用：《社会保障概论》，中国人民大学出版社 2000 年版，第 4 页。

规定，"国家建立养老保险制度，保障老年人的基本生活"。1997 年国务院 《关于建立统一的企业职工基本养老保险制度的决定》中强调，"各级政府要贯彻基本养老保险只能保障退休人员基本生活的原则"。

从上述分析可以看出，对于"基本生活需要"这个核心概念的定性结论，直接影响到对老年收入保障的制度设计和政策测算的定量分析。

"基本生活需要"很容易让人们产生不同的观念，虽然大家在公认食品和某些保护人身体的实物（衣服和居所）是生存所需，但当人们尝试准确界定何为生存需求时，还应该进一步探究：需要多少食物？需要哪种食物？需要多少衣服？需要哪种衣服？需要什么样的房子？如果要确切定义基本需求的类别及标准并加以实现，还要取决于身体情况和地理位置，这一点不难理解。例如，西藏对居住条件的要求与上海地区不尽相同；在新疆吐鲁番地带抵御烈日狂风的衣物，可能会与黑龙江漠河极寒地带大相径庭。如果试图把对"基本生活需要"的定义收缩退步至探讨饮食中卡路里的最低摄入量，可能会形成另一种感觉：这已经接近对基本生活需求的统一定义。然而，这种错觉贻害无穷，即能够制定饮食的一些最低标准以避免饥饿，摄入的矿物质、蛋白质和其他物质应当怎样搭配组合，这也是不容忽略的。但这往往将人们引入另一个概念——"生存需要"。因此，"基本生活需要"的复杂性就在于这个概念的内容会随时间而发生变化，比如在当今社会，为满足生存所需，北京、上海的城市居民所要求的财产、居住以及商品，明显不同于新中国成立初期时的内容。笔者通过更进一步的分析可以认为，要想将"基本生活需要"这个概念具体的内涵讲清楚，既不太可能，也没太大用处。这里无法集中精力来研究个人的具体需求，在不同的时间、不同的地点，个体的需求都有差别，且与特定社会的流行标准有关。上述想法有一个重要含义：在进行老年收入保障制度设计的时候，既要考虑基本生活需要的满足，又不能完全局限于此。因为政府建立老年收入保障制度的目的，是提供一种保护手段来满足所有老年公民的基本生活需求，这是一种反映所有老年人整体利益的诉求，绝对不能够因个体利益差别的原因而影响政府整体制度设计。这一点是今后需要认真考虑的，目前，我国现有养老保障制度中之所以出现的不同性质单位退休老年人，按照身份等级领取养老金的现象，就是由于决策部门将注意力过多集中到不同利益群体的各种诉求，过多考虑不同利益而不断修改原有制度和政策，使原有制度设计千疮百孔，各类政策倾斜使政策体系变得庞杂混乱。

满足"基本生活需要"和实施老年收入保障制度之间的关系应当清晰分明。从理论研究上讲，笔者所采取的各种社会保障政策与人们的各类需要之间都有潜在联系。但在进行收入保障政策实践中，应该仅仅局限在研究老年人整体利益性质的"基本生活需要"。人们在政策实践中必须遵循一些基本的原则，以决定哪些需要应受到重视和关注。从进行风险社会化管理的角度看，"基本生活需要"应该考虑的主要有：衣，食，住，健康及生殖，安全、民主和人权，社会参与机会等。前四项容易理解，生殖是指自然和社会环境允许人们实现繁衍；对安全的诉求反映了人们希望不受犯罪行为侵害，并有机会享受各种人权（对于老年人很重要的就是收入保障）；社会参与则意味着老年人能够充分享受社会经济发展成果（也就是老年收入保障所要实现的共建共享功能）。如果上述几项要求得不到满足，则可称其受到了"社会排斥"。从上面考虑的内容不难看出，老年人上述需求内容，如果有稳定的比较充足的"经济收入"，大多是可以得到的。而且，从许多国家的实践证明，大多数情形下，为了保证人们能获取这些内容，最重要手段就是保障个人要有收入。满足老年人"基本生活需要"除了保障直接收入之外，还应该创造条件让老年人将来能获得更多经济收入。同时，还要重视维护老年人个人的政治权利和经济权利，不论其性别、种族、宗教有何不同，他们的权利都应当得到自由、公正、合法的对待，这是老年收入保障制度能否有效地实现"底线公平"的先决条件。

到这里，我们可以大体确定老年人"基本生活需要"包含以下几项主要需求：衣、食、住、健康和生殖、社会参与机会、能保证这些需求得以满足的最根本的社会机制（获得经济收入）。获得收入从广义上来理解不仅指货币收入（或储藏的财富），还包括提供的各种实物福利。[①] 由于本书重点在老年收入保障，其他福利问题不属于本书的内容，在此就不做讨论。

二、老年人基本需要的判断

在本书中，主要讨论的问题是"老年收入保障"，因此收入保障仍是主旨，收入保障的目的也就是紧紧围绕老年人"基本生活需要"。

---

① 罗兰德·斯哥等：《地球村的社会保障》，华迎放等译，中国劳动社会保障出版社 2004 年版，第 310–311 页。

基于现有的资料，国际上通常将老年人基本生活需要的内涵分为三个不同层次：最低层次是生存线，即满足人的生理需要所需最低费用，达到此线才能维持生存；中间层次是温饱线，即满足生活需要的最低费用，达到此线则能维持温饱；最高层次是发展线，即基本上能自给有余的最低费用，达到此线则具备发展能力。那么，从社会养老保险角度出发，其提供的养老保障水平应当属于哪个层次的基本生活需要呢？这一保障水平的界定思路同样应当建立在社会保险与社会救济的对比基础上。根据前文的分析，养老保险保障水平应当高于体现社会救济性质的最低生活保障水平，因此有必要首先对最低生活保障制度的保障标准有所认识，在此基础上才能对养老保险制度的保障水平进行界定。根据我国《城市居民最低生活保障条例》规定，"城市居民最低生活保障标准，按照当地维持城市居民基本生活所必需的衣食住费用，并适当考虑水电燃煤（煤气）费用以及未成年人的义务教育费用确定"。由此可见，对照上述基本生活需要内涵的三个层次，我国对最低生活保障的标准应当处于中间层次，不仅要达到最低的生存要求，即食物提供的最低标准，而且要满足生活其他方面的最低需要，即应当达到温饱线水平，而基本养老保险制度的保障水平又应当高于最低生活保障制度的保障水平。

本书认为，保障老年人的基本生活需要应当反映的是基本生活需要内涵的最高层次，即达到基本生活需要发展线的保障水平，使老年人通过领取基本养老金便可以过上基本"自给有余"的退休生活。以下将从退休人员基本生活需要的内部构成与理解角度对其进行进一步分析。

首先，退休人员的基本生活需要既包括低层次需要，也包括一定的享受和发展需要。根据上文对基本生活需要内涵的三层次界定以及对基本养老保险目的的分析可知，基本养老保险制度所要满足的退休人员（主要是老年人）的生活需要应当包括生存资料、生活必需品以及一定的享受需要和发展需要。因此，退休人员的基本生活需要在性质上和数量上应该划分为两个层次：一是最低层次，即确定最基本养老保险满足退休人员生存和温饱的基本需要。当养老金相对低于此标准时，要将其退休金提高到此标准，而且这一标准应当略高于最低生活保障水平，因为基本养老保险制度的保障对象毕竟是退休前参加了社会劳动、为社会经济发展作出过贡献的社会成员，因此对其的保障水平应当优于无劳动能力而接受社会接济的最低生活保障对象。二是对原有工资收入水平的替代层次，即退休后领取的退休金应相当于原工资收入的一部分，以满足原有生活需要的基本部分。由于不同劳动者劳动期间的工资收入各不相同，因此从每个退休人员个体来看，与工资收入相对应的养老金金额也会产生差异。对收入较高者来说，由于原工资基数较大，养老金也会较高，其中就包含了一定的个人发展需要。

其次，退休人员的基本生活需要既有动态含义，又有静态理解。从动态角度看，基本生活需要是一个相对概念，基本生活需要的内容随经济增长和发展水平的变动而变动，在现阶段看来是奢侈的需要，在未来某一时期可能是基本的生存需要；反之，现阶段看来是基本的生存需要，在过去某一时期可能是一种奢侈的需要。从静态角度看，基本养老保险制度所提供的保障水平应当限于满足退休人员基本生活"自给有余"的费用需要。①

一方面，强调动态的基本生活需要，是因为这样做有利于退休人员通过社会保障制度分享经济增长和发展的成果。社会和经济的发展是众多劳动者辛勤劳动的结果，老年人为社会的发展付出了他们的青春和汗水，他们已经尽了劳动的义务，承担了社会的责任，因此在其退休后也有权利享受自己曾为之作出过贡献的社会经济发展成果。同时，遵循社会经济发展成果的共享原则进行收入再分配，有利于缩小退休者和在业者之间的收入差距，体现出公平的社会原则，因此老年基本生活需要的保障标准应当随着经济发展、社会进步等的变化而提高。

另一方面，强调静态的基本生活需要是因为，基本养老保险制度是受制于经济增长和发展水平的，在社会经济发展水平不高、政府财力有限的情况下，过高的保障水平势必对经济形成巨大压力，同时也会造成社会资源不必要的浪费。商业养老保险作为基本养老保险的补充，则可以提供较高水平的保障以满足不同层次退休人员的需要；同时，也正是因为基本养老保险所提供的保障水平仅限于"基本"，才为商业养老保险的发展提供了充分的空间。②

---

①② 于宁：《基本养老保障替代率水平研究》，上海世纪出版集团 2007 年版，第 102–103 页。

三、老年收入保障需求水平

前面论述了核心概念"基本生活需要"，那么与"基本生活需要"相关的另一个重要概念即"老年收入保障需求水平"，也是一个需要进行讨论的话题，老年收入保障需求水平是指一定时期内一国或地区老年人享受待遇的高低程度。其具有以下几个特点：

1. 老年收入保障需求水平是一个宏观性、整体性的指标

它反映了在国民收入分配中老年人收入所具有的份额和现实的保障水平。但是，并不完全反映基本收入水平的具体分布和具体的效用水平，不能反映收入具体项目的分配是否合理。具体到数值上，表现为基本养老金水平和最低生活保障水平。

2. 老年收入保障需求同样存在刚性原则的特点

老年收入保障需求水平的刚性，就是指老年收入水平（养老金水平、最低生活保障金水平）变动时的单向上升趋势，即收入水平一旦确定后，其变动趋势只能提高，不能降低，是一种不可逆转的运动趋势。

3. 老年收入保障需求水平是一个量与质相统一的范畴

从量上讲，老年收入水平（养老金水平、最低生活保障金水平）有"高"、"低"之分，具体衡量方法是老年收入保障需求支出占国内生产总值的百分比；从质上讲，老年收入保障需求有"适度"、"不适度"之分，具体测定标准是老年收入保障需求支出，要与国家经济发展水平以及各方面的承受力相适应，它应既保障老年人的基本经济生活，又能促进国民经济的健康发展。从质与量的统一上看，老年收入保障水平并非越高越好，老年收入保障水平的增长速度主要取决于国民收入及国民经济增长速度，超越于国民经济增长的老年收入保障水平，即使很高，也是不可取的。所以，笔者致力于研究和提倡的应该是"适度"的需求水平。适度的需求水平是指保持老年收入需求的质的量的限度、幅度，超过了这个限度就会产生一系列负面效应。从本质上说，适度老年收入保障需求水平要与保障的基本功能相适应，而老年收入保障的基本功能是：既保持社会稳定，又促进经济发展；既有利于社会公平，又有利于提高效率；既保障退休者基本经济生活，又激励在职者的劳动积极性。

本书以老年收入保障中重要指标——养老金适度水平进行分析：判断

一个国家或地区在一定时期内养老金水平是否适度，需要进行具体的分析。判断养老金水平适度与否的标准有以下几点：养老金支出水平与生产力发展水平是否相适应；养老金支出与居民、企业的承受力是否相适应；养老金是否满足了社会老年成员最基本的生存需要，并激励了劳动者的积极性；养老金水平是否达到了既保证社会稳定又促进经济发展的目的，是否既有利于社会公平又有利于提高效率，是否真正实现了"保护与激励的统一"。

养老金适度水平的测算方法可以从宏观和微观两个方面来考虑。在微观的层面上，养老金水平是指退休老年人享受经济待遇的高低程度，可以用受益给付与社会工资水平之比来衡量。在宏观的层面上，养老金需求水平是指养老金待遇支出总额占国内生产总值（GDP）的比重，它反映的是一国或一个地区老年收入保障发展的深度。养老金待遇支出与国内生产总值的比重这一指标能准确反映出一国或地区经济实力的总体状况。

养老金水平负担系数，就是指社会养老保险制度内退休老人养老金负担系数。根据已有研究材料发现，与养老金支出相关度最高的是老年人口比重，老年收入保障支出总额中比重最高的也是养老金支出，在50%左右。这一相关系数说明，研究养老金水平，必须首先考虑老年人口比重。无论什么老年收入保障类型，老年人口比重都是决定养老金支出水平的重要因素。因为老年人口比重是随着人口结构而有规律地变化的，同时也是能够科学预测的，用该数据反映老年抚养性养老金负担系数，测定老年收入保障支出比重是否适度，具有客观性和科学性。同时，又因为经济和社会活动的主体是人，生产活动的目的也是为了满足人的生存和发展需求，所以从人口总数及各年龄段所占比重出发，依据老年人口比重测度老年性养老金支出是否适度，又具有合理性。

建立老年收入保障制度，为退休老人发放基本养老金，保障退休老年人适度的收入水平，确保退休老年人的基本生活，这是确定老年收入保障的微观基础。与此相对应，政府作为老年收入保障制度的另一行为主体，不断满足老年人的需要成为政府制度建设的责任。

第三节　规避老年收入保障风险的根本

现代社会保障制度是 20 世纪以来伴随着工业化和自由市场经济的发展而首先在西方发达国家逐步建立起来的，其核心特征是政府通过再分配成为社会保障的主体，可以说现代政府的主要职能或活动都是围绕为社会成员提供保障和服务或满足人民的生活需要这一目标展开的。但是，我国政府在发挥收入再分配功能中的角色应该如何定位，却是一直讨论不休的问题。根据"底线公平"理论，政府在社会保障中的主要责任，就是加强宏观调控、法律监控以及公共财政支持。具体表现是要确立其在社会保障中的前沿位置，从社会保障的后方走向前台，政府在社会保障中决不能缺位。无论是实现社会保障的再分配，还是经济发展带动社会保障问题的解决，都不可能是一个自动实现的过程。这里尤其需要政府有效发挥其进行再分配、培育社会体系、实行监管的一系列重要职能。社会政策对经济和社会发展有着积极的作用，不仅是社会政策对社会公平的作用，更重要的是它对经济效率的贡献。大量事实证明，政府通过构建和实施积极的社会政策，使社会成员在经济发展的同时也能普遍享受到经济发展的成果，不仅是保证社会公正的核心，也是影响可持续发展的重要因素。从操作层面来说，政府需要从预防社会风险的角度出发，结合劳动力市场的变化和经济发展的需要，采取积极的社会政策来帮助家庭及社会成员增强其适应经济和社会变化的能力。也就是说，既要注重当前的经济增长，也要关注长远的经济发展目标。因此，政府对老年收入保障政策的实施进行宏观调控和法律监控是保证制度顺利落实的根本基础。

一、实现再分配维护公平需要政府强制力保障

所有养老保障制度和最低生活保障制度都有收入再分配的功能。在养老保障制度下，在职雇员在工作期间进行缴费，向退休了不再工作的人支付养老金。这样收入就从年轻人转到老年人，这种代际转移支付是养老保障制度再分配功能的最主要部分。代际再分配（Redistribution Between Generation）可以看做是不同代的人共同分享经济增长成果的手段，或者说，保障那些因为经济萧条或战争而终生低收入的人有体面的老年生活。一些情况下，因为收入、利率、退休人员的长寿、老年赡养率（The Old-Age Dependency Ratio）或者就业者和养老金受益者之间性别差异等方面存在不可预见的变化，使再分配具有一定的偶然性。通常情况下，高收入阶层到低收入阶层的再分配是养老保障制度的重要特点，但是转移多少各国不同。各国政府对这种再分配支持状况不同，引发了"怎么做才是对缴费者和受益者同时公平"的问题。如果一个国家的养老保障制度使收入从低收入阶层转移到高收入阶层，那么会有两种原因：一种是制度设计失误，另一种可能是强权群体施压，使制度利于类似军队或政府公务员这类群体。这种收入逆向分配的实现方式有三种：第一是社会保障制度本身具备；第二是社会保障制度将弱势群体（如自雇人员或非正规部门就业者）排除在外；第三是为某类雇员或雇主专门设计特殊的制度。无论这三种实现方式的哪一种，都会使养老保障制度收入再分配功能大大降低。在现收现付制度中，影响代际再分配的因素有两个，即制度的成熟度和人口的老龄化情况。积累式制度也会引起代际再分配。社会养老保障可以在同代的缴费者和受益人之间进行再分配。再分配的目的是防止退休者陷入贫穷，以及保障不同情况和经历的人都有一定的替代收入。

如果将济贫和收入替代两个目标融合，可以使再分配有更大的稳定性。在中国，这两个制度目标分属于不同的机制和机构。在各级劳动保障部门，运行具有收入替代性质的社会保险制度，通过参保缴费而不是政府直接财政为养老保障筹集资金，人们往往有一种观念就是：我领取养老金是因为我缴了费。在一定程度上，再分配功能不易显露出来。在各级民政部门，运行具有社会救济性质的最低生活保障制度，无须缴费，由各级财政负担，人们的观念就是：不用缴费可以找政府"吃低保"。由于两个部门机构分设，运行机制分别运行，加上社会上部分人对于"吃低保"人员抱有歧视，使老年收入保障制度再分配功能没有能够很好地发挥。

如果要进行收入再分配，需要用待遇确定制的某种方式来达到一定程度上的集体融资。然而，缴费确定型制度中政府担保、政府补助或高收入者无偿奉献部分缴费等形式，也是实现再分配的手段，这使得再分配更透明。这时可以在养老保障体系中加入一个再分配制度，收入替代的功能由待遇确定或缴费确定制度来实现。实践中笔者发现，待遇确定制度更容易在纵向水平实现再分配，而缴费确定型制度更容易在横向水平实现再分配的功能。代际之间也会发生再分配，尤其是在整个社会变革时期。如果社会变革导致传统赡养老人的制度崩溃并创立正规的养老金制度，必须通过再分配手段来保证第一代缴费人的利益，这在现收现付制下更容易实现，因为老人的养老待遇是由当代缴费者的缴费来实现的。

人口的变化也可以成为代际再分配的原因。在人口老龄化的背景下，无论养老金是怎样融资的，其支出水平都会增加，并由当前的 GDP 支付。在现收现付制下，这种效应会更明显，因为养老金支出增加会直接影响当代人的缴费率。在完全积累制度下，再分配通过利得和资本市场实现，赡养负担的增加是不明显的、无法预见的，人们对其不是很敏感，因为无论在国内还是在国际上，养老金资产只是资本市场经营资产的一部分。另外，完全积累制度下的养老保障缴费率或待遇水平对经济变化更敏感。在经济发展形势可以完全预见，且不存在风险的理论假设背景下，完全积累制度下的各代受益人在一定时间内的投资回报率不同，决定他们面对的缴费率和待遇水平不同。个人积累制度不进行代际再分配，但是其积累的养老金资产的净回报率的变化所带来的再分配效应，与现收现付制下人口结构变化带来的影响相似。

最为关键的，是养老保障制度中的转移支付和再分配功能，一定要得到政治上的理解和支持。代际和代内的再分配，是为了保证退休人员有适当的收入。然而社会并不能完全完成向老年人进行转移支付，因此政府通过公共强制力来实现养老保障的再分配效应转移尤其重要。

二、实现共建共享是政府的目标

坚持共同富裕是社会主义社会保障制度的最终目标。因此，我国老年收入保障制度也应该维护全体老年人整体利益，在社会生产力不断发展的基础上，将最终实现人的自由而全面发展作为其价值取向，将老年收入保障制度作为平衡各种利益关系，缩小贫富差距的制度保证，以充分体现出制度本质的特性。实现共同富裕是社会主义的本质之一，"经济发展到一定程度，必须搞共同富裕。我们要的是共同富裕，这样社会就稳定了……中国情况是非常特殊的，即使百分之五十一的人先富裕起来了，还有百分之四十九，也就是六亿多人仍处于贫困之中，也不会有稳定。中国搞资本主义行不通，只有搞社会主义，实现共同富裕，社会才能稳定，才能发展。社会主义的一个含义就是共同富裕"。①但是，现阶段由于人们的主客观条件不同，获得机遇的先后和多寡不同，出现了贫富差别与地区差别，贫富差距在逐步拉大，老年人群体差距就更大，形成了一定程度的社会不公平，影响到了社会的稳定。这就更加需要通过各种制度手段与措施维护和实现社会公平。

实现收入公平，使所有老年人共享发展成果，最终实现共同富裕是政府的奋斗目标。1996年10月颁布实施的《中华人民共和国老年人权益保障法》，在第一章"总则"第四条中规定"老年人有从国家和社会获得物质帮助的权利，有享受社会发展成果的权利"。在第三章"社会保障"第二十一条又明确规定"国家根据经济发展、人民生活水平提高和职工工资增长的情况增加养老金"。1998年10月，胡锦涛就国际老年人年向全国发表电视讲话时强调指出"认真依照《中华人民共和国老年人权益保障法》维护老年人的权益，切实为他们解决实际问题，保证他们同其他社会成员一起共享改革开放和现代化建设的成果"。虽然中央领导一再倡导，《中华人民共和国老年人权益保障法》也有明文规定，但老年人共享至今尚未形成全社会共识，还受着许多错误观念束缚。

从总体上看，老年人虽然已退出劳动岗位，不再直接为社会创造财富，但他们过去已经为经济发展、社会进步、为家庭、为社会作出了不可磨灭的贡献，为社会提供了大量积累，没有这些积累，也就没有今天社会经济的持续、快速发展。何况今天还有许多老年人仍然参与经济活动和社会活动，直接为社会创造物质财富和精神财富。应看到，离退休人员今天所领取的养老金，只不过是他们过去劳动报酬的延期支付。退休职工用养老金换取消费品和劳务，实际上是他们过去劳动所创造的产品的延期使用。任何人都不能割断历史，每个社会都存在着财富上的代际转移，人类就是在这个转移过程中实现社会财富的创造与继承。这也就非常清楚地表明，当今社会财富是新老两代人共同努力的结果。因此，老年人与年轻人共享发展成果也是天经地义，理所当然。

在我国，退休职工共享社会发展成果，更为必要。人们绝对不能忘记那些长期领取低工资、过着艰苦朴素生活的退休老人，应让大家来共享社

①《邓小平年谱》下卷，中央文献出版社2004年版，第1313页。

会发展的成果。如果在职职工工资一涨再涨，生活水平不断提高；退休职工仍然继续领取很低的养老金，那么不用多久，这些退休老人一个个都会成为社会上最贫困的阶层。由于差距拉大，致使那些退休早、退休金低的老人在生活上出现不同程度的困难。只有缩小退休人员与在职人员收入水平的差距，提高退休老人的生活水平，保证退休人员安度晚年，才有安定与团结的局面，最终全面实现和谐社会。

当然，共享也要有个"度"。一是以不影响社会经济发展为前提；二是不能损害中青年的积极性。在职的中青年作为当代社会财富的主要创造者，不仅对社会贡献要大得多，而且需要承担的生活负担更重，生活开支也更大。因此，离退休人员分享不能与在职人员攀比、拉平，养老金的增长幅度理应低于在职职工工资的增长幅度。应该强调，研究共享必须站在全社会立场，而不应片面站在其中的某一方，从有利发展经济和实现社会安定这个大目标出发观察和处理问题。这样既不会损害老年人利益，也不会损害年轻人利益，而是构筑一个代际关系温馨和谐、老青两代人互相补充共同发展的新时代。

由于我国经济发展水平还不很高，目前各地发展又很不平衡，共享必然是多层次、多渠道、多形式和多方面地进行。从共享的层次或渠道来看，分为全国性、地方性和单位性三个主要方面。从我国具体情况看，全国性的共享有两类性质的共享，即补偿性共享和发展性共享。补偿性共享是对过去低工资的适当补偿，发展性共享是在此基础上进一步共享社会发展成果。在新中国成立初期，各方面条件差，强调艰苦奋斗，人们对于领取低工资没有怨言；现在条件开始好起来，在职职工的工资也在逐年提高，对于退休人员的低退休金也应当给予补偿性的提高。全国从1993年10月开始的工资改革，就事业单位来讲，在增加在职人员的工资时，对离退休人员实行同步增长的原则，即参照同职务在职人员的平均增资水平增加离退休费。对离退休人员来讲，这次增资显然是一种改革和发展成果的共享，因为没有十几年的改革开放和在此基础上的经济发展，就不可能有这次较大幅度的增资。但是应该说，这次共享还是带有补偿性质的共享，因为过去的工资实在太低。随着社会经济继续发展和在职人员工资水平的不断提高，退休人员应继续共享社会发展成果。在适当补偿了过去低工资基础上的共享，可以说是发展性的共享。

从共享的内容来看，主要有收入性共享和非收入福利性共享两大类。

其中，收入性共享是共享发展成果的基本部分，在保证离退休人员能获取一定数量的货币收入，以满足其基本生活需要。收入性共享是通过建立养老金的正常增长机制来实现的。正如本书前面所论述过的，通过养老金的调整机制保障老年人晚年生活的主要经济来源。

　　"共享"要以"挂钩"为基础。1982年联合国老龄问题世界大会通过的《老龄问题国际行动计划》指出："使老年人能够在物质和精神方面享受公正和富裕的生活。"① 从物质生活来讲，要做到这点，需要从两个方面入手：一是保障老年人的现有生活水平不再降低，具体说，就是保障退休金不致因通货膨胀而贬值，即实行退休金与物价挂钩制度；二是退休职工应和在职职工一样，他们的生活水平也要随着社会经济发展而不断提高。"挂钩"与"共享"的共同目的，都是为了改善和提高离退休人员的生活质量。在这个大目标上，它们完全一致。但是，两者毕竟也有所区别，即其是从两个不同的侧面来保障离退休人员的生活。所谓"挂钩"，是指将退休金同商品零售价格指数或居民消费价格指数挂钩，随着物价涨幅而相应调整退休金，以保证退休金不致因通货膨胀而贬值，从而保障离退休人员的原有生活水平不致降低。"共享"，则是指分享经济发展成果，即随着国民经济发展和在职人员生活水平的提高，离退休人员也要相应提高生活水平。简单来说，"挂钩"是保持原有生活水平，而"共享"则是提高现有生活水平。

　　"挂钩"和"共享"，从理论上分析，虽然是两个不同的范畴，但由于它们的最终目的又是相同的，所以在实际操作时，可以综合考虑两个方面的因素，来确定一个总的增加比例。在物价涨幅较大的情况下，"共享"必须是以"挂钩"为基础，即是在已经考虑到物价补偿的基础上来进行，否则就可能有虚假成分。例如，某年退休金增长10%，而当年物价上涨幅度也是10%，在这种情况下，退休金的增长仅仅是补偿了物价上涨而已，谈不上什么"共享"。只有在退休金增长幅度超过物价上涨幅度的情况下，其超过部分，才是真正的"共享"。明确"挂钩"与"共享"的区别和联系，不仅有理论意义，而且有实际意义。但是，随着水、电、煤气、房租等的调价，退休人员所增加的这点钱补偿不了实际增加的支出。也就是说，"共享"补偿不了"挂钩"。因此，退休人员养老金合理增长机制还有待完善。

---

① 熊必俊：《人口老龄化与可持续发展》，中国大百科全书出版社2002年版，第101页。

老年收入保障制度体系中，狭义的分享经济发展和社会进步成果，主要反映在老年收入保障特别是法定的社会基本养老保险和老年社会救助方面。我国城镇职工在领取基本养老金（原来称为"退休金"）上，长时期以来分享成果主要表现在作为计发养老金的基础——本人退休前的标准工资额，随着经济的发展及本人的工作情况而有所增加；以后由于分享成果意识的增强和物价上涨幅度较大，分享成果开始表现在通过各种不定期的行政性补贴措施来提高退休人员领取的养老金数额。这种措施虽然有利于退休人员分享成果，但在什么时候提高养老金额及每次提高多大幅度等问题上具有很大或然性，没有形成一个比较科学的"自动"分享成果的增长机制。现在国务院规定了城镇退休人员养老金的调整与上一年当地在职职工平均工资增长的一定比例挂钩，对于形成基本养老保险的分享机制，搞好城镇老年人的收入保障，具有十分重要的意义。至于在城乡老年社会救助上，分享成果主要表现在城镇老人获得社会救济的标准、城乡居民最低生活保障的标准、农村"五保"老人的保障标准，这些也将随着经济发展而有所提高。

三、制度设计是政府的重要调控责任

在理念上弄清楚政府在实现老年收入保障再分配功能和共建共享目标后，接下来就要讨论政府在制度设计中的责任。在"底线公平"的理念下，目前制度设计的核心是要将济贫和收入替代两个目标融入到老年收入保障制度中。济贫对应的制度就是最低生活保障制度，收入替代对应的制度就是社会养老保险制度。

养老保险制度改革的关键是调整政府在制度中的地位与作用，使得政府、市场与个人在养老问题上达到一种新均衡。在调整和改革养老保险制度中政府行为时应注意以下几点：

1. 政府要关注制度对公平、效率及可持续性产生不同的影响

无论采取何种养老保险制度，养老资源均来源于在职一代所创造的物质财富，但不同的模式对制度公平、效率及可持续性产生不同的影响。因此无论是对于财务危机的缓解，还是应付人口老龄化，其物质基础在于经济发展，年青一代人口的增长和劳动生产率的提高，是在保证制度公平与效率前提下解决养老保险制度深层次危机的根本手段。在中国由于独生子

女政策的实施，对未来人口结构将产生重大的影响，人口老龄化将比其他国家更为严重，抚养比将比其他国家高，劳动生产率的提高将成为最终手段。任何脱离经济发展实际的改革方案，就会成为无源之水、无本之木。

2. 提供制度框架是政府在养老保险制度中的重要职责

社会养老保险制度作为现代经济社会的一种制度安排，正在并将在社会经济发展过程中发挥巨大的影响。养老保险的社会性特征决定了其建立和实施的主体是政府，政府在养老保险制度建设与改革过程中，其首要作用就是制定制度框架，保证体系运行的规则性和秩序性。

3. 政府介入养老保险制度应该有一个合理的限度

这是因为，政府介入养老保障制度获得改善资源分配的福利得益时，也承受生产效率较低的福利损失，更何况由于官僚主义和腐败等种种因素存在，往往使得政府行为偏离原有的理想目标。

政府介入社会养老保险制度的"度"，主要是指由政府通过强制方式直接向居民提供社会保险的"深度"和"广度"。"深度"是指政府负责的社会养老保险的保障水平，"广度"是指社会养老保险所覆盖的人群范围。从理论上说，社会养老保险应该覆盖全体居民，但从西方国家社会保险制度发展的经验来看，社会养老保险制度的建立与发展具有阶段性，通常最初只覆盖城市的雇员和公务员，随后在社会、政治、经济、人口条件成熟后，才逐步扩展到农村地区。无论是其深度，还是广度，都应该与经济发展水平、财政承受能力以及社会、文化、制度沿革相适宜。当前中国处于经济发展阶段，政府的财政力量有限，要对全体居民提供单一社会保险，或对部分居民提供全部养老保障服务，在现阶段条件尚不成熟。但在"底线公平"理念下，政府可以整合现有资源，逐步扩大其保障范围到全体居民；"深度"界定为提供基本保险保障，而不是更高层次的"补充保险"，政府应当寻求更加符合市场规律有效率的方式，解决养老保险保障水平以上的保障，要区分不同层次中各级政府的责任。

这里讨论老年收入保障制度，在"底线公平"的基础上，不是要另外又重新设计一个新制度，而是要整合现有制度和资源，同时实现济贫和替代收入两个目标，实现老年收入的再分配。

发展中国家中，济贫和收入替代在养老保障制度中占的地位不同。基本缴费制度在从业人口中的覆盖比例比传统收入联系制度要高，它们也可能引入专门的济贫制度。如果在一个国家中，对不同的就业群体实行不同的养老保障制度的话，那么这个国家可能会有一个专门的济贫制度。在英国，人们可以与国家收入关联的养老保障制度解除参保约定，但所有雇员必须参加国家基本养老保障制度（均等待遇）。在法国，不同职业的人加入不同的养老保障制度体系，各体系都有独立的反贫困制度。

虽然养老保障制度最初的原则是通过再分配使低收入群体获益，以此创造社会公正，但是如果通过政府财政筹集资金，并且覆盖范围太窄以及享受资格太苛刻，这个制度就有了完全或有限的累退效应。例如，在阿根廷，最低养老金适用于那些缴费 30 年而且账户余额低于一个水准的人，而在这个国家里大部分低收入就业者不能做到按时持续地缴费，从而他们不具有国家最低养老保障的受益资格。如果采用自收自支的统一制度，就可以避免在覆盖范围有限的条件下的累退效应。相反，如果一个国家社会保障覆盖面很广，那么政府为养老保障制度融资，就不会出现累退效应，这个目标在单一结构制度与混合结构制度中都能实现。应当构建再分配机制，使强制性的收入替代成分更吸引人，同时鼓励雇主和雇员建立补充性职业养老金制度或自愿退休储蓄。收入关联的制度和财产审查制度则有相反的效果（世界银行，1994）。

四、政府在财政政策方面的再分配功能

1. 国家财政的角色

老年收入保障是公共财政的主要组成部分，该制度的逐步建立和健全，与国家财政政策的制定和实施有着直接的关联，老年收入保障是国家财政资金运用和现代公共财政的一个重要方面。

实践证明，代表公共利益的政府始终在承担着老年收入保障最终保证人的角色。运行一个可以满足几代人需要的养老保障制度，运行城乡统筹的最低生活保障制度，政府的介入不可缺少，只有政府才能承担起合理组织社会资源和统一操作规则的作用。虽然资本市场、私营保险公司或者企业也可以提供养老保险业务，但它们不能保证资金提供的长期稳定。作为激烈竞争的市场中的成员，它们的运作往往伴随着巨大的风险。

为了能够有效地防范和化解老年收入保障制度的财务风险与政治风险，制度的设置就必须对政府责任、企业责任（雇主责任）与雇员责任作出合理、明确的规定。老年收入保障制度体系，在养老保障财务机制中，

企业（雇主）与雇员是基本的供款主体，当制度的财务机制发生危机时，政府就应当提供财政补贴以保证制度的正常运行；在最低生活保障制度中，政府就应当提供公共财政保障制度正常运行。同时，还必须制定相应的政策法规，以规范政府的责任范围，例如财政补贴的时间和数量。

然而政府的责任是有限的，这必须在老年收入保障相关的政策法规中得到体现。在经济社会结构迅速转型、通货膨胀率难以预料、资本市场动荡不稳定以及贫富分化的经济发展阶段，老年收入保障制度实际上是一把"双刃剑"，其制度不会长期运行在一个平稳的状态中，即使再完美的制度在其向好的趋势中，也不能避免产生一些局部的副作用，这会体现在经济和政治的某些方面。因此，政府除了为制度提供一定的财政支持外，还必须对风险防范与风险分散进行战略性的考虑，以防止由此引发政治及经济危机。例如，对于目前的"空账"问题就需要重新进行反思。

老年收入保障制度的收入再分配功能，可以用来防止贫困和调整人们之间收入的不平衡状况。但在缴费确定模式中，国外委托私营管理公司已经成为养老基金管理的主要途径，而私营养老基金管理公司不大可能重新分配受益人的利益，这不可避免地会增加受益人之间的收益差距。这种情况下，政府通常会建立一种重新分配受益人利益的最低收入保障制度，如最低养老金制度。

2. 政府的转移支付

财政是国家的一项重要职能，财政支出结构综合反映了一国政府活动的范围和方向。财政支出范围和结构体现政府的职能范围，并随着市场发育程度的变化而变化。经济学理论一般认为，转移性支出是政府通过财政对国民收入进行的再分配，它直接表现为自己无偿的、单方面的转移，体现的是政府的非市场性的再分配活动。由于转移性支出不牵涉生产性资源配置问题，只是收入在社会成员之间的流动，一般把它作为解决社会公平的方式。政府的转移支付一般分为两种，即直接转移支付和间接转移支付。

直接转移是指政府直接干预养老保险的使用，甚至完全控制其资金流动。另外，政府也可以通过统一的补助措施来资助老年收入保障制度。目前大多数国家的政府都制定一个补贴于总福利支出的预算，然后按照计划将一定比例的资金拨入老年收入保障项目中。毋庸置疑，国家的直接转移支付是老年收入保障制度得以存在和发展的基础。随着社会主义市场经济体制的确立，我国的财政模式发生了根本性的变化，财政支出结构已做了相应的调整和优化，将财力主要用于社会公共需要和社会保障方面。

政府介入老年收入保障制度意义重大，在社会养老保险制度中，政府确保自己是社会养老保险制度的担保人，或者说是最终债务承担人。在这种方式中，当社会养老保险制度出现赤字时，国家是以直接支付的形式进行责任的兑现。政府介入最低生活保障制度中，当救济金支付水平太低时，政府会采取提高社会救助金支付水平的方法进行扶持。通过财政保障，政府实施了对老年收入保障制度承诺，但同时在以下方面承担了多种风险：无法预料的人口和经济情况变化的负面影响；投资回报不足（低于预计收益率或者资产贬值）；无效的管理；对现行制度的政治支持跟不上政治制度的变化等。

第六章　老年收入保障的责任分担

第五章论述了老年人收入风险发生的可能性以及由此需要老年收入保障规避风险，其中政府有义不容辞的责任。本章就体系深入地探讨各级政府、企业、家庭、个人和慈善机构在保障老年收入中的责任分担。

第一节　利益均衡是责任分担的必然要求

一、老年收入保障制度中有不同利益主体

利益是人类活动的根本动因和最终目标，是社会发展的基础、前提与动力因素。马克思主义认为，人的本质是一切社会关系的总和，社会关系的本质归根结底是一种利益关系，"人们奋斗所争取的一切，都同他们的利益有关"。[①]

在老年收入保障制度的制定和执行过程中，各个利益主体（包括中央政府、地方政府、企业以及个人和家庭）从自己的利益出发，会对老年收入保障制度产生不同的影响。

市场机制下每个人追求自身利益最大化，在"搭便车"的自利心理驱动下老年收入保障需要得不到很好的实现，政府就被作为一个大公无私的代表来满足社会需要，政府也以满足社会需要自诩，把公共利益作为其政策的目标导向。

―――――――――

① 《马克思恩格斯全集》第 1 卷，人民出版社 1972 年版，第 82 页。

事实上，在每个个人是"经济人"的前提下，作为一个整体的政府不可能成为一个大公无私的代表，尤其在配套制度设计上存在的不足的情况下，地方政府当然也有自身的考虑。

二、公共利益不适合作为老年收入保障制度的原因

在众多学者看来，老年收入保障制度的目标导向是公共利益的最大化，但是公共利益的内涵认识的不确定、公共利益集合的困难和公共利益的执行异化都限制老年收入保障制度的制定和执行。

1. 公共利益内涵的不确定

公共利益内涵的不确定性主要表现在两个方面：一是公共利益主体的不确定性，主体是多数人还是每个人或政府机构没有定论；二是公共利益内容的不确定性，到底是福利或利益还是价值观念，也没有统一意见。

林德布洛姆认为，公共利益表示某种普遍利益，即确信有益于体会每个人的某些价值观念。[1] E.R.克鲁斯克和 B.M.杰克逊把公共利益界定为构成一个政体的大多数人的共同利益，财税政策应该最终提高大多数人的福利，而不只是少数人的福利。[2] 亨廷顿则把公共利益认同为公共机构的利益。[3]

2. 公共利益难以集合——阿罗不可能定理

理论界没有形成一个能被普遍接受的关于公共利益的定义。即使认同对公共利益各种定义，如是指所有人的利益或者多数人的利益或机构的利益，困难也随之产生了——怎样去确定所有人或者大多数人或不同机构在政策中真正希望的东西。

公共选择学派通过大量的研究探讨不同的投票制度，探索如何将选民们的个人选择转换为一个完整的集体选择。阿罗发现即使是在看似民主公正的状况下，也不可能出现完整的集体偏好——阿罗不可能定理。阿罗不可能定理是对投票悖论的归纳，认为根本没有理由去指望民主政治会给每个选民拥有相同的权利，许多利益集团的政治分肥和政客们可能出于自己的私利而推动的政策都会造成与多数人或者所有人期望相悖的结果。此外，

① [美] 林德布洛姆：《政策制定过程》，人民出版社 1988 年版，第 29 页。
② [美] E.R.克鲁斯克、B.M.杰克逊：《公共政策词典》，上海远东出版社 1992 年版，第 30 页。
③ [美] 亨廷顿：《变化社会中的政治秩序》，生活·读书·新知三联书店 1989 年版，第 23 页。

很多人"搭便车"的自利心理，隐藏或歪曲自己真实的偏好；还有就是利益表达机制的不健全，很多人的利益没法传递出去。这些都会造成公共利益难以集合，即使是在进行集体决策的最好方式下也会出现一定程度的误差。

为何各种公共利益难以集合而形成与之利益一致的老年收入保障制度，究其原因主要是因为老年收入保障制度主要由政府的财政收入埋单，政客们并不需要付出任何代价而享受这些政策带来的利益，同时还可以从心理上给他们带来权力的满足感和从物质上给他们带来游说或贿赂所得的大笔收入；理性的利益团体透过简单的游说可以从政府手上获得价值远远超过游说成本的补助或优惠；每项财税政策只会花费单个纳税人很少的税款，建立新的老年收入保障制度满足自己的利益却必须付出高出数倍的成本，单个纳税人也就理性地采取行动选择"搭便车"，保持在政治上的无知，甚至不参与投票。

3. 把公共利益作为老年收入保障目标导向的结果

公共利益的理解不一和集合的困难无法逾越，在老年收入保障制度实际制定中，一方面受成本约束，另一方面受功利主义谋求"最大多数人的最大幸福"价值观影响，常采取多数票原则集合所谓多数人的利益作为对公共利益的替代，把牺牲或没有兼顾剩余少数人的利益看成社会发展中不得已的选择。民主是以尊重少数人的权利为前提，即使少数与多数人的利益具有冲突性，所谓的多数人仍然没有"绝对"或"优先"的权利。"显然，如果少数派得不到保护，便不可能找到一个赞成新看法的多数，因为那些把看法从多数转向少数的人立刻会进入无权发表看法的人的行列。"① 所以，公共利益对于少数人的利益忽视，很可能是对社会弱势群体的利益的忽视，不利于社会公平与正义的实现，这样制定的老年收入保障制度从形成之日就有失国家公正。

老年收入保障制度制定时可能就偏离国家公正，加之政策目标含义模糊，政策目标实现与否当然没法检测和追究，又如何能指望财税政策在实践中不异化？

总之，如果在理论上对公共利益的含义没有给出统一让人信服的解释，制度执行过程中对公共利益含义的模糊也"视而不见"，那么必然危及制度约束应有的明确性，也会造成公共利益实现与否的判断缺乏依据，

① ［美］乔·萨托利：《民主新论》，东方出版社 1998 年版，第 36 页。

还会造成对个人权益的不当损害。

三、构建利益均衡的老年收入保障制度的必要性

1. 政权稳定的必然需要

任何政党都是建立在特定的阶级或阶层支持的基础上。阶级和群众基础是政党赖以生存和发展的依托。支持阶级或基层的增强与扩大与否决定了一个政党能否成为执政党和能否长期执政。

在计划经济体制下，我国以国家政治大局利益为核心，并要求私人利益或局部利益服从于国家利益，特别是物质不丰富条件下收入的平均分配原则实现了个体之间和局部之间的平均化。随后，从计划经济向市场经济的制度变迁过程中，社会结构随之发生相应的变化，经济构成由国有和集体所有制向多种所有制共同发展变迁，在整个经济结构中非公有制经济的比例不断加大，并将鼓励发展非公有经济写进宪法，逐渐形成了多元的社会利益结构。

政府需要通过各种手段协调各阶层之间的利益冲突，以便紧密地团结各种社会力量从而维持政权的稳定。老年收入保障制度作为对社会利益的权威性再分配手段，是政府调控手段之一，决定了老年收入保障制度以协调社会利益冲突为目的才能履行维护政权稳定的目的。老年收入保障制度进行收入分配，只有跨越了一味地追求效率，更多地关注社会公众的利益诉求，调节社会利益，既代表多数人的利益，也代表少数人的利益（但一定不能仅仅代表少数特殊阶层利益），才能促进各阶层的利益均衡，实现财税政策的政权稳定目标。

2. 构建社会主义和谐社会的必然要求

党的十六届四中全会提出了构建社会主义和谐社会的思想。和谐社会要求实现社会不同要素和人们的相互融洽，其中包括人与人、人与自然、人与社会、公民与政府等多重关系，涵盖了经济生活、政治生活、文化生活和日常生活等方面。

"所谓利益和谐，就是人们在利益追求和享用上的和谐，或者说是社会成员都能够相互认可彼此获取利益的方式以及彼此所获取利益的种类、

质量与数量。"① "和谐社会的构建意味着我国今后在社会发展基本价值取向上的一个重要转变，即在坚持以经济建设为中心的同时，要使经济建设与社会协调同步发展。和谐社会的含义无疑是相当广泛的，但在中国目前情况下，和谐社会的最基本含义是形成一种大体均衡的利益格局。缺少了利益格局的大体均衡，和谐社会就无从谈起。"② "这样一种均衡的利益格局是和谐社会最主要的基础，也是关涉到我们这个社会未来前景的根本所在。"③

然而，和谐社会并不意味着要彻底消除社会所有冲突，而是要使每一位社会公众丰衣足食并拥有平等的话语权，即要兼顾不同地区、不同行业、不同阶层和不同群体的利益，使不同主体的利益诉求都能够通过制度化办法获得解决。和谐社会的构建使得老年收入保障制度有了新的任务，老年收入保障制度的目标导向也应该随着任务的变化而调整。

利益是人类活动的根本动因和最终目标，协调不同利益主体的诉求与矛盾，特别是协调强弱力量不对等的社会强势群体与弱势群体间利益矛盾而形成和保持一种大体均衡的利益格局，维持整体社会基本的公平与正义，成为和谐社会建设的最基本要求。

3. 维持经济持续稳定增长的需要

我国当前面临的就业压力都有赖于经济的发展而提供更多就业岗位，利益是行动的动力，打破城乡二元结构还是得靠发展经济……总之，发展才是硬道理，发展经济才是缓解或解决内部矛盾的唯一出路。没有利益激励的行为是不可能持久的，没有利润激励的生产是不可持续的，企业的生存和发展是经济稳定增长的前提，不顾企业的困难而片面要求企业提供老年收入保障是不可能的；在地方财政困难的前提下命令地方政府搞好老年收入保障工作也是不可能长久有效执行的；特别是不为群众谋福利的增长还不如不增长，得不到群众支持的增长不是可持续的增长。只有平衡各利益主体的利益，才能实现经济的持续稳定增长，并缓解或解决社会矛盾。

因此，社会主义和谐社会的建设必须围绕利益均衡展开，通过老年收入保障制度把利益矛盾控制在社会可接受的范围内，让不同利益主体都能

① 丁大卫：《注重利益关系的和谐》，《学习时报》2006年10月23日。
② 孙立平：《博弈——断裂社会的利益冲突与和谐》，社会科学文献出版社2006年版，第3-4页。
③ 同②，第59页。

够享受到改革开放和现代化建设的丰硕成果，实现利益均衡，进而实现社会和谐和政权的稳定并发展。

四、构建利益均衡的老年收入保障制度的可行性

1. 利益矛盾只是人民内部矛盾

正视利益矛盾是属于人民内部矛盾，通过有效的协调不会影响社会的和谐稳定，还可以起到激励作用。在社会资源稀缺的情况下，利益矛盾根源于人的不同需要、需要实现方式和实现程度的矛盾。

特别是将"经济人"假设套用在政府人员身上，目的不是为了全盘否定政府为社会谋福利的性质，而是让人们在客观看待政府合理的自利特征基础上采取措施，有效地预防因其自利而造成制度不能有效执行。承认政府自利的一面，并通过各种制度对政府行为进行正确引导与制度约束，使政府能够更好地服务于经济社会的发展与进步。

制度安排使得不同利益主体的需要实现程度和实现方式的不同，引起的不同的利益主体在自身需要的实现过程中的利益矛盾激化结果，完全可以通过有效的协调机制控制在大家能够接受的范围内，实现各利益主体的利益均衡而不影响社会的和谐与发展。

2. 可以通过维护权利的制度安排促进利益均衡

利益均衡作为一种动态的均衡，权利均衡的制度安排是利益均衡实现的前提和保障，也是其他制度安排发挥作用的逻辑起点。罗尔斯认为，通过社会或国家的基本制度安排和调节，达到全体公民之基本权利和义务的公平正义分配，从而在现代民主国家的政治框架内，实现社会普遍的公平和正义，这是政治正义的基本内涵和实现路径。①

权利均衡的制度安排就是要实现不同利益主体的维护利益的权力，尤其是表达和追求自身利益的权利，只有通过国家制度层面进行安排和调节，才能保障不同社会利益主体表达和追求自身利益的权力。

维护权力均衡的制度安排包括：信息获得机制、要求表达机制、施加压力机制、要求凝聚机制、利益协商机制、矛盾解决机制。比如要求凝聚机制，当利益群体表达自己利益的时候，要有一个要求凝聚的机制，只有

---

① 〔美〕罗尔斯：《正义论》，中国社会科学出版社 1988 年版，第 185 页。

通过凝聚的机制才能到达决策层，如果没有经过凝聚，是一个很散射性的要求，政府是无法加以处理的。但凝聚需要组织，单独的个人是完成不了凝聚的。[①]

3. 满足机构合理需要使其为利益均衡服务

在老年收入保障制度中，相关政府和职能部门的合理需要与其他利益主体的需要可能存在不同之处，此种因利益主体的不同而在需要上具有的差异性是正常和不可避免的。因此，为保障老年收入保障制度以利益均衡为目标导向，必须综合运用经济、制度和意识等多种协调方式和手段来协调利益冲突从而实现双赢。

经济协调是指通过发展经济、提高生产力发展水平来满足老年收入保障的相关政府和职能部门的合理需要。制度协调是指通过建立和完善相应的约束机制和激励机制来限制政府的不合理需要并激励政府主动满足其他利益主体的需要。其中，法律制度协调是通过正式的制度为政府的职能和活动划定明确的边界，防范政府及职能部门在行使权力和履行职责时的越位和缺失，从而保障各利益主体的合法的权利。意识协调是指通过加强对政府工作人员和其他利益主体在维权方面的宣传教育，提高各利益主体积极通过各种有效的途径和方法来维护自身权益的意识。

老年收入保障制度作为社会的安全阀，当然应该代表多数人的利益，但也应顾虑到少数人的利益，但一定不能成为特殊阶层或少数拥有权力的个人利益的实现工具。老年收入保障制度通过分配、激励和约束等基本功能，实现老有所养、老有所依，最终实现各主体的利益均衡。

第二节　老年收入保障不同主体间利益博弈

老年收入保障工作进展缓慢的主要原因是在老年收入保障制度的制定和执行过程中，各个利益主体（包括企业、政府及个人）在作出决策时都会以有利于自己利益的立场和角度为出发点，由此必然产生博弈。其中，最具有典型性和代表性的是中央和地方政府在老年收入保障中的利益博

---

① 孙立平：《建立市场经济条件下的利益均衡机制》，《学习月刊》2009 年第 3 期，第 21 页。

弿。上级政府的全局和长远利益与下级政府的局部和短期利益不同，此种在着眼利益方面的差异性必然导致中央与地方政府之间博弈的结果会对老年收入保障制度的选择和落实产生影响。

一、上级政府与下级政府的利益博弈

1. 上级政府和下级政府博弈的原因

上级政府与下级政府博弈的原因，一是上级政府与下级政府在行政管理上的委托代理关系；二是上级政府与地方政府在管理目标上的差异性。我国《宪法》规定上级政府与下级政府之间的关系是委托代理关系：一方面下级政府代理上级政府对本地区的经济进行宏观管理和调控，上级政府则通过对下级政府政绩的定期考核来评定其是否尽职；另一方面，下级政府代理本地区的非政府主体（包括居民、企业和其他主体等）执行上级政府的决定，争取上级政府在政策、财政等方面的支持，以实现本地区经济利益的最大化。

从执政目标来看，上级政府在作出决策时不仅要考虑国家经济实力的增强、人民群众福利水平的提高，而且要考虑，政权的稳定和持久、社会的和谐，即上级政府在决策时主要着眼于整体利益；下级政府考虑的主要是本地区经济实力的提高和对本地区经济的管理权和处置权，即下级政府在决策时主要着眼于局部利益。因此，为了维护本地区的局部利益，下级政府在作出决策时往往会选择牺牲老年人的利益来追求本地区的短期经济利益以实现局部利益的最大化。这就决定了下级政府在执行上级政府的政策时，既有与上级政府一致的一面，也有与上级政府相互冲突的一面。特别是自 1994 年以来，上级政府通过权力下放赋予了下级政府一定程度上相对独立的经济管理的自主权，将下级政府从传统的极端严格的行政隶属关系中解放出来，下级政府在不违反宪法和法律法规以及上级政府的决定的前提下可以自行管理和决定本行政区域内的政治、经济和社会事务，由此下级政府成为了事实上的经济主体。下级政府必须依法按期向上级政府汇报政绩，而下级政府的官员又都具有一定的任期，因此在任期内，下级政府的官员为了创造更多的看得见和能够得到上级重视的政绩，会尽可能控制社会保障等方面的支出，因为社会保障支出大、刚性强、大量平均后老年人感觉效果不明显，关键是上级政府不把老年收入保障工作成效好坏作为主要考核指标，当前还是 GDP 说了算。

总之，上级政府与下级政府之间的委托代理关系以及上级政府与下级政府在执政目标上的差异性决定了上级政府与下级政府必然为争取各自利益的最大化而进行一系列的博弈，这也是老年收入保障制度发展缓慢的根本原因。

2. 上级政府与下级政府博弈分析

上级政府与下级政府关于老年收入保障制度制定和执行的博弈，不是简单的静态竞争与合作关系，而是基于长期性及确定性的政策制度，决定了上级政府与下级政府之间为追求自身利益和效率的最大化进行反复博弈。上级政府会从全局和长远需要出发，积极地在社会保障中投入一定量的老年收入保障资金，一般投入资金较多，对老年人收入保障的效应就高；下级政府可能从自身利益最大化角度出发对老年人收入保障资金投入采取消极态度，但是不管其如何考虑，为了完成其代理上级政府的职责，也必须投入一定比例的资金用于老年收入保障方面。

县乡财政困难的体制性原因主要有三点：各级政府间财权和事权划分模式不合理；政府层级过多，大大降低了分税制收入划分非可行性；财政支出决策权过度集中与支出规则紊乱并存。

于是，上级政府与下级政府之间的利益博弈就不仅仅是理论上的可能，而是事实上的必然。

为了更好地分析上级政府与下级政府之间的利益博弈过程，本书采用支付矩阵来详细表示二者的博弈行为。基本假设如下：①上级政府与下级政府采取消极态度时投入的老年保障资金都为 0。②假设上级政府与下级政府都是博弈的局中人，双方的策略集为：上级政府——积极、消极；下级政府——积极、消极。③上级政府与下级政府都是理性人，在进行博弈的过程中都会追求自身利益和效应的最大化。④上级政府与下级政府之间存在信息上的不对称，上级政府必须为监督下级政府付出一定的监督成本。⑤上级政府在监督的情形下一定能发现下级政府的策略是积极的还是消极的，而在不监督的情况下分不清楚下级政府的策略。

用 V 表示下级政府存在的效应；L 表示上级政府存在的效应；C 表示上级政府对下级政府的监督成本；N 表示下级政府积极监督的成本；W 表示下级政府积极监督时从上级政府得到的奖励；H 表示下级政府消极监督时从上级政府得到的惩罚；D 表示下级政府积极监督时给社会带来的正效

应；M 表示下级政府消极监督时给社会带来的负效应。

在此基础上，可以得到表 6-1 的博弈支付矩阵。

表 6-1　上级政府与下级政府之间的博弈支付矩阵

		上级政府	
		积极监督	消极监督
下级政府	积极监督	(V + W − N, L + D − C − W)	(V − H, L − M − C + H)
	消极监督	(V − N, L + D)	(V, L − H)

在求导混合策略的纳什均衡前，假设 P 为下级政府采取积极态度的概率，则 1 − P 为下级政府采取消极态度的概率；Q 为上级政府采取积极态度的概率，则 1 − Q 为上级政府采取消极态度的概率。

（1）上级政府监督老年收入保障制度执行的态度选择由其利益最大化条件决定，上级政府的期望盈利函数为：$U_Q = Q\{P(L + D − C − W) + (1 − P)(L − M − C + H)\} + (1 − Q)\{P(L + D) + (1 − P)(L − M)\}$，对 U_Q 一阶求导得 $\frac{dU_Q}{dQ} = H − C − PW − PH$，由最大值的条件得出 $P = \frac{H − C}{W + H}$。

对 P 进行分析可知，下级政府采取积极态度的概率 P 与上级政府对其的监督成本 C 成反比，上级政府对下级政府所付出的监督成本越大，下级政府采取消极态度的概率就越小，以为其取得最大利益，反之亦然；下级政府采取积极态度的概率与上级政府对下级政府的奖励 W 成反比。在目前的制度下，上级政府对下级政府奖励的增长幅度远远没有 GDP 增长的幅度快，因此下级政府往往愿意将更多的精力和资源放在 GDP 的增长方面，从而产生了激励的负效应。

（2）下级政府落实老年收入保障制度的态度由其利益最大化条件决定，下级政府的期望盈利函数为：$U_P = P\{Q(V + W − N) + (1 − Q)(V − N)\}$，对 U_P 一阶求导得 $\frac{dU_P}{dP} = QM + QH − N$，由最大值的条件得出 $Q = \frac{N}{M + H}$。

对 Q 进行分析可知，上级政府采取积极态度的概率 Q 与下级政府对资金投入采取消极态度时，上级政府对其的处罚 H 成反比，上级政府对下级政府所采取消极态度的处罚力度越大，上级政府从自身利益最大化角度出发选择积极监督的概率就越小，反之亦然。上级政府对采取积极态度的概率 Q 与下级政府积极监督的成本 N 成正比，下级政府积极监督的成本越大，上级政府从自身利益最大化角度出发选择积极监督的概率就越大，反之亦然。

通过以上的分析，可以得到混合策略的纳什均衡为：$\left\{P = \dfrac{H-C}{W+H}, \ Q = \dfrac{N}{M+H}\right\}$。如果上级政府选择积极态度监督保护老年收入，下级政府的占优策略也是选择积极提高老年收入保障水平，反之依然；如果下级政府选择积极态度提高老年收入保障水平，上级政府在管理老年收入保障的占优策略是选择消极态度，反之依然。

不难看出，我国在老年收入保障工作上进展缓慢的原因，很可能是上级政府采取积极态度的概率小于纳什均衡的 Q 值，从而使得下级政府选择占优策略消极态度应付老年收入保障构建；或者是因为下级政府采取积极态度的概率小于纳什均衡的 P 值，上级政府没有选择占优策略反而也采取消极的态度没有严格落实老年收入保障的执行，结果就使老年收入保障制度发展迟缓。

二、地方政府与地方政府的博弈

1. 地方政府之间利益博弈的原因

我国金字塔式的行政结构设置决定了越往上政治职位越少，为争夺职位展开竞争越激烈。上级政府普遍把任期内 GDP 规模、人均收入水平和招商引资规模等的增长作为政府政绩考核的主要指标，这些指标决定了地方政府官员的政治前途，地方政府官员之间不可避免地展开了为了做大这些指标的激烈竞争。虽然有些地方设置了老年收入保障相关的考核指标，但是，一是由于技术的困难，考核指标难以测算；二是其在考核总分中的权重不够；三是由于外部性，例如人口是跨行政区域流动的，单个地方政府的努力很难改变整体老年收入保障状况，所以结果是地方政府仍然仅仅对 GDP 等指标情有独钟。

（1）恶性税收优惠竞争。一定程度的税收优惠可以吸引其他辖区的资源向本行政区域流入。经过改革开放以来实践的证明，税收优惠的意义获得了社会各界的广泛认同，地方政府对其的运用也越来越充分和成熟。经济发展相对落后的地区想要争取到更多的资源从而得以迅速发展本地经济，就必须积极地参与税收优惠竞争。参与税收优惠竞争并想在竞争中获得利益的最大化，客观上要求参与竞争者拥有丰富的税收资源，这样才能在竞争中具有足够的减税空间从而形成相对较低的税负吸引资源向本地流入。由于历史累积，我国的区域性税收负担呈现出"西高东低"的特点，这和区域性经济发展水平所具有的"东高西低"的特点正好相反，出现了所谓的"逆向税负调节制度"。税收优惠竞争的后果必然导致每个参与竞争的地方的税收收入减少，但是中西部等发展相对滞后的地区必须靠更大方的减税力度方能有效争取资源，由此导致经济发展落后地区财政收入下降更多，社会保障水平更加落后，需要投入的治理资金更多，恶性的税收优惠使得这些地区保障老年收入能力进一步恶化。

（2）恶性财政支出竞争。目前，各级政府往往基于自身利益的考虑而不严格遵循预算行事，财政的支出还是行政首长的"一支笔"审批，加之财政支出的监督机制不健全，导致预算财政资金的乱支、挪用、浪费等不良现象的大量发生。例如，为了"招商引资"。他们不顾实际需要，大建豪华办公大楼和楼堂馆所，大兴"形象工程"，滥占城乡土地，办公大楼越修越豪华，一些县级市或区的办公楼可以和欧洲中等国家的总统府相媲美。如某市惠济是一个穷县，竟建了六幢崭新的办公大楼，巨大的半球形会议中心如美国白宫气势恢弘，数百亩的绿地、园林、假山、喷泉环绕其中。2006年12月，某县黄金镇新建的镇党委、政府办公楼群开始办公，当地群众对该建筑群颇有议论，因为该办公大楼竟然修成了"天安门"城楼的样式，而且耗资达400余万元，建筑门前的台阶有六层111阶。一些地方政府或部门把修建豪华办公楼当作政绩，美其名曰"展现地方形象"。[①]

2. 地方政府与地方政府之间老年收入保障的博弈

（1）模型的建立。假定只有同级的、地理上相邻的两个地方政府，分别为地方政府A和地方政府B，面对上级政府的老年收入保障呼声，它们分别有两种选择：积极扶持和消极应付老年收入保障。如果只有地方政府A积极扶持，则地方政府A为此承担高额的成本C_1，由于外部性，保障老年收入使地方政府A和B分别受益E_1、$E_2(C_1 > E_1 > E_2)$；如果只有地方政府B积极扶持，则地方政府B为此承担高额的成本C_2，由于外部性，保障老年收入使地方政府A和B分别受益E_3、$E_4(C_2 > E_4 > E_3)$；如果双方都积极扶持老年收入保障，都必须为此付出相应成本C_3、C_4，保护老年收入使地方政府A和B分别受益E_5、E_6；如果双方都消极应付老年收入保

---

① 康之国：《"面子经济"与地方政府行政成本控制的困境》，《理论探讨》2008年第2期，第33页。

障，就会得到来自上级政府的惩罚 F_1、F_2，则地方政府与地方政府的博弈支付矩阵如表 6-2 所示。

表 6-2　地方政府与地方政府的博弈支付矩阵

		地方政府 B	
		积极扶持	消极应付
地方政府 A	积极扶持	$(E_5 - C_3,\ E_6 - C_4)$	$(E_1 - C_1,\ E_2)$
	消极应付	$(E_3,\ E_4 - C_2)$	$(-F_1,\ -F_2)$

（2）纳什均衡。

1）假定 A 政府积极扶持老年收入保障的概率为 p，可以分别计算出 B 政府积极扶持和消极应付老年收入保障时的期望收益，并假设 B 政府消极应付老年收入保障时 q = 1；B 政府积极扶持老年收入保障时 q = 0。这样就有：

$$U(1) = p\,E_2 + (1 - p)(-F_2)$$
$$U(0) = p(E_6 - C_4) + (1 - p)(E_4 - C_2)$$

当 $U(1) = U(0)$ 时，$p = \dfrac{E_4 + F_2 - C_2}{E_4 + F_2 - C_2 + E_2 + C_4 - E_6} = \dfrac{1}{1 + \dfrac{E_2 + C_4 - E_6}{E_4 + F_2 - C_2}} =$

p^*，这时对于地方政府 B 来说，不论是积极扶持老年收入保障和消极应付检查两种选择带来的收益是一样多，也就是说当地方政府 A 积极扶持老年收入保障的概率为 p^*，那么此时地方政府 B 的最优战略不唯一，不论是积极扶持还是消极应付老年收入保障效应没有区别。

如果 $U(1) > U(0)$，$p > p^*$，这时对于地方政府 B 来说，消极应付老年收入保障带来的期望收益大于积极扶持老年收入保障带来的期望收益。也就是说，当地方政府 A 积极扶持老年收入保障的概率大于 p^* 时，地方政府 B 的最优战略是消极应付老年收入保障，采取在老年收入保障上的"搭便车"行为。

如果 $U(1) < U(0)$，$p < p^*$，这时对于地方政府 B 来说，积极扶持老年收入保障的收益将要超出消极应付老年收入保障带来的期望收益。也就是说，当地方政府 A 积极扶持老年收入保障的概率小于 p^* 时，地方政府 B 的最优选择是积极扶持老年收入保障，因为不能指望地方政府 A 积极扶持带来好的社会保障状况。

2）假定地方政府 B 消极应付老年收入保障的概率为 q，分别算出地方政府 A 积极扶持和消极应付老年收入保障的期望收益，并假设地方政府 A 积极扶持老年收入保障时 p = 1；地方政府 A 消极应付老年收入保障时 p = 0。这样就有：

$$W(1) = (E_5 - C_3)(1 - q) + (E_1 - C_1)q$$

$$W(0) = E_3(1 - q) - F_1 q$$

如果 $W(1) = W(0)$，$q = \dfrac{E_3 + C_3 - E_5}{E_3 + C_3 - E_5 + E_1 + F_1 - C_1} = \dfrac{1}{1 + \dfrac{E_1 + F_1 - C_1}{E_3 + C_3 - E_5}} = q^*$，这时对于地方政府 A 来说，积极扶持和消极应付老年收入保障的期望收益是相同的。也就是说，当地方政府 B 选择消极应付老年收入保障的概率是 q^*，那么此时地方政府 A 的最优战略不唯一，积极扶持或消极应付老年收入保障的选择对它来说没有区别。

如果当 $W(1) > W(0)$，$q > q^*$，这时对于地方政府 A 来说，积极扶持老年收入保障的期望收益高于消极应付老年收入保障的收益。也就是说，当地方政府 B 选择消极应付老年收入保障的概率大于 q^* 时，即地方政府 B 积极扶持老年收入保障可能性小，地方政府 A 的最优选择只能是靠自己积极扶持老年收入保障。

如果 $W(1) < W(0)$，$q < q^*$，这时对于地方政府 A 来说，积极扶持老年收入保障的期望收益小于消极应付老年收入保障时的期望收益。也就是说，当地方政府 B 选择消极应付老年收入保障的概率小于 q^* 时，即地方政府 B 积极扶持老年收入保障的可能性大时，A 政府的最优选择是消极应付老年收入保障，"搭便车"分享地方政府 B 的老年收入保障成果。

3）纳什均衡：$(p^*, q^*) = \left(\dfrac{1}{1 + \dfrac{E_2 + C_4 - E_6}{E_4 + F_2 - C_2}}, \dfrac{1}{1 + \dfrac{E_1 + F_1 - C_1}{E_3 + C_3 - E_5}} \right)$。从

该均衡可以得出：当地方政府 B 认为地方政府 A 积极扶持老年收入保障的可能性为 p^* 时，地方政府 B 消极应付老年收入保障的可能性为 q^*；反过来，当地方政府 A 认为地方政府 B 选择消极应付老年收入保障的可能性为 q^* 时，地方政府 A 积极扶持老年收入保障的可能性为 p^*。

从纳什均衡可以看出，地方政府 A 积极扶持老年收入保障的概率 p 与 E_4、E_6、F_2 正相关，与 E_2、C_4、C_2 负相关；地方政府 B 消极应付老年收入保障的概率 q 与 C_1、C_3、E_3 正相关，与 E_1、F_1、E_5 负相关。也就是说，某一政府积极扶持老年收入保障的概率与另一政府积极扶持老年收入保障的

收益和其消极应付来自上级政府的惩罚正相关，可见地方政府都希望观看其他同级政府的选择的结果而做决定，每个地方政府都理性地这么做的结果是大家都持观望态度先消极应付老年收入保障。由此得到的启示是：只有加大对消极应付老年收入保障的政府的处罚力度 F_1 和 F_2，才能直接有效地约束地方政府的消极态度，避免它们相互指望在老年收入保障上的"搭便车"行为。

三、政府与企业的利益博弈

政府作为社会的管理者，其内部成员也生活在市场经济体制下，也有其经济人的特征，所以作为经济人整体的政府可能是个不尽职的管理者；老年收入保障的重要参与主体企业就成为被管理者，企业这种不折不扣的经济人，为了自身利益最大化可能来决定是积极推进企业的老年收入保障还是消极应付。

1. 模型的建立

由于现实的复杂性，为了简化模型，就假设政府及其公共部门是一个整体，不再区分中央政府和地方政府，也忽略地方的上下级政府，也不考虑不同的公共部门。同样，企业也有不同的分类，假设不同所有制、不同规模、不同地区、不同行业等这些因素都不考虑，把所有企业抽象成一个企业代表。因此模型就只有两个主体，即一个是政府、一个是企业。

在老年收入保障中，政府可以采取各种措施积极扶持和督促企业老年收入保障，也可以在企业老年收入保障问题上消极应付，采取睁一只眼、闭一只眼的态度，关键就是看经济发展和老年收入保障的协调问题。如果政府采取各种措施积极扶持和督促企业老年收入保障，给企业提供消极应付的机会就给老年人收入带来损失 K_0，当政府采取各种措施积极扶持和督促企业老年收入保障，政府上下认真制定制度并认真履行职责扶持和监督企业需要成本 K_1。

企业在老年收入保障的呼声中根据自身的实力选择利益最大的方式，如果有利可图就会积极响应，如果无利可图就会消极应付。企业在政府的老年收入保障倡导和压力下，即使应付也要成本，记为 C_0，企业除此之外的净利润为 P，当然 $P > C_0$。C_0 的机会成本为 E_0。当然，企业也不一定真的认真执行任务，可以通过贿赂官员支付少量成本 C_1 而省下这笔费用 C_0，

当然 $C_0 > C_1$。如果企业从社会责任和长远发展的眼光决策，可能会选择技术改造或者产业调整，这样做对社会有好处，但是短期内势必影响企业的成本，或者减少收益 E_1，企业通过贿赂消极应付老年收入保障行为毕竟是违法的，如果败露并被政府查办和惩罚，例如罚款、限期补交、企业形象的下降，给企业带来实际损失 L_0 和潜在损失 L_1。

在以上基础上，政府与企业的博弈支付矩阵如表6-3所示。

表6-3　政府与企业的博弈支付矩阵

		企业	
		积极响应	消极应付
政府	积极扶持和监督	$(-K_1, P - C_0 - E_1)$	$(-K_1 + L_0 - K_0, P + C_0 - C_1 - L_0 - L_1 + E_1)$
	消极应付	$(0, P - C_0 - E_1)$	$(-K_1, P + C_0 - C_1 + E_1)$

2. 纳什均衡

（1）假定政府积极扶持和监督企业老年收入保障的概率为 p，分别计算出企业消极应付和积极响应老年收入保障号召的期望收益，并令企业消极应付老年收入保障的概率 $q = 1$；企业积极响应老年收入保障号召的概率 $q = 0$。这样就有：

$$U(1) = p(P + C_0 - C_1 - L_0 - L_1 + E_1) + (1 - p)(P + C_0 - C_1 + E_1)$$
$$U(0) = p(P - C_0 - E_1) + (1 - p)(P - C_0 - E_1)$$

如果 $U(1) = U(0)$，$p = \dfrac{2C_0 - C_1 + E_0 + E_1}{L_0 + L_1} = p^*$，这时对于企业来说，消极应付和积极响应老年收入保障号召带来的收益是一样多。也就是说，当政府积极扶持和监督企业老年收入保障的概率 $p = \dfrac{2C_0 - C_1 + E_0 + E_1}{L_0 + L_1} = p^*$，那么此时企业的最优战略不唯一，消极应付和积极响应老年收入保障号召，对企业利益来讲没有区别。

如果 $U(1) > U(0)$，$p > p^*$，这时对于企业来说，消极应付老年收入保障带来的期望收益是大于积极响应老年收入保障号召带来的期望收益。也就是说，当政府积极扶持和监督老年收入保障的概率大于 p^* 时，企业的最优战略是消极应付老年收入保障。

如果 $U(1) < U(0)$，$p < p^*$，这时对于企业来说，企业积极响应老年收入保障号召的收益将要超出消极应付老年收入保障带来的期望收益。也就是说，当政府积极监督的概率小于 p^* 时，企业认为政府扶持和监督的可

能性不大，消极应付老年收入保障不大可能被查处，企业的最优战略当然就是消极应付老年收入保障。

（2）假定企业消极应付老年收入保障的概率为 q，分别计算出政府积极扶持监督和消极应付老年收入保障的期望收益。假设政府积极扶持和监督老年收入保障的概率 p = 1；政府消极应付老年收入保障的概率 p = 0。这样就有：

$$W(1) = -K_1(1 - q) + (-K_1 + L_0 - K_0)q$$

$$W(0) = -q K_1$$

如果 $W(1) = W(0)$，$q = \dfrac{K_1}{L_0} = q^*$，这时对于政府来说，政府积极扶持监督和消极应付老年收入保障的期望收益是相同的。也就是说，当企业选择了消极应付老年收入保障的概率是 q^*，那么此时政府的最优战略不唯一也不重要，不论是积极扶持监督还是消极应付效果一样。

如果 $W(1) > W(0)$，$q > q^*$，这时对于政府来说，政府积极扶持监督老年收入保障的期望收益高于消极应付的收益。也就是说，当企业选择消极应付老年收入保障的概率大于 q^* 时，政府的最优战略是积极扶持和监督企业老年收入保障。

如果 $W(1) < W(0)$，$q < q^*$，这时对于政府来说，积极扶持和监督老年收入保障的期望收益小于消极应付老年收入保障时的期望收益。也就是说，当企业选择消极应付老年收入保障的概率小于 q^* 时，企业应付的可能性不大时，政府的最优选择是消极应付。

（3）纳什均衡：$(p^*, q^*) = \left(\dfrac{2C_0 - C_1 + E_0 + E_1}{L_0 + L_1}, \dfrac{K_1}{L_0} \right)$。从该均衡可以得出：当企业认为政府积极扶持和监督企业老年收入保障的概率为 p^*，企业选择消极应付老年收入保障的概率为 q^*；反过来，当政府认为企业消极应付老年收入保障的概率为 q^*，政府的最优选择积极扶持和监督企业老年收入保障的概率为 p^*。

由纳什均衡可以看出，政府积极扶持和监督企业老年收入保障的概率 p 与 C_0、E_0、E_1 正相关，与 C_1、L_0、L_1 负相关。C_0、E_0、E_1 都是企业参与老年收入保障的成本。也就是说，当企业积极参与老年收入保障的成本越高，政府就越会积极扶持和监督企业老年收入保障；反之，C_1、L_0、L_1 反映的是企业消极应付老年收入保障的成本，如果这个成本越高，企业就会积极响应老年收入保障号召，政府积极扶持和监督的老年收入保障的可能性就越小，政府就没有必要干预。问题是，现实的情况主要是企业迫于困难也好，根据利润选择也好，积极响应老年收入保障的少，说明政府还是需要积极扶持和监督企业老年收入保障。

由纳什均衡可以看出，企业消极应付老年收入保障的概率 q 与 K_1 正相关，与 L_0 负相关。这说明企业的消极应付老年收入保障的概率越高，越要政府加大监督力度；q 与 L_0 负相关，说明当企业消极应付老年收入保障的概率越高就越要加大对其的处罚力度，从而降低企业消极应付老年收入保障的可能性。在当前的形势下说明政府必须加大对老年收入保障的监督和查处力度。

四、企业与职工的利益博弈

企业和居民在老年收入保障财税政策的制定中拥有话语权以实现自己的诉求主要体现在以下几项制度安排上：一是通过相关主管部门（领导）或人大（政协）提案，这是目前中国利益集团最常用，也是最有效的影响财税政策的渠道和方式；二是通过行政诉讼拓宽利益诉求表达的渠道和方式；三是通过拥有特殊身份的利益代言人（人大代表或政协委员等）发表利益集团的诉求，或通过书信、电话电报、递交调研报告甚至直接造访等直接游说的方式，试图对作为财税政策制定主体的政府施加影响；四是公益性的利益集团通过提供一定的物质资助或进行一定范围的公益活动来宣传本集团的理念以影响财税政策；五是通过新闻媒体或施压性的集体行动引起公众的注意，借此对相关财税政策的制定主体施加压力，力图使相关问题重新进入决策者的政策考量和决策议程中。

在各种利益集团中，企业不但具有较大的社会影响力和较高的组织化程度，而且还拥有较为丰富的财力、文化和信息资源，它们在维护并实现本集团利益的途径和能力上具有较大的优势，往往可以成为影响政府财税政策的强势力量。

代表分散的饱受老无所依困扰的现代广大居民和后代等群体是弱势利益集团，其组织化程度低甚至是无组织，且由于制度设计的缺陷，他们的利益表达渠道不通畅，利益诉求也往往不被重视，特别是后代还没出现，不能参与市场的讨价还价，也无法表达自己的利益诉求。

合法的、建设性的利益表达和均衡的利益博弈，能够为政府决策提供信息，有利于提高政府决策的公正性、合理性，有利于推进民主发展，实现社会公平。然而，企业这种强势利益集团为了自己短期利益的最大化，利用自身资源的优势影响财税政策的结果很可能就是以损害整个地区的公共利益和广大居民这些弱势群体的利益为代价，还会影响国家的公平正义和政权的稳定。

第三节　各主体的责任划分

一、世界银行"五支柱"养老金制度中的政府责任

据世界银行向各国政府推介的养老金制度"五支柱"思想。政府是社会保障体系的倡导者、建设者和推动者，在养老保险中负有不可推卸的责任。政府在面临不同经济环境和政治环境的情况下，所承担的养老保险责任是不同的。1951 年，我国颁布的《劳动保险条例》首次对政府关于城镇国有企业职工的养老保险责任做出明确的规定。随着改革开放的深入和市场经济的发展，原有的养老保险制度已经不能适应新环境的需要。1991年国务院又发布了《关于企工养老保险制度改革的决定》，明确规定养老保险实行社会统筹，养老保险费用由国家、企业和职工个人三方共同负担。1997 年，国务院又提出了在全国范围内实行统一的养老保险制度，从而制定了《关于建立统一的企业职工基本养老保险制度的决定》。近几年来，中国政府致力于加深与拓宽养老保险基金的统筹层次，逐步实现省级统筹，不断增加财政资金对基本养老保险基金的投入。在 1998~2001 年，仅中央财政的补贴支出一项就达 861 亿元，当然这补贴与支出是专门针对社会养老保险基金的。从 2009 年起，我国开始开展新型农村社会养老保险试点的有关工作，逐步对个人缴费、集体补助和政府补贴相结合的缴费方式进行完善。可见，政府建立了制度化的框架和采用财政资金的划拨补贴来实现养老保险的制度化运作和确保养老保险财务的可持续性，最终达到养老保险制度健康持续地发展，从而维护社会的和谐、公平与稳定。

1. 政府承担养老保险责任的原因

（1）从个人的角度来看，个人行为通常是非理性和短视的。在日常生活中，大多数的个人储蓄和消费行为是非理性的和短视的。很多人在年轻的时候没有理性地规划自己将来的养老问题，只把一小部分钱储蓄起来，大部分用在了消费上，这样就导致了在年老以后，这一小部分的储蓄不能够满足自己的日常生活需求，就不得不向社会求助，从而增加了社会的额外负担。因此，就需要依靠政府来建立强制性的养老保险，要求劳动者在年轻时自我储蓄，即在工作期间，缴纳养老保险费，待符合规定条件时，逐渐返回给个人，从而保证其在退休后的生活水平，以此达到养老的最优化。

（2）从经济的宏观角度分析也就是从市场入手，市场失灵现象普遍存在。作为准公共产品的养老保险，市场上供求总是不平衡，由于供小于求就造成了市场失效情况。在商业保险市场上由于逆向选择（养老保险的购买者对自身健康状况掌握了更多的信息，而保险公司对此却知之甚少）的存在，会使人们在信息不对称的情况下对自己健康状况预知较好或预期寿命较长的高风险者产生很强的动机去购买养老保险，当购买保险者主要由健康状况良好和预期寿命较长的高风险者组成时，保险公司的养老金支付将大幅度提升。为了避免增加的成本使净收益降低的情况发生，保险公司会提高保险的费率，这样就会像经济学的挤出效应一样排除了低风险购买者。如此循环往复，大部分低风险者都被逆向选择排除在外，从而留下来的是全部的高风险者和部分低风险者。这时政府就不得不进行宏观干预以确保实有需要而又满足条件的低风险者的利益，通过强制性的手段将其纳入养老保险体系之内，以此来分散和减免避免逆向选择现象的发生所造成的不公后果。

（3）从社会分配角度分析，基于社会公平的考虑。众所周知，在市场经济条件下主要是在市场的价值规律和竞争的作用下通过调节供需从而对资源进行合理配置，以达到效率和利润的最大化。但是，在追求效率的过程中，由于个体之间所享有的初始生产资料和资源的差异和所在的客观经济环境导致取得资源的便宜的不同，每个人最终所取得的效率和效用与付出之间的比率会不同。那些掌握大量初始资源和机会较好的个体最终能够以更方便或更简单的不公之道成功，成为自由市场下弊端的庇护者。机遇与实际中初始资源和可掌握与可利用资料较少的一方则成为自由市场机制的受损者，或许这些受害者才是真正的劳动者与辛苦付出者。基于自由市场机制的这种不公弊端我国政府才有养老保险制度一说。养老保险作为社会保障制度最重要的组成部分，政府提供的强制性养老保险将有助于保障社会成员老年的基本生活，维护整个社会对于公平与正义的追求。

2. 政府承担养老保险责任的内容

（1）加快制度完善的步伐。我国养老保险想要健康持续发展，需要制度的支持和保证。因此，首先需要加快养老保险立法进程，通过法律法规来规范养老保险的覆盖范围、缴费比例、统筹层次、管理监督等活动，做到各项工作有法可依。目前，就是尽快实施《社会保险法》，社会保险法的立法工作滞后给养老保险的发展带来了极其不利的影响，使得实际工作长期处于无法可依的状态，造成了养老保险工作的混乱和执行力的低下。其次，要从养老保险制度本身出发，尽快提高基本养老保险的统筹层次，探索和完善养老保险在不同地区之间转移接续的办法。目前，部分省市基本养老保险做到了省级统筹，长远目标应当是实行全国统筹。改变目前各地各自为政的做法，增强养老保险的统一性和中央政府在养老保险领域内的权威性。

（2）加大公共财政支持力度。国家统计局的有关数据显示，2008年财政收入61304亿元，2009年财政收入68477亿元，2009比2008年增长11.7%，政府财政收入增加幅度明显，从而就有了财政支持养老保险的良好的经济基础。但是，政府财政收入的快速增加，并不是养老保险投入就会增加的充分条件。养老保险投入的大小还取决于政府的支出结构，应减少片面GDP追加的经济建设和冗杂但效率低下的行政管理方面的支出，将省下来的资金转换为养老保险等关系民生领域的支出，推动经济发展由效率优先转向效率优先、兼顾公平，推动政府由经济建设型政府向社会服务型政府转变。

（3）加强对养老保险的监管。首先，尽快制定养老保险相关的法律法规监督管理机制，落实相关条文与规定，确保整个监管活动都有法可依。其次，完善与健全司法监管制度，加强有关漏洞的修补与及时预防工作。在养老保险这个模块，目前的司法监督还是相当薄弱的，在司法程序外的违法违规行为还是比较多的。如在《劳动法》规定，企业有义务为职工缴纳养老保险费用。但是，很多企业对这一条规定不予理睬。司法机构针对这种现象却没有采取相应的处罚和制裁措施。最后，完善和健全行政管理和监督体系。具体来讲，在全国每个地区的社会保障机构都应该建立相关的监管机构，并赋予他们一定的权限和配备足够的工作人员，并提供相应的经费，使其工作能够顺利开展。

二、世界银行"五支柱"养老金制度中的企业责任

企业补充养老保险也叫做企业年金，是指在国家基本养老保险的基础上，依据国家相关政策和本企业的经济状况建立的，旨在提高职工退休后生活水平，作为国家基本养老保险的重要补充的一种养老保险形式。企业补充养老保险是雇主为雇员提供的一种用于退休、死亡或因病残退职的福利计划。有时也泛指其他类似的集体协议，如覆盖不同职员的行业养老保险或协会养老保险计划、自由职业者联合养老保险计划等。企业建立补充养老保险制度是根据《中华人民共和国劳动法》第 75 条"国家鼓励用人单位根据本单位情况为劳动者建立补充养老保险。国家提倡劳动者个人进行储蓄性保险"的规定建立的。

企业补充养老保险对企业和雇员筹划一揽子劳动报酬的分配形式提供了很大的灵活性。积累式个人账户的建立，也可使雇员在更好地了解待遇形成的同时，体会到对资产的拥有。不仅如此，人们希望积累的资金能够产生较大规模的投资需求，从而对整个国家经济的发展起到积极作用。

具体分析建立企业补充养老保险的作用，主要体现在以下几个方面：第一，可以提高职工退休后的生活水平。一方面，随着现代社会经济的发展以及消费能力和水平的提高，职工的养老保障需求会相应提高；另一方面，部分经济效益较好的企业也有提高本企业职工福利水平的意愿和能力。因此，允许此类企业根据其经济状况为其职工自愿建立补充养老保险，能够满足职工较高层次的养老保障需求，提高职工退休后的生活水平。第二，有利于强化职工与企业之间的关系，稳定职工队伍，增强职工对企业的认同感和责任感，提高企业的凝聚力和吸引力，吸引更多的优秀人才到企业任职，从而促进企业的长期稳定可持续发展。第三，规模不断提高的企业补充养老保险基金可以把大量的即期消费资金转化为长期储蓄资金，有利于促进资本市场的稳定和健康发展，有利于促进国民经济的稳健增长。第四，可以鼓励企业承担更多的社会责任。现代公司法更多地弘扬公司的社会责任，强调公司对股东之外的利益相关者（包括消费者、劳动者、社区利益和社会公共利益等）的社会责任。企业建立补充养老保险

就是企业承担社会责任的一种体现，其承担了部分社会养老保障的职能，体现了企业的人文关怀，有利于促进企业的和谐稳定发展。

1. 半强制性的企业养老责任

在国外，企业补充养老保险既有强制性的，也有自愿性的。但是总的来说，其中占绝大多数的是自愿性的补充养老保险。在少数工业化国家推行强制性补充养老保险的原因主要有：法定的基本养老保障水平较低，因此国家通过实施强制性的补充养老保险来弥补基本养老保险在待遇水平方面的不足，提高其国民的养老保障水平；在福利国家，为了保证全社会较高的福利水平，因此通过立法将补充养老保险普遍化、强制化。不过，一些推行自愿性补充养老保险的工业化国家虽然没有规定相关的强制性措施，但是其仍有较高的补充养老保险覆盖率，原因主要是这些国家有着深厚的社会协商传统和浓郁的社会协商氛围，有着较为强大和独立的工会组织，企业雇员和工会组织可以通过集体谈判协商给企业施压，从而迫使企业雇主建立补充养老保险。

就我国来说，不应强制企业普遍推行补充养老保险，应给予企业是否建立补充养老保险的自愿选择权。这也与我国目前相对较高的基本养老保险待遇水平、较低的经济发展水平和较高的企业社会保障税负相适应。然而，实际情况表明，有条件建立补充养老保险的企业往往更愿意通过发放资金和其他形式的福利而不是建立补充养老保险的形式来调动职工的积极性。此外，更为重要的是，统一基本养老保险后，基本养老保险的待遇水平会逐步下降（从目前的80%下降到60%）。因此，为了弥补统一后的基本养老保险待遇水平的不足，以及消除一些企业的短期行为，保障广大职工的利益，国家应该对企业是否建立补充养老保险给予相应的较为严格的约束和监督。因此，我国企业补充养老保险在法律上是自愿性的，但国家严格的约束和监督表明，补充养老保险具有实际意义上的半强制性。

目前，我国企业补充养老保险的经办主体主要有三个：政府的社会保险机构、企业自身和商业保险公司。其中，社会保险机构经办的企业补充养老保险占有相当大的份额。我国养老保险制度改革的目标就是建立国家、企业和个人三方责任和风险分担的养老保险体系，逐步减轻国家的直接责任和负担。如果企业补充养老保险由国家来经办，国家就必须对其承担基金保值增值和养老金待遇支付的责任，这无疑将加重国家的责任和负担，与整个养老保险制度改革的目标相悖。就基金运营来说，社会保险机构是政府机构，其运营养老保险基金的能力和效率都不如企业委托的商业性经济组织（如保险公司、投资公司等）。因此，无论从减轻国家的责任和负担方面，还是提高补充养老保险的基金运营效率和保障能力方面，补充养老保险都应该由企业自主选择的多样化的商业性经济组织来经办和管理。政府的社会保险机构的责任不是直接经办和管理，而是给予相应的政策规范和监督。

社会保险（包括基本养老保险）的主要特征之一是政府发起、强制实施。企业补充养老保险不具备社会保险的这一特征，补充养老保险是由企业自愿决定举办与否、自主决定经办机构，它作为基本养老保险的补充，在很多方面受国家政策和基本养老保险的影响和制约。例如，其缴费水平和待遇水平都要依据基本养老保险的缴费和待遇水平来确定；国家为了保障补充养老保险能够确实和稳定地补充养老保险的不足，也对补充养老保险的举办和基金运营作出较为严格（相对于商业保险）的政策上的规范和监督。另外，补充养老保险是由企业自主选择的商业性经济组织来实施补充养老保险基金的管理和投资运营，从某种意义上说，企业补充养老保险具有一定的商业保险特征。因此，企业补充养老保险是介于社会保险与商业保险之间的一种特殊养老保险形式。

根据上述分析，我国企业补充养老保险具有法律上的自愿性、实际上的半强制性；企业可根据自身的经济状况自主决定建立与否以及补充水平；经办方式多样化，基金运营商业化；是介于社会保险与商业保险之间的一种养老保险形式。

我国企业补充养老保险是由政府宏观调控，企业自主举办的。政府虽然要求有条件的企业必须举办，但对经济效益不好、无力举办的企业则并不强制其建立补充养老保险。因此，国家推动企业举办补充养老保险，只提倡、鼓励和监督经济效益较好、有能力的企业举办，并没有要求所有企业都举办。企业可以根据自身的经济效益的高低来确定不同水平的补充养老保险，因而对企业的发展的影响并不大。更为重要的是，补充养老保险的发展和稳定地发挥作用，是对基本养老保险的有力补充，从而减轻基本养老保险的压力，避免基本养老保险由于保障责任的增加（如果没有补充养老保险的话）而导致企业基本养老保险缴费的不断提高。因此，过分夸大补充养老保险对企业负担的影响是不必要的。当然，政府在制定补充养老保险的有关政策和对企业已建立的补充养老保险进行政策约束时，要充分考虑企业的负担水平，适度发展企业补充养老保险。

2. 自愿性的企业养老责任

企业作为社会一分子，必须承担相应的社会责任，其基本含义就是企业对社会、对员工所应承担的责任与义务。尤其员工利益是企业社会责任中的最直接和最主要的内容，企业在赚取利润的同时，应承担起在劳动时间、最低工资、劳动福利及社会保险等方面保障员工权益的相应责任。我国的《宪法》、《劳动法》对劳动者在养老、医疗、工伤、失业与生育方面的社会保险权益早已作出了原则性规定。中央政府的一系列条例和政策性文件将这一规定作了明确而细致的阐释，并责成单位、企业承担对其职工的社会保险责任。

三、其他主体的责任

1. 个人

在现代养老保险制度中，个人应为自己的养老问题承担首要和主要的责任，特别是就其对养老的个性化需求而言。这不但是养老保险的基本理论要求，也是世界范围内养老保险改革的发展趋势。只要政府能够在提供了一个公共养老计划的基础上，创造和培育出相对比较完善和成熟的外部条件时，个人就可以通过自我积累和市场交换与竞争来满足个人对养老的个性化需求。

社会成员以自己责任方式满足对养老的需求有着久远的历史，在至今为止的绝大部分人类生活时间里，社会成员的养老需求都是由个人或个人所在家庭来解决的。个人承担自己的养老责任，是一个理性人的自发意识和自发行为，其并不需要外在力量的强制或推动。归纳可知，此种理性的、自发的养老责任主要有两种表现形式：一是以个人为中心的自我规划与积累；二是以家庭为范围的代际养老和家庭积累。如果前者可以成为直接的个人养老责任，那么后者可以成为家庭养老责任。直接的个人养老责任有着与莫迪利亚尼的"生命周期说"类似的运作机制，但是其并不是简单和随意就能实现的，直接的个人责任的实现需要基于以下的条件：要么依赖于对衣食住行用等生活消费品的长时间的、相当数量的储存；要么依赖于完全的外部资本市场使理性个人在工作期积累的消费品或储蓄转化为非工作期的养老消费。

直接的个人养老责任的实现除应具备一定的个人能力和一个（相对）成熟的外部市场外，还必须依赖于以下机理。

一是养老权益私人所有。现代养老保险市场化改革的重要一步就是以个人账户取代社会统筹制下的公共账户。同时，明确个人账户制下的养老权益为投保人私人所有，这样不但会对投保人的缴费行为产生激励作用，而且个人账户的建立还可以对下一步进行市场运营等环节的改革产生"基础作用"。

二是养老权益支付的供给约束机制。供给约束机制以个人账户为基础，由此决定了投保人所能享受到的全部养老权益等于个人账户缴费积累和个人市场投资的利息收益。参保者在退休后做能享受的养老金待遇无论对于政府还是个人来说在精算意义上是明确的。这种约束机制迫使每个人必须为自己交费，为自己决策，最终为自己的养老问题承担主要和首要责任，而无法依赖于他人。对于个人来说，其若想获得更好的老年生活水平，唯有更努力地工作和自己对自己负责。从另一个角度看，供给约束机制可以在不影响他人的养老积累和权益的前提下满足较高收入者对较高老年生活保障水平的需要。这种养老权益的供给约束机制内在地具有满足不同收入水平的社会成员对各自养老保险需求的功能。

在一个养老保险制度中，个人的养老责任主要表现在以下方面：一是个人的缴费责任。这是个人养老责任的核心体现，也是最直接的体现。在个人账户模式下，个人正是通过向个人账户的按期逐笔缴费的累计来承担自己所负责的这部分养老责任。二是个人的自我管理责任。个人应对自己个人账户中所积累的保险金的经营管理负责。在资本市场中，个人可以通过自己的投资决策行为或以委托代理的方式利用市场交换机制实现个人账户资金的保值增值，这是个人养老责任的另一种主要的体现，也是大多数国家养老保险市场化改革的重点与难点之一。其中，个人账户累积的资金是由公共组织（如政府）还是由投保者个人负责保值增值则是养老保险市场化改革中争论最多的问题之一。三是个人退休后，由个人自己决定个人账户中所累积的全部养老金应如何管理或消费。

从以上的分析可知，政府养老责任与个人养老责任各具优势：政府责任旨在提供公共养老计划和市场条件，在实现再分配与保障公平方面具有相对优势；个人责任则在灵活配置养老资源、满足社会成员的个性化养老需求方面具有相对优势。这就决定了政府与个人在养老保险责任中的边界——养老者的基本生活需求：政府负责保障养老者基本生活需要的实现，而个人则通过市场机制实现养老的个性化需求。

养老保险中的政府责任与个人责任的组合应该是一个"梯度模式"，即应首先确定社会的基本生活收入水平，并以此作为实现公平的最低标准，在此标准及以下，应保障任何社会成员享有同等的养老保障水平。由此，政府应提供公共养老计划来保证养老者的基本生活收入水平，这构成了养老保险制度的低水平目标。然后，由个人责任满足高于基本生活收入水平的养老需求，通过个人激励满足不同劳动者的个性化养老需求，这构成了养老保险制度的高水平目标。

2. 家庭

在人类社会相当长的时期中，为满足人们不断提高的养老需要，理性人将视野从个人自身扩大到了自己赖以生活的家庭范围中，在不降低家庭成员的生活福利甚至可能增加全部成员的总福利的前提下，以家庭养老责任替代直接的个人养老责任。在传统社会，养老责任主要由家庭来承担，相对于工业社会中养老制度的政府安排而言，家庭养老没有或很少有政府或市场的干预，可以说是家庭成员在面对养老需求时自发的、理性的行为和安排，正是因为这样，家庭养老也被认为是一种非正式的制度安排。

与直接的个人养老机制不同，家庭养老依赖于代际养老和家庭积累，依赖于家庭范围内凭借血缘关系所维系的依次推进的代际之间的养老承诺。此种代际养老承诺因社会道德而不断强化，因有利于实现个人及家庭总福利而不断推进，表现为家庭内部的"转移支付"。从制度变迁角度说，从直接的个人养老到家庭养老，"是一个典型的边际调整的（制度）变迁过程"，实质在于通过制度变迁满足养老需求，改善生活总福利。从这个意义上讲，家庭养老与现代养老保险制度中的现收现付制类似，都是通过代际安排来代替个人对养老品的储蓄与累积和外生的成熟资本市场。从责任的角度分析，在家庭养老中，作为家庭成员的个人仍然实质上是以自己的劳动贡献承担养老责任。根据贝克尔的家庭生产理论，家庭内部的劳动会遵循比较优势的原则存在分工。具体到家庭养老而言，同样有着家庭内部的分工与交换，因此家庭养老对直接个人养老的替代就会产生养老责任之间的交易成本。不同养老制度之间的替代所存在的交易成本会给养老制度的变迁带来的福利产生负面影响；同时，家庭所处的外部环境不确定性的增加也会减少此种制度变迁产生的福利。于是，随着工业化以及资本市场的发展，当家庭内部养老责任的交易成本大于个人从家庭以外的交换中（从责任角度，体现和包含着直接的个人养老责任）得到同样福利时的成本时，这种自发的个人理性的家庭养老就必然会被其他的养老制度所取代。

从老年保障的功能维度上看，家庭对老年人的支持通常包括三个方面：物质转移、料理服务、情感性支持。另外，家庭关系既是代际关系，也是配偶之间的婚姻关系，所以家庭养老既是代际关系的福利支持，又包含了配偶之间相互的福利支持。从实际情况来看，代际之间的支持更为重要。

物质转移，实质上就是在经济上为老年保障提供支持。给予赡养费，解决衣食住行，都是其表现形式。在过去，上一代倾向于将毕生的积蓄用于子女的培育以及家产的购置，步入老年之后，靠子女赡养就是唯一的养老方式。虽然现代社会中，随着经济的发展，个人养老意识的增强，并不存在如以前那样大规模的代际间财富的流动。在城市中，老年人的个人积蓄往往是足够个人养老需求的，在农村的老人，因为收入偏低，个人储蓄会较少，子女的赡养是主要的经济来源。但是，不论是农村还是城市，家庭关系对老年人的支持和照料实际上仍然是存在的，子女对老人的生活照料和情感支持是非常重要的。老年人体质虚弱，孱弱多病，在家庭中生活，由亲人给予无微不至的照顾，防止突发情况。

让老人在自己熟悉的环境中生活，避免不必要的隔离和疏远，周围同年纪的老人可以相互排遣寂寞，娱乐休闲，对老人的心理和身体会更有好处。研究表明，人越老越孤独，越希望看到自己亲近的人，能够经常同他们接触交流。由老人自己的子女或者亲属亲自照料生活起居，更容易排遣老年性的孤独寂寞。同时，"血浓于水"、"知父母心者，莫若子女也"，老人们的生活习惯、脾性喜好、心理需求，其子女亲属自然比他人了解得全面、深入，这样，养与被养着比起社会化养老方式来说，互动沟通就容易得多，也更和谐。所以中国传统社会那种四世同堂、儿孙绕膝的景象几千年来一直为人们称道向往。

3. 慈善机构

慈善事业是社会公众广泛、自愿参与，慈善机构运作，政府支持与监管，由慈善资源筹集、管理及慈善项目实施等环节组成的慈善活动体系，它是社会保障体系和社会公益事业的重要组成部分，是通过慈善组织的专业化、制度化运作实现社会第三次分配的主要方式，可以在一定程度上弥补传统分配方式的不足，促使财富和资源能够在社会各阶层之间进行再次流动和重新分配，增进社会整体福利。发展慈善事业既是公众表达意见、主张权利的基本形式，又是政府与社会的中介。慈善机构承担着"上（国家）情下（公民）达"和"下情上达"的特殊角色。因此，发展慈善事业有利于增进社会整体福利，有利于促进社会各阶层之间的相互理解和交流。

慈善事业是以社会捐赠为基础的民营社会化保障事业，捐赠为慈善事业的根基，缺少捐赠，慈善事业犹如无根之木，必然会枯萎。慈善事业在现代社会有以下三个特征：一是慈善事业是民营事业。现代社会，政府应对国民的社会保障承担社会责任和义务，此点已经获得了各国法律的广泛认同，并作为法律制度得以强制推行。因此，政府举办的各种带有福利保障性质的事业便不能再称为慈善事业，只有非强制性、非官方的民营公益事业才能构成相对意义上的慈善事业。二是慈善事业是社会化事业。因此，需要专门的机构或组织来运营，以保证能够最有效运用慈善资源，推进形成可以面向全社会所有需要救助的脆弱成员及其他需救助主体的公益事业，并保证该事业的经常性、持续性、规范性以及相对稳定性。三是慈善事业是社会化保障事业。慈善事业具有社会保障的作用，其应当纳入现行社会保障体系进行专门研究，而且其可以归入社会救助或社会福利子系统。

欧洲在社会福利方面主要以第二次分配为主。随着改革开放的不断深入，中国慈善事业得以快速发展，慈善组织数量逐年增加，规模不断扩大。慈善事业迅速进入社会各个领域，在弘扬传统美德、激发爱心、扶助弱势群体、紧急救灾救援、维护社会稳定等方面发挥着重要作用。

2004年9月19日，中国共产党第十六届四中全会通过的《中共中央关于加强党的执政能力建设的决定》（以下简称《决定》）明确提出："坚持最广泛最充分地调动一切积极因素，不断提高构建社会主义和谐社会的能力。"这为慈善事业的发展指明了前进的方向。该《决定》还指出："既要保护发达地区、优势产业和先富群体的发展活力，又要高度重视和关心欠发达地区、比较困难的行业和群众。在全社会大力提倡团结互助、扶贫济困的良好风尚，形成平等友爱、融洽和谐的人际环境"，"健全社会保险、社会救助、社会福利和慈善事业相衔接的社会保障体系"① 首次将慈善事业

---

① 中国共产党第十六届中央委员会：《中共中央关于加强党的执政能力建设的决定》，《人民日报》2004年9月27日第一版。

发展与构建社会主义和谐社会能力联系起来，明确了慈善事业与社会保险、社会救助、社会福利相衔接的功能和定位。紧接着在中共十六届五中全会的报告中再一次明确表示要"支持社会慈善、社会捐赠、群众互助等社会扶助活动"。[1] 一年后，在中共十六届六中全会上，慈善事业又一次得到关注，明确表示要"逐步建立社会保险、社会救助、社会福利、慈善事业相衔接的覆盖城乡居民的社会保障体系"，"发展慈善事业，完善社会捐赠免税政策，增强社会的慈善意识"，[2] 已经通过具体的制度安排来支持慈善事业的发展，并且开始关注慈善事业发展的源头——慈善意识的培育，为慈善事业可持续发展奠定基础。中共十七大的召开进一步深化了慈善事业的定位，"社会保障是社会安定的重要保证。要以社会保险、社会求助、社会福利为基础，以基本养老、基本医疗、最低生活保障制度为重点，以慈善事业、商业保险为补充，加快完善社会保障体系"。[3] 这种将慈善事业定位为"补充"性质符合目前中国现阶段慈善事业发展的实际情况。

---

① 胡锦涛：《中共中央关于制定国民经济和社会发展第十一个五年规划的建议》，http：//cpc.people.com.cn/GB/64162/134902/8093080.html，2009 年 10 月 8 日。
②《中共中央关于构建社会主义和谐社会若干重大问题的决定》，http：//cpc.people.com.cn/GB/64162/134902/8093080.html，2009 年 10 月 8 日。
③ 胡锦涛：《在中国共产党第十七次全国代表大会上的报告》，http：//news.xinhuanet.com/newscenter/2007-10/24/content_6938568.htm，2009 年 10 月 8 日。

第七章 老年收入保障水平影响因素实证分析

作为老年收入保障制度创新机制研究的进一步扩展，本章将针对与老年收入保障与和谐社会建设密切相关的老年收入保障水平评价及其方法进行详细的分析研究。基于"底线公平"视角的老年收入保障水平评价模型，是进行老年收入保障研究的不可或缺的内容，目的是为老年收入保障水平评价寻找到精确的数据支持，通过相关指标的评价与计算，找到真正影响老年收入保障水平的重要影响因素。

老年收入保障水平是指一定时期内，一国或地区社会老年人成员享受的社会保障的高低程度，包括待遇水平、制度成熟水平、老年保障基金运作水平、管理水平等，是实现社会长治久安、和谐发展的重要保障。因此，选取老年收入保障水平作为老年收入保障程度的重要考察指标，具有较高的可信度。对老年收入保障水平的具体评价，可以以老年人的具体生活状况及保障期望为出发点进行分析，并以模糊数学和层次分析法作为具体的分析工具。

近年来，我国老年收入保障制度取得了一些突破性进展，但从其所需承担的任务和当前存在的问题看，面临的形势十分严重。概括地说，我国老年收入保障体系面临三个重大挑战：从长期看，要解决人口老龄化造成的一系列社会经济问题；从中期看，要减轻计划经济转向社会主义市场经济带来的巨大社会震荡；从近期看，则要考虑如何根据宏观经济形势波动适时调整各有关项目的收支水平，以保障经济的稳定增长。这三个问题往往交织在一起，如何妥善安排其中的轻重缓急，既解决好当前的紧迫问题，又完善制度和机制，以利于长远发展，不仅是决策的难点与关键，也是学术界的研究热点。

2011 年 8 月 17 日，国务院召开常务会议，在会上讨论通过了《中国老龄事业发展"十二五"规划》，决定在"十二五"时期进一步完善老年社会保障制度，实现新型农村社会养老保险和城镇居民社会养老保险制度全覆盖，并将符合条件的老年人全部纳入最低生活保障范围。近年来，随着中国老龄化程度的加深，目前老年人口比重为13.3%，已经越过了7%~10%的老龄化国际标准，"未富先老"的压力骤然而至。所以，必须深刻认识发展老龄事业的重要性和紧迫性，充分利用当前经济社会平稳较快发展和社会抚养比较低的有利时机，着力解决老龄工作领域的突出矛盾和问题，从物质、精神、服务、政策、制度和体制机制等方面打好应对人口老龄化挑战的基础。这不仅是构建和谐社会、实现共同富裕的重要内容，也是实现共建共享、提高老年人幸福指数的重要前提。

作为老年收入保障制度研究的重要内容，老年收入保障水平的评价也受到了多方的关注，并且通过研究发现，单纯从经济一个方面已经不能全面地评价一个国家和地区的老年收入保障水平的高低。因此，本书选取了大量社会性指标作为对老年收入保障水平进行评价，并对影响老年收入保障水平的非定量因素进行分析评价，以期能够全面而充分地评价老年收入保障水平的真实状况。

第一节　老年收入保障水平影响模型

一、模型的构建

老年收入保障水平的影响因素，或者说老年收入保障水平评价的具体构成要素是在现有社会与经济发展条件下通过协调、整合各类社会资源，实现老年人"老有所居、老有所养、老有所乐"的一组独特指标的有机集合。评价一个国家和地区的老年收入保障水平的高低，依据的主要特征不仅包括经济规模与经济发展水平，政治、社会结构，制度年龄和人口结构，以及当地的历史、人文等特殊因素，而且要从"底线公平"的角度全新审视老年收入保障制度的运行。为了实现这一目标，就要突出实现老年收入保障过程中"人"的作用，即作为这一制度的主体——老年人在实现社会和谐持续发展过程中的实际作用。

1. 老年收入保障水平的构成要素

首先，老年收入保障水平体现在老年人收入保障相关制度设计上面，这主要是由于其自身的基本条件所决定的。与老年收入保障直接相关的养老金制度、高龄补贴制度等都需要以制度甚至法律的形式确定下来，才会使得这些制度真正发挥作用。其次，老年收入保障水平还体现在国家、地区经济、社会发展水平上面，这是老年收入保障是否能得到可持续保障的关键因素。最后，老年收入保障水平也体现在家庭收入水平方面。一个稳定的家庭结构必然有助于老年收入保障能稳定在一定的水平上。通过以上分析，本书认为老年收入保障水平的构成要素为：①制度保障水平；②经济社会发展水平；③家庭收入水平。

2. 社会保障程度与老年收入公平分配的关系

近几年，伴随中国经济的快速增长，收入分配层面的矛盾日益突出，分配不平等程度持续扩大，调节和缩小收入差距显得极其重要和紧迫，这对于老年收入水平的提高与老年收入保障程度的加强也同样意义重大。社会保障作为政府调节收入分配的重要手段，与收入公平分配之间存在一定的关联性。这种关联性既表现为正相关，又表现为现实中所存在的负相关。针对我国目前逐渐扩大的收入分配差距，必须不断完善社会保障制度，以强化其与收入公平分配的正相关，弱化其由于不完善而存在的与收入公平分配的负相关，从而实现社会收入公平分配，尤其是老年收入的公平分配与充分保障。

社会保障作为实施国民收入再分配的一种手段和方式，可以矫正收入分配中的市场失灵，保证人民的基本生活需要。它与收入公平分配的正相关突出地表现在其保障功能、再分配功能和投资功能的发挥上。[①]

（1）社会保障的保障功能有助于实现老年收入公平分配。在现代社会，社会保障是保证全体社会成员基本权利、从总体上实现每个社会成员享有大致相同的基本发展机会的主要手段，也是保护老年人等弱势群体、实现社会收入公平的重要手段。作为一种体系或一种制度，社会保障一般由社会救助、社会保险和社会福利等方面组成。社会救助是指国家和社会对遭受自然灾害、不幸事故和生活贫困者提供物质援助，它是社会保障的

---

① 荣燕：《社会保障与收入公平分配的关联性研究》，《攀登》2007 年第 2 期，第 74–76 页。

最低层次；社会保险居于社会保障的核心地位，指对缴纳社会保险费的社会成员在暂时或永久丧失劳动能力以及遇到其他生活困难时，有权得到国家、社会和有关部门的帮助，主要有失业保险、养老保险、医疗保险等；社会福利是社会保障的最高层次，是指国家和社会在居民住宅、公共卫生、环保、基础教育等领域，向全体公民提供的帮助和服务。在任何一个国家、任何社会的各个阶段都存在着"绝对的不能劳动"者和"相对的不能劳动"者，他们在社会中表现为社会弱势群体。社会弱势群体在社会竞争与生存中处于劣势，他们参与社会竞争机会的不公平必然会导致他们收入结果的不公平。另外，一个国家无论经济发展水平高低，各种灾害事故以及其他事故的发生都不可避免，完善的社会保障是面向全体社会成员的。它通过各种社会救助、社会保险、社会福利等措施对没有生活来源者、贫困者、遭遇不幸者和一切工薪劳动者在失去劳动能力或工作岗位后提供保障，以满足他们的基本生活需要，从而缩小初次分配的差距。

（2）社会保障的再分配功能有助于实现老年收入公平分配。由于老年人这一特殊社会成员的特殊因素、社会经济资源分配结构的不合理或不完善，使得老年人所享有的社会待遇在一定程度上是不公平的，具体表现为收入分配上的差异。在市场经济条件下，这种差异任其发展会进一步扩大为两极分化。因此，要求社会采取一种有效的调剂手段，对国民收入在初次分配追求效率的基础上进行再分配，以缩小贫富悬殊，实现分配结果的公平。社会保障制度就其实质而言，是一种国民收入再分配方式。政府在社会总产品或国民收入再分配过程中，凭借其政权力量，以所得税或费用的形式，形成财政收入，然后再通过转移支付来保障一些特殊社会成员的基本生活需要。具体说来，社会保障制度在多方面筹集资金的过程中，它一方面要求高收入者多缴纳税金或费用，低收入者少缴纳或不缴纳税金或费用；另一方面，收入富裕的家庭或社会成员因其生活水平高而享受社会保障的机会少，而收入低的贫困家庭或社会成员享受社会保障的机会多。通过社会保障的再分配，不同收入阶层的收入变化是明显的。[①]

（3）社会保障的投资功能有助于实现老年收入公平分配。通过社会保

---

① 荣燕：《社会保障与收入公平分配的相关性研究》，《学术论坛》2007 年第 2 期，第 98–101 页。

障的投资支出，可以缩小收入差距。完善的社会保障制度通过向老年社会成员提供卫生保健公平、公共品享有公平的社会保障，有助于提升老年人的体质。此外，社会保障通过建立全社会统一的保障网络，必然给老年人提供更多的社会保障服务，打破了老年人大多靠自我保障或企业保障的局限，使老年人在退出工作岗位或丧失劳动能力之后没有后顾之忧，这也有利于收入差距的缩小。

二、老年收入保障水平评价模型研究概述

随着社会保障理论与应用研究的逐渐深入，对老年收入保障水平的评价问题渐渐成为了研究者关注的重点。目前，对于老年收入保障水平的评价方法很多，如因素分析法、对比差距法、模糊综合评价法、灰色多层次评价法、综合指数法等，研究已经趋于系统化、成熟化。[①]

其中，老年人收入水平的评价尤其得到了专家学者们的广泛关注。例如，肖严华（2004）利用迭代模型分析在人口老龄化冲击下影响社会保障基金最优水平的因素。研究结果表明，一个完全的现收现付制度和一个完全的基金制度都不能使社会福利最大化，政府通过管理社会保障基金可以获得最佳效果，社会保障基金的最优水平与社会保障税率正相关，与人口增长率负相关。[②]

有些文章在探讨评价指标体系的基础上进行了评价分析，但目前的评价方法还很局限，评价方法还很不成熟。从评价方法上来看，对老年收入保障水平的评价方法研究可以归纳为非定量描述、半定量描述、定量方法、半定量和定量相结合方法等四类。

由以上研究可以得知，评价老年收入保障水平的具体状况，是从影响其收入水平的各个要素着手的。其中，对制度保障水平、经济社会发展水平、家庭收入水平等要素进行评价依然是老年收入保障水平的评价重点，本书在以往研究的基础上进行进一步研究。

[①] 商鹏程：《我国城市可持续发展评价研究》，硕士论文，华中科技大学，2004年第9页。

[②] 肖严华：《人口老龄化冲击下最优社会保障基金的确定模型》，《数量经济技术经济研究》2004年第12期，第131、138页。

三、老年收入保障水平决定指标的设计与选择

1. 老年收入保障水平决定指标的设计

老年收入保障水平是个内涵十分丰富的概念，其涵盖面广、面临的问题复杂，因此老年收入保障水平具有其他概念所不具有的复杂性。鉴于老年收入保障水平的各种特性，要正确把握其老年收入保障水平、指导老年收入保障工作的有效进行，就必须对影响老年收入保障水平的各个环节进行科学、细致的分析，并予以抽象概括、归纳总结，建立一套可以进行评估操作的指标体系，使其为老年收入保障水平的提升提供保证。

建立老年收入保障水平决定指标体系的目的主要包括以下两个方面。

（1）为老年收入保障水平的决定提供一个科学的依据。要提高国家老年收入保障水平，就必须有一套行之有效的理论来指导老年收入保障管理工作，为其指明努力的方向。这一理论的形成必须建立在一套科学、合理的老年收入保障水平评价体系之上。因此，只有发掘出清晰、准确的影响因素，并以此为基础构建系统的评价体系，才能保证老年收入保障水平能够得到切实提高。

（2）不断提高老年收入保障管理水平。老年收入保障水平评价体系涉及管理制度、人力资本、组织机构等方方面面，这些都和老年收入保障的管理水平有密切的关系。管理制度的完善、人力素质的提高、组织机构的严谨等都可大大提高老年收入保障管理水平，从而提升老年收入保障水平。

2. 老年收入保障水平决定指标设计原则

老年收入保障水平评价指标体系是一个复杂、有机的整体，它既具有综合评价指标共有的特征，如完备性、科学性、可行性、稳定性、独立性等，也具有很强的针对性、系统性、层次性等。因此，确定老年收入保障水平的评价指标体系时，应遵循以下原则（刘法宪，2011）。

（1）系统性原则。决定、影响老年收入保障水平强弱的因素牵涉体制机制状况、管理水平、服务水平、区域经济水平等各个方面，既有内部因素的作用，又受外部因素的影响；既有静态的一面，又贯穿着动态的变化，是所有要素的组合效应的结果。因此，对老年收入保障水平的评估必须采取系统设计、系统评估的原则，才能对老年收入保障水平做出全面、客观、合理的评估。

（2）科学性原则。评估指标体系是理论和实际结合的产物，它必须是对客观实际的抽象描述，只有真实地反映事物的本来面目，才能为老年收入保障水平的提升提供一个正确的行动方向。因此，科学性是创建老年收入保障水平评价体系的基本要求：首先，评估的内容要经过严密的推敲，评估内容的选取要有科学性；其次，各项评估指标及其相应的计算方法、各项数据，都要标准化和规范化；再次，评估指标的概念明确，要有精确的内涵和外延；最后，老年收入保障水平涉及的因素很多，在设计指标体系时要对各因素进行高度的抽象、概括，抓住其中最重要、最本质、最有代表性的东西，使对客观实际的抽象描述清楚、简练，符合实际。

（3）可行性原则。老年收入保障水平评价体系必须具有可行性，这样该体系的创立才会有意义。可行性原则首先体现在它必须能与其他指标（如统计指标、业务核算指标）相统一，这样评估指标所需要的数据才易于采集；其次体现在设计的指标体系技术含量不宜过高，要繁简适中，计算、评估方法要简便、明确、容易操作。

（4）完备性和实用性相结合原则。理论创建的目的是为更好地应用于实践，所以老年收入保障水平评价体系的设计要能够更好地指导各机构努力提高自己的管理与服务水平，因此实用性是该体系设立的最终目的。随着国家经济与社会环境的变化，社会保障目标的调整，老年收入保障水平是不断发生变化的，故对老年收入保障水平的评估应该是一个系统的、动态的、追踪的过程，评估的指标体系应具有一定的拓展和适应能力；同时，出于不同的评估目的，设定不同的评估范围，基于特定的数据基础，评估所采用的指标数量应有所不同。由此可看出，评估指标体系应兼备完备性与实用性的特征。

（5）便于不同地区间进行比较的原则。老年收入保障水平评价指标可以为不同地区间的比较提供依据，便于某一个地区找到问题的症结所在。基本评价指标的选取，不仅可以提高不同区域因素对评价的适用度，使评价结果更具客观性，也可以为管理者提供参考。

以上描述了指标体系构建的理想状态，但是在具体实施过程中，由于受到各方面因素的约束，不可能所有指标都满足上述要求，而且定性指标在定量化的过程中也会因为误差导致评价存在一定偏差，因此指标的制定应该是以该原则为基础，尽量满足上述要求。

3. 老年收入保障水平决定指标的筛选方法

根据上述构建指标体系的原则，筛选指标时，一方面要综合考虑评价指标的科学性、完备性、独立性，不能仅由某一原则决定指标的取舍；另一方面由于各项原则各具特殊性及目前认识上的差距，对各项原则的衡量方法和精度，不能强求一致。

老年收入保障水平是老年人各项保障条件逐步得到改善的结果，因而老年收入保障水平综合评价指标体系应包括老年人保障的各项条件，它是由若干个相互联系、相互补充、具有层次性和结构性的指标组成的有机系列。这些指标既有直接从原始数据而来的基本指标，用以反映子系统的特征；又有对基本指标的抽象和总结，用以说明子系统之间的联系及区域复合系统作为一个整体所具有性质的综合指标，如各种"比"、"率"、"度"及"指数"等。在选择评价指标时要特别注意选择那些具有重要控制论意义，可受到管理措施直接或间接影响的指标；选择那些具有时间和空间动态特征的指标；选择那些显示变量间相互关系的指标和那些显示与外部环境有交换关系的开放系统特征的指标（黄远水，2005）。

在方法上，可以采用理论分析法、实地调查法、专家咨询法等方法来选择、筛选指标，以满足指标的科学性和准确性。为使指标体系具有可操作性，需进一步考虑被评价地区的特点和区域经济发展状况，考虑指标数据的可得性，并征询专家意见，得到具体指标体系。为满足指标的独立性，应选择内涵丰富又相对独立的指标来构成评价指标体系（丁建怀，2005）。

4. 老年人各项保障水平决定指标的提出与筛选

在指标提出的理论分析基础之上，综合前人相关研究成果，以及根据本书选取的实证研究老年人收入保障的实际情况，同时结合相关的研究资料，本书提出了45个指标样本。老年人各项保障与所处地区的社会、经济、政策三者密切相关，因此该指标样本的选取就是依据能否体现这三个因素，以及专家在进行指标筛选时，也要依据指标与这三个因素的相关程度的大小来选取。

针对本章的研究设计了专家调查问卷表格，共100份，发给相关专家（主要涉及社会学、经济学、管理学、心理学、人力资源与社会保障等领域的专家），其中外地专家40人，本地专家40人，地方相关职能管理部门及政府官员20人，要求问卷回答者对每一个指标必须做出是否选用的肯定或否定的回答（肯定打"√"，否定打"×"）。回答者还可以根据自己的知识领域或经验在空白处补充调查表中未涉及的、但专家认为有必要增加的指标或其他建议。

本次调查共回收有效问卷 91 份，其中外地专家 32 份，本地专家 40 份，地方相关职能管理部门及政府官员 19 份。统计结果如表 7-1 所示。

表 7-1　老年收入保障水平决定指标筛选表

编号	指标	相关性			选中率 (%)
		社会 (%)	经济 (%)	政策 (%)	
1	城镇居民家庭人均可支配收入	6	84	2	92
2	农村居民家庭人均纯收入	6	84	2	92
3	城镇居民人均消费性支出	0	85	6	91
4	农村居民人均生活消费支出	0	85	6	91
5	城镇居民家庭恩格尔系数	6	89	0	95
6	农村居民家庭恩格尔系数	6	89	0	95
7	人均储蓄存款余额	72	9	1	82
8	城镇人均房屋建筑面积	9	60	5	74
9	农村人均住房面积	9	60	5	74
10	人均 GDP	8	72	2	82
11	物价指数	2	70	8	80
12	通货膨胀率	2	86	8	96
13	食品支出	20	60	8	88
14	住房支出	6	54	6	66
15	衣着支出	70	5	3	78
16	交通费支出	8	68	2	78
17	文化娱乐支出	60	20	0	80
18	医疗保健支出	5	30	50	85
19	相关政府管理机构管理水平	40	4	56	100
20	社区服务管理水平	58	30	5	94
21	社会保险机构服务水平	90	0	9	99
22	养老保险金发放及时程度	40	0	59	99
23	治安管理水平	68	0	7	75
24	老年人参加基本养老保险比例	68	0	30	98
25	老年人参加失业保险比例	67	11	13	91
26	老年人参加基本医疗保险比例	65	5	28	98
27	老年人参加商业保险比例	10	30	10	50
28	享受城镇居民最低生活保障比例	15	35	50	100
29	享受城市医疗救助比例	32	20	40	92
30	享受城市廉租住房比例	32	10	52	92

编号	指标	相关性			选中率
		社会（%）	经济（%）	政策（%）	（%）
31	参加农村新型合作医疗试点比例	30	0	58	88
32	享受农村特困群众生活救助比例	30	0	58	88
33	养老保险缴费占工资收入比重	15	0	72	87
34	养老金年增长率	37	4	50	91
35	企业年金制度实施效果	63	0	17	80
36	个人储蓄养老保险制度实施效果	55	0	33	88
37	养老个人账户实施程度	30	0	58	88
38	社会保险制度健全程度	30	0	58	88
39	社区养老机构覆盖率	36	0	57	93
40	独居老人比例	37	0	5	42
41	公共财政对社会保障补助支出比例	35	15	50	100
42	公共财政对行政事业单位医疗支出比例	35	15	37	87
43	公共财政对抚恤和社会福利救济费支出比例	35	10	52	97
44	公共财政对行政事业单位离退休经费支出比例	35	10	32	77
45	公共财政补充全国社会保障基金支出比例	35	10	52	97

根据专家意见整理、修改后，再次组织专家进行问卷调查，专家成员与第一次问卷调查时相同。问卷回收后经过整理分析，形成最终的老年收入保障水平评价指标体系。

5. 老年收入保障水平影响因素指标体系的构成

通过以上调查、分析，最终形成的老年收入保障水平评价指标体系如下：

（1）评价因子构成。

1）老年人社会福利（A1）：①城镇居民家庭人均可支配收入（B1）；②农村居民人均生活消费支出（B2）；③农村居民家庭人均纯收入（B3）；④城镇居民人均消费性支出（B4）；⑤城镇居民家庭恩格尔系数（B5）；⑥农村居民家庭恩格尔系数（B6）；⑦通货膨胀率（B7）；⑧养老金年增长率（B8）。

2）老年人社会救济（A2）：①相关政府管理机构管理水平（B9）；②社区服务管理水平（B10）；③享受城镇居民最低生活保障比例（B11）；④享受城市医疗救助比例（B12）；⑤享受城市廉租住房比例（B13）；⑥社区养老机构覆盖率（B14）；⑦公共财政对社会保障补助支出比例（B15）；⑧公共财政对抚恤和社会福利救济费支出比例（B16）。

3）老年人社会保险（A3）：①社会保险机构服务水平（B17）；②养老

保险金发放及时程度（B18）；③老年人参加基本养老保险比例（B19）；④老年人参加基本医疗保险比例（B20）；⑤养老保险缴费占工资收入比重（B21）；⑥公共财政补充全国社会保障基金支出比例（B22）。

老年收入保障水平评价的 AHP 模型框架如图 7-1 所示。

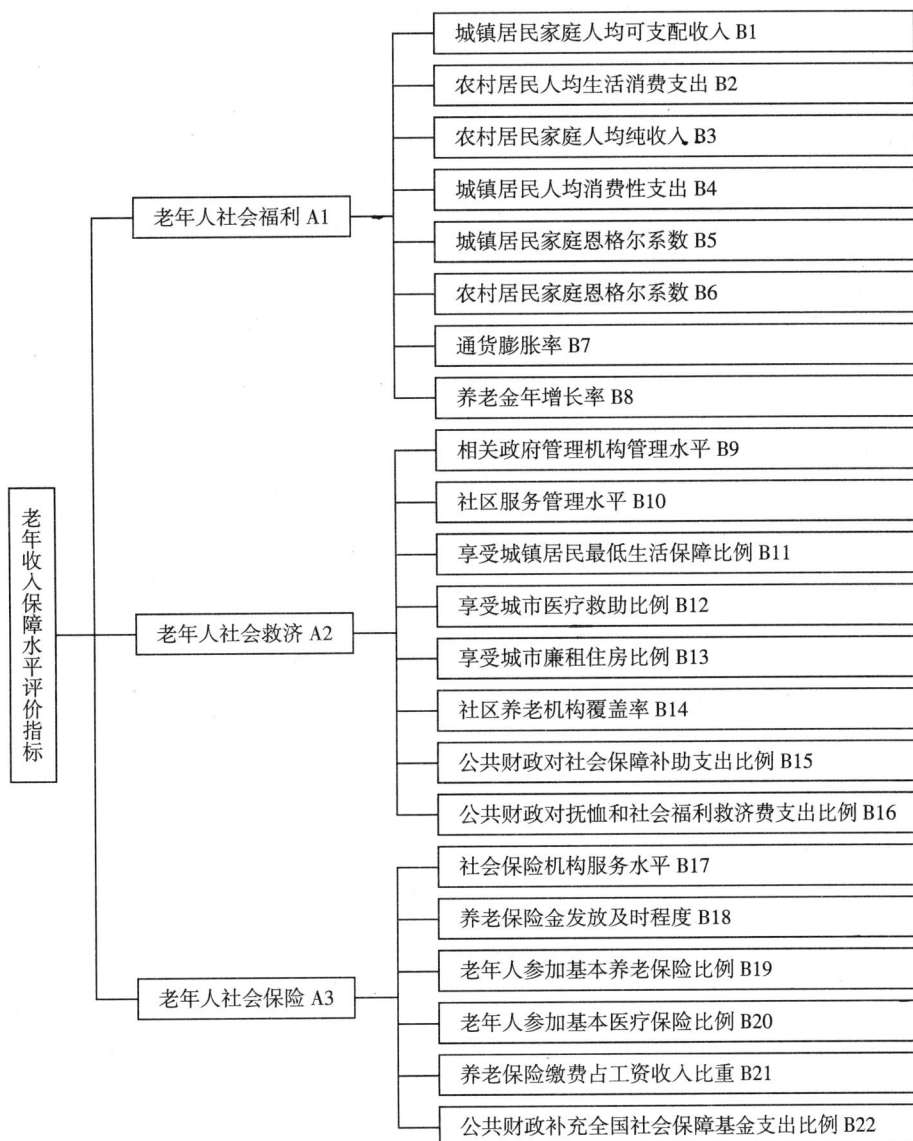

图 7-1　老年收入保障水平评价的 AHP 模型框架

在根据专家意见整理、修改评价指标筛选表，并最终形成评价指标体系的过程中，其中有几项指标并未完全按照专家的最终意见被归入体系，主要是考虑到指标的重复性以及指标重要性的不同。

（2）决定因子说明及赋值标准。

老年收入保障水平评价指标体系是由多个指标构成的，而不同的指标由于其内涵各不相同，就需要对其进行分别的分析说明，以便更方便地对老年收入保障水平在某一个评价指标上的具体表现程度做出更具体、翔实的评价。具体的评判标准是按照李克特量表的要求分为5级评价标准，分别根据不同评价因素的内涵对应着很好（高）、较好（高）、一般、较好（低）、很差（低）。赋值标准是将各个指标的分值采用的是一致的10分制赋值标准，主要是为了便于统计和计算。具体是按照8~10、6~8、4~6、2~4、0~2这5级标准与李克特量5级表相对应进行打分的（刘法宪，2011）。

1）老年人社会福利及赋值标准。老年人社会福利是指在政府的领导下，在社会各方面力量的参与下，对处在特殊困境下的无劳动能力、无生活来源，无法定赡养人和抚养人的孤寡老人和部分生活不能自理、家庭无力照顾的老年人所提供的供养、医疗、康复、娱乐和教育等方面的服务。对我国目前人口众多、老年人口占总人口比例偏高的现状，应该针对人口老龄化的现实状况，各级政府和民政等有关部门，急老人所急，想老人所想，积极创造条件，为广大老年人提供一个适合他们的生活空间、生活氛围。

老年人社会福利评价赋值标准如表7-2所示。

表7-2 老年人社会福利评价赋值标准

准则层	指标层	评判标准	赋值
老年人社会福利	城镇居民家庭人均可支配收入（10分）	城镇居民家庭人均可支配收入高于全国平均水平30%以上	8~10
		城镇居民家庭人均可支配收入高于全国平均水平15%以上	6~8
		城镇居民家庭人均可支配收入与全国平均水平一致	4~6
		城镇居民家庭人均可支配收入低于全国平均水平15%以上	2~4
		城镇居民家庭人均可支配收入低于全国平均水平30%以上	0~2
	农村居民人均生活消费支出（10分）	农村居民人均生活消费支出占人均纯收入的30%以下	8~10
		农村居民人均生活消费支出占人均纯收入的30%~40%	6~8
		农村居民人均生活消费支出占人均纯收入的40%~50%	4~6
		农村居民人均生活消费支出占人均纯收入的50%~60%	2~4
		农村居民人均生活消费支出占人均纯收入的60%以上	0~2

准则层	指标层	评判标准	赋值
老年人社会福利	农村居民家庭人均纯收入（10分）	农村居民家庭人均纯收入高于全国平均水平30%以上	8~10
		农村居民家庭人均纯收入高于全国平均水平15%以上	6~8
		农村居民家庭人均纯收入与全国平均水平一致	4~6
		农村居民家庭人均纯收入低于全国平均水平15%以上	2~4
		农村居民家庭人均纯收入低于全国平均水平30%以上	0~2
	城镇居民人均消费性支出（10分）	城镇居民人均消费性支出占人均可支配收入的30%以下	8~10
		城镇居民人均消费性支出占人均可支配收入的30%~40%	6~8
		城镇居民人均消费性支出占人均可支配收入的40%~50%	4~6
		城镇居民人均消费性支出占人均可支配收入的50%~60%	2~4
		城镇居民人均消费性支出占人均可支配收入的60%以上	0~2
	城镇居民家庭恩格尔系数（10分）	城镇居民家庭恩格尔系数为30%以下	8~10
		城镇居民家庭恩格尔系数为30%~40%	6~8
		城镇居民家庭恩格尔系数为40%~50%	4~6
		城镇居民家庭恩格尔系数为50%~60%	2~4
		城镇居民家庭恩格尔系数为60%以上	0~2
	农村居民家庭恩格尔系数（10分）	农村居民家庭恩格尔系数为40%以下	8~10
		农村居民家庭恩格尔系数为40%~50%	6~8
		农村居民家庭恩格尔系数为50%~60%	4~6
		农村居民家庭恩格尔系数为60%~70%	2~4
		农村居民家庭恩格尔系数为70%以上	0~2
	通货膨胀率（10分）	通货膨胀率为2%以下	8~10
		通货膨胀率为2%~4%	6~8
		通货膨胀率为4%~6%	4~6
		通货膨胀率为6%~8%	2~4
		通货膨胀率为8%以上	0~2
	养老金年增长率（10分）	养老金年增长率为40%以上	8~10
		养老金年增长率为30%~40%	6~8
		养老金年增长率为20%~30%	4~6
		养老金年增长率为10%~20%	2~4
		养老金年增长率为10%以下	0~2

2）老年人社会救济及赋值标准。老年人社会救济是指国家和其他社会主体对于失去劳动能力、自然灾害或者其他低收入老年人给予的物质帮助和精神救助，以维持其基本生活需要，保障其最低生活水平的各种措施或活动。

中国社会具有悠久的助老济贫的历史传统。中国古代具有专门设置的济贫、养老等救济设施或机构,用于收养鳏寡孤独、老弱病残人员。到了近代,受资产阶级民主革命和西方福利思想的影响,对社会弱势群体的救助逐步体现为国家层面的刚性行为。新中国成立后,社会制度发生了根本性的改变,国家对贫困老年人的救助行为体现出较深的集体福利和计划经济体制的痕迹。20 世纪 90 年代以来,中国政府对社会救济工作进行改革,为适应新的经济体制而设立的最低生活保障制度在全国范围内迅速扩展,越来越多的贫困老年人被纳入最低生活保障制度的救助范围之内。从总体上看,中国社会救助体系仍处在不断建构和完善的过程中,新的涉及贫困老年人的社会救助项目不断在产生,部分旧的救助项目正在被新的项目覆盖。中国当前对贫困老年人的救助,从救助主体角度,可以在两个层面进行归结:一个层面是政府力量对贫困老年人的救助,主要包括制度性的社会救助措施、开发式助老扶贫以及针对特殊群体的专项救助措施;另一个层面是社会力量对贫困老年人的救助,主要包括公益性社会组织救助、自助互助、志愿服务以及个人结对帮扶、认养助养贫困老年人等。

老年人社会救济评价赋值标准如表 7–3 所示。

表 7–3　老年人社会救济评价赋值标准

准则层	指标层	评判标准	赋值
老年人社会救济	相关政府管理机构管理水平(10分)	相关政府管理机构管理水平很高	8~10
		相关政府管理机构管理水平较高	6~8
		相关政府管理机构管理水平一般	4~6
		相关政府管理机构管理水平较低	2~4
		相关政府管理机构管理水平很低	0~2
	社区服务管理水平(10分)	社区服务管理水平很高	8~10
		社区服务管理水平较高	6~8
		社区服务管理水平一般	4~6
		社区服务管理水平较低	2~4
		社区服务管理水平很低	0~2
	享受城镇居民最低生活保障比例(10分)	享受城镇居民最低生活保障比例很高	8~10
		享受城镇居民最低生活保障比例较高	6~8
		享受城镇居民最低生活保障比例一般	4~6
		享受城镇居民最低生活保障比例较低	2~4
		享受城镇居民最低生活保障比例很低	0~2

续表

准则层	指标层	评判标准	赋值
老年人社会救济	享受城市医疗救助比例（10分）	享受城市医疗救助比例很高	8~10
		享受城市医疗救助比例较高	6~8
		享受城市医疗救助比例一般	4~6
		享受城市医疗救助比例较低	2~4
		享受城市医疗救助比例很低	0~2
	享受城市廉租住房比例（10分）	享受城市廉租住房比例很高	8~10
		享受城市廉租住房比例较高	6~8
		享受城市廉租住房比例一般	4~6
		享受城市廉租住房比例较低	2~4
		享受城市廉租住房比例很低	0~2
	社区养老机构覆盖率（10分）	社区养老机构覆盖率为90%以上	8~10
		社区养老机构覆盖率为80%~90%	6~8
		社区养老机构覆盖率为70%~80%	4~6
		社区养老机构覆盖率为60%~70%	2~4
		社区养老机构覆盖率为60%以下	0~2
	公共财政对社会保障补助支出比例（10分）	公共财政对社会保障补助支出比例很高	8~10
		公共财政对社会保障补助支出比例较高	6~8
		公共财政对社会保障补助支出比例一般	4~6
		公共财政对社会保障补助支出比例较低	2~4
		公共财政对社会保障补助支出比例很低	0~2
	公共财政对抚恤和社会福利救济费支出比例（10分）	公共财政对抚恤和社会福利救济费支出比例很高	8~10
		公共财政对抚恤和社会福利救济费支出比例较高	6~8
		公共财政对抚恤和社会福利救济费支出比例一般	4~6
		公共财政对抚恤和社会福利救济费支出比例较低	2~4
		公共财政对抚恤和社会福利救济费支出比例很低	0~2

3）老年人社会保险及赋值标准。社会养老保险制度是国家根据人民的体质和劳动力资源情况，规定一个年龄界限，当劳动者达到这个年龄界限时作为年老丧失劳动能力，解除劳动义务，由国家和社会提供物质帮助，保障其晚年基本生活的一种社会保障制度。

养老保险是在法定范围内的老年人完全或基本退出社会劳动生活后才自动发生作用的。所谓"完全"，是以劳动者与生产资料的脱离为特征的；所谓"基本"，指的是参加生产活动已不成为主要社会生活内容。需强调说明的是，法定的年龄界限（各国有不同的标准）才是切实可行的衡量标准。

养老保险的目的是为保障老年人的基本生活需求，为其提供稳定可靠的生活来源。

老年人社会保险评价赋值标准如表7-4所示。

表7-4 老年人社会保险评价赋值标准

准则层	指标层	评判标准	赋值
老年人社会保险	社会保险机构服务水平（10分）	社会保险机构服务水平很高	8~10
		社会保险机构服务水平较高	6~8
		社会保险机构服务水平一般	4~6
		社会保险机构服务水平较低	2~4
		社会保险机构服务水平很低	0~2
	养老保险金发放及时程度（10分）	养老保险金发放及时，从不拖欠	8~10
		养老保险金发放较及时，偶尔有拖欠，每次不超过5天	6~8
		养老保险金发放拖欠次数每年不超过2次，每次不超过1个月	4~6
		养老保险金发放拖欠次数每年超过2次，每次不超过1个月	2~4
		养老保险金发放拖欠次数每年超过4次，每次超过1个月	0~2
	老年人参加基本养老保险比例（10分）	老年人参加基本养老保险比例达90%以上	8~10
		老年人参加基本养老保险比例为80%~90%	6~8
		老年人参加基本养老保险比例为70%~80%	4~6
		老年人参加基本养老保险比例为60%~70%	2~4
		老年人参加基本养老保险比例60%以下	0~2
	老年人参加基本医疗保险比例（10分）	老年人参加基本医疗保险比例为90%以上	8~10
		老年人参加基本医疗保险比例为80%~90%	6~8
		老年人参加基本医疗保险比例为70%~80%	4~6
		老年人参加基本医疗保险比例为60%~70%	2~4
		老年人参加基本医疗保险比例为60%以下	0~2
	养老保险缴费占工资收入比重（10分）	养老保险缴费占工资收入比重很恰当	8~10
		养老保险缴费占工资收入比重较恰当	6~8
		养老保险缴费占工资收入比重一般，造成缴费者一定的负担	4~6
		养老保险缴费占工资收入比重偏高或偏低	2~4
		养老保险缴费占工资收入比重过高或过低	0~2
	公共财政补充全国社会保障基金支出比例（10分）	公共财政补充全国社会保障基金支出比例很高	8~10
		公共财政补充全国社会保障基金支出比例较高	6~8
		公共财政补充全国社会保障基金支出比例一般	4~6
		公共财政补充全国社会保障基金支出比例较低	2~4
		公共财政补充全国社会保障基金支出比例很低	0~2

四、决定因素体系指标权重的确定方法

评价体系各个指标的权重反映了各指标之间的内在关系，权重大小则反映出各指标在整个要素中的重要程度。目前测定权重的方法众多，如层次分析法、Delphi（德尔菲）打分法、主成分分析法、赋值法、变异系数法等。其中，层次分析法具有计算简便，结果明确，便于决策者直接了解和掌握等特点，所以在本模型中各评价指标的权重采用层次分析法来确定（黄远水，2005）。

层次分析法的全称为"多层次权重解析法"（Analytical Hierarchy Process，AHP），它是由美国萨蒂（T.L. Saaty）教授提出的一种定性分析与定量分析相结合的系统评价分析方法。层次分析法的基本思想是因各种复杂因素对问题的分析有着不同的重要性，将这些因素之间的关系加以条理化，并排列出不同类型因素相对重要性的次序。[①]

五、老年收入保障水平决定因素的模糊综合评判方法

由上述老年收入保障水平评价指标的设计与选择可以看出，该指标体系中各指标具有如下特点：①评价指标较多而且复杂；②评价指标间存在相互关联的情况；③定性指标与定量指标相结合。

对于这样的评价，运用模糊综合评价法是理想的选择。模糊综合评价是借助模糊数学的一些概念，对实际的综合评价问题提供一些评价的方法，它与概率、统计的方法不同。模糊综合评价是以模糊数学为基础，应用模糊关系合成的原理，将一些边界不清、不易定量的因素定量化，进行综合评价的一种方法。它通过构造等级模糊子集把反映被评事物的模糊指标进行量化（即确定隶属度），然后利用模糊变换原理对各指标综合，一般程序如下。[②]

1. 确定判别对象的因素论域

$$U = \{u_1, u_2, u_3, \cdots, u_n\} \tag{6-1}$$

即 N 个判别指标。

①　汪应洛：《系统工程理论、方法与应用》，高等教育出版社 2004 年第二版。
②　朱剑英：《智能系统非经典数学方法》，华中科技大学出版社 2001 年版。

2. 确定各指标的权重

由于各判别指标的作用有大小之分、影响有强弱之分，因此各个指标在判别体系中的地位不尽相同，在确定了判别指标后应对其权重进行衡量。

3. 确定评语等级论域

$$V = \{v_1, v_2, v_3, \cdots, v_m\} \tag{6-2}$$

V 即等级集合，每一个等级对应一个模糊子集。

一般情况下，评语等级数 m 取 3~7 中的整数，如果 m 过大，则语言难以描述且不易判断等级归属；如果 m 过小，又不符合模糊综合评价的质量要求。m 取奇数的情况较多，因为这样可以有一个中间等级，便于判断被评事物的等级归属。具体等级可以依据评价内容用适当的语言描述，比如可取 V = {高，较高，一般，较差，差} 等。

4. 进行单因素评价，建立模糊关系矩阵 R

在构造了等级模糊子集后，就要逐个对被评事物从每个因素 u_i（i = 1，2，3，…，n）上进行量化，也就是确定从单因素来看被评事物对各等级模糊子集的隶属度（R|i），进而得到模糊关系矩阵。

$$R = \begin{vmatrix} R|u_1 \\ R|u_2 \\ R|u_3 \\ \vdots \\ R|u_n \end{vmatrix} = \begin{vmatrix} r_{11} & r_{12} & r_{13} & \cdots & r_{1m} \\ r_{21} & r_{22} & r_{23} & \cdots & r_{2m} \\ r_{31} & r_{32} & r_{33} & \cdots & r_{3m} \\ \vdots & \vdots & \vdots & \vdots & \vdots \\ r_{n1} & r_{n2} & r_{n3} & \cdots & r_{nm} \end{vmatrix} \tag{6-3}$$

矩阵 R 中第 i 行第 j 列元素 r_{ij} 表示某个被评事物从因素 u_i 来看对 v_j 等级模糊子集的隶属度。

5. 确定评价因素的模糊权向量

一般情况下，N 个评价因素对被评价事物并非同等重要的，各单方面因素的表现对总体表现的影响也是不同的，因此首先要确定模糊权向量 A = $(a_1, a_2, a_3, \cdots, a_n)$。在模糊综合评价中，权向量 A 中的元素 a_i 本质上是因素 u_i 对模糊子集的隶属度，因而一般用模糊方法来确定，并且在合成之前进行归一化（张艳红，2008）。

6. 利用合适的合成算子将 A 与各被评事物的 R 合成得到各被评事物的模糊综合评价结果向量 B

R 中不同的行反映了某个被评价事物从不同的单因素来看对各等级模糊子集的隶属程度。用模糊权向量 A 将不同的行进行综合就可得到该被评事物从总体上来看对各等级模糊子集的隶属程度，即模糊综合评价结果向量 B。模糊综合评价的模型为（苟莉，2008）：

$$A \cdot R = (a_1, \ a_2, \ a_3, \ \cdots, \ a_n) \begin{bmatrix} r_{11} & r_{12} & r_{13} & \cdots & r_{1m} \\ r_{21} & r_{22} & r_{23} & \cdots & r_{2m} \\ r_{31} & r_{32} & r_{33} & \cdots & r_{3m} \\ \vdots & \vdots & \vdots & \vdots & \vdots \\ r_{n1} & r_{n2} & r_{n3} & \cdots & r_{nm} \end{bmatrix} = (b_1, \ b_2, \ b_3, \ \cdots, \ b_m)$$

$$(6-4)$$

其中，$b_j = (a_1 \wedge r_{1j}) \vee (a_2 \wedge r_{2j}) \vee \cdots \vee (a_n \wedge r_{nj})$，$j - 1, \ 2, \ 3, \ \cdots, \ m$。这里，$b_j$ 表示被评事物从整体上看对 v_j 等级模糊子集的隶属程度。符号"$\vee$"和"$\wedge$"的含义定义为：$a \vee b = max(a, \ b)$，$a \wedge b = min(a, \ b)$（柳军，2003）。

第二节　Q 地区老年收入保障水平评价研究

一、Q 地区老年收入保障水平指标权重的确定

可将 Q 地区老年收入保障水平的评价因子按层级建立两两比较的矩阵，向第一节中提到的专家当中的 40 名专家发放调研表，收回有效调研表 30 份。评价因子权重值是通过对每份调查表运用层次分析法计算而得。下面根据专家所填写的调查表中的一级指标和二级指标中的资源吸引力各因子为例，对数据计算过程予以详细说明，并以第一、二级指标为例判断评价体系中层与层之间的一致性。

1. 准则层权重计算

（1）建立矩阵 A。

$$\begin{bmatrix} 1 & 5 & 2 \\ 1/5 & 1 & 1/3 \\ 1/2 & 3 & 1 \end{bmatrix}$$

（2）将矩阵各列归一化，得到矩阵 B。

$$\begin{bmatrix} 0.588 & 0.556 & 0.600 \\ 0.118 & 0.111 & 0.100 \\ 0.294 & 0.333 & 0.300 \end{bmatrix}$$

（3）将矩阵各行求和，此为矩阵 V。

$$\begin{bmatrix} 1.744 \\ 0.329 \\ 0.927 \end{bmatrix}$$

（4）矩阵 V 再归一化，得

$$\begin{bmatrix} 0.581 \\ 0.110 \\ 0.309 \end{bmatrix}$$

即得到准则层权重，设此矩阵为 W。

（5）一致性检验。一致性指标：

$$CI = \frac{\lambda_{max} - n}{n - 1}$$

$$\lambda_{max} = \frac{1}{n} \sum_i \left(\frac{(AW)_i}{w_i} \right)$$

$$AW = \begin{bmatrix} 1 & 5 & 2 \\ 1/5 & 1 & 1/3 \\ 1/2 & 3 & 1 \end{bmatrix} \begin{bmatrix} 0.581 \\ 0.110 \\ 0.309 \end{bmatrix} = \begin{bmatrix} 1.748 \\ 0.329 \\ 0.929 \end{bmatrix}$$

$$\lambda_{max} = \frac{1}{3} \left(\frac{1.748}{0.581} + \frac{0.329}{0.110} + \frac{0.929}{0.309} \right) = 3.002$$

$$CI = \frac{\lambda_{max} - n}{n - 1} = \frac{3.002 - 3}{3 - 1} = 0.001$$

$$CR = \frac{CI}{RI} = \frac{0.001}{0.58} = 0.0017 < 0.10$$

该矩阵具有满意的一致性，权向量可靠，因此准则层各指标的权重分别为：$W_{A_1} = 0.581$，$W_{A_2} = 0.110$，$W_{A_3} = 0.309$。

2. 指标层权重计算

下面以老年人社会福利这一准则层的各指标为例计算权重。

（1）建立矩阵 A。

$$\begin{bmatrix} 1 & 2 & 1 & 2 & 1/2 & 1/2 & 1/4 & 1/4 \\ 1/2 & 1 & 1/2 & 1 & 1/4 & 1/4 & 1/6 & 1/6 \\ 1 & 2 & 1 & 2 & 1/2 & 1/2 & 1/4 & 1/4 \\ 1/2 & 1 & 1/2 & 1 & 1/4 & 1/4 & 1/6 & 1/6 \\ 2 & 4 & 2 & 4 & 1 & 1 & 1/2 & 1/2 \\ 2 & 4 & 2 & 4 & 1 & 1 & 1/2 & 1/2 \\ 4 & 2 & 4 & 2 & 2 & 2 & 1 & 1 \\ 4 & 2 & 4 & 2 & 2 & 2 & 1 & 1 \end{bmatrix}$$

（2）将矩阵各列归一化，得到矩阵 B。

$$\begin{bmatrix} 0.067 & 0.111 & 0.067 & 0.111 & 0.067 & 0.067 & 0.065 & 0.065 \\ 0.033 & 0.056 & 0.033 & 0.056 & 0.033 & 0.033 & 0.043 & 0.043 \\ 0.067 & 0.111 & 0.067 & 0.111 & 0.067 & 0.067 & 0.065 & 0.065 \\ 0.033 & 0.056 & 0.033 & 0.056 & 0.033 & 0.033 & 0.043 & 0.043 \\ 0.133 & 0.222 & 0.133 & 0.222 & 0.133 & 0.133 & 0.130 & 0.130 \\ 0.133 & 0.222 & 0.133 & 0.222 & 0.133 & 0.133 & 0.130 & 0.130 \\ 0.267 & 0.111 & 0.267 & 0.111 & 0.267 & 0.267 & 0.261 & 0.261 \\ 0.267 & 0.111 & 0.267 & 0.111 & 0.267 & 0.267 & 0.261 & 0.261 \end{bmatrix}$$

（3）将矩阵各行求和，得到矩阵 V。

$$\begin{bmatrix} 0.62 \\ 0.33 \\ 0.62 \\ 0.33 \\ 1.236 \\ 1.236 \\ 1.812 \\ 1.812 \end{bmatrix}$$

（4）矩阵 V 再归一化，得

$$\begin{bmatrix} 0.078 \\ 0.041 \\ 0.078 \\ 0.041 \\ 0.155 \\ 0.155 \\ 0.226 \\ 0.226 \end{bmatrix}$$

即得到准则层权重，设此矩阵为 W。

（5）一致性检验。一致性指标：

$$CI = \frac{\lambda_{max} - n}{n - 1}$$

$$\lambda_{max} = \frac{1}{n} \sum_i \left(\frac{(AW)_i}{w_i} \right)$$

$$AW = \begin{bmatrix} 1 & 2 & 1 & 2 & 1/2 & 1/2 & 1/4 & 1/4 \\ 1/2 & 1 & 1/2 & 1 & 1/4 & 1/4 & 1/6 & 1/6 \\ 1 & 2 & 1 & 2 & 1/2 & 1/2 & 1/4 & 1/4 \\ 1/2 & 1 & 1/2 & 1 & 1/4 & 1/4 & 1/6 & 1/6 \\ 2 & 4 & 2 & 4 & 1 & 1 & 1/2 & 1/2 \\ 2 & 4 & 2 & 4 & 1 & 1 & 1/2 & 1/2 \\ 4 & 2 & 4 & 2 & 2 & 2 & 1 & 1 \\ 4 & 2 & 4 & 2 & 2 & 2 & 1 & 1 \end{bmatrix} \begin{bmatrix} 0.078 \\ 0.041 \\ 0.078 \\ 0.041 \\ 0.155 \\ 0.155 \\ 0.226 \\ 0.226 \end{bmatrix} = \begin{bmatrix} 0.588 \\ 0.313 \\ 0.588 \\ 0.313 \\ 1.176 \\ 1.176 \\ 1.860 \\ 1.860 \end{bmatrix}$$

$$\lambda_{max} = \frac{1}{8} \left(\frac{0.588}{0.078} + \frac{0.313}{0.041} + \frac{0.588}{0.078} + \frac{0.313}{0.041} + \frac{1.176}{0.155} + \frac{1.176}{0.155} + \frac{1.86}{0.226} + \frac{1.86}{0.226} \right)$$

$$= 7.7475$$

$$CI = \frac{\lambda_{max} - n}{n - 1} = \frac{8.089 - 8}{8 - 1} = 0.013$$

$$CR = \frac{CI}{RI} = \frac{0.013}{1.41} = 0.0092 < 0.10$$

该矩阵具有满意的一致性，权向量可靠，因此，准则层各指标的权重分别为：$W_{B_1} = 0.078$，$W_{B_2} = 0.041$，$W_{B_3} = 0.078$，$W_{B_4} = 0.041$，$W_{B_5} = 0.155$，$W_{B_6} = 0.155$，$W_{B_7} = 0.226$，$W_{B_8} = 0.226$。

根据公式 $W_总 = W_{指标层} \cdot W_{指标层}$ 由此可以得到老年收入保障评价指标体系各指标的总排序权重为：$W_{总1} = 0.045$，$W_{总2} = 0.024$，$W_{总3} = 0.045$，$W_{总4} = 0.024$，$W_{总5} = 0.090$，$W_{总6} = 0.090$，$W_{总7} = 0.131$，$W_{总8} = 0.131$。

依此类推，得到老年收入保障水平评价指标权重总序，如表7-5所示。

表7-5　老年收入保障水平评价指标权重总序

准则层	权重	二级指标	权重	总排序权重
老年人社会福利	0.581	• 城镇居民家庭人均可支配收入	0.078	0.045
		• 农村居民人均生活消费支出	0.041	0.024
		• 农村居民家庭人均纯收入	0.078	0.045
		• 城镇居民人均消费性支出	0.041	0.024
		• 城镇居民家庭恩格尔系数	0.155	0.090
		• 农村居民家庭恩格尔系数	0.155	0.090
		• 通货膨胀率	0.226	0.131
		• 养老金年增长率	0.226	0.131
老年人社会救济	0.110	• 相关政府管理机构管理水平	0.172	0.019
		• 社区服务管理水平	0.172	0.019
		• 享受城镇居民最低生活保障比例	0.068	0.007
		• 享受城市医疗救助比例	0.058	0.006
		• 享受城市廉租住房比例	0.032	0.004
		• 社区养老机构覆盖率	0.058	0.006
		• 公共财政对社会保障补助支出比例	0.220	0.024
		• 公共财政对抚恤和社会福利救济费支出比例	0.220	0.024
老年人社会保险	0.309	• 社会保险机构服务水平	0.191	0.059
		• 养老保险金发放及时程度	0.191	0.059
		• 老年人参加基本养老保险比例	0.125	0.039
		• 老年人参加基本医疗保险比例	0.125	0.039
		• 养老保险缴费占工资收入比重	0.215	0.067
		• 公共财政补充全国社会保障基金支出比例	0.153	0.048

二、Q地区老年收入保障水平的模糊综合评价

本书以Q地区为主要考察地，来评价Q地区老年收入保障水平。按照模糊评价法的要求，本次研究邀请了40名本地专家，在其中选出20

名，对 Q 地区老年收入保障水平进行指标评价。

1. 建立评语集

评语就是对评价对象优劣程度的定性描述（李旭彪，2007）。具体设定可依据实际情况及计算量的大小来确定。将 Q 地区老年收入保障水平的影响因素分为五个等级，为了便于记录，可用评语集 V 表示，V = {很好（高），较好（高），一般，较差（低），很差（低)}，分别与赋值中的 {8~10，6~8，4~6，2~4，0~2} 相对应。

Q 地区老年收入保障水平判别结果如表 7-6 所示。

表 7-6　Q 地区老年收入保障水平判别结果

目标层	准则层	指标层	评语集				
			很好	较好	一般	较差	很差
	老年人社会福利	城镇居民家庭人均可支配收入	5	11	3	1	0
		农村居民人均生活消费支出	4	10	5	1	0
		农村居民家庭人均纯收入	2	9	6	3	0
		城镇居民人均消费性支出	1	7	8	3	1
		城镇居民家庭恩格尔系数	2	7	9	2	0
		农村居民家庭恩格尔系数	4	8	6	2	0
		通货膨胀率	8	8	4	0	0
		养老金增长率	5	8	5	2	0
	老年人社会救济	相关政府管理机构管理水平	6	12	2	0	0
		社区服务管理水平	7	10	2	1	0
		享受城镇居民最低生活保障比例	5	13	2	0	0
		享受城市医疗救助比例	2	10	6	2	0
		享受城市廉租住房比例	1	10	6	2	1
		社区养老机构覆盖率	2	10	5	2	1
		公共财政对社会保障补助支出比例	4	9	6	1	0
		公共财政对抚恤和社会福利救济费支出比例	6	8	5	1	0
	老年人社会保险	社会保险机构服务水平	4	12	3	1	0
		养老保险金发放及时程度	3	12	4	1	0
		老年人参加基本养老保险比例	2	11	5	2	0
		老年人参加基本医疗保险比例	3	10	5	2	0
		养老保险缴费占工资收入比重	3	10	5	2	**0**
		公共财政补充全国社会保障基金支出比例	2	10	6	2	0

2. 模糊综合评判矩阵

根据专家对指标进行的评价，建立模糊评判矩阵。

（1）Q 地区老年人社会福利的模糊评判矩阵。

$$R_1 = \begin{bmatrix} 5 & 11 & 3 & 1 & 0 \\ 4 & 10 & 5 & 1 & 0 \\ 2 & 9 & 6 & 3 & 0 \\ 1 & 7 & 8 & 3 & 1 \\ 2 & 7 & 9 & 2 & 0 \\ 4 & 8 & 6 & 2 & 0 \\ 8 & 8 & 4 & 0 & 0 \\ 5 & 8 & 5 & 2 & 0 \end{bmatrix}$$

$B_1 = A_1 \cdot R_1 = (0.045, 0.024, 0.045, 0.024, 0.09, 0.09, 0.131, 0.131)$

$$\begin{bmatrix} 5 & 11 & 3 & 1 & 0 \\ 4 & 10 & 5 & 1 & 0 \\ 2 & 9 & 6 & 3 & 0 \\ 1 & 7 & 8 & 3 & 1 \\ 2 & 7 & 9 & 2 & 0 \\ 4 & 8 & 6 & 2 & 0 \\ 8 & 8 & 4 & 0 & 0 \\ 5 & 8 & 5 & 2 & 0 \end{bmatrix} = (2.678, 4.754, 3.246, 0.898, 0.024)$$

归一化处理，得：$B_1 = (0.2309, 0.4098, 0.2609, 0.2798, 0.0021)$。

由此可知，23.09%的人认为 Q 地区老年人社会福利水平很高，40.98%的人认为 Q 地区老年人社会福利水平较高，26.09%的人认为 Q 地区老年人社会福利水平一般，27.98%的人认为 Q 地区老年人社会福利水平较低，0.21%的人认为 Q 地区老年人社会福利水平很低。

（2）Q 地区老年人社会救济的模糊评判矩阵。

$$
R_2 = \begin{bmatrix}
6 & 12 & 2 & 0 & 0 \\
7 & 10 & 2 & 1 & 0 \\
5 & 13 & 2 & 0 & 0 \\
2 & 10 & 6 & 2 & 0 \\
1 & 10 & 6 & 2 & 1 \\
2 & 10 & 5 & 2 & 1 \\
4 & 9 & 6 & 1 & 0 \\
6 & 8 & 5 & 1 & 0
\end{bmatrix}
$$

$B_2 = A_2 \cdot R_2 = (0.019,\ 0.019,\ 0.007,\ 0.006,\ 0.004,\ 0.006,\ 0.024,\ 0.024)$

$$
\begin{bmatrix}
6 & 12 & 2 & 0 & 0 \\
7 & 10 & 2 & 1 & 0 \\
5 & 13 & 2 & 0 & 0 \\
2 & 10 & 6 & 2 & 0 \\
1 & 10 & 6 & 2 & 1 \\
2 & 10 & 5 & 2 & 1 \\
4 & 9 & 6 & 1 & 0 \\
6 & 8 & 5 & 1 & 0
\end{bmatrix} = (0.55,\ 1.077,\ 0.444,\ 0.099,\ 0.01)
$$

归一化处理得：$B_2 = (0.2523,\ 0.494,\ 0.2037,\ 0.0454,\ 0.005)$。

由此可知，25.23%的人认为 Q 地区老年人社会救济水平很高，49.4%的人认为 Q 地区老年人社会救济水平较高，20.37%的人认为 Q 地区老年人社会救济水平一般，4.54%的人认为 Q 地区老年人社会救济水平较低，0.5%的人认为 Q 地区老年人社会救济水平很低。

（3）Q 地区老年人社会保险模糊评判矩阵。

$$
R_3 = \begin{bmatrix}
4 & 12 & 3 & 1 & 0 \\
3 & 12 & 4 & 1 & 0 \\
2 & 11 & 5 & 2 & 0 \\
3 & 10 & 5 & 2 & 0 \\
3 & 10 & 5 & 2 & 0 \\
2 & 10 & 6 & 2 & 0
\end{bmatrix}
$$

$B_3 = A_3 \cdot R_3 = (0.059,\ 0.059,\ 0.039,\ 0.039,\ 0.067,\ 0.048)$

$$\begin{pmatrix} 4 & 12 & 3 & 1 & 0 \\ 3 & 12 & 4 & 1 & 0 \\ 2 & 11 & 5 & 2 & 0 \\ 3 & 10 & 5 & 2 & 0 \\ 3 & 10 & 5 & 2 & 0 \\ 2 & 10 & 6 & 2 & 0 \end{pmatrix} = (0.905,\ 3.385,\ 1.426,\ 0.504,\ 0)$$

归一化处理得：$B_3 = (0.1455,\ 0.5439,\ 0.2293,\ 0.0813,\ 0)$。

由此可知，14.55%的人认为 Q 地区老年人社会保险水平很高，54.39%的人认为 Q 地区老年人社会保险水平较高，22.93%的人认为 Q 地区老年人社会保险水平一般，8.13%的人认为 Q 地区老年人社会保险水平较低，没有人认为 Q 地区老年人社会保险水平很低。

3. 模糊综合评价得分的计算（蔡戈鸣，2004）

为了便于比较，本章将评价因子的赋值标准中的 $\{8\sim10,\ 6\sim8,\ 4\sim6,\ 2\sim4,\ 0\sim2\}$ 均取上限，作为最终评分标准，则 10 分为满分；对应评语集$\{$很好（高），好（高），较好（高），一般，较差（低），很差（低）$\}$，具体评分为 10 分、8 分、6 分、4 分、2 分，即：$V' = \{10,\ 8,\ 6,\ 4,\ 2\}$。

Q 地区老年人收入保障评价体系准则层得分用以下公式计算：

$$V' = \sum_{i=1}^{n} V'_i b_i \tag{6-5}$$

（1）老年人社会福利得分。

$$V'_{福} = \sum_{i=1}^{n} V'_i b_i = 10 \times 0.2309 + 8 \times 0.4098 + 6 \times 0.2609 + 4 \times 0.2798 + 2 \times 0.021$$
$$= 8.314$$

（2）老年人社会救济得分。

$$V'_{救} = \sum_{i=1}^{n} V'_i b_i = 10 \times 0.2523 + 8 \times 0.494 + 6 \times 0.2037 + 4 \times 0.0454 + 2 \times 0.005$$
$$= 7.889$$

（3）老年人社会保险得分。

$$V'_{保} = \sum_{i=1}^{n} V'_i b_i = 10 \times 0.1455 + 8 \times 0.5439 + 6 \times 0.2293 + 4 \times 0.0813 + 2 \times 0$$
$$= 7.502$$

因此，Q 地区老年人收入保障水平评价总得分为：

$$T_{总} = \sum_{i=1}^{n} V_t' W_i = 8.314 \times 0.581 + 7.889 \times 0.110 + 7.502 \times 0.309 = 8.016$$

在满分为 10 分的情况下，Q 地区老年人收入保障水平的最终得分为 8.016 分，在全国各省市地区的比较范围内处于较为优良的等级。

其中，Q 地区在老年人社会福利处于较高的水平，老年人社会福利方面取得了较大的成绩，得到了社会的广泛好评，以 Q 地区渝北区为例，作为"全国农村五保供养工作先进单位"和"全国老龄工作先进单位"，渝北区重点支持民办社会养老机构桂湖公寓的建设。同时，出台一系列优惠政策，为老年人提供有力保障。全区的农村"五保"老人、城市"三无"老人和重点优抚老人全部纳入政府保障，财政每月发放给"五保"老人 280 元生活费；在全区 39 个敬老院内设立活动室，每个房间配备电视。"十二五"期间，渝北区还将新建古路、统景等 6 个农村敬老院，改扩建茨竹、中坪等 6 个敬老院，投资 400 万元新建城乡社区日间托老所 40 个，引进社会资金新建 2~3 个社会养老服务机构，全力为老年人营造温馨家园。[1] 此外，渝北区养老工作还将进一步引导和支持社会力量兴办社会养老事业，多渠道引进社会资本参与社会福利事业，积极推动社会福利社会化，形成"民办公助，公办民营"的建设模式，鼓励民营企业家多办像桂湖公寓这样的优质养老机构，进一步提升老年人的生活幸福指数。

此外，老年人社会救济得分也较高，但老年人社会保险方面的工作还有进一步提升的空间。近年来，Q 地区以改善民生为第一要务，出台了多项针对老年人的救济与救助措施，例如最低生活保障、困难群众医疗救助、新型农村合作医疗、特困群众住房援助、特困群众法律援助等一系列社会救助制度，努力提升城乡困难群体，尤其是老年人的社会救助水平，使困难群体的切身利益得到切实保障，但是有些工作还是没有完全落到实处，还需要进一步提升工作效率与服务水平。

---

[1] 渝北区"十二五"全力推动社会福利事业提升老年人生活幸福指数，http://www.cq.gov.cn/zwgk/zfxx/319980.htm，2011 年 11 月 18 日。

第三节　结论

本章从公平视角讨论了老年收入保障水平评价模型，并从两个方面进行了探索与分析：第一，尝试运用模糊综合评价对老年收入保障水平这一定量指标进行建模评价；第二，根据评价得分与各个指标的不同侧重，将各准层次指标的评价结果结合起来共同评价 Q 地区老年收入保障水平的具体状况，体现了一定的科学性与可信度。

在当前的社会与经济发展环境下，单纯从老年人社会福利、老年人社会救济、老年人社会保险这三个方面已经不能全面地评价一个地区老年收入保障水平，还要与当地的社会、经济发展环境紧密结合起来，同时照顾到每一个不同年龄阶段老年人的特殊需要，只要这样才能全面而充分地评价老年人收入保障水平的高低。

第八章 老年收入保障待遇水平测算

老年收入保障制度作为社会保障制度的重要组成部分，其维护社会公平的制度保障作用越来越凸显。我国现在已经有离退休人员 6826 万人，主要依靠养老金或退休收入维持晚年的生活，今后还将有越来越多的退休人员依靠养老金或退休费收入维持生活。如何客观地评估现实老年人养老待遇水平，逐步实现和维护广大退休人员的老年收入公平问题，需要确立合理的待遇水平衡量指标，这个重要指标就是——替代率，从制度上保障退休人员养老金收入水平不降低、共享社会经济发展成果，是判断老年收入保障制度是否符合构建和谐社会基本要求的重要标准。

这里先以替代率观察一下当前老年收入保障程度。农村养老保险替代率等于农民年人均养老金除以农村居民年人均纯收入。城镇养老保险替代率等于城镇退休人员年人均养老金除以城镇在岗职工年平均工资收入。城市居民最低生活保障标准替代率等于城市居民平均最低生活保障标准除以城市居民人均可支配收入。根据 2006 年劳动和社会保障事业发展统计公报进行分析，可以发现当前实行的农村养老保险、城镇职工养老保险和城市居民最低生活保障制度替代率均偏低，保障程度较弱。2006 年全年农村居民人均纯收入为 3587 元，全年共有 355 万农民领取了 30 亿元的养老金，年人均领取养老金 845 元（月领取 70 元左右），推算出 2006 年农村养老保险替代率为 23.56%；2006 年全国城镇单位在岗职工平均工资为 21001 元，基本养老保险全年基金总支出 4897 亿元，参保离退休人数为 4635 万人，年人均领取退休金 10565 元（月均领取退休金 880.43 元），推算出 2006 年城镇养老保险替代率为 50.31%；2006 年全国城镇居民人均可支配收入 11759 元，月人均可支配收入 979.92 元，城市居民平均最低生活保障标准为 169.6 元/人/月，推算出城市居民最低生活保障标准的替代率为 17.31%。若按照国际上通行标准，一般养老保险的替代率应当在 60%

左右，城市居民最低生活保障的替代率应当在 25% 左右，这说明当前的保障程度比较薄弱。

本章重点以养老金替代率为例展开讨论。所谓养老金替代率，是指职工退休时所领取的养老金水平与退休前工资收入水平之间的比率或者是进入退休期社会平均养老金与进入退休期上一年度社会平均工资的比率。

第一节　养老金替代率理论分析

一、相关研究文献综述

养老金替代率是整个养老保障制度体系的关键点，直接影响到老年收入保障制度设计和政策制定，关系到老年人生活水平的高低及社会的稳定。确立合理的养老金替代率，其重要意义可从多个层面得到反映：从政治的层面来看，国家努力建立完善的老年收入保障体系，就是要通过再分配手段，调节收入分配，保障老年社会成员的基本生活，维护社会公平，维护社会和国家政局的稳定。社会基本养老保险的主要功能是保障退休人员在退休后的收入能维持最基本的生活水平，适度的养老金替代率才能真正实现"保障退休人员的基本生活"的目的，从而在制度层面上维护社会和政局的稳定；从经济的层面来看，在社会发展的再生产过程中，新一代劳动者是以上一代退休劳动者所提供的积累起来的劳动为基础的，现有的社会发展成果凝聚有上一代退休劳动者的劳动积累，确立适度的基本养老金替代率，就是为了确保让退休人员同在职人员一起共同分享社会经济发展成果；从社会的层面来看，由于个人的禀赋、才能和机会各不相同，在职时的劳动收入就会有很大差别，当退休人员达到退休年龄进入老年，退出劳动岗位，在激烈的社会竞争中逐步成为弱势者，他们在社会中获取个人利益的能力就越差，对养老金收入的依赖性就越来越强，更加迫切需要通过养老保险制度来实现养老金收入的基本保障和"底线公平"，消除对社会的不满，避免造成严重的社会问题，影响社会和谐。因此，养老金替代率是否合理，在一定程度上反映出社会分配公平性的实现程度。

养老金替代率是表示职工退休后生活保障水平的重要指标，也是国际劳工组织规定评价各国社会保障实施状况的重要指标。1952 年，国际劳工组织通过的《社会保障最低标准公约》（第 102 号）中，规定了养老金的最低支付水平为退休前收入的 40%~45%，后来又把它提高到 55%。目前，在实行养老保险制度的 160 多个国家中，养老金替代率低于 40%的只有海地（33%）一个国家，替代率在 40%~60%的有 34 个国家，占 160 多个国家的 22%；其他国家均在 60%以上，绝大多数国家在《社会保障最低标准公约》（第 102 号）的指导和约束下，都实行高于《社会保障最低标准公约》（第 102 号）限定的最低替代率来保障退休人员的基本生活水平。

目前，国内学者由于各自研究的具体问题不同、研究的学科背景不同、统计范围不同、技术手段不同，因此所使用的养老金替代率含义也不相同，概括起来说，对养老金替代率问题的解释主要有六种：企业职工个人退休时的养老金收入与退休前工资收入之比；企业退休人员平均养老金与其企业在职职工平均工资收入之比；行业退休人员平均养老金与其行业在职职工平均工资收入之比；地区退休人员平均养老金与其地区在职职工平均工资收入之比；全国退休人员平均养老金与全国在职职工平均工资收入之比；全国范围退休人员养老金总额与当年职工工资总额之比。

研究者根据不同的研究需要，采用不同的比例（比率）来对退休人员个人、企业、行业、地区以及全国整体水平养老金替代率的状况、平均值、纵横向水平比较和变动趋势等方面展开研究，取得了一系列成果。研究结论主要有：刘贵平的研究结果表明，可以把 58%~65%作为目前以及今后一段时期内合理的"工资替代率"水平，这样不仅能保障退休人员的基本生活，也在国民经济发展水平的可承受范围之内，并且提出，由于我国与其他国家相比总体工资水平低，工资差别也不像西方国家那样大，因此我国的"工资替代率"水平不能降低得过快，否则会影响退休人员的生活水平；世界银行研究人员在《老年保障：中国的养老金体制改革》（1998）中提到：中国养老保险制度的养老金替代率高于国际水平，在80%以上，加上企业继续向退休人员提供的各种津贴，总报酬额达近 90%的替代率；李珍（1998）在以工业国为参照系数分析基本养老金替代率后，认为中国的养老金替代率太高，现行制度设计的目标替代率 60%仍偏高；邱东（1999）分析国际上大多数国家的养老金替代率一般都在 60%左右，认为我国的替代率远远高出我国经济发展水平、人口规模、老龄化水平所允许的范围。他们从家庭成员数及结构、养老保险提供最基本保障与最低生活保障水平之间的关系两方面出发，将养老金替代率定为55%；吴祥云（1999）的研究提出，从宏观经济考察，我国养老金水平目前是与社会经济发展水平相适应的，中国人均养老金占职工平均工资的比例，1990年为60.1%，1994年为69.9%，1995年为72.1%，目前的目标替代率应确定在70%左右，因此认为维持现有水平比较可取；王晓军（2000）根据对低、中、高收入阶层占职工总数的比例及其平均收入比例的假定，以中等收入水平衡量的基本养老金替代率应在33%~66%；彭靖（2000）、高建伟（2006）等以现行制度设计养老金目标替代率60%为合理假设，运用保险精算理论模型进行了论证；穆怀中（2001）认为依据国际惯例，老年人所获得的养老金不应该与在职劳动者相等，一般应占他们最多获得的工资收入的60%；张莉（2002）分析认为，从养老保险的需求与供给两个角度的综合分析可以判断，60%的目标替代率是偏高的，应当降低目标替代率，但前提是要完善企业补充养老保险和个人储蓄养老保险，并且有完善的医疗保险制度，这样才能保证退休人员的基本生活不受影响，从基本养老保险需求角度，认为60%的养老金替代率过高；柳清瑞（2005）、苗红军认为，根据中国养老保险制度改革方案设计，社会统筹与个人账户合计缴费率为28%时，如果基金回报率超过4%，则养老金替代率水平将达到60%左右；柳清瑞（2005）认为，中国养老金替代率水平应保持在40%~60%是比较合适的。

综合国内对替代率的研究成果，多数研究结论认为目前我国养老金替代率水平过高，并举出国外的例子加以证明。这些研究成果的研究者付出了许多辛勤努力进行理论研究和探讨。但是，这些研究中，有的也存在着一定的误区，影响到了对养老金替代率问题的正确判断，造成现有研究的一定局限，主要表现为：①有的研究是直接假定政府规定的养老金替代率为合理的，并以此为假设条件，来进行养老保险的缴费率、未来养老保险基金收支状况的论证和测算；②有的研究是单一从借鉴国外制度选优的角度去考虑和论证，没有考虑不同发展程度的国家，用于满足基本生活的费用差异很大，不能直接相比，因此对养老金水平是否真正能够保障退休人员的基本生活需求关注不够，缺少实际调查，没有从退休人员实际消费支出结构的角度考虑实际需要的养老金数额；③有的研究是优先考虑养老保险基金的平衡，注意力过于集中在积累基金的投资运营，对通货膨胀率给基金平衡的影响考虑较多，但对退休人员实际保障水平的影响程度研究较少，对如何保障退休人员参与共享社会发展成果关注较少；④有的研究在数据资料的引用上存在缺陷，现行养老金替代率一般计算处理方法是引入工资增长率参数，但是工资增长率无法完全替代物价水平的变化，工资增长引起替代率的变化，不意味着退休生活水平相应提高，这也就影响到对满足老年人基本生活需求为目标的合理水平的测算；⑤有的研究没有充分认识到中外工资分配制度的差异和统计口径差异问题，国外由于工资收入规范化，计算养老金替代率结果比较准确，而我国由于工资制度、统计制度等方面的原因，其数值的准确性差，看似高于国外，但实际水平并非如此（见图8-1）。

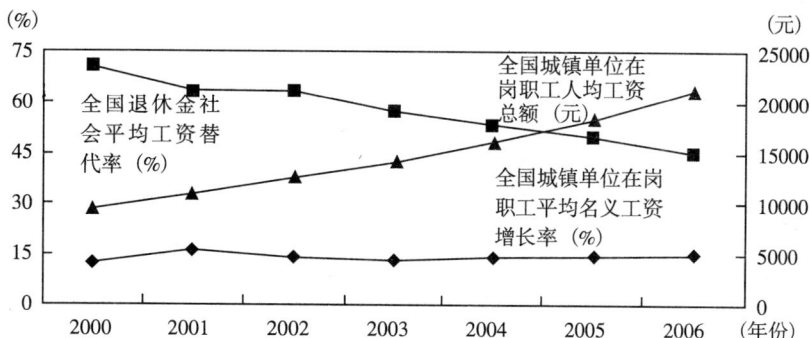

图8-1　2000~2006年个国工资增长率、退休金替代率变化

二、基本养老金替代率制度运行现状及问题

我国现行养老保险制度设计规定，企业职工养老保险制度实行社会统筹和个人账户相结合的制度，由基本养老保险、企业年金和个人储蓄性养老保险组成多层次的养老保险体系，按照国家的总体思路，制度设计退休人员未来基本养老金的目标替代率水平是58.5%。其中，社会统筹部分占20%，个人账户部分占38.5%，这一规定是就全国整体而言规定的一个原则性制度目标。然而，国家目前企业年金、个人储蓄性养老金还处在起步阶段，多支柱养老保险制度体系雏形尚未形成，退休人员养老金待遇几乎全部来自于基本养老保险，加上全国各地在实施新制度时的差别很大，因此60%左右的养老金替代率是否合理，就需要根据实际情况进行分析。

1. 不同的工资分配和退休养老待遇制度影响到养老金替代率的计算

客观上讲，用单一的替代率数值是不能反映出不同工资制度下退休人员养老金待遇水平的。1993 年至今，机关事业单位、企业实行了不同的工资分配制度和退休养老待遇制度，机关事业单位的退休养老待遇制度不仅没有任何变化，而且退休人员养老金待遇调整与在职人员的工资调整的关联性更加紧密，机关事业单位的各项津补贴项目比较高且发放有保障，使机关事业单位在职和退休人员的收入实际水平高于社会平均工资水平。企业职工实行了统一的基本养老保险制度，但是企业往往由于经营状况不佳，工资是退休人员在职期间的唯一收入来源，养老金也是退休后的唯一来源，企业的实际工资水平低于社会平均工资水平，这就造成了不同的退休人员群体之间（主要是企业与机关事业单位）由于制度和政策上不衔接，机关事业单位退休人员养老金水平远远高于企业退休人员的退休金待遇水平，形成了养老金待遇上的不公平。统计部门在进行城镇职工社会平均工资水平的统计时，将机关事业单位和企业的工资水平都包含在内，掩盖了它们之间的差距，因此用社会平均工资水平作为基数，计算出来的替代率准确性自然会发生偏差。

2. 最低养老金制度的缺失影响到养老金替代率实现公平的程度

最低养老金制度是计算替代率的基础。由于近几年各地职工社会平均工资水平增长幅度较快，养老金的调整跟不上社会平均工资增长水平，加上上面介绍过的统计原因，在现实生活中不同程度地带来了企业退休人员养老金水平的降低，究竟降到什么程度不会影响退休人员的基本生活，急需要确立最低养老金制度，作为退休人员基本生活得到保障的参照系；由于养老保障新旧制度的差异，养老金待遇水平参差不齐，在没有最低养老金制度的情况下，退休越早养老金越低，据调查，城镇贫困老人中，有近 12% 的老人因为养老金水平过低致贫。朱庆芳（2004）认为，城镇人均养老金的增幅低于在岗职工工资的增幅，1979~2002 年的 24 年间，人均养老金按可比价格计算，递增 5.2%，慢于同期职工平均工资年均递增 6.2%，人均养老金替代率呈逐年下降趋势；"国家统计局宏观经济分析课题组"的测算认为，城镇低收入群体的平均收入非常低，2001 年年人均可支配收入为 2062 元，不到城镇水平的 1/4。低收入户的退休金收入相当于平均水平的 19.1%；另外，据民政部统计，2002 年 6 月底，全国共有 1931 万人享受最低生活保障待遇，其中退休职工约 93 万人，占全部最低生活保障对象的 4.8%。退休人员也进入了城市最低生活保障范围，不外乎是养老金标准过低或者因领不到养老金等原因造成的，但无论哪种原因，都需要有最低养老金制度进行"底线公平"保障。

3. 养老金调整机制不完善影响到对养老金替代率的准确判断

物价因素对养老金替代率的影响很大，在深化企业职工养老保险制度改革之前，中国城镇养老保险制度覆盖的职工退休时基本养老金一经确定就不再变动，因此受物价的影响很大，退休人员的养老金的实际购买力受到很大侵蚀，为了保障退休待遇水平，各地采取了不同的养老金调整机制。例如，上海市根据每年上年居民消费价格指数上升幅度于当年 4 月 1 日进行调整，若价格指数下降则不作调整；大连市每年 7 月根据物价和工资上涨缺口确定是否调整；深圳市根据上年居民消费价格指数上升幅度和职工月平均工资净增长的一定比例调整。全国各地有的地区年年调整，而有的地区并非年年调整。因此，我国现实执行的养老金调整指数，通常根据工资、物价增长指数来确定，具有不确定性或随意性。这种调整主观性、随机性较大，缺乏科学性，其实施结果是有些时期调整幅度过大，造成养老金待遇水平过高，加重在职人员的负担；有些时期调整幅度过小，没能抵消通货膨胀所带来的风险，使退休者基本生活没有得到保障。

现实制度运行状况，决定了需要对养老金替代率问题重新进行慎重思考。胡晓义（2001）认为，无论到哪个城市进行调查都会发现，退休人员普遍生活在社会的中下层，相当一部分还比较清苦，更有少数人十分拮据，理论判断与制度运行出现矛盾，必须对名义高的替代率问题作深入细致的讨论；褚福灵（2004）认为，目前中国基本养老金替代率目标已经接近 60% 的改革目标，并呈持续下降的趋势，应当设法进行遏止。

根据王小军（2005）的研究资料，这里先观察一下 2003 年全国各地区基本养老保险制度的待遇水平，如表 8-1 所示。

表 8-1　2003 年全国各地区基本养老保险制度的待遇水平

地　区	平均工资（元）	年人均养老金（元）	替代率（%）
全　国	14040	7907	56.32
北　京	27304	11025	40.38
上　海	25312	10327	40.80
天　津	18648	8316	44.59
重　庆	12425	5660	45.56

地 区	平均工资（元）	年人均养老金（元）	替代率（%）
广 东	19986	9241	46.24
浙 江	21367	10146	47.48
辽 宁	13008	6715	51.62
江 苏	15712	8399	53.45
江 西	10521	5653	53.73
广 西	11953	6763	56.58
湖 南	12221	7014	57.40
福 建	14310	8222	57.46
海 南	10397	6173	59.38
安 徽	10581	6287	59.42
宁 夏	12981	7729	59.54
湖 北	10692	6372	59.59
西 藏	26931	16256	60.36
陕 西	11461	6985	60.95
黑龙江	11038	6778	61.40
云 南	12870	7919	61.53
四 川	12441	7657	61.54
吉 林	11081	6877	62.06
贵 州	11037	6872	62.26
内蒙古	11279	7042	62.43
青 海	15356	9784	63.72
河 南	10749	6881	64.02
河 北	11189	7299	65.24
甘 肃	12307	8152	66.24
新 疆	13255	9218	69.55
山 西	10729	7951	74.11
山 东	12567	9856	78.43

资料来源：《中国社会保险年鉴 2004》，《中国统计年鉴 2004》。

由表 8-1 中可以看到，从养老保险待遇水平看，2003 年全国人均养老金水平为 7907 元，与平均工资 14040 元相比，养老金的平均替代率为 56.32%。不同地区由于养老金待遇标准和工资水平差异，在养老金平均替代率上存在较大差异；北京、上海、天津、重庆这四个直辖市的替代率较低，上海、北京的替代率水平只有 40%多一些，天津和重庆也只有 45%左右，而山东、山西两省的替代率超过了 70%。

三、养老金替代率问题的理论分析

无论采取何种养老保险制度模式，社会经济发展水平始终是决定养老金替代率高低的基本因素。这是社会保障制度运行的基本原则，养老金替代率的确定，既要考虑在职职工工资总体水平和退休人员的实际生活需要，又要考虑经济社会发展水平的承受能力。由于社会经济发展水平的影响，决定了养老金替代率具有动态指标的性质。社会经济高速增长必然带来社会工资总体水平的增长，同时带来养老金与工资增长比例的调整，养老金替代率就会出现相对稳定或下降或升高。在养老金替代率问题上，存在着几个关键的影响因素（北京市劳动和社会保障学会课题组，2005）：

1. 工资水平、缴费水平

社会经济发展，社会平均工资水平大幅度提高，而退休金的增长幅度低，会使社会平均养老金替代率下降。个人工资收入和企业缴费工资总额，是个人和企业缴纳养老保险费和个人退休后领取养老金的基础，企业工资总额是企业缴纳养老保险费的计算基础。

当前，尽管在名义上养老保险费率和养老金替代率比较高，实际上却并不如此。其重要原因就是企业缴费工资总额小于统计工资总额，更大大小于实际工资总额。众所周知，养老保险费率是缴费额与缴费工资总额之比，养老金替代率是养老金水平与社会平均工资之比，由于缴费工资总额小于统计工资总额，更大大小于实际工资总额，统计社会平均工资小于实际社会平均工资总额，因此名义费率和名义替代率偏高，实际费率和替代率要小得多。

城镇在职职工工资总额是指各单位在一定时期内直接支付给本单位全部职工的劳动报酬总额，包括工资、奖金、津贴、补贴等，是劳动报酬的最主要表现形式。按照现行基本养老保险制度设计，企业职工工资总额是养老保险的缴费基数。在国外，由于劳动报酬工资化、工资货币化程度高，工资收入统计比较规范、完善和准确，职工工资总额与劳动报酬基本一致，且很少有少报、漏保工资总额的现象，因此国外缴费工资总额与实际工资总额差距不大。我国的工资总额由于劳动报酬非工资化、工资非货币化程度比较高，工资统计不够规范、完善和准确，且统计工资总额往往小于实际工资总额，加上社会保险经办机构核定的缴费工资总额往往更小于统计工资总额，因此缩小了工资总额，造成了劳动报酬无法真实反映，也造成了养老金替代率的计算偏差（张永清，2000）。

此外，由于工资外收入的存在，缩小了工资总额。实际工资总额水平包括政府统计口径的工资总额和一部分工资外收入。部分学者虽然认识到了工资外收入的存在，但没有可靠的数据来源，就容易片面夸大这部分工资外收入的数额，影响到养老金替代率的判断。

2. 工作年限、缴费年限、退休年龄

在"统账结合"制度设计下，"新人"工作年限和缴费年限是一致的。但在转制过程中，"老人"和"中人"会出现个人工作年限与缴费年限不一致的情况，也有部分因个人失业、缴费中断或企业参加养老保险时间早晚不同，而出现工作年限与缴费年限不一致的情况。现行政策规定，参保职工达到法定的退休年龄是按照养老金替代率领取养老金的基本条件。由于工作环境和条件的不同，按有关规定，一些特殊工种退休年龄可低于通常退休年龄。所以，工作年限和缴费年限达到最低规定年限而提前退休的人员，养老金的替代率会相对较低；超过退休年龄继续工作和缴费的，养老金替代率会相对较高（刘晓华，2010）。

3. 家庭负担状况、物价指数、通货膨胀

1967年，国际劳工组织建议，退休人员家中有需要照顾的人员，应给予特别比率的养老金津贴。一些经济发达的国家对其配偶无工作收入、家里有长期生病的人或单亲仍需供养子女的人，都给予单项补贴或适当提高养老金替代率。但这种补贴必须建立在对受益人实行严格的经济调查的基础上，其目的是实现社会政策的公平。

物价上涨必然会影响退休人员实际生活水平下降，如果不对养老金的给付做适度的调整，退休人员的生活就得不到保障，社会公平的目标也无法实现。因此，必须建立稳健的养老金指数化调整机制，要向低收入退休人员倾斜，以不断提高退休人员的生活水平。养老金的增整机制应与两个参数紧密关联：一是在职工工资，每年按在职职工增长幅度的一定比例进行合理水平的调整；二是消费品物价指数，将退休人员的养老金按消费品物价上涨的指数进行调整，以保证退休人员养老金的实际水平不会因通货膨胀而降低（王晓军，2006）。

4. 基本生活水平的确定

养老金替代率适度的关键，是看其能不能保障退休者的基本生活。因

此，养老金替代率要与社会平均工资和当地维持最低生活水平的需求联系起来分析。对替代率底线的控制要以当地的一般生活水平为参照系，要设立满足退休人员基本生活水平的最低标准，这是设计合理养老金替代率的基础。现行制度下，虽然基本养老金替代率在名义上偏高，甚至高达80%以上，但实际上基本是合理的，因为在目前养老金计发政策实施情况下，基本养老金实际替代率是已经退休"老人""中人"的替代率，退休人员的养老金待遇全部来自于基本养老保险，由于过去低工资原因，基本养老金高替代率并非意味着已经退休的"老人""中人"实际收入高。这可以在后面的实证分析中观察到。

在国外，一些实行待遇确定制度的国家为了防止人们在领取养老金的同时还有工作收入，对养老金申领资格条件加上了退休条件。日本、加拿大采取了这种做法。但在中国目前难以办到，我国在分析养老金替代率问题时要与对消费结构的分析结合起来考察，不要主观地将工资水平等同于生活水平，片面认为社会平均工资水平高，养老金水平就高，退休人员生活质量就好。既要全面地分析收入水平，同时要分析不同人群的消费结构差异。除了基本养老金之外，有一部分退休者还可以从其他渠道获得收入，他们的实际收入比统计报表上反映的水平肯定要高。然而，收入多少只是衡量退休者生活水平的一方面参数，要全面综合评价他们的生活质量、家庭负担状况、收入状况、人均生活费用支出（包括基本的衣食住行、教育、娱乐需要）。通常退休人员的生活消费中食品和健康开支占比高，而其他方面占比小。所以，养老金基本水平应与消费支出结构挂钩，平均养老金发放水平，以不超过退休人员的"中等生活水平"为宜，不能只看替代率的百分比，不看绝对水平，片面地认定替代率高而强制地降低，忽视了养老金替代率"逆相关性"特征。确立养老金替代率的首要任务是保证退休人员的基本生活，不让养老金水平下滑，而不是为了达到设计的养老金替代率去刻意降低退休人员的基本生活水平（张永清，2000）。

第二节　养老金替代率问题的实证分析

退休人员养老金替代率问题是一个非常复杂的问题，由于研究目的不同，选择引用的统计数据不同，因此产生了不同的研究结果，本章为了对养老金替代率偏高的观点作进一步分析，选取了在全国较早建立"社会统筹和个人账户"相结合的养老保险制度的某省会城市——H市进行观察分析。

一、养老金替代率调查描述

H市在全国较早建立了"统账结合"的新型养老保险模式，并且较早实现了统一化管理和市级统筹，建立了在全国较领先的养老保险信息管理系统。1998年，全国养老制度实行统一并轨，一些大型部省属在H市企业与H市实现了养老保险制度统一并轨。因此，本书选取的数据时间是从1998年开始，数据资料主要来源于社会保险信息系统，这样能够比较准确地反映H市养老金替代率的实际情况。

1. H市基本养老金替代率整体水平观察

首先，笔者根据1998~2005年的政府统计资料，对全国社会平均工资水平、平均养老金水平与H市的水平进行对比观察，如表8-2所示。

表8-2 H市与全国社会平均工资、养老金水平对比

单位：元/人

年份	1998	1999	2000	2001	2002	2003	2004	2005
全国社会平均工资	7479	8346	9371	10870	12422	14040	16024	18364
H市社会平均工资	6746	7091	7630	9080	10039	11719	13818	16255
全国平均养老金	5542.5	6451.1	6671.9	6864.8	7879.4	8088.1	8535.2	9251.2
H市平均养老金	4260	4464	5076	5184	6000	6193	6444	6960

从表8-2中可以清楚地观察到，H市无论是社会平均工资水平，还是平均养老金水平都大大低于全国的平均水平，仅以2005年为例，H市社会平均工资水平低于全国社会平均工资水平11个百分点，平均养老金水平低于全国平均养老金水平24个百分点。这样的状况与H市作为中部地区较发达省份的中心城市地位是极其不相符的。

再根据1998~2005年的政府统计资料，观察以下1998~2005年退休人员人均养老金增长状况和替代率水平，如表8-3所示。

从表8-3中可以观察到，全国社会平均工资水平和平均养老金水平，就数据绝对值而言，都在同时增长，社会平均工资增长速度高于平均养老

表8-3　1998~2005年退休人员人均养老金增长状况和替代率水平

年份	全国社会平均工资水平（元）	全国退休人员人均养老金（元）	替代率水平（%）
1998	7479	5542.5	74
1999	8346	6451.1	77
2000	9371	6671.9	71
2001	10870	6864.8	63
2002	12422	7879.4	63
2003	14040	8088.1	57
2004	16024	8535.2	53
2005	18364	9251.2	50

金增长速度。但是，观察其养老金替代率水平，整体呈下降趋势，已经低于60%的养老金目标替代率。下降的根本原因在于企业年金、个人储蓄性养老保险制度的实质性缺失。

再根据H市社会保险信息库的实际养老金支付水平资料，对H市社会平均工资增长水平与H市养老金增长水平进行对比观察，如图8-2所示。

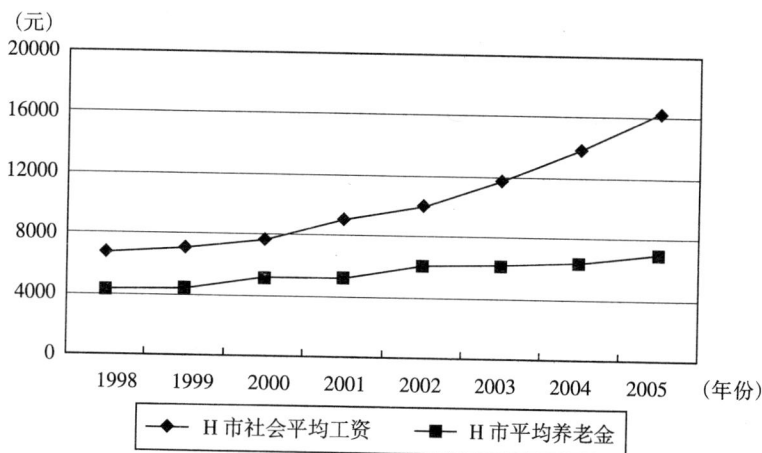

图8-2　H市社会平均工资与养老金增长水平对比

从图8-2可以观察到，H市同全国的情况一样，社会平均工资水平和平均养老金水平都在增长，但是社会平均工资水平增长的幅度大大高于平均养老金水平。

根据H市社会保险信息资料中养老金支付的实际水平，对H市的替代率水平进行观察，如表 8-4 所示。

表 8-4　H 市养老金替代率水平

年份	全市社会平均工资水平（元）	全市退休人员人均养老金（元）	替代率水平（%）
1998	6746	4260	63
1999	7091	4464	62
2000	7630	5076	66
2001	9080	5184	57
2002	10039	6000	59
2003	11719	6192	52
2004	13818	6444	46
2005	16255	6960	42

从表 8-4 可以观察到，1998~2005 年，H 市养老金替代率水平呈总体下降趋势，并且下降趋势很快，已经低于 60% 的目标替代率水平，并且替代率水平远远低于全国平均养老金替代率水平，当然，在这样低的替代率水平下还有许多更低收入的退休人员。由于目前制度确定企业缴费工资基数是以企业工资总额为基础，因此绝大多数企业工资水平远远低于社会平均工资水平，相应地养老金替代率水平会更低。

2. H 市部分企业基本养老金替代率水平观察

根据 1998~2005 年的资料，本书选取 H 市部分大型企业进行基本养老金替代率问题的分析，这部分企业在 H 市属于比较有代表性的企业有：5 个国有企业、4 个集体企业；经营优势企业 5 个、经营困难企业 4 个。这部分企业的在职职工人数为 10.37 万人、退休人员为 5.99 万人，选取的养老金平均水平是根据社会保险信息库中实际发放的养老金计算出来的。本书没有选取个体流动人员，主要是考虑到现行养老保险制度设计原来主要针对的对象是国有、集体企业及其职工，而且现有退休人员中间，国有、集体企业退休人员所占的比重是比较大的。H 市部分企业养老金发放水平如表 8-5 所示。

这部分企业平均养老金水平有高于全国平均养老金水平的，也有低于全国平均养老金水平的，总体水平略高于全国平均养老金水平。将这部分企业养老金水平进行整理，并同它们的缴费工资水平进行比较计算后，可观察其养老金替代率水平，如表 8-6 所示。

表8-5　H市部分企业养老金发放水平

单位：元/人

单位名称	1998 年	1999 年	2000 年	2001 年	2002 年	2003 年	2004 年	2005 年
制造厂 A	4419.24	4567.80	6287.64	6417.60	6789.96	7674.00	7733.28	11742.24
制造厂 B	4303.68	4613.04	6447.72	6655.80	6998.40	8310.48	8706.36	13006.80
化工厂	6171.00	6508.80	9010.08	8930.04	9356.76	7048.92	10453.68	14520.00
钢铁公司 A	9717.84	9717.84	7839.84	6949.20	6956.40	7915.44	8115.84	12595.20
冶金建筑公司	5194.32	5689.20	6192.00	6183.24	6661.20	7692.72	7762.20	11725.32
交通运输公司 A	1780.44	2449.20	3655.92	3695.28	3727.68	4479.84	4541.40	8567.16
交通运输公司 B	1807.20	2016.48	3660.00	3714.00	3714.00	4816.20	4982.40	8501.76
交通运输公司 C	2078.52	2605.56	3690.12	3749.88	4016.40	4556.40	4567.20	8841.00

表8-6　H市部分企业的养老金替代率水平

单位：%

单位名称	1998 年	1999 年	2000 年	2001 年	2002 年	2003 年	2004 年	2005 年
制造厂 A	90.14	92.27	106.78	99.41	103.92	116.93	79.21	90.19
制造厂 B	64.17	65.31	102.29	85.27	78.28	70.96	48.45	87.25
化工厂	56.75	55.63	67.36	54.03	52.94	39.86	58.26	66.00
钢铁公司 A	82.74	82.74	67.97	46.18	45.52	44.64	41.49	48.53
冶金建筑公司	68.66	107.33	107.99	98.75	84.19	91.83	90.08	105.89
交通运输公司 A	45.86	63.70	69.57	80.62	68.45	82.27	75.38	121.86
交通运输公司 B	56.45	52.41	69.81	52.57	68.07	88.27	82.10	119.97
交通运输公司 C	52.84	62.79	66.99	65.80	69.66	79.04	74.27	124.56

从表8-6中可以观察到一种现象，就是养老金发放水平高，养老金替代率不一定高，而养老金发放水平低，反而养老金替代率高，养老金替代率呈现出明显的"逆向性"特征。在现实制度运行中，这种"逆向性"特征是很常见的，也证实了并非养老金替代率高就代表养老金水平高，养老金替代率低就代表养老金发放水平低。

二、养老金替代率调查结果分析

对上述部分观察结果的总体印象是：H市的基本养老金替代率低于全国基本养老金替代率；全市基本养老金替代率的走势和预测趋向都在下降。分析其原因，主要是：

1. H 市基本养老金替代率偏低的原因

（1）历史问题没有妥善解决，制度设计存在内在缺陷。我国现行养老保险制度从现收现付式向部分积累式过渡，在这种过渡时期面临着双重基金支付问题，由于现收现付式下基金没有积累，要转换成部分积累式，就必须解决老职工的养老金筹资来源问题，也就是谁承担历史欠账问题。但现行养老保险制度设计至今没有严格区分开社会统筹基金和个人账户基金，没有明确用新制度来解决"历史债务和转制成本"，没有合理界定国家、企业和个人的养老保险负担。在人口结构和产业结构老化、企业效益普遍较差、历史包袱沉重的老工业城市 H 市，即使确定了较高的养老保险缴费率 29%（个人 8%、企业 21%），与制度设计相比较仍存在巨大的资金缺口。虽然各级财政也在不断拿出资金给予支持，但这种制度设计上的缺陷，地方政府在筹集当前的退休费用时都面临着难以克服的困难，更无力为未来积累养老保险基金，直接造成了现行养老保险制度是"统账结合"名义下的现收现付制，而在这种制度下，计算养老金替代率就会受到很大影响。

在计划经济时期，为了进行原始积累，我国实行了低工资的政策，工资水平普遍较低，退休人员退休金水平也较低。以 2005 年的社会保险信息库显示的数据，H 市 57 万企业退休人员中，由于历史原因，1985 年以前退休人数为 117818 人，约占现有退休人员总数的 20%，月平均养老金水平为 581.4 元；1986~1995 年退休人数为 170617 人，约占现有退休人员总数的 30%，月平均养老金水平为 591.5 元；1995 年以后退休人数为 285656 人，约占现有退休人员总数的 50%，月平均养老金水平为 653.8 元。按照 2005 年的社会平均工资计算，他们的养老金替代率分别为 43%、44%、48%。若按企业职工平均缴费工资水平计算，则替代率更低，也就意味着退休早的退休人员实际待遇普遍较低，用占比例为 50% 的新制度实施前退休人员和新制度实施后退休人员一同计算平均养老金替代率，当然基本养老金替代率低。

（2）参保职工实际缴费工资水平与制度设计缴费水平存在差距。按照现行制度设计，在职职工缴费是以企业工资总额为缴费基数，低于社会平均工资水平的 60% 保底来确定缴费基数。存量结构下，职工缴费工资水平决定了基金收入的增量潜力，社会职工平均工资水平和各类职工工资水平构成直接反映出缴费工资水平的走向。H 市企业职工工资偏低，远远低于社会平均工资水平，制约了缴费基数的提高。企业在职职工工资普遍偏低，实有参保职工平均缴费工资水平较低，参保职工人数年均增幅8%，但每年实际缴费人数比参保数少8%~9%。例如，2004年，H市纳入基本养老保险覆盖范围的在职职工人数为167.08万人，而实际缴费人数仅143.78万人，少参保人数10个百分点，企业欠费严重。这样，参加基本养老保险的多数企业的实际缴费工资水平低于全市的职工平均工资水平，加之高工资水平的企业（外资企业、合资企业、非公有制的高新技术企业等）参加社会养老保险统筹的积极性远没有低工资水平企业的积极性高，缴费基数不实，少缴、漏缴、拖欠现象比较突出，使缴费总体水平比较低，这就使应收基金流失，也降低了不少职工退休时应得的退休金，无法达到制度设计既定的替代率水平，从而造成企业基本养老金替代率偏低。

（3）制度设计缺陷导致的政策公平性的不足。按照2005年养老金计发办法改革前的规定：基础养老金的计发比例为上年度H市社会平均工资的20%，基础养老金的比例偏低。个人账户养老金支付的比例是个人账户积累额的1/120，而政策规定的个人账户缴费年限最低为15年，含视同缴费年限，使得相当一部分人个人账户实际缴费年限偏短，个人账户储蓄总额也较少，直接影响到养老金替代率水平；养老保险制度设计和运行的实际状况出现偏差，目前养老保险个人账户实际为空账运转，是真正的"名义个人账户"，空账目前已经达到上百亿元，按照现行政策，个人账户储存额缺乏保值增值措施，存在着很大的贬值风险。现行养老保险制度对退休人员退休后的预期寿命设计偏短，这些问题都造成了基本养老金替代率偏低和政策的公平性不足。

2. H市基本养老金替代率下降的因素

基本养老金替代率逐年下降的根本原因，主要是由于多支柱养老保障制度体系尚未完全建立，企业年金制度、个人储蓄性养老保险制度实质性缺失；企业和个人缴纳养老保险费的比例和数量已经达到最高极限，缺乏增长空间；养老保险个人账户空账运转，资金没有调整的余地；由于各行业的工资分配制度不同，缴费工资水平差异明显。政府机关和事业单位的平均工资水平普遍高于多数参保企业的平均工资水平。再加上退休时的计发办法不同，使机关事业单位的基本养老金替代率高于企业的基本养老金替代率。同时，基本养老金增长机制不健全，退休人员养老金增长速度与在职职工工资增长速度不同步，退休人员合理分享社会经济发展成果的政策没有得到充分保障和体现。这个问题可以从前面的图表中所反映的情况得到印证。

H市现行替代率不仅低于全国的替代率，也低于国际劳工组织《社会保障最低标准公约》（第102号）限定的最低替代率。加之物价上涨指数较高，多数企业退休人员认为目前的替代率偏低，需要调整，急需尽快建立科学合理的目标替代率，并制定相应的配套政策，保障退休人员的正常生活需求。举一个简单的例子，按2005年H市社会平均工资年16255元计，如果以60%为目标替代率进行计算，退休人员每月人均可有812元的养老金，若达到这个标准则可以满足退休人员基本生活需求，过上中等收入的生活。由于60%的替代率是一个平均值指标，具体到每个退休人员，由于其缴费年限和缴费基数不同，其实际的替代率会有高有低，事实上H市大多数退休人员的养老金水平远远低于这个数（北京市劳动和社会保障学会课题组，2005）。

3. 对基本养老金替代率问题的建议

基本养老金替代率问题是一个很复杂的问题，涉及经济关系、社会发展、比较方法、操作技术等多方面因素，本书根据对H市养老金替代率的分析，结合现行养老金替代率问题研究、制度运行与政策实施中存在的问题，提出如下原则性的建议：

（1）对养老金替代率做出正确判断。应该客观地评价我国目前的替代率水平。在判断我国养老金替代率的问题上，首先要澄清两种认识误区：一种是片面地以国外特别是发达国家为参照系数，单纯地将它们的替代率与我国养老金替代率进行简单比较后，就给出养老金替代率过高的结论。要充分了解我国工资分配制度和养老退休待遇制度的发展变化过程和现状，既要客观地对我国改革开放前和初期，我国实行"低工资、高就业、高积累"收入分配政策，职工收入的绝大部分来自工资，平均工资几乎等同于职工平均收入的情况进行分析，用替代率指标来反映退休人员的收入保障情况；又要从20世纪80年代中后期开始，中国的工资以外的职工收入逐步上升，用工资来描述收入分配已经远远不够的现实情况进行分析，正如曾湘泉（2002）所说"1998年城镇职工的工资性收入占总收入比重为44.5%，比1981年的87.3%减少了43个百分点，比1990年的67.5%下降了23个百分点"。因此，在工资已经不能完全反映收入的情况下，不要片面地用工资作为单一替代率的计算基数（蔡青，2003）。

　　另一种认识误区在于过于夸大退休人员养老金以外的收入数额，高估了退休人员养老金收入对社会风险的承受能力。客观现实是目前除了机关退休人员、部分事业单位退休人员养老金待遇比较高，还有积累进行一些投资活动，甚至返聘以外，绝大多数退休人员仍然是将养老金作为唯一的收入来源和维持基本的生活需要。当前的养老保险制度待遇问题不是高福利问题，而是在底线保障的基础上逐步向中等水平待遇发展，由单一基本养老金逐步向多支柱结构转变的问题。

　　（2）确立合理的计算统计口径。按照目前通常对养老金替代率的算法，是以职工退休前的工资，多数是以社会平均工资为计算基数的，而社会平均工资在统计口径上一般包含了城镇所有机关、事业和企业单位职工的工资收入。所以，要切实加强工资统计工作，提高工资统计数据的质量，逐步消除工资统计指标不适应、统计方法局限性所带来的时效性和准确性方面的偏差。工资统计工作一定要适应形势的发展变化，修改、调整工资统计指标，改进工资统计方法，使统计工资总额与实际工资总额基本一致，统计社会平均工资与实际社会平均工资基本一致。这关系到对替代率水平正确的、合乎实际的评价，也关系到养老保险相关政策的取向。

　　（3）确立合理的养老金替代率水平。建议紧密结合国情和根据各地的实际，按照"因地制宜"原则，在省级统筹的基础上，以省为计算范围确立合理的养老金替代率指标。也就是说，全国只设置原则性的目标替代率，各地省市设置自己的合理替代率，作为衡量和评估某省市的退休人员的养老金水平。

　　当然，任何指标作为判断的参数，只有相对的价值，而没有绝对的合理性。养老金替代率以平均工资为基数，只能说明在一个区域的范围内养老金水平与工资水平的相对关系，而不能仅用这样一个简单的指标判断退休人员的生活质量指标。在调整养老金替代率时，不仅要考虑替代率的这个相对额，还要考虑养老金的绝对额。要从我国地区经济发展严重不平衡，生活水平差异很大的实际情况出发，养老金替代率水平一定要高于最低工资标准或城镇居民最低生活保障标准，所占人数一定要大多数在这个水平以上，才能为适度，否则就会造成退休者的普遍贫困，甚至造成部分退休职工变成城市最低生活保障对象。

　　要建立全面科学的养老金替代率评估体系，确立以退休人员退休前后收入的个别比较为基本，以参加基本养老保险的在职人员与退休人员的整体收入比较为参照，根据各地区和行业特点的不同建立相应的调节系数，选取直接影响退休老人生活质量的参数，建立起一个能够全面体现退休老人经济收入和反映退休老人生活质量的养老金替代率评估指标体系，在一定程度上避免现阶段，不同制度下不同群体退休费用构成、收入差距等因素对养老金替代率的影响。

（4）在实行目标替代率时，要妥善解决历史遗留问题。目标替代率的确定和实行，是要解决今后退休人员养老保险制度完善的问题，对退休多年的老人和即将退休的中人低于目标替代率的问题，要实事求是地进行解决。在总体上要根据退休人员的实际情况进行分类，区别对待，化解退休人员退休金差别过大的矛盾。目前，有一些企业由于经营状况不好，有的退休人员的退休金可能会超过原所在企业在职人员的平均工资，替代率甚至高达百分之几百，看似很不合理但是这类问题并不是靠养老金替代率所能解决的，解决的主要办法还在于如何改善企业经营状况，提高在职职工的实际工资水平，同时妥善解决历史遗留问题。

妥善处理历史债务和转制成本问题，需要调整财政支出结构。养老保险基金隐性债务问题的产生是因为实施"统账结合"模式前退休的"老人"没有个人账户和基金积累，目前他们的养老金支付实际上是由在职职工缴费来满足资金缺口。这是不符合社会保险权利与义务相对应原则的，是不公平的，养老保险的隐性债务（或历史债务和转制成本）应该由政府来负担。因为"老人"的养老金在退休前已经通过"预先扣除"转化为国家的收入并凝固在国有资产中，国家应对他们的养老问题承担责任，所以政府在逐年消化吸收隐性债务，弥补新旧体制转轨时期的资金缺口的时候，要打破目前基本由企业和职工负担养老保险费的格局，多渠道筹集资金。在财政资金支持侧重点上，国家的重点应放在消化转轨时期养老保险基金的历史欠账方面，地方资金的支持重点应放在弥补当期养老金支出方面。

（5）规范收入分配制度，促进工资收入货币化。完善的工资分配制度是确立合理养老金替代率的重要前提，在当前所逐步进行的劳动报酬工资化改革过程中，加大工资分配制度改革力度，调整工资结构，实行劳动收入工资化，工资收入货币化。企业在职职工工资总额是计算养老保险基金筹集和计算养老金替代率的重要依据，劳动收入实现收入货币化，能够保证企业工资总额、职工个人收入的透明和清晰，提高养老金替代率的合理性。

第三节　老年收入保障水平实证分析

一、老年收入保障水平调查

1. 调查目的

社会养老保险是老年收入保障体系中最重要的组成部分之一，"老有所养"也是人类社会所追求的目标。一直以来，我国对社会养老保险制度的覆盖面、基金收缴等方面的内容比较重视，而对该项制度的实施效果和实践中的制度需求方面往往关注的较少。事实上，制度的需求决定了制度的供给，而且一定的制度供给必须和制度需求相结合，在制度均衡的情况下，制度的功能才是有效的。如果制度供给大于制度需求，则会产生制度资源的浪费。如果制度供给小于制度需求，则会产生制度缺位。基于此，本书对退休人员的社会养老保险情况进行调查，以期通过退休人员目前的生活现状以及他们对社会养老保险制度的看法，从制度需求的角度来反思及探索我国社会养老保险制度的改革方向。

2. 调查方法及样本概况

本次调查采用抽样调查方式，共发放问卷 800 份，收回有效问卷 738 份，有效问卷占比为 92.25%。其中，男性 156 份，占所调查比率的 21.1%；女性 582 份，占所调查比率的 78.9%。女性的预期寿命比男性高可能是导致退休人员中女性比例高的原因之一。

被调查人员中 98.8% 的人为汉族；仅有 16.7% 的人政治面貌为党员，其余为群众；64.1% 的人来自集体所有制单位，22.4% 的人来自全民所有制单位，其他性质单位人员所占比例较少。在被调查人员中，2006 年全部收入为 6000 元和 8000 元的人最多，分别占被调查人员的 15.2% 和 12.8%，其余为 600~8544 元不等，12.8% 的人家的住房面积为 60 平方米，其余则为 6~60.2 平方米不等。

二、调查结果分析

笔者的调查对象为在社会保险机构参加社会养老保险并领取养老金的退休人员，现在来分析一下退休老年人的退休生活情况，以及他们对现行社会养老保险制度的看法。[①]

1. 关于退休及退休前后基本状况的调查

（1）因病退休不可忽视，退休后家庭生活最大困难是看不起病。调查结果显示：正常退休是一种普遍现象，但因病提前退休的人员也有 104 人，占到被调查人数的 14.2%，而其他因从事有毒有害特殊工种提前退休、工伤提前退休和退职的人数较少，总共占被调查人数的 8%。当问及全年一年用于看病的钱大约多少时，72% 的人认为在 1000 元以上，只有 28% 的人认为在 1000 元以下。在问及养老金为何不能满足其基本生活需要的原因时，63.1% 的人认为是不够自己看病开销，22.9% 的人认为是不够家里开销，5.7% 的人认为是不够自己生活费开销，8.3% 的人选择其他。然后在问及"您认为目前退休后家庭生活中的最大困难是什么"时，6 成以上的人认为是看不起病，其结果如表 8-7 所示。

表 8-7　对目前退休后家庭生活中最大困难的看法

最大困难	衣食困难	买不起房子	子女教育费用太重	看不起病	其他
选择人数（人）	8	206	60	448	16
百分比（%）	1.08	27.9	8.1	60.7	2.2

可见，老年人的退休生活的最大障碍是疾病。生命的自然规律表明，当人进入一定的年龄，身体器官的各项功能便慢慢衰老，疾病也会慢慢增多，因而如何有效保障退休人员的健康是有效保障退休人员基本生活的关键因素，关于退休人员的医疗保险制度必须加强和完善，这也是影响老年收入保障水平的一个重要因素。

（2）目前半数以上的老人退休后与子女一起生活，理想的养老方式是在家养老。老年人退休后根据自身收入条件选择最适合自己的养老方式，

[①] 对调查结果的分析所采用的数据是每一调查问题的有效数据，其比率也是有效比率，没有考虑缺失值。

无疑是提高老年生活质量的关键所在。因而，在问到目前退休人员所处的生活状态时，由表 8-8 可见，目前半数以上的老人退休后与子女一起生活。但是，在调查理想的养老方式时，有 436 人，占总数的 60.10% 的人选择了"在自己家里养老"。这说明，当老年人退休以后有自己的独立经济收入时，老年人愿意自己独立地生活。选择"与子女一起养老"的人数 176 人，占总数的 24.30%，其调查结果如图 8-3 所示。

表 8-8　退休人员目前的生活状态

养老方式	与子女一起生活	夫妻二人在家生活	独自一人生活	在养老机构生活	其他
选择人数（人）	396	284	37	6	15
百分比（%）	53.66	38.48	5.01	0.81	2.03

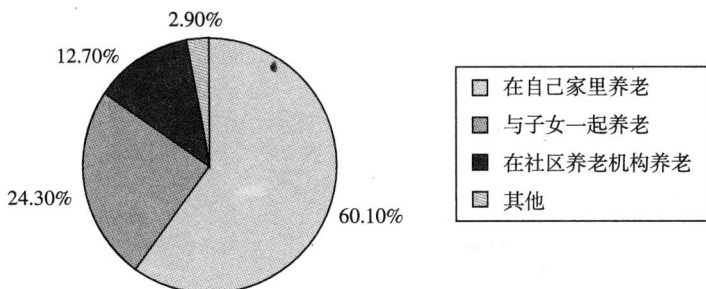

图 8-3　退休人员对理想的养老方式的看法

（3）退休后养老金略高于退休前月平均收入，但七成人除了养老金外再无其他收入。在问及退休前月平均收入时，75.2% 的人月平均收入在 300~800 元，13% 的人在 300 元以下，11.8% 的人在 800 元以上；退休后每月由社会保险机构发放的养老金，74.9% 的人在 300~800 元，只有 4.7% 的人在 300 元以下，20.4% 的人在 800 元以上，可见，退休后社会保险机构发放的养老金略高于退休前月平均收入。具体调查结果如图 8-4 所示。

众所周知，货币是有时间价值的，退休人员的养老金略高于退休前月平均收入，才能维持退休前的基本生活。有些时候由于物价上涨的速度快于养老金的增长速度，即使养老金有所增加，但实际购买力也有可能是下降的。所以，在问及退休后与退休前比，生活水平是否提高时，占总数 44.2% 的人认为"有点提高"，和前面的调查结果是吻合的。但也有 31.4% 的人认为"没有提高"，甚至 20.1% 的人认为"下降"了，仅有 4.2% 的人

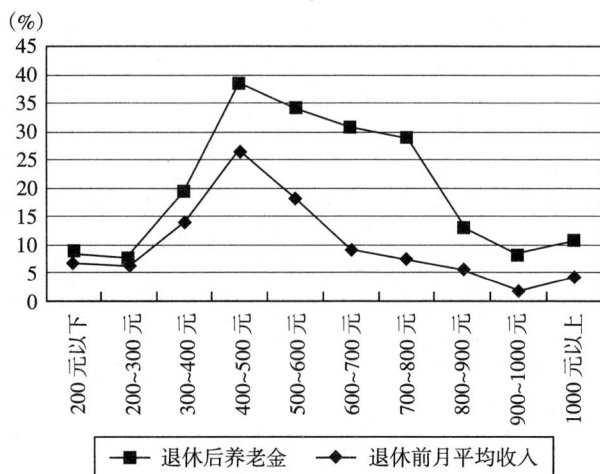

图 8-4 退休人员退休前后月平均收入比较

认为"提高很多"。出现这种结论的重要原因是老年人退休后七成以上的人除了基本养老金外再无其他收入。在问及退休以后每月除了基本养老金收入外，是否还有其他的收入时，73.2%的人选择"一点没有"，25%的人选择"有一点，不多"，仅有1.8%的人选择"有，较多"。可见，七成甚至可以说是九成退休人员的生活都要靠它来保障，这也被老百姓称为"养命钱"。

（4）单位缴费正常，社会保险机构发放养老金较及时，养老金能基本满足生活所需。在问及单位参加社会养老保险缴费是否正常时，由表8-9可见，八成以上的退休人员认为单位缴费正常。

表 8-9 退休人员对单位缴费情况的看法

单位缴费情况	正常	不太正常	不正常，经常欠费	单位未参保，自己交的费
选择人数（人）	632	53	42	11
百分比（%）	85.64	7.18	5.69	1.49

当在调查社会保险机构在发放养老金的情况时，289人认为很及时，256人认为比较及时，这两项占到被调查总数的73.9%，仅有0.3%的人认为很不及时。这说明从2000年以后逐步实施的养老金社会化发放工作较为理想，但还需进一步改进和加强，因为还有23.2%的人认为社会保险机构在发放养老金时一般。

同时，在问及养老金能满足基本生活所需时，73.3%的人认为能满足，但也有 46.7% 的人认为能满足、没有结余，还有 26.7% 的人认为远远不能满足。养老金如不能保障老年人的基本生活水平，那也就失去了存在的价值，最低养老金标准设置问题值得我们思考。

（5）养老金太低时希望得到政府帮助，七成退休人员期望养老金每月 1000 元以上。在问及如果退休后养老金太低不够满足生活支出时怎么办，54.4% 的人选择"请求政府帮助"，14.4% 的人选择"请求原单位帮助"，13.2% 的人选择"再找个工作"，9.8% 的人选择"找其他办法搞钱"，8.2% 的人选择"在家休闲"。可见，政府仍然是老年人心理上公认的最主要依靠。当然，在问及据自己养老金开支水平以及供养人员开支状况，期望每月的养老金是多少元时，占被调查总数 79.3% 的 547 人期望养老金每月 1000 元以上，而目前养老金水平达到 1000 元以上的仅占被调查人员的 6.5%。

2. 退休人员对我国基本养老保险制度的看法

（1）社会养老保险制度备受欢迎，认为现行缴费比例还较为适当。社会养老保险是由众多在职劳动者缴纳保险费，到退休后获得帮助。实际上，由于人的寿命不同，享受养老金的多少也不同。基于这种情况，问及是否愿意参加社会养老保险并缴费？此问的调查结果显示，569 人（占总数的 77.3%）选择"肯定参加"；87 人（占总数的 11.8%）选择"多半参加"；仅有 8 人（占总数的 1.1%）选择"肯定不参加"。另外，在调查国家对无养老金的老人应该怎么办时，454 人（占总数的 61.9%）选择国家应"普遍帮助，保证所有人的基本生活"。在问及为了退休时能维持一定水平的生活，在在职时预先采取哪一种办法时，362 人（占总数的 51.3%）选择"参加国家办的社会养老保险"。可见，目前退休人员认为国家有保障老年人基本生活的义务，而国家举办的社会养老保险制度也备受欢迎，我国的社会养老保险制度经过这 20 多年的发展，已经深入人心，这为制度的可持续性发展创造了群众基础。

再来看看退休人员对现行社会养老保险制度缴费比例的看法。

第一，个人 8% 的缴费比例较为恰当，但希望单位和国家负担更大比例。

社会养老保险费由劳动者个人、所在单位、国家三方共同负担。退休人员对缴纳养老保险的比例分担的看法各异，较为分散。总的来说，对劳动者个人应缴纳养老金的比例，有占调查总数 25.4% 的人认为个人应缴纳 8%，20% 的人认为个人应缴纳 10%，其他看法的人数所占比例都在 10% 以下，有 8.6% 的人认为个人应不缴，有 0.1% 即 1 个人认为个人应缴

110%；对单位应缴纳养老金的比例，有占调查总数12.3%的人认为应缴纳40%，10.1%的人认为应缴纳21%，其他看法的人数所占比例都较小，最多有人认为应缴纳270%；对国家扶助养老金的比例，有占调查总数13.4%的人认为应缴纳70%，11.7%的人认为应缴纳50%，其他看法的人数所占比例都较小。可见，目前社会养老保险费三方负担比例，个人8%已被大部分人认可，但他们希望单位和国家能够负担更多的比例，这是人之常情。

第二，认为可以负担缴纳工资8%的退休人员达到七成，认为最多可缴纳工资10%所占比例较高。

在问及国家规定个人必须缴纳社会养老保险费，现行政策是个人缴纳工资的8%，在职时实际每月能缴纳的比例是多少时，61.8%的人认为按国家规定应缴纳工资的8%，47.4%的人认为可轻松缴纳工资的8%及以上，74.2%的人认为最多可缴纳工资的8%及以上。当在问及国家新的养老保险政策是鼓励个人多缴养老保险费，缴得多退休后得到的养老金就多，在这种情况下，认为或愿意缴纳多少保险费时，70%的人回答肯定可以缴纳工资的8%及以上，80.7%的人认为最多可缴纳工资的8%及以上，最多可缴纳工资10%的人所占比例最高，达到36.6%。

（2）不同收入劳动者缴纳同样比例最被认可，发放养老金首先考虑物价上涨程度。在问及不同收入劳动者缴纳社会养老保险费标准时，对缴费标准比例的看法，其调查结果如表8-10所示。

表8-10　对不同收入劳动者缴费标准的看法

不同收入劳动者缴费标准	不论什么人，都缴同样数量的钱	不论什么人，都缴工资的同样比例	工资越高的人，缴工资的比例越高	工资越低的人，缴工资的比例越高
选择人数（人）	94	315	273	56
百分比（%）	12.73	42.68	36.99	7.59

在问及不同退休老年人因处境不同，发放养老金应按什么原则发放时，调查结果如表8-11所示。

表8-11　养老金发放原则

养老金发放原则	不论是谁，都发同样数量的钱	不论是谁，都按其工资的一定比例发	原工资越高的人，发放的比例越高	原工资越低的人，发放的比例越高
选择人数（人）	147	339	60	192
百分比（%）	19.92	45.94	8.13	26.02

可见，不同劳动收入者缴纳同样比例养老费最被认可，其次是累进缴费方式也较为认可，退休人员希望可以通过缴费比例来调节收入差距。同时，在发放养老金原则方面，也应按其工资的一定比例发放，也有不少人认为原工资较低的人发放比例越高，借此来提高低收入者退休后的收入水平，体现出社会保障公平性的一面。

而在问及社会保险机构发放养老金应根据哪些标准时，其调查结果如图 8-5 所示。

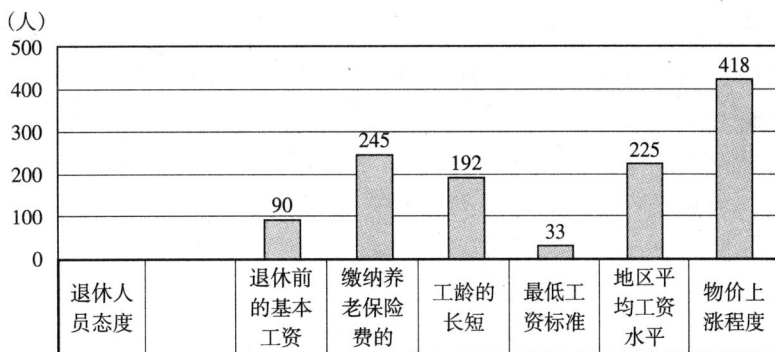

图8-5　退休人员对发放养老金标准的看法

可见，退休人员认为养老金的发放首先考虑物价上涨程度，其次是缴纳养老保险费的多少，再次是考虑本地区的平均工资，最后依次是工龄的长短、基本工资水平、最低工资水平等因素。

在问及关于国家发放的养老金应该使退休者的生活达到什么水平时，被调查对象选择比例最高的依次是：相当于退休前工资的100%；政府规定最低工资的200%；本地区平均工资的100%；给贫困者救济金的200%。

三、结论及建议

1. 社会养老保险制度已深入人心，扩大覆盖面的时机成熟

根据最新资料显示，包括近 6826 万退休人员在内，我国参加社会养老保险的人数刚突破 3 亿人。但是，这个数据仅占城镇人口的30%左右，不及劳动力人口的15%，覆盖率不到世界水平的一半。扩大覆盖面也一直是专家、学者和政府官员改革我国社会养老保险制度达成的共识。从调查

结果可以看出，目前退休人员认为对没有养老金的老人应普遍救助，在退休金不够时应寻求政府的帮助，可见社会养老保险制度已深入人心，人们的保险意识增强，参加社会养老保险的积极性提高，这对加速覆盖面的扩大可以起到促进作用，也是加快建立城乡统筹社会保障体系的大好时机，应尽快扩大我国社会养老保险制度的覆盖面。

2. 疾病和物价上涨是影响老年收入保障水平的重要因素

从调查结果来看，现行养老保险制度较好，对老年人起到重要的收入保障作用。养老金的水平能基本满足退休人员的生活需要，参加社会养老保险制度的单位缴费情况也基本正常，社会保险机构管理、发放养老金也比较及时，这无疑说明了我国社会养老保险制度的改革取得的巨大成就，在保障退休人员的基本生活方面发挥了重要作用，保障效果较好。但是，在今后思考我国社会养老保险制度时，疾病和物价上涨应是我们考虑的重要因素，是威胁老年人生活水平高低的最大障碍。退休人员认为生活现实贫穷和预期贫穷，疾病都是最关键的原因，退休人员病不起，应加强对退休人员的健康保障和疾病的预防。另外，由于绝大部分退休人员除了基本养老金外再无其他收入，而物价上涨是退休人员生活压力的又一大因素，在遵循养老金水平要与经济发展水平相适应的情况下，我国已不断地、逐渐地在提高养老金的水平。从 2009 年起，中央政府决定调整企业退休人员基本养老金，加大了养老金待遇调整的力度，企业退休人员养老金平均水平大幅提升，这对缓解退休人员生活因物价上涨而带来的压力起到了一定作用。

3. 理想养老方式依然是在家养老，发展老年产业如机构养老市场潜力大

目前，受我国传统养老观念的影响，如老人应帮助子女做家务、照顾孙辈，一起生活也方便子女照顾老人等，我国半数以上的退休人员和子女一起生活。但是，因住房条件、子女生活方式与老人不同、子女远离父母去外地工作生活等变化，促使老人的生活方式、养老观念也逐步发生改变，他们目前选择了与子女分开居住这种养老生活方式，并且这种现象正渐渐成为一种发展趋势，形成所谓的"空巢"现象。因而，调查结果表明，理想的养老方式却是在自己家里养老，和子女住在一起养老的比例要小得多，其比例分别是 60.1%和 24.3%。

这种现象导致未来老年产业的市场潜力大，如"家庭养老护理员"、"敬老维修工"、"托老站服务员"等职业将来必定有不小的市场。尤其是

机构养老市场还需要进一步开发，从调查结果来看目前我国仅有 0.8% 的人在机构养老。机构养老医疗服务水平较高，可以解决老年人孤独、行动不便等问题。但受到我国目前退休人员基本养老金水平的影响，目前退休人员能接受的机构养老的收费标准如表 8-12 所示。

表 8-12　退休人员能接受的机构养老的收费标准

能接受的社区养老机构每月收费标准	300 元以下	300~500 元	501~700 元	701 元以上
选择人数（人）	240	328	76	94
百分比（%）	32.52	44.44	10.3	12.74

人口老龄化是将来社会发展的一个趋势，老年人口问题解决不好，必将对社会稳定、进步及文明都将产生不小的冲击，因而政府有必要引导、扶持老年产业，创造更多就业岗位的同时进一步解决好社会养老问题。

第九章　老年收入保障基金需求与财政支出实证分析

从宏观管理角度来看老年收入保障水平，关键是使保障水平与当地经济社会发展水平是否相适应。过高或过低的水平都不利于经济社会发展。因为总体上保障水平呈曲线发展趋势，它应和经济发展相适应，适度的保障水平总是适应经济长期稳定均衡的需要。本章重点讨论基本养老保险水平的测算方式、养老保险基金需求量的预测以及公共财政支出的实证分析。

第一节　国内外相关测算方法及主要参数选择

一、国内外相关测算方法

1. 国家政府机关测算方法

国家统计局每年按照收入等级分组的城镇居民家庭情况调查的分类方法，是我国常用的测算贫困测量方法，叫"七等分法"。在这种研究中，国家统计局用"以基本需求法为主，博采其他方法（比例法、恩格尔系数法、数学模型法）之长"的"综合测算法"。在测算方法运行中，按照收入将城市家庭分为最低收入户（其中包含困难户）、低收入户、中等偏下户、中等收入户、中等偏上户、高收入户、最高收入户 7 类，每一类分别占全部家庭的比重为 10%（困难户为 5%）、10%、20%、20%、20%、10% 和 10%。这种测算方法应该说是当前我国比较权威的测算方法，但是它也存在一定的缺陷，就是研究一开始就将最低收入的困难户 5% 的那部分群体，作为贫困线标准，这种划分还是缺少大家的认同。

2. 卡尔多—希克斯的社会福利补偿标准

由于养老金计算涉及代际间的收入再分配和同代人间的调剂，这可能带来整个社会福利的变化。社会福利如何变化涉及价值判断，以卡尔多—希克斯的社会福利补偿标准作为计算养老金的理论依据。

英国经济学家卡尔多提出一种检验社会状况变动"有人变好，有人变坏"的标准：假设受益者在充分补偿损失者后，其状况仍能有所改善，就是社会福利的改进。英国学者希克斯进一步指出，从长期观察这种假想的补偿标准意味着：只要能够提高全社会的生产率，尽管在短时间内某些人会受损，但经过较长时间以后，所有人的境况都会由于社会生产率的提高而"自然而然"地获得补偿。可见，希克斯的补偿标准是对卡尔多标准的进一步说明和补充，人们将上述标准称为卡尔多—希克斯补偿标准。[1]

通过社会福利函数给出卡尔多—希克斯补偿标准条件。在由 m 个人组成的社会中，设 SW：$R^m \rightarrow R$ 为社会福利函数，$U = SW(u_1, u_2, u_3, \cdots, u_m)$ 为相应的社会效用函数。假定政府一项政策使个人效用 $du = (d_{u_1}, d_{u_2}, \cdots, d_{u_m})$ 发生了变化，相应地社会福利发生的变化为 $dU = \sum_{i=1}^{m} [\partial SW(u_1, u_2, u_3, \cdots, u_m)/\partial u_i]du_i$。当 dU > 0 时，在用增加的福利补偿了那些福利减少的人以后还有剩余，说明社会福利增加了，进而对长期经济发展会带来积极影响。当 dU < 0 时，那些效用增加的人所增加的效用，通过社会福利补偿正好补偿了那些福利减少的人所减少的效用，因而不会对长期经济发展产生影响，这种临界状态即为卡尔多—希克斯的社会福利补偿标准。[2] 从卡尔多—希克斯的社会福利补偿标准可以引申出：如果对统筹养老金建立指数化调整机制，进行代际间的收入再分配，在考虑老年人口公平问题的同时，必须坚固经济发展效率，只有这样才可能实现卡尔多—希克斯的社会福利补偿标准。因此，选择卡尔多—希克斯的社会福利补偿标准可以作为养老金调整的基础理论，即如果选择的调整指数既能够对老年人口的退休金给予保障，实现公平，又能够不对经济发展产生负面影响，保证经济效率，依据卡尔多—希克斯的社会福利补偿标准，基于该指数化调整的公共

---

① 厉以宁等：《西方福利经济学述评》，商务印书馆 1984 年版。
② 武康平：《高级微观经济学》，清华大学出版社 2001 年版。

养老金计划是合理的。[①]

3. 公共养老金指数化调整计算方法

为了消除工资增长率和物价变动影响，西方国家在已经形成的养老金标准发放基础上，在 20 世纪 60~70 年代普遍建立起公共养老金的指数化调整机制。其中以德国和美国为代表。德国 1957 年建立的对老年人口保障最高的总工资指数调整指数，在人口老龄化的背景下，导致在职者缴费率过快地上涨，企业的劳动力成本不断加重，进而对就业产生负面影响，最终对经济社会的持续、稳定发展产生负面影响。面对人口老龄化的压力，自 1991 年以来，德国对养老金调整指数进行了不断的削减改革，这在德国民众中产生不满情绪。[②] 美国 1972 年建立调整机制，采用对老年人口保障程度最低的消费价格指数作为调整指数，并运行至今。总体上看，美国公共养老金调整指数运行稳定，没有给经济发展带来不良影响。[③] 通过对德国和美国关于公共养老金调整指数运行状况的简单分析，其对养老金最低标准的设计具有重要意义。

4. "2/3 递减率"的经验定律

通过对世界各国就业和社会保障制度的研究，笔者发现了一个"经验定律"：在就业和社会保障政策的几个重要指标中存在按 2/3（66.7%）这个比率递减的规律。这些指标之间的"链条"是：工资→养老金（工资 × 2/3）→最低工资（养老金 × 2/3）→失业金、残疾保障金（最低工资 × 2/3）→最低生活保障金（失业金 × 2/3）。关系式中，工资、养老金、最低工资、失业金、低保金都是指社会平均数。

从国外经验看，按"2/3 递减率"计算出的各项社会保障标准，如养老金，是养老金的一个上限数额，具体可根据参加养老保险的缴费年限有所调整；下限为该上限的 2/3，即等于老年收入保障水平。从实际操作看，国内外并非都是严格按照 2/3（66.7%）的比例标准，大都介乎于 60%~70%。我国目前的社会保障制度分为社会保险、社会救济、社会福利和特

① 韩伟：《适度统筹养老金调整指数》，经济科学出版社 2008 年版，第 38-39 页。

② Axel H B Rsch-Supan, Christina B Wilkes. The German Public Pension System: How It Was, How It Will Be. MEA Discussion Paper, 2003：13-15.

③ CBO（Congress of the United States, Congressional Budget Office）. The 2005 Annual Report of the Board of Trustees of the Federal Old-Age and Survivors Insurance and Disability Insurance Trust Funds. 109th Congress：1st Session House Document, 2005：23-38.

殊保障四种基本类型，跟上述"链条"相关的仅涉及社会保险和社会救济。其中，"养老金—最低工资—失业金（残障金）"归属社会保险范畴，特点是它与就业是相关联的，在一定程度上强调权利与义务的对等关系，它保障的对象享受社会保险的资格和保障的水平直接或间接与工龄的长短、工资水平等因素相联系，即被保险人对社会保险的权利在很大程度上取决于个人对社会保险制度供款的多少。"最低生活保障金"归属社会救济范畴，社会救济是公民的一项基本权利，它不强调权利与义务的对等，但它提供的只是最低生活保障，为防止和减少"搭便车"和依赖社会救济制度的问题，其保障水平要低于社会保险，并须经家庭经济调查（石艳芳，2003）。

二、老年收入保障测算主要参数的选择

1. 缴费率

缴费率表示缴费者（企业和职工）的养老保险缴费与缴费工资总额的比率。缴费率在养老保险收支平衡中的地位最重要，在养老金发放及其养老金标准的测算中也是首要考虑因素。缴费率影响养老保险平衡的收入方面。缴费率较高，缴费收入就多，养老保险基金收支平衡就容易实现，甚至出现部分结余；缴费率较低，缴费收入就少，不利于养老保险基金收支平衡的实现，甚至出现部分赤字。确定缴费率的高低要取决于缴费者即企业和职工的承受能力。缴费率较低，缴费者承受负担轻，有利于企业自身积累；缴费率较高，企业负担重，不利于企业的积累和发展。企业的积累和发展受影响，国民经济发展水平就难以提高，未来社会保障水平就难以提高。因此，确定缴费率的水平，最主要的是要考虑企业的承受能力。因缴费率过高而影响企业和经济的发展是得不偿失的。影响缴费率高低的主要因素是养老金替代水平和需抚养的退休职工人数（抚养比）。如果养老金收入水平提高，退休职工人数又较多，则根据平衡要求计算所得的缴费率较高。如果缴费率超出企业所能承受的范围，应采取切实措施调整养老金水平和退休年龄，使缴费率下降。目前，一般认为社会保险多项目统筹费率的极限为30%，其中养老保险项目中老年收入保障水平测算方法选择费率为22%~24%。我国基本养老保险制度规定，企业的缴费比率一般不得超过企业工资总额的20%。

2. 替代水平

替代水平是指养老金相对于职工工资的比例，用以表示职工退休后的养老金收入替代工资收入的水平的高低。关于替代率有关问题，第八章进行过详细论证，本章不再赘述。仅需要进一步说明的是养老金替代水平的降低，主要受以下三个因素的影响：

（1）恩格尔系数的影响。当社会恩格尔系数较高时，食物支出在总支出中所占比重较大，替代水平过低会使退休职工的养老金收入不能维持基本生活需要。因此，在人均国民收入水平较低时，应保持一定水平的替代率，以后随着国民收入水平的提高和恩格尔系数的下降，可逐步将替代比例降下来（王肇捷，2008）。

（2）养老金刚性的影响。养老金刚性一方面表现为代际攀比，即晚退休者要求比照不低于早退休者的养老金比例发放养老金；另一方面表现为地区间攀比，即一地区养老金替代水平要求比照不低于其他地区的标准而确定。

（3）养老金收入水平提高的影响。随着国民收入水平的提高，晚退休者的养老金收入的绝对数额应比早退休者的养老金收入略有提高。受此影响，也制约替代水平的高低。根据我国的实际情况，平均替代率应为50%~70%。

3. 抚养比

抚养比又称赡养率，是指退休职工人数与在职职工人数之比，用以表示每名退休职工由几名在职职工抚养。抚养比率小，社会养老负担较轻，养老保险收支平衡就容易实现；抚养比率大，社会养老负担较重，养老保险收支平衡就难以实现。抚养比的大小既关系到养老保险金发放资金来源方面，也关系到其发放方面。影响抚养比数值大小的因素有以下几个方面。

（1）就业年龄。就业年龄关系到在职职工人数的多少，影响养老保险金发放资金来源方面。就业年龄越低，在职职工即养老金缴费者人数越多，养老保险金收入就越多；反之，就业年龄越高，养老保险金收入就越少。一般说来，职工开始就业的年龄是比较稳定的，就业年龄的降低是很困难的。一是因为受学校教育年限的限制，就业年龄不可能太早；二是受法定就业年龄的限制，就业年龄必须在16岁以上。实际情况是，城市就业年龄一般在19~20岁，同时，随着城市高等教育规模的逐步扩大，就业年龄有缓慢提高的趋势。

（2）退休年龄。退休年龄是影响抚养比数值的重要因素，它影响到养老保险金标准的收入来源与发放两个方面。退休年龄提高，则在职职工（缴费者）人数增多，退休职工（领取养老金者）人数减少，抚养比减小，社会养老负担减轻，养老保险金收支平衡比较容易实现。退休年龄降低，则在职职工人数减少，退休职工人数增多，抚养比增大，社会养老负担加重，养老保险收支平衡不容易实现。退休年龄的变动弹性较大，有的国家规定男女平均退休年龄为 55 岁，有的国家规定 60 岁或更大。许多国家都有延迟职工退休年龄的趋势，以减轻人口老龄化时的养老负担。提高退休年龄的主要障碍是社会的就业压力的大小。在社会就业压力过大时，提高退休年龄等于是挤掉年轻人的就业机会，使社会失业率增加。因此，何时提高退休年龄要根据就业形势发展而定（吴文燕，2009）。

（3）平均余命。平均余命是指职工到达退休年龄退休后的平均存活年限。平均余命关系到退休职工人数的多少，影响到养老金支出方面。平均余命越长，退休职工被抚养的年限越长，养老金支出数额就越大。退休职工平均余命的长短取决于死亡率。死亡率越低，退休后平均余命越长。由于受国民健康水平、医疗条件和医疗技术等因素改善的影响，死亡率有逐步降低的趋势，因而人口平均余命有延长的趋势。但是，平均余命的延长是很缓慢的，一般假定在引起人们死亡的几种主要疾病的医疗技术没有得到重大突破之前，平均余命是比较稳定的（邱晓彦，2009）。

（4）年龄构成。职工年龄构成是指各年龄组职工（包括在职和退休）的人数在职工人数中所占的比重。在就业年龄，退休年龄和退休后平均余命一定条件下，职工年龄构成关系到抚养比数值的变动。当人口年龄构成趋于老龄化时，全部职工中退休职工人数趋于增加，在职职工人数趋于减少，抚养比增大，社会养老负担增加。反之，当人口年龄构成趋于年轻化时，则抚养比减小，社会养老负担减轻。

4. 工资增长率

工资增长率是表示职工工资随工龄或年份而增长的比率。工资增长率越高，缴费工资基数的增长越快，养老保险金收入来源也就越多，同时退休时领取的养老金标准就越高。一般来说，工资增长时，全体在职职工的工资都相应增长，已经退休的职工的养老金也会相应增长，但养老金的增长率会比工资增长率低，相当于工资增长率的 80%左右（徐建华，1996）。

三、老年收入保障可采取的主要测算方法

1. 比例法

比例法从城镇贫困居民的收入低于其他大多数居民收入这个相对概念出发，把一定比例的最低收入居民定义为贫困居民。具体计算方法是，利用城镇住户调查资料，把那些收入在中位数以下，相当于中位数一定比例的数值定义为退休人员老年收入保障水平，或者把那些在收入分布中属于最低的部分的居民收入定义为贫困线（黄安碧，2007）。

2. 绝对值法

绝对值法也是把退休人员老年收入保障水平看成是相对的，在划分时依据相对的标准。具体计算方法是利用城镇住户调查资料，将平均收入的 1/2 或 2/3 定义为贫困线。

3. 市场菜篮子法

市场菜篮子法，又称"标准预算法"，它首先要求确定一张生活必需品的清单，内容包括维持社会认定的最起码的生活水准的必需品的种类和数量，然后根据市场价格来计算拥有这些生活必需品需要多少现金，以此确定的现金金额就是贫困线，也即最低生活保障线。由前文所述，退休人员基本生活需要的支出大致可以分为以下七项内容：①食品支出（包括烟、酒、茶）；②住房支出（包括水、电、煤气）；③衣着支出；④交通费支出；⑤文化娱乐支出（包括广播、电视、报刊等）；⑥医疗保健支出；⑦其他支出。

根据上文定出的满足退休人员基本生活需要的七项内容，通过市场调查，得出相应的需要量，再乘以相应的市场零售价，最后计算出总和即可。调查方式可采用抽样的形式，在 H 市退休人员中抽取一定数量的家庭户进行调查。调查的方法可采用"日记流水账"和访谈相结合。这两种方法相结合的好处是，日记流水账可以记录搜集较小支出项目的情况，而访谈则可以回忆起过去三个月或者更长时间内的季节性较强的较大支出项目的情况。调查对象可以是在全部退休人员家庭户中抽取调查单位，也可以是在部分收入比较低的退休人员家庭户中抽取调查单位。

在全部退休人员家庭户中抽取调查单位的好处是可以获得比较全面反映退休人员不同层次的收入构成和相应的生活消费支出结构等资料，并可

据此计算相应的恩格尔系数等一系列统计指标。在部分收入较低的退休人员家庭户中抽取调查单位，则可以直接获得退休人员中收入较低的家庭月人均生活消费支出额，相对前者来说，比较简单和直接，但进一步进行其他分析则有困难。一般来说，在时间和经费允许的情况下可采用前一种调查范围；反之，当时间或经费较紧时可采用后一种调查范围。一般来说，用"市场菜篮子法"能取得较丰富的资料，可为分析比较提供依据。其局限性是工作量较大，调查所费时间较长，且花费也比较大（田贵贤，2007）。

考虑到退休人员年龄大，大多体弱多病，在医疗费方面的支出比较大。为取得更可靠的数据，还可以到医院和有关厂矿企业进行专项调查，了解退休人员在医疗费方面的支出情况，作为对上面一般调查的补充（王强，2008）。

4. 恩格尔系数法

恩格尔系数法是建立在恩格尔定律的基础上，它以食品消费支出乘以已知的恩格尔系数（食品消费支出占总消费支出的比例）来求出所需的消费支出。国际粮农组织提出了一个数据，恩格尔系数在60%以上属于贫困，所以用这个数据求出的消费支出即贫困线，也即最低生活标准线。

根据恩格尔法则，随着人们收入水平的提高，人们用于食品方面的支出也会有所增加，但其占总支出的比重会逐步下降。按照这个原理，我们只要掌握某一地区老年人的月平均食品消费支出额，将其除以合适的恩格尔系数，即可得到当地退休人员最低生活标准的消费额。

用这种方法测定某地退休人员最低生活标准，只需掌握两个数据就可以：一是当地老年人月平均食品费支出额，二是当地低收入老年人的恩格尔系数。第一个数据的取得有三条途径：①采用上述的市场菜篮子法。通过抽样调查了解老年人在食品方面的消费内容、消费量、消费价格等情况。由于它只需了解食品一个方面的内容，调查起来会省力得多。②采用"专家确定法"。首先，由营养学专家研究确定与该地区目前社会经济条件和生产力水平相一致的、维持一个老年人在24小时内的生命和健康所必需的食物构成，即各种营养摄入量；其次，将其折合成一定数量的各种食物，再将其乘以相应的价格；最后，把它们加总乘以一个月的天数，就可以得到所需要的数据了。③采用开座谈会的方式。请一定数量的收入较低的退休工人来谈他们自己在一个月内用于食品方面的开销有多大、各种不同食品消费量、相应的价格是多少等。这可以比前两种方法更迅速地得到所需要的数据资料。

恩格尔系数法优点：一是公式易懂，内涵明确，便于计算和操作；二是此种方法引用了"适量的饮食费用"这个概念，并且可以根据营养标准和适当的价格较科学地计算适量的饮食费，所以这种方法具有一定的科学依据；三是从整体上看，近几年城镇居民食品消费占消费性支出比重（恩格尔系数）呈规律性变化；从不同时期看，恩格尔系数灵敏度呈逐年下降趋势，从高低收入户看，收入水平越高恩格尔系数越低，反之，则越高。随着市场经济的发展，这种规律性将越来越明显，恩格尔系数这种有规律的变化，使得应用恩格尔系数法测算贫困线比较符合我国的国情和省情。其缺点之一是因为我国幅员辽阔，各地区的生活习惯迥异，因此，恩格尔系数在各地区之间并未呈现出明显的规律性。有的收入水平和消费高的地区恩格尔系数并不低，而有的收入水平和消费低的地区恩格尔系数并不高。因此，各地区在使用恩格尔系数法测算贫困线时，面临着如何根据本地区的实际选择恰当的恩格尔系数的问题。

至于低收入老年人恩格尔系数的确定则相对较为复杂。国外把恩格尔系数在 50% 以上的家庭定为贫困家庭，而国内大部分地区的恩格尔系数就高达 50% 以上。显然，这里有不可比因素。不同国家社会生产力发展的不同阶段，不同民族的不同消费习俗和消费构成，以及不同的价格体系和社会保障制度等，都会影响不同国家之间的恩格尔系数的可比性。很显然，本书不能简单套用这个标准。如果没有现成的资料，可以用全部老年人的恩格尔系数，或者是对某测算地区居民的恩格尔系数略加调整，通过试算以后再定（韩伟、穆怀中，2007）。

用恩格尔系数法确定退休人员的最低生活标准，其好处是工作量小，操作比较方便，但不足之处是依据不够充分。

5. 相对系数法

相对系数法是根据其他相关或有联系的指标加以推算来确定退休人员老年收入保障水平的。具体可以有"最低收入人员比重法"和"相关指标系数法"两种。

最低收入人员比重法，就是将全部退休人员按其退休收入的多少进行分组排列，将占退休人员人数一定比重以下的最低收入组的上限，确定为退休人员老年收入保障水平。这一低收入人员的比重如何确定呢？国外对贫困户划分时一般是取 20% 左右的最低收入户，则可视具体情况而相应划分为 25%、20%、15% 等比重数。一般来说,它既要考虑到老年人安度晚年生活的各项基本需要,又要兼顾实际的可能性,即当地的经济承受能力。

相关指标系数法,就是把退休人员最低保障标准与有关指标挂钩,通过确定相应的挂钩系数,然后将这些指标乘以相应的挂钩系数,即可得到退休职工老年收入保障水平。当这些指标随着经济发展和社会进步而发生变动时,退休人员老年收入保障水平也随之得到相应的调整(顾文,2009)。

例如,将某一地区退休职工最低保障标准与当地人均月生活费收入挂钩。国外一般把贫困标准定在一般居民平均生活水平 50% 左右。考虑到我国的一些具体情况,可以定得再低一些,假定挂钩系数定为 45%,如果人均月生活费收入为 1000 元,则该地区退休职工老年收入保障水平为 450元(1000 × 0.45 = 450)。

又如,将其与在职职工的月平均收入挂钩。考虑到在职职工的收入除了要维持劳动力的生存外,还要保证劳动力的延续和教育训练等需要,而退休人员只要安度晚年即可,无须考虑其他需要,所以将挂钩系数假定为30%。如果在职职工的月均收入为 1000 元,该地区退休人员老年收入保障水平就是 300 元(1000 × 0.3 = 300)。

用相关指标系数法测定退休人员老年收入保障水平比较简单,也容易操作;挂钩系数兼顾需要和可能两方面因素而定,比较灵活;而且,有些指标如"在职职工的月平均收入"等都已经包含了物价上涨和经济进步的成分,所以用相关指标系数法测算的退休人员老年收入保障水平不必再作这方面的调整。其缺点也是依据不足。

6. 基本需求法

基本需求法是根据人们对某些商品和劳务的最低需要来确定的。它首先要确定哪些商品和劳务是人们用来满足这些最基本需要所花费的支出,然后将这些支出加总起来,所得之和为贫困线。基本需求法的优点:一是理论基础可靠。首先是客观上存在着生活必需品这个确定的范畴。从历史的漫长过程考察,生活必需品的外延是不断扩大的,但消费发展有其历史阶段性。在一定发展阶段上各类商品和劳务对于人们生活的重要程度是相对稳定的。其次,生活必需品的变化是有规律的,可以根据其变化的规律采用科学的方法进行判断和确定。二是本书拥有翔实的住户调查资料,不仅具有详尽的商品目录,而且还有不同档次居民的消费资料,使本书能够根据现在的资料进行贫困线测算,因此这种方法具有可操作性。三是这种方法比较直观，很容易被人理解和接受。基本需求法的缺点：此种方法主要依赖于住户调查资料，对于那些没有住户调查资料的地区使用这种方法具有一定的局限性（徐建华，1996）。

7. 马丁法

世界银行贫困问题专家马丁·雷布林提出了一种新的计算贫困线的方法，称为马丁法。马丁法认为，贫困线等于食品支出加上基本非食品支出。食品支出即达到一定的营养需要所必需的营养支出；基本非食品支出就是一个人自愿放弃基本的食物需要而必要的其他支出。马丁法计算贫困线的方法，有高、低贫困线之分（朱海玲，2007）。

（1）低贫困线的测定方法。它是在首先测定食物贫困线的基础上，利用回归模型，把一些人均可支配收入或人均消费支出刚好能达到食物贫困线的居民户的非食品支出计算出来，由此得到贫困户的最低非食品支出。这是因为一个靠牺牲最基本食物消费而获取少量的非食品消费的住户，其非食物支出是维持生存和正常活动必不可少的，也是最少量的。把由此求出的最低非食物支出作为非食物贫困线，加上已知的食物贫困线，就是马丁法的低贫困线。显然这是维持居民正常生活的最低标准。人均可支配收入低于这一标准的家庭，称为超贫困户或特困户，若无社会救助，他们起码的生存条件就得不到保障（朱海玲，2007）。

（2）高贫困线的测定方法。在测定低贫困线时，确定非食物贫困线依据的是那些人均生活消费支出仅能达到食物贫困线的超贫困户的情况，那些人均消费支出低于贫困线又高于食物贫困线的贫困户，其非食品支出显然大于超贫困户的非食品支出。也就是说，包含在低贫困线中的非食物贫困线是偏低的，因此确定一条比低贫困线高一些的贫困线更符合实际。高贫困线可根据居民的人均食品支出与人均可支配收入或人均生活费支出的关系结合适当的回归模型求得。

上述几种老年收入保障水平的测算方法，除相关指标系数法外，其余的方法所测算出的老年收入保障水平都是静态的，而不是动态的，根据退休人员老年收入保障水平的制定原则，还要考虑物价上涨和社会进步的因素，故还要将其乘以相应的物价系数和社会进步系数。物价变动系数最好与测算地区老年人生活费用指数挂钩。社会进步系数则可将在职职工工资实际增长指数乘以一定的系数来确定。

用市场菜篮子法、恩格尔系数法、相关系数法等都可测得退休人员老年收入保障水平，但各有利弊。笔者认为，在时间和经济条件许可的情况下采用市场菜篮子法比较好。它可以获取很丰富的资料，为保障标准的制定提供充分的依据。但由于这种方法所需时间和经费较大，所以笔者建议可每隔三五年进行一次。中间间隔的年份可把其他几种方法结合起来运用。这样取其所长、避其所短，既可使保障标准的制定建立在较为可靠的基础上，又可为其他方法的运用提供有关数字依据，充分发挥这些资料的作用。

第二节　老年收入保障基金需求实证分析——以 Q 地区为例

一、老年收入保障需求模型

1. 相关变量

在前面章节已经做过分析，老年收入保障需求是指老年人在一定时期内希望并且能够获取的经济收入的总量。本节仍以城镇职工基本养老金需求为例进行分析。养老金需求的主体是城镇离退休老年人；需求量是满足离退休老年人的生存和安全需要的货币量。表 9-1 为城镇职工养老金需求的相关变量。

表 9-1　城镇职工养老金需求的相关变量

概念	一级变量	二级变量
城镇职工养老金需求 D	1. 离退休职工人数 X	①退休年龄 B
		②人口死亡率 P
		③人口迁移 E
	2. 平均养老金 $\overline{Q}$	①社会平均工资 $\overline{W}$
		②平均工资增长率 R
		③平均替代率 T

设城镇职工养老金需求 D 是离退休职工人数 X、平均养老金 $\overline{Q}$ 的函数，有：

$$D = F(X, \overline{Q}) \tag{9-1}$$

离退休职工人数 X 受退休年龄 B、人口死亡率 P、人口迁移 E 的影响，则有：

$$X = f_1(B, P, E) \tag{9-2}$$

平均养老金$\overline{Q}$是社会平均工资$\overline{W}$、平均工资增长率 R 和平均替代率$\overline{T}$的函数，又有：

$$\overline{Q} = f_2(\overline{W}, R, \overline{T}) \tag{9-3}$$

由此，笔者得出：

$$D = F(X, \overline{Q}) = F[f_1(B, P, E), f_2(\overline{W}, R, \overline{T})] = F_1(B, P, E, \overline{W}, R, \overline{T}) \tag{9-4}$$

2. 模型的构建

构建模型的假设前提是：①城镇离退休老年人领取平均水平的养老金。本节的研究对象是退休老年人养老金需求，属于总量指标，不受养老金计发办法及职工个人养老金待遇差别的影响。②本节研究的老年人主要指制度覆盖的城镇离退休职工。③人口迁移因素忽略不计。根据我国现行城镇离退休职工养老金发放办法，城镇离退休职工居住地变动后，仍在原退休地领取退休金，因此城镇离退休职工的迁移不影响城镇职工养老金的预期需求。经对多年来国内有关统计数据的分析，笔者发现在一省范围内，人口省内迁移的数量大于省际之间迁移的数量；省际之间人口的净迁入数的绝对量和相对量都不大。在以省为单位计发养老金的体制下，人口迁移因素对城镇职工养老金预期需求的影响可以暂时忽略不计（张思锋、张文学、周华，2006）。

根据式（9-1），第 j 年城镇职工养老金总需求 D_j 用公式表示为：

$$D_j = X_j \times \overline{Q_j} \tag{9-5}$$

式中：X_j——第 j 年城镇离退休职工数；

$\overline{Q_j}$——第 j 年平均养老金。

根据式（9-2）和模型建立的假设前提，第 j 年城镇离退休职工数 X_j 用公式表示为：

$$X_j = \sum_{i=B}^{M-1} \overline{Z}_{i,j} = \sum_{i=B}^{M-1} \left\{ \overline{Z}_{i-1,j-1} \times [1 - P_{i-1,j-1}] \right\} \tag{9-6}$$

式中：M——离退休职工死亡年龄；

$\overline{Z}_{i,j}$——第 j 年 i 岁职工数（指全年平均数，下同）；

$P_{i-1,j-1}$——i－1 岁的人在 j－1 年的死亡概率。

根据式（9-3），平均养老金$\overline{Q}_j$用公式表示为：

$$\overline{Q}_j = \overline{W}_j \times \overline{T}_j = \overline{W}_{j-1}(1+R) \times \overline{T}_j \qquad (9-7)$$

式中：$\overline{W}_j$——第 j 年社会平均工资；

$\overline{T}_j$——第 j 年的平均替代率。

将式（9-6）和式（9-7）代入式（9-5）得到城镇职工养老金需求的精算模型为：

$$D_j = \sum_{i=B}^{M-1} \overline{Z}_{i,j} \times \overline{Q}_j = \sum_{i=B}^{M-1} \left\{ \overline{Z}_{i-1,j-1} \times \left[1 - P_{i-1,j-1} \right] \right\} \times \overline{W}_{j-1}(1+R) \times \overline{T}_j \qquad (9-8)$$

二、模型的实际运用——以 Q 地区为例

根据 2006 年 Q 地区统计局、社保局有关基础数据作为数据来源，部分数据作精算假设，运用精算模型对 2007~2067 年 Q 地区基本养老保险基金运行情况做以下预测和分析（见图 9-1）。

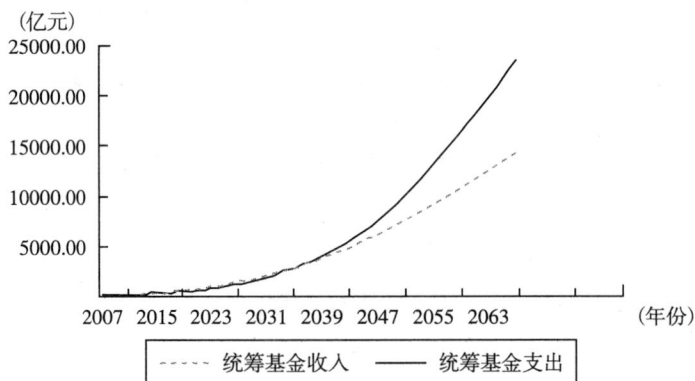

图 9-1　统筹基金收支情况

1. 精算预测的相关参数

基年：2006 年；终止年：2067 年。

（1）主要宏观经济参数：①2006 年 Q 地区总人口 3179.97 万人，其中

城镇人口 815.87 万人；②2006 年城镇就业人口 479.67 万人，参保职工人数 197.33 万人，退休人员 107.9 万人；③2006 年当地人口出生率为 3.42%，其中城镇人口出生率为 4.2%；④2006 年 Q 地区人口死亡率为 0.646%，其中城镇人口死亡率为 0.985%，参保人员死亡率为 0.866%。

（2）主要制度参数：①企业和个人参保人员的费率均为 20%，企业职工个人费率为 8%；②基金征缴率 91.21%；③做实个人账户比例 0%，2008 年开始为 3%；④个人账户记账利率 2.25%。

2．精算假设

（1）人口预测。

死亡率——假设到终止年（2067 年）时 0~4 岁和 51~100 岁人口平均死亡率下降 20%，5~50 岁人口平均死亡率下降 15%。

生育率——假设到终止年时生育率与基年生育率保持一致。

出生时性别比例——假设从基年到 2023 年逐年递减 1%，从 2024 年开始到终止年均为 1.05。

外地净迁入本地人数默认为 0。

（2）宏观经济指标预测。

GDP 增长——假设到终止年时 GDP 已由目前的 9.5% 线性递减至 2%。

平均工资增长率——假设到终止年时平均工资增长率已由目前的 14.25% 线性递减至 2%。

3．养老保险统筹基金状况

在精算假设下，模拟期内各年度 Q 地区基本养老保险统筹基金收支和基金结余变化趋势如图 9-2 所示。

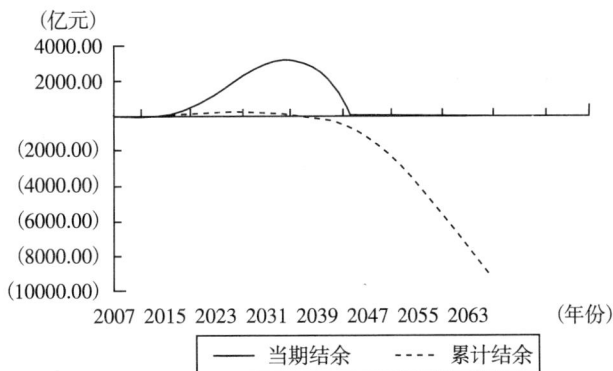

图 9-2　养老保险统筹基金结余情况

2007~2067 年企业养老保险基金运行总体走势相对乐观，基金在 2043 年出现缺口，在保持现有养老保险经办效率和财政转移支持力度的情况下，养老保险基金收入从 2007 年的 121.07 亿元增至 2067 年的 14343.09 亿元，年均增长 8.28%，养老保险基金支出从 2007 年的 115.39 亿元增至 2067 年的 23598.62 亿元，年均增长 9.27%，基金总支出的增长速度已经超过基本总收入增长速度。基金增收主要来自征缴收入的增长，征缴收入占总收入的平均比例为 71%。年征缴收入从 2007 年的 79.46 亿元增至 2067 年的 8728.52 亿元，年均增长 8.15%。基金支出主要用于支付养老金支出。养老金支出从 2007 年的 112.89 亿元增至 2067 年的 23041.10 亿元，年均增长 9.27%。以下结果如表 9-2 所示。

表 9-2　2007~2067 年基金收支情况

单位：亿元

年份	基金收入情况		基金支出情况		当期结余	累计结余	缴费基数
	征缴收入	收入合计	养老金支出	支出合计			
2007	79.46	121.07	112.89	115.39	5.68	51.00	330.39
2008	83.34	127.75	131.64	134.72	(6.97)	44.03	400.49
2009	98.47	145.64	153.12	156.73	(11.09)	32.93	474.07
2010	120.07	174.67	174.33	178.55	(3.88)	29.05	578.19
2020	561.66	735.58	554.90	570.33	165.25	715.13	2748.51
2030	1450.03	1952.39	1750.48	1799.66	152.73	2814.83	6771.44
2031	1562.96	2113.77	1931.72	1986.58	127.18	2942.02	7276.14
2032	1684.41	2287.10	2127.25	2188.17	98.93	3040.94	7811.80
2033	1807.57	2465.20	2337.49	2404.93	60.28	3101.22	8353.27
2034	1943.17	2658.45	2558.25	2632.65	25.79	3127.02	8962.88
2035	2090.56	2866.70	2791.85	2873.72	(7.03)	3119.99	9606.93
2036	2248.40	3089.67	3043.37	3133.52	(43.85)	3076.14	10293.13
2037	2414.68	3326.42	3318.45	3417.17	(90.75)	2985.38	10992.27
2038	2572.81	3560.90	3624.69	3732.50	(171.60)	2813.78	11647.55
2039	2746.14	3812.91	3940.89	4058.23	(245.32)	2568.46	12430.09
2040	2941.00	4087.38	4258.57	4385.93	(298.55)	2269.91	13270.70
2041	3145.39	4376.96	4601.29	4739.62	(362.66)	1907.25	14122.69
2042	3348.50	4674.72	4990.31	5140.27	(465.55)	1441.70	14938.52
2043	3543.87	4976.87	1360.33	5604.71	(627.84)	813.86	15702.88
2050	4965.56	7329.35	9333.86	9602.73	(2273.38)		21496.78
2060	7061.85	11210.59	16851.67	17289.86	(6079.27)		30324.19
2067	8728.52	14343.09	23041.10	23598.62	(9255.53)		37192.54

从各年度基金当期结余和累计结余上看，2007~2034 年除 2008 年、2009 年、2010 年外当期均有结余，2035 年后则出现每年入不敷出。从累计结余看呈先上升后下降的趋势，从 2007 年的上升，到 2034 年最高达 3127.02 亿元，之后开始下降，2050 年则出现赤字。预测数据反映，基金累计结余能维持 37 年，基金抗风险能力逐渐减弱。

在评估长期基金总收支状况时，为直观起见，评估指标均为基金收入、支出和结余相当于缴费基数的比例（暂称为收入费率、支出费率和结余费率），如表 9-3 所示。

表 9-3　2007~2067 年基金征缴收入、支出和当期结余相当于缴费基数的比例

年份	累计结余/缴费基数	征缴收入/缴费基数	全部支出/缴费基数	缴费基数
2007	0.15	0.27	0.35	330.39
2008	0.11	0.26	0.34	400.49
2009	0.07	0.26	0.33	474.07
2010	0.05	0.26	0.31	578.19
2020	0.26	0.25	0.21	2748.51
2030	0.42	0.25	0.28	6771.44
2031	0.40	0.25	0.28	7276.14
2032	0.39	0.26	0.29	7811.80
2033	0.37	0.26	0.30	8353.27
2034	0.35	0.26	0.31	8962.88
2035	0.32	0.26	0.31	9606.93
2036	0.30	0.26	0.32	10293.13
2037	0.27	0.26	0.33	10992.27
2038	0.24	0.26	0.34	11647.55
2039	0.21	0.26	0.34	12430.09
2040	0.17	0.26	0.35	13270.70
2041	0.14	0.26	0.35	14122.69
2042	0.10	0.26	0.36	14938.52
2043	0.05	0.27	0.38	15702.88
2050		0.27	0.47	21496.78
2060		0.27	0.60	30324.19
2067		0.28	0.67	37192.54

由于人口老龄化的发展，长期基金支出规模总体呈不断加大趋势。2007 年基金支出相当于缴费基数的比例（基金支出费率）为 0.35，为预测期最低点。2007~2067 年总人口呈下降趋势，城镇人口增幅缓慢，城镇参保率不断降低，参保人员规模增长幅度小于退休人员规模增长幅度，带动基金支出费率持续上升，2067 年达到最高点 0.67。

2007 年基金征缴收入相当于缴费基数的比例为 0.27，由于社会平均工资和征缴率平稳上升，基金支出费率缓慢上升，2067 年为 0.28。

从基金结余费率来看，因 2007~2043 年当期有结余，其余年度均出现负数，基金结余率水平不高。这是由于养老保险基金主要由当期征缴收入支付，而征缴收入已经不足以支付基金支出。

4. 人口预测

（1）Q 地区人口指标预测。

1）全市总人口。2007 年，Q 地区人口为 3190.08 万人，到 2067 年，全市总人口预计为 1953.83 万人，其中男性人数为 973.02 万人，女性人数为 980.81 万人。与 2007 年相比，人口总数减少 1236.25 万人。预测期内人口趋势如图 9-3 所示。从男女性别比例上看，男性人数占总人口数的比例从 2007 年的 51.98%下降到 2067 年的 49.80%，女性人数总人口数的比例从 2007 年的 48.02%上升到 2067 年的 50.20%。到 2067 年，总人口中男女性别比例为 1：1.008。

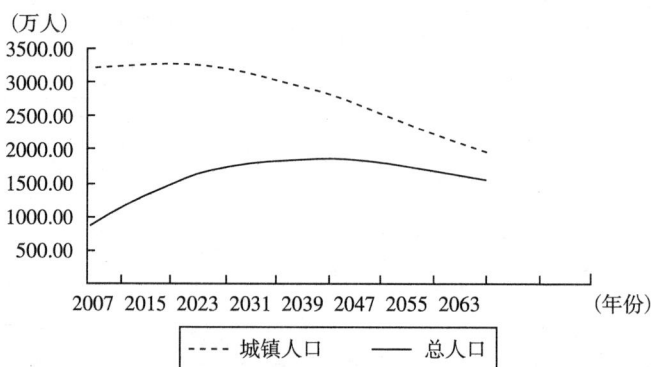

图 9-3　Q 地区人口综合情况

2）人口年龄分布（见图 9-4）。2007 年，全地区总人口中，0~14 岁的人数为 497.96 万人，占人口总数的 15.61%；15~59 岁的人数为 2225.43 万

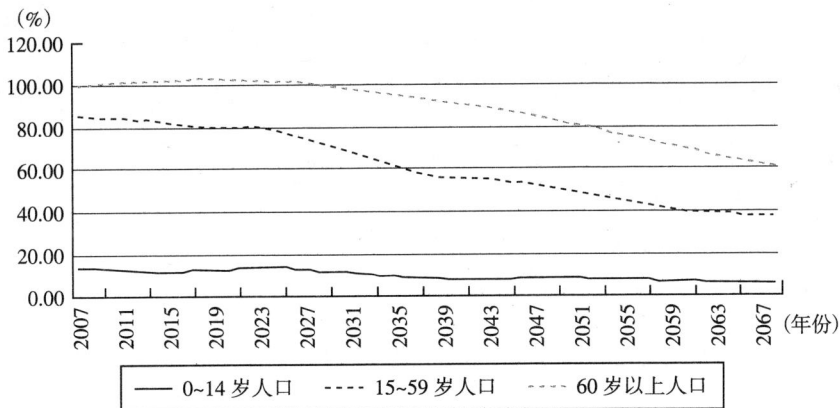

图9-4　人口年龄分布

人，占人口总数的69.76%；60岁以上的人数为466.69万人，占人口总数的14.63%；到2067年，全地区总人口中，0~14岁的人数为206.22万人，占人口总数的6.46%；15~59岁的人数为1013.34万人，占人口总数的31.77%；60岁以上的人数为734.27万人，占人口总数的23.02%。高于退休年龄人数占总人口比例将从2007年的14.63%上升到2067年的23.02%，人口老龄化现象十分突出。从人口抚养比看，总人口抚养比也将从2007年的4.77下降到2067年的1.38，进一步说明老龄化问题加剧。

　　3）城镇人口构成（见表9-4）。2007年，全地区城镇人口中，16~59岁的人数为634.53万人，占人口总数的72.53%；60岁以上人数为121.08万人，占人口总数的13.84%。到2067年，16~59岁的人数为1550.74万人，占人口总数的54.57%；60岁以上人数为531.20万人，占人口总数的34.25%。

表9-4　预测期内城镇人口变化情况（万人）

年份	城镇总人口（万人）	16~59岁		60岁以上		抚养比	增长率（%）	城镇化率
		人口（万人）	比例（%）	人口（万人）	比例（%）			
2007	874.85	634.53	72.53	121.08	13.84	5.24		0.27
2008	932.64	675.30	72.41	129.51	13.89	5.21	6.61	0.29
2009	989.65	715.79	72.33	137.75	13.92	5.20	6.11	0.31
2010	1046.07	754.04	72.08	147.29	14.08	5.12	5.70	0.33

年份	城镇总人口（万人）	16~59 岁		60 岁以上		抚养比	增长率（%）	城镇化率
		人口（万人）	比例（%）	人口（万人）	比例（%）			
2020	1522.09	1013.86	66.61	273.76	17.99	3.70	2.62	0.47
2030	1773.19	1103.93	62.26	432.51	24.39	2.55	0.85	0.56
2040	1857.81	1066.37	57.40	588.54	31.68	1.81	0.20	0.64
2050	1822.30	960.45	52.71	634.87	34.84	1.51	−0.56	0.71
2060	1665.13	850.41	51.07	625.12	37.54	1.36	−1.02	0.76
2067	1550.74	846.23	54.57	531.20	34.25	1.59	−1.00	0.79

从增幅来看，城镇人口增长幅度呈持续下降的趋势，城镇 16~59 岁人口在 2010~2020 年增长迅猛，2030 年开始呈下降趋势；2020~2040 年 60 岁以上城镇人口增长迅猛。

（2）养老保险系统人员构成预测。

1）参保人员和退休人员人数。在现行的覆盖面状况下，到 2067 年，全地区基本养老保险参保人员预计为 525.57 万人，其中单位参保人员 417.66 万人，个人参保人员 107.91 万人，基本养老金领取人数预计为 495.12 万人。预测期内参加基本养老保险人员参与变化情况如图 9-5 所示。

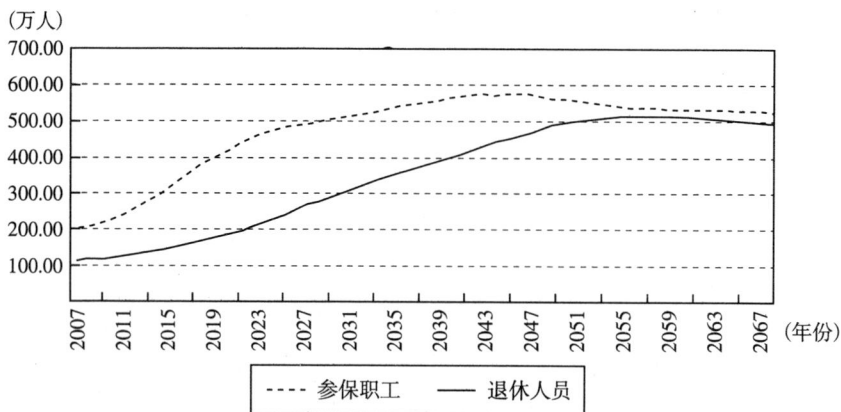

图 9-5　参加基本养老保险人员情况

由图 9-5 可以看出，2007~2045 年参保职工人数呈增长趋势，2045 年后逐年递减；退休人数在预测期年总体呈上升趋势，将迎来退休高峰。

2）制度转型情况。以是否建立个人账户作为划分"中人"和"新人"

的标准，参保"中人"比例逐年下降，从 2007 年的 64% 下降到 2033 年的 1%，完全实行"统账结合"计发办法的"新人"逐渐成为参保职工主体，到 2034 年占全部参保职工的 99% 以上。图 9-6 所示为 2007~2067 年全体参保职工变化情况。

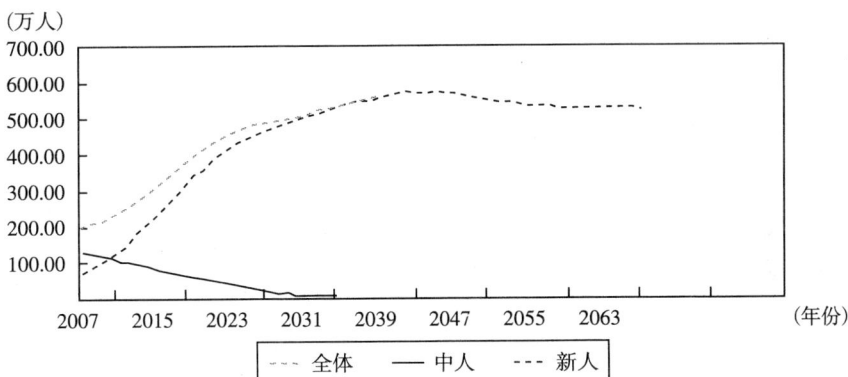

图 9-6　全体参保职工变化情况

3）养老系统负担系数。到 2067 年，全地区养老金系统缴费人员负担系数从 2005 年的 0.64 上升到 1.05。预测期内缴费人员负担系数变化情况如图 9-7 所示。

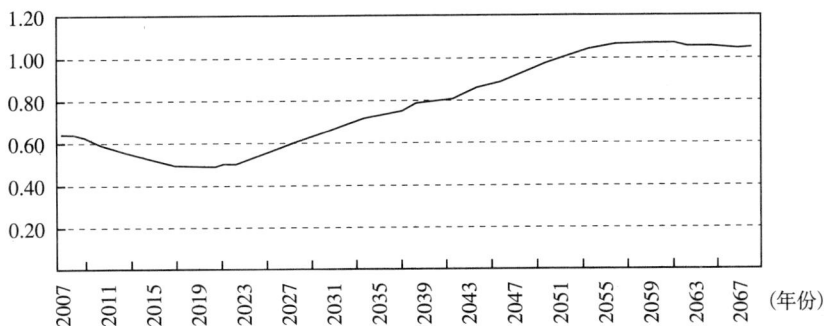

图 9-7　养老保险系统内缴费人员负担系数

由图 9-7 可以看出，如果按目前的养老保险覆盖率、退休年龄和提前退休政策运行，新参保人员增长速度明显低于退休人员的增长速度，致使缴费人员负担系数过高。

5. 主要结论

（1）未来 30 年制度运行相对平稳，基金运行总体走势乐观。目前，在 Q 地区，养老保险扩面速度和缴费人员占参保职工的比例均在逐年提高，基金征缴收入和当期结余增幅较大，基金短期抗风险能力提高。但是，基金增收受城镇劳动力和工资迅速增长拉动较大，目前制度运行仍存在覆盖面窄、低龄就业人员参保率偏低等问题。未来 30 年基金收入将保持较快增长，基金积累规模不断扩大，短期基金支撑能力不断增强。30 年后由于财政转移支付占基金收入的比例降低和人口老龄化的加剧，基金结余逐渐减少，最终出现赤字（张鹏，2002）。

（2）按现有的人口增长模式和退休年龄政策运行，30 年后养老保险基金支付压力巨大。长期基金运行的主要风险是人口老龄化。人口不断老化，制度内负担系数持续增长，基金支出占缴费工资基数的比例逐年上升，最终达到 67%。

6. 政策建议

（1）加大财政投入减轻基金承受能力。多渠道筹措资金，通过转移支付加大了基本养老保险的投入，确保了基本养老金的按时足额发放。明确各级政府责任，将支付压力分担到各级财政。

（2）完善养老保险制度，控制提前退休。加强养老保险政策研究，深化养老保险制度改革，积极探索逐步提高退休年龄，缓解人口老龄化对养老保险制度冲击。严格控制提前退休，对破产、改制等造成的政策性提前退休严格按规定进行清偿，把好出口关。

（3）扩大基本养老保险覆盖面，提高收入总量。加大基本养老保险扩面力度，扩大覆盖范围，特别要将非公有制城镇企业和自由职业者作为重点，积极探索农村人口参加养老保险、失地农民参加养老保险等制度，增加基金收入渠道。

（4）以统一健全的统筹机制实现合理配置。基本养老保险统筹级次的高低是一个地区基本养老保险制度发展水平的重要标准。以 Q 地区而言，各区、县、市经济发展水平和财政负担能力不一，基本养老保险基金偿付能力差异较大，如果不能保证基本养老保险基金的合理配置，将造成区、县间责任和义务新的失衡。因此，必须健全基本养老保险基金的统筹机制，实现基金调配渠道通畅，全市统一安排的局面。

（5）以适度稳妥的制度调整控制支付标准。基本养老保险作为养老保险体系的第一层次，其主要目标是满足退休后的基本生活，因此支付标准不宜太高，支付时间不宜过早。建议按照适度稳妥的原则，通过长期的政策调整，使退休后基本养老保险的替代率长期保持在60%左右。退休时间也可按照国际通行的做法，在未来一定时期内适度向后推迟，以缓解人口老龄化对基本养老保险基金的巨大压力。

（6）以完善合理的年金制度保持待遇水平。企业年金制度，是基本养老保险制度的重要补充，也是保持职工待遇水平的重要措施。在基本养老保险制度下，由于保障目标较低，部分缴费能力较强的企业职工对待遇水平提出了更高的要求。这就必须通过建立企业年金制度，由企业和职工个人自愿投保，政府给予一定的税收优惠，以保证这部分职工退休后待遇水平得到适度的保持。

（7）积极推动做实个人账户，维持基金的收支平衡。做实个人账户，有利于统筹基金的长期平衡，能将部分养老金待遇支付责任逐步转由个人承担，扩大基金支付渠道，有效降低社会统筹基金的支付压力和支付风险，是应对人口老龄化、实现养老保险制度长期可持续性发展的重要政策措施。

第三节　公共财政对老年收入保障投入的实证研究

对于老年收入保障制度建设来说，最关键的问题就是资金问题，这是制度运行的物质基础。由于研究数据的原因，本书虽然没有掌握单独的全国养老保险数据，但是养老保险基金在社会保障基金中所占比重大，笔者选用社会保障统计数据进行分析，以便于直观了解我国公共财政对社会保障事业的投入状况。当前，在国家财政支出中用于社会保障（抚恤和社会福利救济费+社会保障补助支出）的比重增加，体现了国家财政的公共化改革取向。我国的公共财政体系，通过调整财政分配结构，着力强化对社会保障制度建设的投入，是从我国国情出发做出的一个重要战略考虑。本节选取1998年以来公共财政的社会保障投入情况及存在问题进行实证分析，借以得出有益结论和相关政策建议。自1998年我国政府把构建公共财政体系确定为财政改革的目标模式以来，各级财政尤其是中央财政通过调整支出结构，对社会保障投入不断增加，为构建与社会主义市场经济体制相适应的社会保障体系，维护社会公平，促进社会和谐发挥了重要作用。

一、公共财政对社会保障投入总量状况

从绝对额看，公共财政用于社会保障的支出由 1998 年的 775 亿元增加到 2005 年的 3955 亿元（见图 9-8），8 年内增长了 4.1 倍，年均增长率为 26.2%。

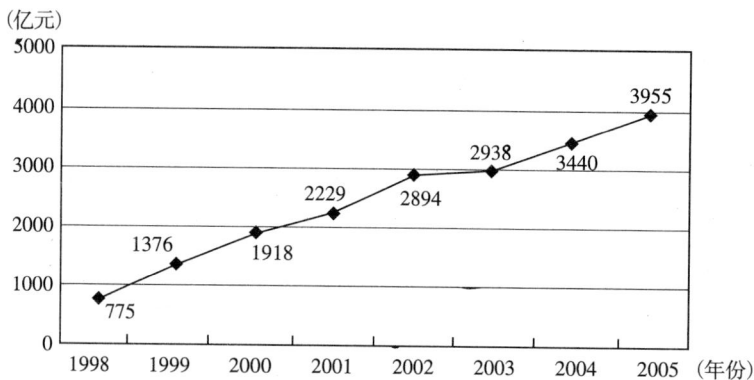

图 9-8　公共财政对社会保障支出情况（1998~2005 年）

资料来源：《中国财政年鉴 2005》。

从增长速度看（见图 9-9），"九五"中后期（1998~2000 年）是公共财政对社会保障投入高速增长期，年平均增长率达 59%；社会保障支出占财政总支出的比重从 7.2%迅速上升到 12.7%。"十五"期间，财政投入增幅明显下降，年平均增长率为 16%；社会保障支出占财政总支出的比重除 2002 年达到 13.5%外，其余年份均低于"九五"期末的水平。

1. 公共财政对社会保障投入结构

根据财政收支预决算制度，财政部门将社会保障投入按用途分为五大类：行政事业单位医疗、抚恤和社会福利救济费、行政事业单位离退休经费、社会保障补助支出、补充全国社会保障基金。其中，社会保障补助包括社会保险基金补助、关闭破产企业补助和国有企业下岗职工补助等项目。2005 年，财政社会保障投入的构成情况如图 9-10 所示。

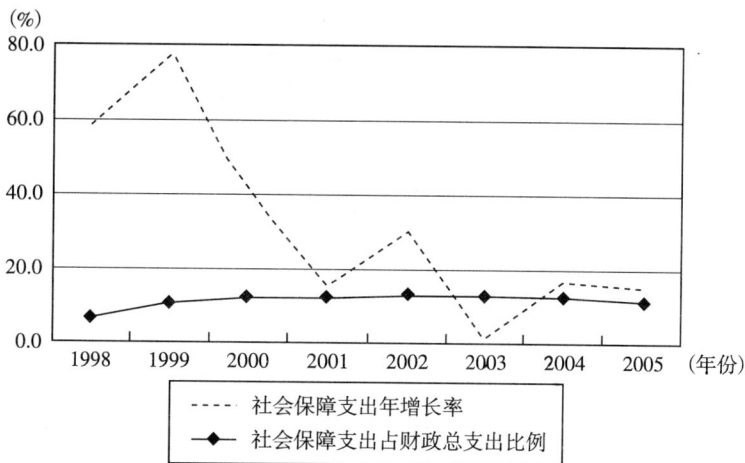

图9-9　社会保障支出年增长率及占财政支出比例

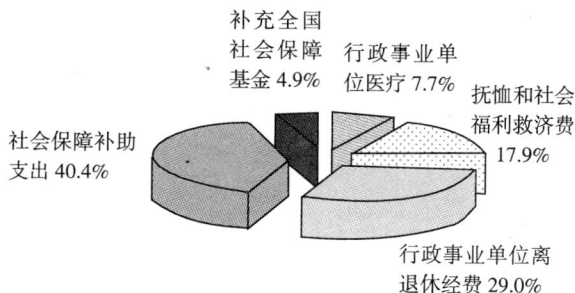

图9-10　社会保障支出构成（2005年）

　　从构成变化看（见表9-5），由于1999年财政大幅度增加社会保障补助支出，使该项支出占总支出的比例从1998年的18.8%一跃而至44.4%；行政事业单位医疗、抚恤和社会福利救济费及行政事业单位离退休经费三项支出所占份额则各下降了8~9个百分点。此后，支出构成逐步趋于稳定。总体而言，构成变化有两个明显趋势：一是行政事业单位医疗支出呈逐步下降趋势，从1999年的13.9%下降到2005年的7.7%。这反映出将国家公职人员逐步纳入城镇基本医疗保障制度，对其医疗费用支出发挥了明显的抑制作用。二是补充全国社会保障基金支出占总支出的比例波动较大，最高的2000年达25.3%，最低的2003年只占2.6%。这反映出公共财政对立足长远的社会保障战略储备基金投入缺乏系统规划，主要视当期财政收支状况而定，具有较大的随意性。

表 9-5　公共财政对社会保障支出构成变化（1998~2005 年）

单位：%

项　目	1998 年	1999 年	2000 年	2001 年	2002 年	2003 年	2004 年	2005 年
行政事业单位医疗	22.8	13.9	11.2	10.8	8.9	9.7	9.4	7.7
抚恤和社会福利救济费	21.9	13.1	11.1	12.0	12.9	17.0	16.4	17.9
行政事业单位离退休经费	36.5	28.6	24.9	28.0	27.3	30.5	29.9	29.0
社会保障补助支出	18.8	44.4	27.4	35.3	35.1	40.2	39.9	40.4
补充全国社会保障基金	—	—	25.3	13.9	15.8	2.6	4.4	4.9

若按通常理解的社会保障包括社会保险、社会救济、社会福利和社会优抚等项目，对投入按保障功能进行划分，则构成情况是：[①] 直接用于养老保障的支出达 1795 亿元，占总支出的 54.3%（行政事业单位离退休经费占 31.1%、社会保障补助支出中基本养老保险基金补助占约 18.6%、作为养老保险储备的全国社会保障基金支出占 4.6%）。[②] 直接用于医疗保障的支出为 335 亿元，占总支出的 10.1%（行政事业单位医疗费占 9.8%、医疗保险基金补助占 0.3%）。用于下岗失业人员生活保障支出 186 亿元，占 5.6%（国有企业下岗职工基本生活保障占 5.2%、失业保险补助占 0.4%）。关闭破产企业补助 431 亿元，占 13.0%。除此以外，城乡居民最低生活保障等社会救济支出 278 亿元，占 8.4%。抚恤和安置事业费等社会优抚支出 182 亿元，占 5.5%。社会福利支出 52 亿元，占 1.6%。其他支出 48.6 亿元，占 1.5%。

2. 公共财政对社会保障投入的成效

公共财政对社会保障投入实践的成效主要表现在以下三个方面：一是为解决困难群体的生活问题发挥了重要作用。公共财政投入是"两个确保"和"三条保障线"建设的重要支撑。据统计，财政用于"两个确保"

---

① 因资料所限，仅根据《中国财政统计年鉴 2005》、《中国民政统计年鉴 2005》、《中国统计年鉴 2005》整理出 2004 年的情况，支出总额中不包含 130.1 亿元就业补助。

② 如果考虑到国有企业下岗职工补助和就业补助中的社会保险补贴等项目，实际用于养老保障的支出比例还会更高。

和最低生活保障支出从 1998 年的 123 亿元增至 2004 年的 906 亿元，合计达 4131 亿元。其间，企业离退休人员养老金水平增长 60%，享受城镇低保人员增长 11 倍，这些与公共财政的支持是分不开的。二是初步形成了相对稳定的公共财政社会保障投入机制。各级财政在继续保障机关事业单位养老、医疗等费用支出的同时，面向弱势群体的保障投入增加，改善了公共财政社会保障投入结构，初步发挥了公共财政职能，并逐步形成制度。三是为社会保障制度改革试点工作提供了一定支持。财政先后向辽宁省完善城镇社会保障体系试点和吉林、黑龙江两省扩大试点提供基本养老保险个人账户做实补助 258.6 亿元。此外，对新型农村合作医疗以及城市医疗救助试点等给予资金支持，推动了社会保障制度的创新（董冬，2009）。

二、公共财政对社会保障投入的制度性缺陷

公共财政是国家的一项重要职能，公共财政支出结构综合反映了一国政府活动的范围和方向。公共财政支出范围和结构体现政府的职能范围，并随着市场发育程度的变化而变化。尽管我国公共财政用于社会保障支出的总量增加，支出结构调整成效显著，但与社会保障体系建设的迫切要求仍存在差距，特别是一些亟待解决的制度性问题（张晓磊、杭政，2008）。

1. 制度化的公共财政对社会保障投入比例偏低

目前，工业化国家社会保障和社会福利所占比重一般接近或超过 30%，而发展中国家不足 10%。总之，发达国家财政支出均显出公共财政特征，即社会保障、教育、卫生、国防、一般公务支出较高，经济建设支出特别是直接经济支出较少，交通通信所占比重相对较大。当然，由于各国政治、经济体制、文化传统及经济发展水平不同，就某项支出而言，所占比重也存在差异，如社会保障。市场经济体制的确立，使我国的财政模式发生了根本性的变化，公共财政支出结构已做了相应的调整，但与建设有中国特色的公共财政模式相距甚远。"近年来，我国每年在基本民生的公共投入，占 GDP 的比重逼近世界倒数第一。"[①] 与发达国家和其他发展中国家相比，我国政府尽管近几年社会保障财政支出连年大幅增加，但是用于社会保障的资金投入比例还是处于比较低的水平，特别是由于缺乏立法

---

① 吴忠民，见《中国经济周刊》2006 年 8 月 7 日。

约束，导致财政对于社会保障投入带有明显的随意性。我国目前社会保障支出占 GDP 比重还很低，除了少数几个国家比我国低之外，绝大多数国家都高于我国，各级财政对社会保障的投入远远不能满足实际的需求，加上财政对社会保障投入缺乏法制性、规范性约束，"十五"期间我国财政用于社会保障支出的总量虽逐年增加，但是支出比例有所下降。2005 年社会保障支出比例为 11.7%，比 2000 年下降 1 个百分点，没有实现《劳动和社会保障事业发展"十五"计划纲要》中提出的"逐步将社会保障支出占财政支出的比重提高到 15%~20%"的目标（刘明慧，2008）。

2. 公共财政对社会保障投入的责任不明晰

各级政府在社会保障财政方面责任不清，目前我国大部分地区的社会保障基金仍然处于县级统筹和市级统筹的分散管理状况，地方政府积极性不高，在国家财政对养老保险的补贴中，90%以上来源于中央财政，地方财政不足 10%。地方依赖中央的现象严重，在社会保障事权分散，统筹层次不高的情况下，造成主要由中央财政负担或提供配套资金的项目资金投入较充足，由地方负责的项目资金匮乏。2004 年，由中央和地方财政共担的城镇企业职工基本养老保险、城市居民最低生活保障补助支出分别达到 614 亿元和 179 亿元（中央财政分别占 85%和 57%）；由地方财政负担的城镇职工基本医疗保险和农村居民最低生活保障补助分别为 11 亿元和 16 亿元。后者只相当于前者的 1/30。此外，各级财政向有基金征缴来源的社会保险项目转嫁改革成本的倾向比较突出。为支持国有企业改革，缓解社会矛盾，各级政府先后出台了部分群体享受社会保险待遇的优惠措施，造成社会保险基金大量增支，但是未建立相应的财政补偿机制。2005 年，仅关闭破产企业的政策性提前退休人数就达 13.2 万人，预计造成养老保险基金减收增支 114 亿元。

3. 公共财政对社会保障投入使用结构不尽合理

由于财政性资金的使用具有行政垄断性质，社会相对强势群体成为财政社会保障投入的主要受益者。机关事业单位职工与企业职工、国有企业职工与其他所有制从业人员、城乡居民之间在公共财政投入的覆盖范围和保障水平上都存在较大差距，社会保障突出社会公平、调节收入分配的功能被削弱。分城乡比较，2004 年直接用于农村社会保障的支出不到财政社会保障支出的 2%。从受益群体看，占城镇人口不足 1/10（总人口3.7%）的机关事业单位职工和退休人员占用了近 40%的财政社会保障投入。同样是保障基本生活，机关事业单位离退休人员年养老金相当于企业职工的 2 倍、城镇居民最低保障线的 8 倍、农村居民最低保障线的 16 倍。在医疗保障领域，财政投入的 92.5% 用于机关事业单位医疗支出。

4. 公共财政对社会保障投入的长效机制缺乏

中共十四届三中全会确定了建立社会统筹与个人账户相结合的新型养老保险制度的目标，客观上要求在养老保险基金管理和财政投入上，不能只满足于当期平衡，还要立足于建立可持续性发展的机制和实现长期收支平衡。但是，由于财政没有及时投入资金解决企业基本养老保险历史债务，职工个人缴费未能按规定进入个人账户。截至 2005 年底，只有辽宁、吉林、黑龙江三个试点省份获得财政补助后做实基金 259 亿元，相当于企业基本养老保险个人账户记账金额 8472 亿元的 3.1%。

5. 公共财政对社会保障部门建设的投入严重不足

近年来，随着社会保障覆盖面的逐年扩大，社会保障部门管理服务对象增长很快；管理服务方式正在引入和借鉴金融服务机构的成功经验，突出"规范化、信息化、专业化"，业务成本节节攀升。但是，许多地方仅把社会保障部门作为一般性行政单位，计算机信息系统建设和维护、社会保障基金的稽核以及直接面向参保人员个体的服务项目，均缺乏必要的经费和人力投入。2000~2005 年，社会保障参保人数（不含失业保险）增长82%，机构人员编制仅增长 34%。目前，我国社会保障部门的人员编制和人均经费投入远低于国际常规标准和经济发展水平相近的发展中国家水平。以医疗保险为例，大多数国家医疗保险经办机构管理费用占总支出的2%~4%，我国医疗保险管理费用仅相当于国际平均水平的 1/3，但人均工作量基本上是其他国家的两倍左右。[①]

这些公共财政的制度性缺陷，特别是因为公共财政投入不足的原因造成了许多社会保障制度性问题，一方面，使得我国的社会保障项目制度设计的进入门槛较高，相当一部分应参保人口游离于社会保障制度之外。由于难以解决历史债务和转制成本，企业基本养老保险平均费率已高达25%，在全球位居前列。另一方面，由于公共财政投入不足，中西部许多地区在养老保险基金缺少积累或者没有积累的情况下，落实中央关于调整退休人员养老金待遇政策时，往往力不从心。在企业退休人员养老金待遇

---

① 劳动和社会保障部社会保障研究所：《医疗保险管理能力及费用标准》课题报告。

水平方面，企业退休人员养老金平均替代率目前正以每年 3~5 个百分点的速度下降，加上企业年金、个人储蓄性养老保险制度实质性缺失，使部分退休人员的基本养老金不能满足基本的生活需要。部分困难企业职工和退休人员参加基本医疗保险的资金来源未解决，职工家属、子女等其他城镇居民的医疗保障缺乏制度安排，致使医疗保障覆盖的城镇人口从 1993 年的 70.9%下降到 1998 年的 49.8%和 2003 年的 43%。[1]城乡居民最低生活保障标准增幅慢，困难群体不能充分分享社会经济发展成果，基本生活难以得到有效保障。

三、公共财政对社会保障投入的政策建议

完善的社会保障制度是建设社会主义和谐社会的客观要求。要抓住现阶段我国财政收入高速增长的有利时机，进一步完善公共财政体制，调整支出结构，加大对社会保障的投入。

1. 规范公共财政投入制度

从调整公共财政支出增量结构入手，明确将公共财政支出增量向社会保障倾斜。每年预算超收的财力，除了保证法定支出外，应主要用于补充社会保障资金。逐步探索建立经常性的财政投入机制，将个人所得税、消费税等部分税种的一定比例用于社会保障，使社会保障的财政投入经常化、规范化、制度化，最终形成法制化，以确保社会保障筹资需要。通过公共财政支出结构的调整，争取在"十一五"期间逐步将社会保障支出占公共财政支出的比重提高到 15%~20%，并且要用法制化手段予以规范和确定。

2. 合理确定中央与地方的财政投入责任

在界定各级政府社会保障事权的基础上，明确规定各级政府应承担或分担的比例，并使之稳定和规范化。国家实行分税制改革以来，中央及省级财政的财力不断增强，可逐步分担地市级以下政府的部分社会保障支出责任，引导地方同步加大对医疗和农村居民最低生活保障等社会保障薄弱项目的转移支付力度，均衡提高各级政府的公共保障能力。

---

[1] 三次卫生服务调查资料，转引自 2005 年 3 月《中国发展评论（增刊）》。

3. 调整公共财政投入结构

立足于"人人享有社会保障"，以社会公平为着力点，逐步创造条件，均衡地向城乡和不同阶层社会成员分配公共财政资源。完善公共财政对社会保障投入的分配方式，适当控制行政事业单位社会保障支出增幅，将对社会保障投入增量向低收入群体倾斜。妥善解决困难企业职工和退休人员、灵活就业人员参加医疗保险的资金来源问题，对城镇其他人员的医疗保障给予适当的财政补助。切实加大对农村社会保障体系扶持力度，积极推行农村居民最低生活保障，提高农村合作医疗覆盖范围。

4. 更新公共财政社会保障投入理念

在注重社会保障收支短期静态平衡的同时，兼顾长期动态平衡，重视社会保障可持续发展机制建设。利用我国目前人口结构相对年轻、经济增长速度快的战略机遇期，尽快落实做实个人账户资金，发挥财政投入的政策功能，引导地方增强养老保险自身的造血功能。逐步建立名副其实的"统账结合"的部分积累制度，为应对人口老龄化积累基金。

5. 增加社会保障部门经费的投入

改革社会保障部门经费保障办法，按基金征缴收入或支出规模的一定比例确定社会保障部门的经费，在政府财政预算中足额列支，或者参照绝大多数国家的做法，从基金中提取合理的管理费，保障社会保障管理机构和业务经办机构的各项费用。

第十章　老年收入保障制度创新

一个功能良好的社会保障体制是任何现代社会的基本要素。很少有像正在福利领域进行的改革那样，既有重大的政治意义，又有重大的经济意义。一个国家如果福利体制得不到民众的广泛认可，那么这个国家的民众对未来也将缺乏信心。因此，增强人们信心的体制改革也将促进经济的发展。

——国际社会保障协会主席施尔曼（K.G.Scherman）

第一节　老年收入保障制度设计基本理念

国家建立老年收入保障制度的根本目的，就是要从制度上保障每一位老年人在退休后有稳定的、可以预测的、充足的养老金收入，能够维持其退休生活，并能够共享社会经济发展成果。正如 1982 年在维也纳召开的老龄问题世界大会所提出的："保障老年人的收入意味着作为一种公众政策应该确保老年人有足够的收入来源支付某一特定社会的最低标准的生活费用。""必须解决保障、保护及维护老年人收入的问题。"在这次大会上通过的《行动计划》中建议"各国政府采取适当行动保证所有年龄较长人士能有适当的最低收入……根据向所有老年人都提供保险的原则，建立或制定社会保险制度"。[①] 强调必须"确保老年人得到足够最低收入，合理地补偿以前的收入，以及继续调整收益水平，以使老年人分享国民生产率和生活水平的提高"。[②] 老年收入保障制度产生与存在的基本出发点是防范与化解人们在经济生活中的社会风险，在一些现代国家，老年收入保障已经

---

① ②《老龄问题研究》中国老龄问题全国委员会，中国对外翻译出版公司 1983 年版，第 259 页。

成为法律赋予公民的一项基本权利，并逐渐形成一些基本的国际共识。面对人口老龄化和建立统筹城乡社会保障体系的要求，中国目前的老年收入保障制度建设也应该进入一个新的发展阶段。这个阶段从理念、制度、政策三个层面都应该有所创新。

一、老年收入保障制度基本理念

中国老年收入保障体系建设是一项非常复杂的系统工程，这也注定养老保障和最低生活保障制度体系建设，不可能完全推倒现有制度而重新另起炉灶，这是首先必须明确的一个观念，它只能在已经基本建立制度体系的基础上，通过纠正理念偏差、弥补制度缺失、完善政策体系等手段，逐步深化改革，逐步实现制度的定型、成熟与可持续发展，前几章已经理性地探索了老年收入保障制度的相关问题，本部分力图在已有的基础上进一步深化对老年收入保障制度理念的理解。

本书在前面已经做了详细的阐述，"底线公平"理论首先是从历史唯物主义角度解决了对社会保障的认识问题，从社会公正和发展角度出发，强调对社会发展过程中处于弱势群体整体利益的保障，强调"公平"是一种社会意义上的公平，是一种在社会整体制度下的公平，并非按照个人意愿的个别公平。因此，有必要从多角度认识和深化建立老年收入保障制度的意义（毛振华、梅哲，2010）。

从政治角度来看，实施老年收入保障制度就是通过再分配手段，调节收入分配，保障退休人员的基本生活，解决因不同制度下养老待遇差距引发的新的社会不公平，维护社会公平，维护社会稳定，维护国家政权的稳定。社会公平是构建社会主义和谐社会中的基本特征和价值取向，"底线公平"就是界于这种价值取向与具体制度设计之间的理念，在这种理念下建立老年收入保障能够缓解当前因养老待遇水平偏低或缺失引发的社会不稳定，它能够充分体现出政府对退休老年人养老金收入保障的责任，能够充分体现出政府对养老金水平进行调控手段的强制性，保障无养老金人员的老年经济收入以便于能维持最低限度的基本生活，从而在养老保障制度层面起到维护社会公平的作用。

从经济角度来看，经济发展的再生产过程中，这一代的劳动者是以退休一代劳动者所提供的积累起来的劳动为基础的，这些退休的老年人在过去所提供的产品中，除了个人以工资形式取得一部分产品外，还为社会提供了大量用于扩大再生产的积累，这些积累已转化为无数的厂房、机器设备等生产资料和道路、桥梁等各种基础设施。试想，若没有退休老年人过去经过几十年艰苦创业为社会提供的大量积累，也就没有今天所进行的扩大再生产，社会经济和文化又怎能得到持续、快速发展？事情非常清楚，当今的社会物质财富中，既包含现在职工创造的新价值，也包含老一代职工过去所创造的价值，即通过固定资产折旧转移到新产品中去的那部分，它们是新老两代人共同努力的结果，建立老年收入保障，就是要从经济上确保让退休人员分享社会经济发展成果，实现共享，而这种从经济上的回报正是来源于他们对社会发展的劳动贡献。

从社会角度来看，在现代文明社会，个人在生活陷入困境时具有要求国家和社会提供必要的帮助的权利，而社会则有向遭遇困难的社会成员提供帮助的责任，现代养老保险体系应保障退休工薪劳动者的基本生活水平，也就是说，退休人员所获得的养老金收入应让他们在不求助于亲人和社会救助的情况下能维持正常的生活。目前，中国的国情是社会生产力还不够发达，客观存在着经济发展水平地区差距，我国养老保险制度尚未能实现广覆盖，大多数养老金收入偏低的退休人员生活在中西部省份。人到老年就逐渐成为利益获取上的弱势者，退休人员在利益获取上的能力就越差，加上客观存在的政策性不公平，城市养老金低收入的退休人员生活严峻。如果不对他们的养老金进行适度的公平保障，那么退休老年人的生活水平与社会平均水平的差异会越来越大，就容易引发老年群体的不满。确立老年收入保障，既是保障退休人员基本生活水平的需要，又是社会安定和家庭和谐的需要。

将"底线公平"理论确立为老年收入保障制度设计的基本理念，就要明确老年收入保障制度的总体思路是"公平、公正、共享"，明确政府与社会广大老年人群体之间的关系，明确政府在养老保障以及最低生活保障制度中最主要的责任和关注重点，明确老年收入保障标准是全社会除去个人之间的差别之外，共同认可的一道对社会所有老年人收入的保障线，但不能将建立在"底线公平"基础上的这个保障线，简单地等同于最低生活保障线，甚至将它简单理解成和贫困线一样，因为"底线公平"作为理念，并不是"最低公平"之意，而在于明确政府责任、形成机制，正如前面章节已经明确的。在"底线公平"理念基础上建立起来的老年收入保障制度，可涵盖养老保障制度和最低生活保障制度，所以制度保障标准就应该是一个区间数值。应该说，这个区间数值的下限相对于贫困线要高一些，其水平在不同地域也是不一样的。例如，在东部发达地区，由于生活水平的地区差别，老年收入保障从货币数值上看可能会高出中西部地区最低生活保障线标准许多，但在东部地区当地对老年人的保障水平却是相对低的，因此标准水平的高低主要取决于社会整体对当地生活适度水平的认可。

为了贯彻老年收入保障制度的"底线公平"价值理念，政府应以公共财政形式介入老年收入保障的缴费制度，为制度运行奠定规范的财政基础。通过社会保险税方式获取养老保障资金筹资模式，这是一种符合我国现阶段实际和改革发展客观要求的选择。

以"底线公平"为理念建立起的老年收入保障制度应该覆盖所有老年人，只要符合基本条件的老年人都能够享有到保障。制度所能够保证的是让所有老年人均可以享受这项基本权利，所有老年人在这个标准面前具有的权利是一致的，但它并不能保证受保障人实际一定获得同样的基本生活。因此，这个制度保障标准具有动态性质，它要保障老年人所领取的收入能够实现适度的"能保障基本生活"的公平，它是在坚持公平与效率、权利与义务对等的基础上，对所有老年人进行的"适度公平"的收入保障。老年收入保障明确了政府、市场与个人之间的责任划分，在老年收入保障制度范围内，政府负责收入替代制度下最低养老金制度的托底责任，因为这个标准是保障退休老年人基本生活最起码的，不可缺少的，是相对政府必须保障、必须承担的责任而言的，政府只有运用公共财政进行托底保障保持这个水平，才能体现出老年收入保障制度的"国家责任主体"地位；而老年收入保障以上的水平，政府的主要责任是进行宏观调控，运用政策手段进行引导，控制收入差距扩大，企业、个人、家庭以及非政府组织则按照市场经济的运行规律以及社会保险特有的制度经济运行特征各负其责。[①]

同时，我们也要警惕这样的倾向，如20世纪90年代开始，中国的社会保障研究文献显露出这样的倾向，即似乎更多借鉴了当时新右派或新古典经济学派对西方福利国家社会制度的批判，而很少有文献对其福利制度

---

① 景天魁：《论"底线公平"》，《北京日报》，2006年5月29日第17版。

在经济和社会发展中的贡献进行系统的研究。由此，笔者从西方福利国家私有化改革的信息中得出的一个假设是：高福利会导致劳动生产率下降。基于这样一个否定西方福利国家的社会福利制度的态度，在理论界和政策制定者中就形成了一个共识：中国的社会保障制度要避免福利化。笔者以"底线公平"理论为基础，就是要坚决扭转这种错误偏见，中国的社会保障要达到初步造福于人民的目的还差得很远，根本谈不上什么福利过剩。

二、老年收入保障中"底线公平"的体现

1. 价值取向更加突出

"以人为本"维护社会公平是老年收入保障制度创新的最显著特征。这是贯彻科学发展观的体现，维护社会公平是老年收入保障制度的核心价值取向。老年收入保障制度以稳定社会、促进发展为目的，体现党和国家为社会成员谋取社会福利的职能和责任，代表着广大人民群众的根本利益。老年收入保障制度紧密相关的社会公平是指广大人民群众能够通过合法渠道平等地表达对制度问题的诉求，从而在老年收入保障制度上平等地体现各阶层和群体的利益（毛振华、梅哲，2010）。

政府在保证制度公平方面发挥了重要作用。从计划经济向市场经济过渡，由于制度变迁，必然会导致利益的调整和再分配，没有强有力的政府进行组织，纯粹依靠市场交易，特别是不规则不均衡的市场交易制度来进行，其结果要么是原有的利益的再调整和再分配无法实现，新的制度创新被搁浅；要么是形成一种保留既得利益集团权力的基础上的不公平的新制度，背离原来制度变迁的目标。老年收入保障制度必须在公平公正的基础上保证制度的效率，这就需要把原来条块分割的老年收入保障制度统一起来，发挥制度的整体效应。这个统一过程实际上就是利益的调整过程，没有政府强有力的组织是难以达到预期目的的。

2. 合法性程度更高

"民主法治"是构建社会主义和谐社会的基本特征，制度合法性是依法治国方略的基本要求，制度与法律之间存在着特殊关系，集中体现并代表了统治阶级的利益，但法律比制度更条例化、固定化，制度比法律更加具有灵活性，所以法律是制度的前身和延伸。制度的合法性是制度过程必

经的一个重要阶段，表现在制度内容不能与宪法、法律相抵触，在程序上要严格守法，以法律为依据强制实施是制度最基本的特征之一，也是老年收入保障制度得以实施的前提。

在"底线公平"理念下，更应该注意发挥政府在规范制度中的职能。目前，我国老年收入保障制度中存在的许多问题与政府的立法滞后有较大关系。因此，政府现在的一个重要职责就是规范制度。一方面应充分依靠现有法律、法规，理顺和规范现有法律、法规；另一方面应加快专项立法特别是加快地方立法，依法推进老年收入保障制度在内的社会保障制度的改革，依法规范制度的运作。此外，在政府规范制度的职能方面，还应特别注意明确政府与企业、中央政府与地方政府之间的责任。尤其是要解决政府既是裁判员又是运动员的角色错位。政府的责任更多地应体现在裁判员的角色上，为老年收入保障的运行提供良好的制度环境，对老年收入保障制度的运行进行严格的监督。

3. 整体性更强

老年收入保障制度基于"底线公平"理论，在宏观、整体层面，将养老保障制度和最低生活保障制度结合起来，原因是因为老年收入保障要解决的问题非常复杂，制度体系庞杂，虽然单项制度是针对特定问题提出的，但这些问题不是孤立存在的而是与其他问题联系在一起，也是从整体上反映着社会各个层面老年人群体的意愿，因此制度的整体性是其突出特征之一。老年收入保障制度在本质上涉及社会各个层面老年人群体利益的平衡问题，并且把广大老年人群体的利益平衡作为核心。这就要求在制定老年收入保障制度的过程中，始终要以广大老年人群体的利益而不是单个群体的需求为制度着眼点和落脚点，时刻关注所有老年人整体根本利益需求的实现和维护。

政府在制度创新方面有着十分重要而特殊的、其他市场力量不能替代的作用。中国老年保障制度的改革，必然要受到所有制结构调整、企业制度改革、财税制度改革等其他方面改革的影响，不能忽视经济结构调整，如产业结构调整、地区经济结构调整、城乡经济结构调整等所带来的各种影响。在这种社会经济背景进行的老年收入保障制度的改革，明显存在着路径依赖的现象。在路径依赖中，至关重要的是初始道路的选择和初始选择后最初的活动效果。一旦初始效果为人们接受，便会自我强化、自我放大，使制度的转换就很容易实现。政府在建立新制度方面具有比其他市场主体更强的路径引入优势。也就是说，在有政府强有力的参与下，能够加快制度创新的速度。没有政府的组织领导，许多制度将无法建立。

4. 多样性和过渡性并存

由于我国正处于社会转型时期，城乡二元经济结构客观存在，客观上决定了老年收入保障制度体系的建立与完善必定带有明显的多样性和过渡性，在统筹城乡社会保障体系的整体战略布局下，应该根据经济发展水平在实施项目、待遇水平上有所不同，在具体结构上呈现多样性，在具体操作步骤上采取灵活的、适当的以及重点突出的具有过渡性特征的老年收入保障制度。

目前，我国老年收入保障范围的问题，也是追求社会福利最大化的表现，构建社会主义和谐社会，这些问题不能再像过去一样是单一制度或单项制度，而必须有一个整体的系统的设计，在我国目前的生产力水平上，避免我们曾经经历过的完全由国家统包的做法。就制度体系而言，全面性、多样性和制度之间的衔接，是有效制度的重要体现。对于老年人群体的需要能够实现最大限度的满足。老年收入保障制度的结构，其特点：第一，其覆盖的范围是全民性的。这个制度保障所有中国老年人都有同等的机会获得基本经济收入。第二，呈现多样性的制度安排。例如，在老年收入保障制度中，按照普遍性原则设计的老年人收入普惠计划，充分体现了社会公平。同时，政府通过税收优惠制度鼓励和支持年金计划的发展。这一方面，使没有就业生涯或不曾在正规就业部门工作过的老年人也可以得到老年收入；另一方面，对于曾经在正规就业部门工作的老人，通过缴费性养老金制度可获得第二份养老金，甚至还可能通过私人储蓄性年金计划得到第三份养老金。结果是所有老人都可以最终领到老年收入，同时还兼顾了不同老人的不同需求。第三，其制度之间紧密衔接，不留缝隙。

第二节 老年收入保障制度设计

一、未来老年收入保障目标模式

1. 未来老年保障供养水平的目标模式

"底线公平"从我国仍处于社会主义初级阶段国情出发，充分认识到目前经济发展滞后于人口老龄化，且人口老龄化加剧、高龄人口占比高等客观现实。其认为不应该也不可能采取过去发达国家实行的高福利政策，而且要警惕社会保障供养水平增长的刚性特点，若事先过高的承诺难以为继，被迫降低保障水准时，便会失信于民，引起社会的严重震荡。因此，作为保障每个老年人都能享受的供养标准，只能是基本生活需要，形成"保基本，多层次"。当然，老年人基本生活需要的内涵也是动态的，它要随着经济发展和社会进步而逐步丰富、不断提升，实现社会经济发展的"共建共享"。在今后向国际大都市迈进的过程中，老年人在获得最基本的收入保障水平后，适当高于我国其他地区，并逐步提高，也是完全必要和合理的。

同时，未来老年保障供养水平的目标模式，还必须体现多层次的特点。我国在社会主义初级阶段，在分配结构和分配方式上，将长期坚持按劳分配为主体、多种分配方式并存的制度，把按劳分配和按生产要素分配结合起来，坚持效率优先、兼顾公平的原则。因此，一部分收入比较高的在业人员可以依法通过缴纳金额比较多的基本养老保险费，在年老后领取较高的基本养老金；通过参加各种补充养老保险及商业性的人寿保险、医疗保险、护理保险、购置房产、持有较多的股票、债券、存款，以及亲属的支援，在年老后享受较高水准的生活待遇、医疗待遇和照料服务。

2. 未来老年收入保障支持系统的目标模式

我国未来老年收入保障支持系统的目标模式，以"政府、社会、单位、家庭、个人相结合"为宜。

作为老年收入保障支持系统的一个重要支柱，政府包括了中央和地方的各级政府机构。从老年收入保障的法律、法规支持系统来看，政府的支持既包括代表国家的中央政府的支持，又包括代表地方的省市一级政府的支持；从老年收入保障行政管理的支持系统来看，不仅需要由代表国家的中央政府的统一管理，而且也离不开各级地方政府的管理；从由政府承担的那部分老年收入保障发展计划的支持系统来看，各级老年收入保障发展计划都可以列入各级政府的总体发展计划，得到各级政府的支持；从老年保障资金的筹措方式来看，由各级政府分担比仅由中央政府承担更好些。

老年收入保障支持系统中的"单位"，是指老年人过去曾经工作过的单位，特别是老人在退休前的原工作单位，以及农村老人所在的镇（乡）、村等集体经济组织。这些单位在缴纳养老保险费以及单位补充养老保险方面，是老年收入保障制度支持系统中一个非常重要的支柱。同时，这些单位对老人继续分享单位发展的成果、帮助解决困难、给予精神慰藉也有重要作用。尤其是农村老人所在的镇（乡）、村集体经济组织，对于加强社区建设，开展为老人服务，更具有重要意义。

总之，根据我国的国情的特点，未来老年收入保障支持系统将由政府、社会、单位、家庭、个人这五个支柱组成。随着今后经济发展、社会进步及就业模式、家庭结构、居住方式、价值观念的变化，五个支柱在老年收入保障支持因时因地的最佳结合，对于搞好未来老年收入保障体系将具有重要的战略意义。

3. 未来老年收入保障管理体制的目标模式

关于未来老年收入保障管理体制的目标模式——两头统，中间分。从横向考察，决策协调系统层面宜统一，行政管理执行系统层面在适当调整后宜合理分工，资金运营（包括征收、发放及基金如何保值、增值）和监督评估系统层面宜统一；从纵向考察，统一综合性决策协调系统层，有关部门适当调整、合理分工，综合管理宜尽可能统一。

针对构建老年收入保障选择何种目标模式，其核心问题不是要将现有制度、政策全部推倒重来，而是要进行"体制创新、制度整合、资源整合、责任共担、政策完善"。具体讲就是要争取做到以下几个方面：

（1）体制创新。在经济快速发展的同时，必然伴随着许多复杂的社会问题。因此，应该在各级政府建立社会建设工作委员会，统领社会建设工作，统筹规划社会建设包括社会保障体系建设，起到宏观决策、监督、协调的作用。

（2）制度整合。要增强社会保障各类制度的灵活性、包容性，不能各部门各自封闭、相互排斥，而要相互打通，形成大民生部门整合的保障能力。

（3）资源整合。社会保障资源配置要讲究公平，以公共财政力量形成导向作用，带动社会资源，多运用市场资源，在社区建立起诸如民办养老保障、健康保健医疗、老幼托管的服务机构，既解决社区社会保障需求，又带动服务业的发展，逐步探索社会保障产业化发展之路。同时，还需要对公共财政支出进行结构性调整，像医疗资源配置城乡差别过大的状况要逐步改变。

（4）责任共担。形成政府、企业、社会团体、个人等多元责任共担机制，整合现有老年收入保障基础，保障广大普通城乡老年居民的需求，而对于收入较高的老年人群体，尽量发挥市场机制的作用，予以较高水平的保障需求。进一步强化非公有制企业的社会责任，鼓励其积极参加社会保障，并依法承担缴费责任。

（5）政策完善。老年收入保障政策经过了十多年的摸索和发展，已经有相当的基础，现在迫切的任务是在老年收入保障政策层面，探索如何紧紧围绕发展的总体部署，提高现有老年收入保障政策公众知晓度和可选择性，让公众自主参与、自主选择，并承担相应的个人责任。

以上五个方面不是相互孤立存在的，而是相互依存、互为条件的，正因为要建立全体国民共享的、可持续的养老保障，才要设计低水平的老年收入保障；正因为这一保障是无条件的，才要实行全国统筹来增强转移支付能力和降低支付风险；等等。如果设计的具体模式符合这一原则，路径选择就是可行的。制度设计，是要在"底线公平"基础上统筹兼顾，在保障对象权利相同的基础上，进行整体制度设计，而在具体政策项目、待遇水平、筹资渠道等方面可根据对象的不同需要给予相应的待遇水平，实现对社会保障对象"保障基本、按需分配"的目标。基本上形成一个制度覆盖所有城乡老年人群体，保障水平与小康社会的总体要求相适应，有差别的公平与无差别的公平相协调的社会保障体系。

二、老年收入保障制度设计框架

1. 建立全民基础性养老保障制度

老年收入保障属于公共产品，它起着调整老年人收入分配、提供社会安全的公共职能。这一制度把收入分配给老年人，将收入从高收入者再分配到低收入者或者无收入者。老年收入保障体制具有统一性，实行社会化保障是国家的基本职能之一。

随着市场经济体制的建立，产业结构调整速度加快，劳动就业格局发生了根本性的变化，非正规就业者的人数逐年增加，特别是农村进入城镇的大批劳动者已经成为中国劳动力市场主力的一部分。这不是一个短期内会消除的现象，而是一个将长期存在的中国城镇化步伐加快的暗示和潮流。前面章节已经做过分析，目前养老保障"统账结合"的制度只覆盖城镇户口的劳动者，而将农村劳动者，尤其是非农化的城镇劳动者排除在外。现行"统账结合"模式的根本出路不只是要保障目前具有城镇户口的小部分劳动者的权益，而是要求整体推进，保障包括进入城镇参加工作的全体劳动者，直至全国所有劳动者的权益。因此，以郑功成教授为代表的许多专家建议，在辽宁社会保障试点的基础上，把社会统筹与个人账户分解，发展成为一种以国税为基础的普惠式（Universal）国民养老保险制度，覆盖所有正规就业部门和非正规就业部门的所有劳动者（在正规就业部门推行差别性的职业养老保险制度作为补充，让国家集中部分财力覆盖那些非正规就业部门的劳动者），最后发展成为全民基础性养老保障制度。此建议与建立在"底线公平"基础上的全民基础性养老保障制度非常吻合，只是全民基础性养老保障制度，还要包含最低生活保障制度下的老年人群体。

根据现有的研究基础，建立具有普惠性质的全民基础性养老保障制度，其主要方向、基本思路和主要目标已经很明确，具体如下：

主要方向是：随着社会生产力发展水平的不断提高，我国现行的主要以局部"国家社会保障"为特征的制度模式，要尽快向以城乡一体化的"社会保险"为特征的制度转变，养老保险实现"社会统筹与个人账户"的分离，以满足老年人基础需要的"社会统筹"覆盖城乡所有的老年人。同时，从实际出发提高城乡最低生活保障标准，真正实现救济标准与老年人需要基本相当，从老年收入保障角度整体看待老年人收入问题，迅速提高收入保障水平，扩大制度覆盖面，体现社会公平公正，促进社会经济和谐发展。

基本思路是：老年收入保障的基本点，从"强调个人责任"转向"强调国民权利，国家有义务承担"；在其"保障动因"上，从"缓解社会冲突"转向"促进社会协调发展";在其"保障范围"上,从"局限于城镇人口"转向"全体社会成员";在其"保障制度"上,从"局部性"转向"系统性完整性";在其保障作用上,从"临时性"转向"制度性"。

主要目标是:减少收入不平等和社会地位不平等,进而促进社会稳定和社会全面进步;经济目标要有助于促进经济增长,增进企业间的竞争和促进就业相联系;老年收入保障制度设计应该保证按照每项津贴的性质、发放条件和发放数量与其筹资来源相适应,管理体现效率特征。

普惠性质的养老保障制度是"底线公平"理念最好的运用。普惠性质的养老保障制度的一般定义是:只要是公民从事劳动达到一定年限,一旦退休就有权利享受养老保障金。但中国普惠性质的养老保障制度,不是福利国家的高水平的普惠,而是建立在"底线公平"基础上的普惠,它与中国目前经济发展水平相适应,与中国社会主义基本制度相一致。

从国外实施的普惠式国民养老保险制度运行状况来看,政府是这一层次的直接责任主体,制度的出发点是面向所有老年人提供最基本的收入保障,经费来源于税收,采取现收现付(实现年度平衡)的财务机制,待遇标准与工资脱钩但与物价水平挂钩,并随着整个社会平均收入的提高而提高,它体现着老年人分享经济社会发展成果的权益,是显示公平性的养老保险制度安排;与此同时,政府负责的贫困救济制度亦覆盖着老年贫困人口。

在养老保障制度体系中,就政府责任而言,政府对基本养老保险制度承担直接责任,并不意味着对其他层次的养老保障没有责任。例如,在家庭或自我保障层次,政府就可以透过相应的政策措施来维护家庭稳定并放大其承担养老责任的能力。在单位负责的老年收入保障层次(补充性养老保险或企业年金),应当取决于单位的发展战略与劳动力市场竞争的需要,但如果政府认为值得鼓励,可以通过适度的税收优惠等政策来加以引导;在市场提供的老年收入保障层次,则主要取决于市场供求关系与市场竞争,政府可以通过创造公平的竞争环境和规范市场竞争行为来发挥市场主体的主动性和积极性(郑功成,2004)。

总而言之,老年收入保障,政府的责任主要体现在基本养老保险制度以及最低生活保障的救济制度,目的要覆盖所有有需要的老年人口;但对于其他需求层次,政府不宜承担直接的责任尤其是直接的财政责任。应该肯定"统账结合"模式养老保险制度具有创新性,同时有必要认识到这种制度还存在着调整与发展的必要。因为：①在现行制度结构中，因"统账"一体造成职责不清进而导致统筹账户透支个人账户基金已经使制度变形，因而自 2001 年 7 月 1 日在辽宁进行的新一轮改革试点已经走向统账分离——社会统筹基金与个人账户基金分账管理；②现行"统账结合"养老制度模式作为一个层次的制度安排，要求整体推进，而劳动就业格局却发生了前所未有的变化，非正规就业人数逐年大幅增长，这种格局造成现行"统账结合"模式要么难以推进，要么成本高昂，可见非正规就业是现行"统账结合"制度模式最严峻的挑战；③如前面已经分析的，"统账结合"制度模式缺陷之一，就是在制度运行中形成"制度排斥"，这种制度基本上只覆盖了城镇户口的劳动者，却将广大农村劳动者尤其是已经非农化的农村劳动者排斥在外，与"统筹城乡社会保障体系"建设目标相违背。城乡劳动者不仅在解除养老后顾之忧方面的需求日益趋同，而且必然要求享受同等的养老保障权益。

因此，在现有基础上，将"统账结合"中社会统筹部分与个人账户分解，并发展成为普惠式国民养老保险与差别性职业养老保险。如果做这样一种调整，则既能够解决现行制度所遇到的问题，也能够适应经济社会发展尤其是劳动就业格局发展变化的需要。在这种制度架构中，普惠式的国民养老保险覆盖所有正规就业与非正规就业劳动者，它以国税为基础，采取现收现付财务机制，显著地体现出国家责任和社会公平属性，最终目标是发展成为全民基础性养老保障制度。差别性的职业养老保险因为主要是雇主与劳动者分担缴费责任，从而主要面向所有正规就业劳动者，但不排斥非正规就业劳动者参加，它以按照工资的一定比例强制征缴养老保险费为基础，采取个人账户式的完全积累财务机制，体现雇主责任与劳动者个人责任的结合，同时也是效率与公平的结合。企业年金政府不宜介入太深，毫无疑问，在现阶段，中国政府的工作重心应当是养老保障制度的构建与完善，在"统账结合"制度模式的基础上，促使其向普惠式的国民养老金与差别性的职业养老金发展。改革"统账结合"制度模式，把社会统筹部分发展为全民基础性养老保障，这样改革的意义在于：如果社会统筹部分发展为全民基础性养老保障金，有利于全国统一，有利于提高统筹层次，解决目前"统账结合"制度模式中由于统筹层次低导致的各种道德风险。同时，地区之间、行业部门之间的基础养老金的统一有利于劳动力的合理流动，可以消除目前经济发达地区由于基本养老金过高造成的劳动力竞争力下降的问题。从长远看，还有利于加快我国城市化进程（陈喜强，2001）。

企业年金目前还不是整个养老保障制度发展的重点，它应当在已经搭建的基本养老保险制度平台上发展。如果在缺乏统一的基本养老保险制度的条件下过分推进企业年金的发展，必然导致制度构建中的混乱，西方国家的所谓先有企业或职业年金，而后才有公共养老金的做法并不适用于中国，因为中国是先有公共养老金制度并已经实施了数十年，并且基本养老保险充当着整个公共养老保险体系的基础。在"统账结合"模式向普惠式国民养老金与差别性职业养老金组合模式的过程中，重要的是明确正规就业与非正规就业的界限，以及重新确定有关各方的责任尤其是缴费负担（张颖，2007）。

目前，国际上采用普惠式养老保险制度的发展中国家主要集中于非洲，这些国家采用普惠式养老金制度的原因，一方面是由于这些国家经济不发达，居民收入水平较低，采取缴费的社会保险制度将使大部分群体被排斥在受益范围之外，通过采取普惠式养老保险制度将使其覆盖绝大多数国民，共享制度保障。另一方面，部分英国前殖民地国家采用普惠式养老保险制度是受到《贝弗里奇报告》的影响，该报告提出普遍保障思想，认为社会保险体系应覆盖包括农民在内的全体国民，个人所得到的待遇与其缴费没有关系，以此保证全体国民都能享受到最低的保障待遇。世界银行在 1994 年的报告中指出，普遍保障型养老保险可以不考虑人们的收入、财富和工作年限，管理结构简单，交易成本低，对于金融机构不发达、雇员工资收入基本信息不充分的发展中国家特别适用，有利于保证消除贫困目标，并在政治上获得广泛支持。

普惠式养老保险制度在国际上尤其是发展中国家取得了较好效果。2000 年，毛里求斯、纳米比亚、博茨瓦纳等国家基本实现了 100%的覆盖率，南非的保障面达到 88%，并且养老金收入成为老人养老的重要收入来源。同时，普惠式养老保险制度对于降低发展中国家尤其是低收入国家贫困率也发挥了良好作用。在实施普惠式养老保险制度后，阿根廷、巴西、智利和哥斯达黎加的赤贫率和贫困率均大幅度降低。

建立普惠性质的养老保障制度模式，其目的在于保障所有老人的基本生活，以维持最低生活费用的给付水准为原则，其所得替代率应订在适当水准之内，并与职业年金和商业年金相互配合。因此，普惠性质的养老保障制度进行规划时，要避免整体给付水准过高，加重政府的财务责任。在给付水准的确定方面，以保障老年基本生活所需为标准；在财务机制自主运作方面，年金的财务应独立自主运作，以减少行政的不当干预。政府的角色定位为管理者、监督者。

2. 形成多层次养老保障制度体系

随着老年收入保障制度建设的发展，客观上要求形成多层次养老保障体系，以适应不断扩大的人口老龄化需要。国际经验表明："解决老年人生活保障问题的制度安排已经跨越了单一保障层次的时代，整合各种社会资源，发挥各方面积极性并让各方共同分担养老保障责任，以及实现经济保障与服务保障及精神保障相结合，已经成为这种社会制度发展的必由之路。"① 根据养老保障责任承担的主体以及承担的方式，中国的养老保障可以分为自我保障、政府保障、差别性职业养老保险、劳动单位负责以及市场提供五个层次。

第一层次——自我保障层次（Self-Security），也是养老保障的基础，包括家庭保障和个人保障。在世界各国的养老保障制度中，除了实行福利性保障制度的少数国家外，大部分国家实行的都是满足居民基本生活需要的养老保障，也就是由政府负责的普惠式国民养老保险制度，即第二层次——政府保障层次（Government Security）。将现行的养老保险制度中的社会统筹基金部分独立出来，使其成为一个由中央政府直接管理的公共养老保险计划。第三层次——差别性职业养老保险层次（Differential Professional Pension），就是由政府主导，由雇主与雇员分担缴费责任，待遇标准因劳动就业及与缴费关联而存在差异。政府统一政策规范，统一税制优惠，确定与雇主分担缴费的比例，缴费又与个人工资水平和缴费年限相关，是一种兼顾公平与效率的制度安排。将现行养老保险制度中的个人账户部分独立出来，使其成为由政府监管、强制性的、规定缴费额的养老保险计划，称为缴费性养老保险计划。缴费性养老保险计划的治理结构是多个相对独立的养老保险基金会，可以考虑将现在省一级社会保险行政管理机构内的投资营运机构改造成为由政府监管的养老保险基金会。第四层次——补充保障层次（Complementary Security），就是劳动者所在的单位提供的补充养老保险，包括企业年金和非企业单位补充养老保险，自愿的个人储蓄和个人投保，以及企业开办的职业年金计划。由于这一层次计划属于微观主体的自愿行为，故称其为补充养老保障计划。第五层次——市场

---

① 郑功成：《中国养老保险制度的未来发展》，《劳动保障》2003 年第 3 期。

提供层次（Market Provided），主要有各种商业保险公司提供的商业人寿保险服务。这一层次是完全的市场行为，通过市场提供的产品，以市场交易的方式来完成，政府只在商业保险的法律框架内监管，具体不负任何责任。

以上五个层次的养老保险计划可以达到将再分配功能、储蓄功能与保险功能有机地结合在一个共同养老保险制度之中的目的。在这五个保障层次中，包括家庭保障的自我保障层次在中国仍将发挥重要的作用。五个保障层次的分布特点是，目前处在第一保障层次的人口占大多数，越向高级层次发展，保障水平越高，劳动力的价值也越高，个人和雇主单位支付的费用越高。在这五个保障层次中，中国要大力鼓励和发展第三、第四和第五层次的保障，同时还要努力做好第一和第二层次的基本保障工作，使每一个保障层次都在不同的发展阶段承担相应的保障责任。① 政府主导、责任分担层次：差别性职业养老保险构成整个养老保障体系的第三层次，它同样由政府主导，由雇主与劳动者分担缴费责任，待遇标准因与劳动就业及缴费相关而存在着差异，从而是兼顾公平（政策统一规范、统一的税制优惠与雇主分担缴费）与效率（与个人工资水平与缴费年限直接相关）的制度安排。

与世界银行提出的养老保障三支柱建议相比，这显然是有重大差别的，但它们确实能够构成当代社会完整的中国老年收入保障体系，不同的层次所起的作用虽然不同，却都是不可缺少的。如果劳动者只有单一层次的养老保障，难免晚年生活遭遇风险；如果劳动者有两个以上的层次提供保障，则养老后顾之忧应能得到解除；如果能够获得所有层次的保障，则可以肯定其老年生活不会因退出劳动岗位而下降。因此，新制度的多层次取向不能仅仅局限于政府直接负责的部分，因为总有一部分人口是不能被政府负责的养老保险制度所覆盖或完全覆盖的，而有一部分则还存在着更高水平养老保障的需求，国家需要在多层次原则的指导下，考虑整个老年保障体系中不同层次的合理组合。

上述老年收入保障体系中，能够强制实施的只能是普惠式国民养老保险与差别性职业养老保险，因此这两项养老保险可以组合成中国未来的养老保障制度。当然，由现在的"统账结合"模式向这一目标发展，还需要

---

① 王石泉：《中国老年社会保障制度与服务体系的重建》，上海社会科学院出版社 2008 年版，第 238–240 页。

采取相应的措施来逐步推进。

三、老年收入保障制度设计原则

建立在"底线公平"理念基础上的老年收入保障制度，结合社会保障制度改革与建设的历史经验，应该在制度设计上继续遵循以下原则。

1. 生产力发展水平上逐步实现社会福利最大化

老年收入保障制度设计，总的原则要求是彻底实现企业保障向老年收入保障的转变，更加突出国家责任主体作用，在与社会生产力发展水平相适应的基础上，由国家提供更多的公共财政资金，支持老年收入保障制度建设，使更多的社会成员共享社会发展成果。在社会服务的提供方面，既要发挥社会主义制度下国家的责任主体作用和集中力量办大事的优势，还要充分发挥个人和民间机构的作用，积极发展社会公益事业和商业养老、医疗保险，形成一个多元化、多层次化的保障体系。同时，适度引进市场机制合理配置资源，一方面，通过高效配置生产要素和劳动力资源提高整个社会的经济效益，最大限度地增加整个社会的收入分配量；另一方面，在提高经济效益的同时，能够获得最大的经济利益，实现最大化收入，并由此进一步激励市场经济活动主体更合理高效地配置资源。要利用市场机制优化社会福利资源配置，积极引导市场（如商业保险）、民间慈善组织、社会公益团体等来提供相应的保障服务，发挥多方积极性，降低政府的管理压力和财政负担，提高个人的自我保障意识，改变企业依赖政府、地方依赖中央，个人依赖国家和社会的不合理局面，使老年收入保障制度真正走上水平适当、运行科学的道路，最大效用地充分发挥其防范风险、保障生活和促进生产的作用。

我国老年收入保障制度建设虽然已经取得了显著成效，但大部分制度和运行机制还没有真正实现从计划经济体制下向社会主义市场经济体制下的过渡，部分制度还不完整健全。因此，必须针对目前存在的问题，在制度设计上坚持统筹兼顾的指导思想，统筹城乡老年收入保障制度设计，彻底打破"城乡二元结构老年收入保障制度"，把过去的不平等和政策鸿沟逐渐地推向平等。中国发展老年收入保障事业任重道远，人口老龄化、城市化、就业形式多样化等依然是重大挑战，需要不断努力在维护社会公平原则上做出与和谐社会目标一致的整体设计。

2. 制度选择上有明确的价值理念，并在制度实施过程中始终如一地坚持

如前所述，中国社会保障制度改革的初衷是为了与国有企业改革配套，然后才是与市场经济改革配套，但是长期缺乏自己明确的和独立的定位。在社会保障制度改革过程中，将经济发展应该追求的理念"效率优先，兼顾公平"，与社会保障制度应追求的公平理念相混淆，导致社会保障制度发生偏差，没有很好地弥补市场经济"效率"带来的缺陷。也正是在这种设计思想指导下，使新制度缺乏整体建设的通盘考虑，包括对现行社会保障制度与原有社会保障制度、未来社会保障制度的衔接和利益的重新分配等问题的认识等。当然，今天中国的社会保障制度仍然处于变化之中，这并不奇怪。因为任何制度从产生、发展、完善都要经过一个相当漫长的时期，但制度的变化不应该过于频繁和剧烈，否则人们会失去对制度的信心和支持。这样做的结果是使制度具有比较清晰的方向和持久的稳定性。

同时，老年收入保障制度的改革不是对现行制度的全盘否定，而是在其基础之上所实施的制度修正，现行制度向未来制度的这种平滑过渡，有助于保证现行制度对受保人所作的先期承诺以及其中重要的制度参数在未来制度中得以延续。

3. 制度与经济的协调发展是可以实现的目标

传统概念中，似乎经济发展与老年收入保障制度是一对矛盾。一方面，老年收入保障制度有了更多的经济资源，增加了劳动力成本，虚弱了国家的经济竞争力；另一方面，老年收入保障制度又弱化了人们工作的动机和竞争意识，使人变得更加依赖和懒惰，造成人力资源的浪费。一些福利国家老年收入保障制度中出现的问题也部分地印证了这种认识的合理性。但事实上，建立基本健全的老年收入保障制度与保持经济的健康发展之间是可以协调的。2000 年 4 月 John Dxon 发表在《国际老年收入保障评价》（国际劳工组织刊物）的一篇文章中，作者将全世界有老年收入保障制度的 172 个国家进行了排序，加拿大得分 869（中国得分 782、美国得分 827）。国外的经验说明，一个好的制度不一定是成本很高的，也不一定必然阻碍经济的发展。中国在今后相当长的时期，发展经济仍然是首要的目标和任务。这意味着中国的老年收入保障制度建设必须与生产力的发展水平相适应。因此，需要对老年收入保障制度再进行深入细致的考察和探索，在坚持老年收入保障制度成本价值取向不变的前提下，还要追求成本—效益的最大化。

4. 政策安排必须形成各群体利益表达和协商机制，使政策更加民主化和公开化

老年收入保障制度涉及全社会各个群体和阶层的利益，受到多方力量的制衡。其实，老年收入保障制度的目的是为老年人群体服务，所以在为服务对象制定政策时，理应倾听他们的声音。社会政策的制定过程中，要注重征求各方面的意见。例如，由于全民基础性养老保障制度目前尚未建立，老百姓的意见参与和反馈机制，制度改革以来也少见来自民众的直接意见反映。多数情况是，政府出台某项政策，实施了以后人们才知道。当然，一项社会政策的制定或改变，会受到各个因素的影响，而不仅仅是民众的态度。但尊重人民的知情权和参与权是民主政府的正确的行为。在中国加速民主化政治改革进程的同时，应将民众参与决策作为一项重要的议程来对待。

第三节　老年收入保障政策安排

一、逐步建立中央公积金账户

"统账结合"制度模式的缺陷和原因，我们前面已经进行过分析，当前"统账结合"制度模式本质上是现收现付制度，因而所有的风险最终还得由国家承担。如果我国不能建构起有效的个人账户制度，人口老龄化高峰时的财务危机将给我国经济发展带来致命的打击，这种经济风险最终会演变成社会风险，后果不堪设想。个人账户的空账运行不仅使个人账户失去激励作用，而且会增加人们对政府的不信任，从而对养老保险制度改革失去信心。从国外经验来看，个人账户可能导致的问题是收入不平等加剧和老年人福利状况恶化等负面现象。还有，个人账户条件下养老金容易受通货膨胀的影响。因此，实行积累制养老保险的国家，一般都对个人账户基金的最低收益实行政府担保，或者对老年人的最低养老金收入做出规定。由此可见，在我国经济转型的剧烈变革时期，养老保险由现收现付向部分积累制转轨，"统账结合"制度模式存在潜在的风险。"统账结合"模

式实质上是对原有现收现付制度的路径依赖，不仅原有的制度风险不能合理分解，而且个人账户的空账又积聚了新的风险，即这种结合模式集中了两种制度的风险。对于是否一定要坚持这种制度模式，学术界一直存在争议。

由"统账结合"制度模式延伸考虑，我国若建立全民基础性养老保障制度，国家应当建立中央公积金账户，发挥制度资金支撑功能。具体中央公积金账户资金来源的构想如下。

1. 财政拨款

通过立法形式强化中央政府对全民基础性养老保障制度的财政支持，政府每年必须按照财政收入的法定百分比（如3%~5%）划入全民基础性养老保障中央公积金账户之中。一开始可以按一定比例为起点，以后逐年根据不低于或等同于财政收入增长率予以追加。此后，再根据当年的政府财政收入增长幅度进行调整。财政拨款可以被视为全民基础性养老保障中央公积金账户中最稳定、最基础的资金来源渠道。

2. 划拨一部分变现的国有资产

在对城镇国有企业老职工养老保障基金欠账问题的研究中，曾有学者提出划拨一部分变现的国有资产来解决隐性债务。同样，农民作为曾经的国有资产积累的主要提供者，其养老保险一样可以通过这种方式解决。对现有的经营性国有资产的存量通过采取上市、兼并重组、拍卖、回购等手段予以变现，将这部分资金划拨到中央公积金账户，可以用来向参保国民发放基础性养老金。政府还可以通过发行永久债券（Perpetual Bond）作为中央公积金账户的资金来源。永久债券的利息支出列入当年的政府财政预算拨付，这样由于财政只需支付利息而大大减轻了政府的资金负担。

二、建立最低养老金标准

实行最低养老金标准，建立最低收入保障制度，相对于每个养老保险制度范围以内的所有退休人员而言，就是要使他们在这道保障底线面前所具有的权利具有一致性，也就是要使现有6800多万名退休老人甚至将来更多的老人在养老金收入上能够实现"底线公平"。现阶段，政府在养老保险的问题上重点应该放在保障"底线"上，即优先解决最困难养老金低收入退休老年人的需要，解决富裕反衬下养老保险制度内的"贫困"问题以及制度内贫富悬殊扩大化的趋势，这是政府在市场经济条件下必须管的事。

1. 最低养老金标准的责任主体

以"底线公平"理念确立最低养老金标准，确定了政府的责任——保障退休人员基本生活水平的责任，同时也确定了政府是最低养老金标准的责任主体。换句话说，就是明确了公共财政是最低养老金标准的物质基础。经济增长速度放慢与人口老龄化增加了老年人口的贫困概率，从而增加了公共财政负担最低养老金标准的可能性，智利、秘鲁等国公共财政均投入保障最低养老金标准。[①]

政府在确立最低养老金标准时，应该充分考虑到中央和地方财政支出的力度以及全国和各地区退休人员收入水平的实际情况。生活在较为富裕的东部省份的老年人有较高的养老金收入，他们领取的金额可能高些，但实际生活水平并不一定高，关键要看标准是否能够适度地保障基本生活，而不是看绝对数值的大小。此外，国外以家计调查为依据的养老金计划，由于它要求很高的行政管理费用及准确可靠的个人收入记录，并且这种办法要通过庞大的基层组织来实施，考虑到中国的现状和财政负担能力，这种办法目前在中国难以实施。

2. 最低养老金标准享受的对象

在具体确定退休人员最低养老金标准对象时，应该注意到养老保险与其他老年收入保障在保障对象、保障基金来源方面的不同，以及我国目前养老保险基金相对不足等因素。本书建议，可以将享受最低养老金标准的对象与《城镇企业职工养老保险办法》中规定的领取养老金的对象一致起来。另外，根据中国目前的财力，对于"老人"，可以在最低退休金标准中兼顾一老养一老的情况。但对于"老人"赡养的丧失了工作能力的子女或者劳动年龄段无工作的子女，在确定最低养老金标准对象时不应考虑在内。这样做有如下几个好处：一是最低养老金标准享受对象与领取养老金的对象一致；二是有利于缓解养老保险基金相对不足的矛盾；三是有利于理顺老年收入保障体系内部的关系。

---

① 穆怀中、柳瑞清等：《中国养老保险制度改革关键问题研究》，中国劳动社会保障出版社 2006 年版，第 2–3 页。

3. 最低养老金标准范围的界定

在退休人员最低养老金标准具体实施的过程中，还要面临着如何界定退休人员收入范围的问题。这同样是影响到养老保险保障人员范围的大小和关系到养老金补贴总量发放多少的一个具体而又复杂的问题。

就目前退休人员收入来源渠道看，大致可以分为如下几项：①法定的养老金、地方政府的各种物价补贴；②子女、亲属、亲友的赡养补贴或馈赠；③退休以后自谋职业获得的劳动报酬；④房产、存款、股票、债券等自有资产的收益；⑤其他现金收入。在这五项收入中，第①项收入是所有退休人员都能得到，并且也是大多数退休人员收入来源中最稳定、最主要的部分。最低养老金标准的前提假设是：它主要不是用来替代劳动工资收入的，而是具有普惠性质的收入保障。如果其他几项收入在大多数退休人员的收入中所占比重非常少或者根本没有，则无须将这些收入列入退休人员的收入范围，但是这些在调查登记时很难得到确切的数据资料给操作带来不便，所以后几项收入常常构成影响退休人员享受最低养老金标准的因素。考虑到我国目前的一些具体情况和财力的可能性，为了让有限的资金发挥尽可能大的效益，本书建议，退休人员的收入范围可以界定为"个人以年为单位定期稳定地获得的各种现金收入"，在具体实施时可以增加一项手续，即凡要享受最低养老金标准的退休人员，必须先由本人提出申请，填写申请报告单，然后经基层社区单位和有关部门审核批准后方能享受。这样做，一方面可以确保符合条件的退休人员得到应有的养老保障；另一方面又可在一定程度上避免一部分虽然法定养老金收入低于最低养老金标准、而实际收入水平高于最低养老金标准的人进入保障范围，从而使有限的养老基金尽可能大地发挥其经济效益和社会效益。

4. 最低养老金标准的核算单位以及量化特征

在确定最低养老金标准过程中计算养老金收入或测算退休人员消费支出时，会遇到是按家庭户为单位还是以退休人员个人为单位进行核算的问题。西方国家在测定贫困线时，是以家庭户为最基本的生活消费单位，贫困线与家庭规模关系极为密切，贫困线是以家庭户为单位按人数的多少来划分的。家庭户的收入低于贫困线的可以得到政府相应的补贴，但这属于社会救济性质的老年收入保障。这里所考虑的是属于社会保险性质的养老金收入保障，最低养老金标准的对象是曾对社会做出过贡献的退休人员，所以不论是对收入的核定，还是对其基本生活标准的确定，都应该以个人为单位进行计算。如果有些项目不是直接给个人的，则可以按个人应得的份额分摊计入。对于有些不是以个人单独进行的消费支出，也可以按相应的比例分摊到个人头上。

在具体量化退休人员最低生活标准的时候，根据前面所作的界定原则，最低养老金标准应该是能够与当地的社会经济发展相适应，能够使退休老年人安度晚年，而同时又是基本生活需要的保障。在具体量化退休人员基本生活保障需要时，本书认为，满足老年人基本生活需要的支出大致可以分为以下六大项内容：①食品支出；②住房支出（包括水、电、煤气）；③衣着支出；④交通费支出；⑤基本医疗保健支出；⑥其他支出。据此，笔者可以通过对上述每一项具体内容加以量化测算，并通过一定方法的测定，最终形成"最低养老金标准"。[①]

在中国建立最低养老金标准，使广大退休人员享有老年收入保障，将产生不容忽视的社会效益，对多数退休时间早、养老金是其唯一收入来源的退休人员而言，这种养老金收入保障将大幅度减小目前城市贫困退休老年人口的比例。最低养老金标准建立的最终目的是为了保障社会上所有老年人在达到一定年龄界限后仍可获得一定的经济收入，使其可以在退休期间安享晚年。

三、完善最低生活保障制度

最低生活保障制度，作为福利国家的基本安全网，对消除贫困起决定性作用。因而，人们期望任何个人或家庭在收入低于最低收入水平时，都能享受到最低收入保障。分配和社会保险不能保障人们体面生活的收入水平，最低收入保障制度就应当发挥作用。然而，据国外资料显示：工业福利国家的持久贫困说明这张基本安全网并没有能够为所有人口提供最低收入保障，相当多的人口仍然生活在贫困之中，并未享受到这项收入保障。其原因最终在于最低收入保障制度的失败，人们应将注意力从整个福利国家转到基本安全网上来。

社会救助体系对反贫困有重大意义，但一直以来学术界比较多的研究

---

① 徐建华：《上海市退休老人生活保障测算研究》，《华东师范大学学报》（哲学社会科学版）1996年第6期，第44页。

讨论主题大多集中在社会保险体系，认为社会救济必将随着社会保险体系的成熟而消亡。然而事实并非如此。社会救助制度仍然是曾经也是西欧福利国家社会开支的一个重要组成部分。只有在最近几年，在许多西欧福利国家出现了持久的大量失业现象的时候，社会救助开支的增长才似乎引起了福利国家比较研究对社会救助体系和其他最低收入保障制度的关注。

不仅是福利国家比较研究低估了最低收入保障制度的作用，贫困研究也对这些体系的作用毫不关注。尽管社会救助制度以反贫困为明确目标，但贫困研究很少全面分析最低收入保障制度与反贫困之间的内在联系。在研究贫困原因时，贫困研究主要是在收入分配、劳动力市场、社会结构以及特殊群体的收入转移上寻找原因，却经常忽视福利国家的基本安全网。发达的福利国家则将原因归结为贫困概念与最低收入保障制度设定的最低收入标准之间不协调所致。一些观察家似乎默认社会救助待遇不足以有效防止贫困的产生；另一些人则致力于研究引起贫困评估方面存在差异的原因。特别是广泛使用的以平均可支配收入的50%作为相对贫困线的划分法一直以来都受到学术界的批评，因为它只能反映社会收入的不公，不能显示人们的基本生活水准，从而夸大了富裕国家。事实上，很大比例的平民家庭虽然领取了社会救助或其他经家计调查享受的福利，仍然生活在贫困之中。但总的来说，接受社会救助的家庭仅仅只占贫困家庭的少数，这让人不得不怀疑以收入作为衡量贫困的指标是个错误。对此，可能做出的解释就是收入调查并没有真实地显示低收入阶层的情况。和其他社会群体相比，有更多的低收入家庭没有呈报家庭收入状况；即使呈报了收入状况的家庭给出的数据也未必属实，特别是有关家庭调查后享受的福利收入的测评更不准确，这一点极其重要。不少人对与福利有关的很多问题认识不足，对最低收入保障制度与贫困的关系缺乏认识，这仅是简单的例子之一。虽然社会政策比较研究已经对老年收入保障制度的产生和体制差异进行了广泛分析，但对其演进结构的综合研究却仍然滞后。尤其是，只有少量研究系统地从比较的角度对老年收入保障制度的质量进行了评估。据此，我们可以得出具有战略性重要意义的结论。老年收入保障体系能在多大程度上继续为所有积极的社会政策都未能解决就业的群体提供保障。在养老保障和社会救助体系中建立一个合理的最低收入保障安全网，仍然是有效防止贫困的最重要的方法。

确定老年收入保障制度，应参考当地老年人及其赡养人口的最低生活费用、城镇居民消费价格指数、职工个人住房公积金、当地在职职工平均工资水平、经济发展水平、当地医疗保险等因素。笔者将基本生活需要与最低生活标准相联系的思路或做法，主要是基于这样一种考虑：目前，中国对于最低生活保障标准的研究已有很多成果，进行定量分析也已经有比较成熟的方法，研究符合中国的国情，具有很强的可操作性和实践意义。因此，根据目前各地区基本生活保障程度不同的现实，选取最低生活保障线作为下限参考标准，是比较现实的选择和较合理的政策安排，并且有利于各项收入标准政策的相互衔接。因此，完善现有最低生活保障制度，应该做到以下几点。

1. 在政策中始终坚持"底线公平"价值取向

无论是现有政策的完善还是新政策的出台，必须坚持"底线公平"的价值取向，这是以城市居民最低生活保障为核心的社会救助政策存在的基础，没有"底线公平"的价值目标，任何最低生活保障政策都不可能成功，也不能够将社会救助的作用发挥到最佳效能。社会公平价值观必须贯穿于政策制定者、执行者、宣传者的思想中，并体现在政策的制定、执行、监督过程的每一个环节中。

2. 确定更科学的救助标准

要探索建立综合性的最低生活保障政策，统一救助标准、政策框架以及考虑城乡一体化问题。救助标准，建议制定一个相对统一或者略低于最低工资标准的救助标准。在政策框架方面，建立经常性救助、特定救助和非经常性救助三个层次。经常性救助和现在最低保障金水平一样，提供购买日常生活必需品的救助金；特定救助包括房租、子女义务教育阶段的教育费用、医疗救助等；非经常性救助包括大病医疗困难救助等。救助标准制定应科学化与弹性化。中央政府应当按照当地物价水平、消费结构、平均生活水平等因素统一标准的制定方法，并规范标准执行，以促进地区间公平性和制度的健康发展。同时，救助标准应体现针对性，即弹性化设计。针对当前标准设计过于简单化的问题，根据地区、家户人口、家户结构测定不同的标准方案用以确定不同需求。详细和规范的制度制定将减少因为地方政府过度的行政裁量而产生社会排斥（于秀丽、陈宇峰，2008）。

3. 明确救助经费来源

实施最低生活保障政策，其关键是经费要有保证。中央政府近年来财政收入比较充裕，在公共财政方面，尤其是社会保障方面提供了大量的资金，但是按照现在的分配方式分配，效果并不好。所以，必须找到适合中国国情的财政转移支付的渠道。确立最低生活保障制度经费确保政策，按照财政分级负担原则，一方面，从政策上确立各级财政对最低保障资金财政拨款的到位。另一方面，确保最低保障工作人员和办公经费的到位，以确保最低生活保障工作的顺利开展；要打破单纯依靠行政组织救助的格局，充分利用政策机制、社会机制和市场机制等一切可利用的资源，实现多元化筹集最低生活保障资金，减轻财政压力；可以建立最低生活保障补充救助基金，指定机构进行运作管理，引导和发动社会各界和更多市民来救助低保群体；完善财政拨款制度，确保最低生活保障经费，最低生活保障资金应该列入中央和地方各级财政的预、决算中。

规定中央与地方政府间财政责任的分配。由于地区间、同一地区不同城市以及同一城市的不同辖区的贫困状况、财政能力差别很大，规定一个统一的低保资金分担比例显然无法奏效。然而，中央政府却可以通过设定各地财政能力的评价指标，结合当地贫困状况设定一个在一定时期内稳定的逐级划分比例。这一比例一经划定，对于各级政府都具有约束力。另外，随着贫困救助向综合方向发展，中央与地方政府之间还可以通过救助项目分配财政和管理责任。

4. 完善最低生活保障政策的监督约束机制

除了政府部门采取的行政手段以外，首先是司法支持。虽然《最低生活保障条例》开辟了城市贫困救助的法制化道路，但贫困救助领域中仍存在人大立法少，行政规章、部门规章多，地方立法先于细于国家立法的情况。迫切需要国家进行相关立法，强调保障力度，保证实施效果，平衡地区资源，对现有的、分散的救助政策进行整合，建立统一协调、相对科学规范的体系框架，汲取我国社会保险改革的经验和教训，立法先行，使救助真正成为保障贫困人口民生状况的有效手段和途径。其次，鼓励民间资源的投入。社会捐助是救助资金来源的重要辅助渠道。在政府承担必要责任的同时若能通过切实政策使民众投入到贫困救助中来并成为有力的补充，无论对于贫困人口还是整个社会，福利总量都将得到提高。但由于当前相关政策激励性差，社会捐助比例极小。除在财政政策、税收政策鼓励这些机构发展外，还可以借鉴发达国家和地区的经验，大力发展志愿者互助组织，慈善事业发展有利于提高公众的社会救助和社会福利水平。可以请民间团体、民众组织发挥监督作用；完善最低生活保障社会监督机制，完善最低生活保障资格评议和公示制度，由社区居民代表等组成低保资格评审小组，评审本社区最低生活保障对象资格，核实其提供的月收入证明，对申请人的名单进行公布，接受更多群体的监督，防止骗保行为发生；要加大对最低生活保障对象的不定期核查力度，做到随报随批、随进随出，建立起公平、公正、公开的动态管理长效机制（香伶，2006）。

　　本书研究的目的是在"底线公平"理论基础上，针对老年收入保障制度提出一个笼统的理论思路，而非制度完整方案执行中的所有细节。本书作者认为，这样一种理论思路是必要的和可行的，它正在向着解决目前中国老年人面临的严重养老收入保障问题的方向迈进。这种思路本身并不能解决老年人所有的养老待遇问题，但是，本书作者相信，一个贯穿"底线公平"理念，以"适度公平"为追求目标，以保障"基本生活水平"为核心，覆盖全国所有老年人的收入保障制度体系，将是中国社会保障体系中重要的一环。

参考文献

（国际劳工组织）科林·吉列恩等：《全球养老保障——改革与发展》，中国
  劳动社会保障出版社 2002 年版。

［比利时］埃里克·斯科凯尔特：《利他主义、效率和公平：福利国家的伦理
  挑战》，载丁开杰、林义选编：《后福利国家》，上海三联书店 2004
  年版。

［丹麦］考斯塔·艾斯平-安德森：《福利资本主义的三个世界》，郑秉文译，
  法律出版社 2004 年版。

［美］埃弗里特·T.艾伦、约瑟夫·J.梅隆、杰里·S.罗森布鲁姆、杰克·L.范
  德海：《退休金计划——退休金、利润分享和其他延期支付》，杨燕绥、
  费朝晖、李卫东等译，经济科学出版社 2003 年版。

［美］埃斯特勒·詹姆斯：《国有企业、金融市场改革与养老保险制度改革的
  互动效应——中国如何解决老年保障问题》，载丁开杰、林义选编：
  《后福利国家》，上海三联书店 2004 年版。

［美］丹尼斯·C.穆勒：《公共选择理论》，杨春学等译，中国社会科学出版
  社 1999 年版。

［美］丹尼斯·E.罗格、杰克·S.雷德尔：《养老金计划管理》，林义等译，中
  国劳动社会保障出版社 2003 年版。

［美］罗宾·布莱克本：《养老基金和责任积累：中国面临的选择》，载丁开
  杰：《社会保障体制改革》，社会科学文献出版社 2004 年版。

［美］萨缪尔·包尔、斯克利斯蒂娜·冯赫伯特·基尼茨：《互惠于福利国
  家》，载丁开杰、林义：《后福利国家》，上海三联书店 2004 年版。

［美］约翰·迈尔斯、保罗·皮尔森：《改革公共养老金》，载丁开杰、林义：
  《后福利国家》，上海三联书店 2004 年版。

[英]尼古拉斯·巴尔等主编：《福利经济学前沿问题》，中国税务出版社
　　2000年版。

《2000年世界劳动报告——变化世界中的收入保障和社会保护》，中华人
　　民共和国劳动和社会保障部国际劳工与信息研究所译，中国劳动社会
　　保障出版社2000年版。

《社会保障改革的一些国际比较》，载赵人伟：《福利国家的转型和中国社会
　　保障体制的改革》，北京师范大学出版社2006年版。

Martin Feldstein：《养老金改革：一般原则及其在中国应用》，中国经济研究
　　中心（CCER）、美国国家经济研究局（NBER）第六届年会系列简报
　　之二。

柏杰：《社会保险模型分析及政策模拟》，博士学位论文，西安交通大学，
　　1999年。

北京大学中国经济研究中心宏观组、易纲、汤弦、王晖：《中国社会养老保
　　险制度的选择：激励与增长》，《金融研究》，2000年第5期。

北京市劳动和社会保障学会课题组：《北京市企业退休人员基本养老金替代
　　率问题调研报告》，《北京市计划劳动管理干部学院学报》，2005年第
　　1期。

贝弗里奇：《贝弗里奇报告——社会保险和相关服务》，华迎放、汤晓莉等
　　译，中国劳动社会保障出版社2004年版。

蔡戈鸣：《市政工程施工新技术模糊综合后评价模型研究》，硕士学位论文，
　　浙江大学，2004年。

蔡青：《职工基本养老保险的替代率问题研究》，硕士学位论文，浙江大学，
　　2003年。

蔡社文：《未来5~10年我国财政社会保障支出趋势分析》，《宏观经济研究》
　　2002第4期。

曹信邦、王建伟：《风险：我国社会保障面临的挑战》，《税务与经济》，2004
　　年第1期。

陈佳贵：《中国社会保障发展报告1997~2001》，社会科学文献出版社2001
　　年版。

陈佳贵等：《中国城市社会保障的改革》，阿登纳基金会系列丛书第11辑。

陈喜强：《重新认识政府在社会保障制度变迁中的作用》，《改革与战略》，
　　2001年第2期。

陈银娥：《西方福利经济理论的发展演变》，《华中师范大学学报》（人文社会科学版），2000 年第 4 期。

褚福灵：《养老保险金替代率研究》，《北京市计划劳动管理干部学院学报》，2004 年第 3 期。

丁建怀：《湖北地级城市综合实力评价研究》，硕士学位论文，华中科技大学，2005 年。

丁开杰、林义选编：《后福利国家》，上海三联书店 2004 年版。

丁开杰主编：《社会保障体制改革》，社会科学文献出版社 2004 年版。

董冬：《我国财政社会保障支出分析》，硕士学位论文，山西财经大学，2009 年。

董慧丽：《农村养老保险金筹集管理的经验与创新》，《宏观经济管理》，2007 年第 4 期。

杜鹏、武超：《1994~2004 年中国老年人主要生活来源的变化》，《人口研究》2006 年第 3 期。

范金、郑庆武：《中国地区保险—经济—社会核算矩阵的编制与分析》，《开发研究》，2004 年第 11 期。

封进：《中国养老保险体系改革的福利经济学分析》，《经济研究》，2004 年第 2 期。

高建伟：《中国基本养老保险替代率精算模型及应用》，《数学的实践与认识》，2006 年第 5 期。

苟莉：《城际快速铁路对大都市圈通达性的影响》，硕士学位论文，西南交通大学，2008 年。

顾文：《人口老龄化背景下我国养老保险体系的精算测评》，硕士学位论文，复旦大学，2009 年。

郭荣星：《中国的收入再分配与社会保障》，载赵人伟：《福利国家的转型和中国社会保障体制的改革》，北京师范大学出版社 2006 年版。

郭仲伟：《风险分析与决策》，机械工业出版社 1987 年版。

国际劳工组织编写：《社会保障基础》，华夏出版社 1989 年版。

国家统计局：《中国人口统计 2004》，中国统计出版社 2005 年版。

韩伟、穆怀中：《中国统筹养老金适度调整指数分析》，《财经研究》，2007 年第 4 期。

何平：《中国养老保险基金测算报告》，《中国社会保障制度》，2002 年第 2 期。

和春雷主编:《社会保障制度的国际比较》,法律出版社 2001 年版。

胡晓义:《养老金替代率三题》,《中国劳动保障报》,2001 年 11 月 29 日。

胡晓义:《走向和谐:中国社会保障发展 60 年》,中国劳动社会保障出版社 2009 年版。

黄安碧:《新疆城镇基本养老基金收支预测及其分析》,硕士学位论文,新疆农业大学,2007 年。

黄远水:《风景名胜区旅游竞争力研究》,博士学位论文,天津大学,2005 年。

贾怀斌:《试论"统账结合"养老保险模式的困境与出路》,载赵人伟:《福利国家的转型和中国社会保障体制的改革》,北京师范大学出版社 2006 年版。

姜向群:《老年社会保障制度——历史与变革》,中国人民大学出版社 2005 年版。

蒋兆才:《增强养老保险基金支撑能力的思考》,《经济问题探索》,2003 年第 12 期。

景天魁:《底线公平:和谐社会的基础》,北京师范大学出版社 2009 年版。

景天魁等:《社会公正理论与政策》,社会科学文献出版社 2004 年版。

景天魁主编:《基础整合的社会保障体系》,华夏出版社 2001 年版。

景天魁主编:《收入差距与利益协调》,黑龙江人民出版社 2006 年版。

科林·吉列恩、约翰·特纳、克利夫·贝雷、丹尼斯·拉图利普:《全球养老保障——改革与发展》,杨燕绥等译,中国劳动社会保障出版社 2002 年版。

劳动保障部法制司、社会保险研究所:《中国养老保险基金测算与管理》,经济科学出版社 2001 年版。

劳动部社会保险研究所:《防止老龄危机——保护老年人及促进增长的政策》,中国财政经济出版社 1996 年版。

劳伦斯·汤普森:《老而弥智——养老保险经济学》,孙树菡等译,中国劳动社会保障出版社 2003 年版。

李明开、熊必俊:《人口老化与老年社会保障》,陕西人民教育出版社 1993 年版。

李培林:《当前中国社会发展若干问题——中国社会形势分析与预测》,社会科学文献出版社 2003 年版。

李绍光：《划拨国有资产和偿还养老金隐性债务》，载赵人伟：《福利国家的转型和中国社会保障体制的改革》，北京师范大学出版社 2006 年版。

李旭彪：《市政工程施工管理综合评价体系研究》，硕士学位论文，西南交通大学，2007 年。

李永胜：《人口统计学》，西南财经大学出版社 2002 年版。

李珍：《社会保障理论》，中国劳动社会保障出版社 2001 年版。

李珍：《社会保障制度与经济发展》，武汉大学出版社 1998 年版。

李珍：《中国农村老年收入保障研究》，武汉大学学报，2010 年第 5 期。

梁捷：《中国养老保险数据及老龄化现状，我们准备好了吗？》，《光明日报》，2006 年 2 月 27 日。

林闽钢：《现代社会保障》，中国商业出版社 1997 年版。

林义：《社会保障制度分析引论》，西南财经大学出版社 1997 年版。

林义：《养老保险改革的理论与政策》，西南财经大学出版社 1995 年版。

刘昌平、谢婷：《财政补贴型新型农村养老保障制度研究》，《东北大学学报》（社会科学版），2009 年第 9 期。

刘法宪：《重庆市锰矿产业发展研究》，博士学位论文，中国地质大学，2011 年。

刘贵平：《养老保险的人口学研究》，中国人口出版社 1999 年版。

刘明慧：《统筹城乡社会救助的财政政策》，《大连海事大学学报》（社会科学版），2008 年第 4 期。

刘晓华：《企业职工养老金计发制度研究》，硕士学位论文，中国海洋大学，2010 年。

刘燕生：《社会保障的起源、发展和道路选择》，法律出版社 2001 年版。

柳军：《模糊综合评价在水环境质量评价中的应用研究》，硕士学位论文，重庆大学，2003 年。

柳瑞清：《养老金替代率的自动调整机制研究》，《中国人口科学》，2005 年第 3 期。

陆风雷：《中国老年保障制度研究：理论基础、价值取向与制度选择》，复旦大学，博士学位论文，2003 年。

罗伯特·霍尔茨曼、爱德华·帕尔默编：《养老金改革——名义账户制的问题与前景》，郑秉文等译，中国劳动社会保障出版社 2006 年版。

罗伯特·霍尔茨曼、理查德·欣茨等：《21 世纪的老年收入保障——养老金制度改革国际比较》，郑秉文等译，中国劳动社会保障出版社 2006 年版。

罗伯特·霍尔茨曼、约瑟夫·E.斯蒂格利茨编：《21 世纪可持续发展的养老金制度》，胡劲松等译，中国劳动社会保障出版社 2004 年版。

毛振华、梅哲：《和谐社会与社会保障》，社科文献出版社 2010 年版。

梅哲：《构建社会主义和谐社会中的社会保障问题研究》，中国社会科学出版社 2007 年版。

穆怀中、柳清瑞等：《中国养老保险制度改革关键问题研究》，中国劳动社会保障出版社 2006 年版。

穆怀中：《国民财富与社会保障收入再分配》，中国劳动社会保障出版社 2003 年版。

穆怀中：《老年社会保障负担系数研究》，《人口研究》，2001 年第 4 期。

穆怀中：《社会保障国际比较》，中国劳动社会保障出版社 2002 年版。

穆怀中：《中国社会保障适度水平研究》，辽宁大学出版社 1998 年版。

彭清：《我国企业职工基本养老保险工资替代率的计算及分析》，《精算通讯》，2000 年第 3 期。

邱东、李向阳、张向达：《养老金替代率水平及其影响的研究》，《财经研究》，1999 年第 1 期。

邱晓彦：《中国社会养老保险与个人所得税缴纳激励联动模型》，博士学位论文，湖南大学，2009 年。

石艳芬：《"统账结合"下我国养老保险的精算测评》，硕士学位论文，天津财经学院，2003 年。

世界银行：《防止老龄危机：保护老年人及促进增长的政策》，劳动部社会保险所等译，中国财政经济出版社 1995 年版。

世界银行：《共享增长的收入：中国收入分配问题研究》，中国财政经济出版社 1998 年版。

世界银行：《老年保障：中国养老金制度体制改革》，中国财政经济出版社 1998 年版。

宋良荣、朱英梅：《我国养老保险绩效审计初探》，《财会月刊》，2007 年第 10 期。

宋晓悟：《解析我国社会保障制度面临的严峻形势》，《证券之星》，2002 年 2 月 17 日。

孙建勇编：《养老金发展与改革》，于小东等译，中国发展出版社 2007 年版。

孙建勇编：《养老金制度与体制》，史建平等译，中国发展出版社 2007 年版。

唐钧：《建立综合的最低生活保障制度》，中国社会学网，2003 年 12 月
　　13 日。

唐钧：《中国社会救助制度的变迁与评估》，中国社会学网，2003 年 12 月
　　13 日。

唐钧等：《最后的完全网——中国城市贫困与最低生活保障（1992~2001）》，
　　2002 年版。

田贵贤：《基本养老保险基金平衡分析》，硕士学位论文，河北大学，
　　2007 年。

田雪原：《大国之难——当代中国的人口问题》，今日中国出版社 1997 年版。

汪家佑：《谈风险》，《外国经济管理》，1987 年第 11 期。

汪行福：《分配正义与社会保障》，上海财经大学出版社 2003 年版。

王鉴刚：《社会养老保险平衡测算》，经济管理出版社 1999 年版。

王强：《我国基本养老保险基金的平衡精算分析》，硕士学位论文，中国海
　　洋大学，2008 年。

王树新：《中国老年人口收入分析》，《中国人口科学》，1989 年第 12 期。

王文素：《社会保障理论与实务》，经济科学出版社 2004 年版。

王晓军、赵彤：《中国社会养老保险的省区差距分析》，《人口研究》，2006
　　年第 2 期。

王晓军：《社会保障精算原理》，中国人民大学出版社 2000 年版。

王延中：《中国社会保险基金模式的偏差及其矫正》，《经济研究》，2001 年
　　第 2 期。

王燕：《中国养老金隐性债务、转轨成本、改革方式及其影响——可计算一
　　般均衡分析》，《经济研究》，2001 年第 5 期。

王肇捷：《湖南省企业退休人员基本养老金待遇调整问题及对策研究》，硕
　　士论文，国防科学技术大学，2008 年。

威廉姆·H.怀特科、罗纳德·C.费德里科：《当今世界的社会福利》，解俊杰
　　译，法律出版社 2003 年版。

卫兴华：《中国社会保障制度研究》，中国人民大学出版社 1994 年版。

魏杰、徐有柯：《关于收入保障制度的思考》，《新视野》，1996 年第 6 期。

邬沧萍：《改革开放中出现的最新人口问题》，高等教育出版社 1996 年版。

吴鹏森：《现代社会保险概论》，上海人民出版社 2004 年版。

吴文燕：《中国城镇职工养老保险制度可持续性分析》，硕士学位论文，苏州大学，2009 年。

吴祥云：《对我国基本养老保险若干问题的讨论》，《新疆财经》，1999 年第 6 期。

吴忠民：《社会公正论》，山东人民出版社 2004 年版。

武川正吾、佐藤博树：《企业保障与社会保障》，李黎明、张永春译，中国劳动社会保障出版社 2003 年版。

香伶：《城市边缘群体的社会保障研究》，载赵人伟：《福利国家的转型和中国社会保障体制的改革》，北京师范大学出版社 2006 年版。

香伶：《养老社会保险与收入再分配》，博士学位论文，暨南大学，2006 年。

项俊礼：《福利国家论析》，经济管理出版社 2002 年版。

谢铮、刘聪：《我国养老保险制度改革存在问题及综合分析》，《劳动保障世界》，2006 年第 2 期。

熊必俊：《关于我国老年人口收入的研究》，2005 年第 12 期。

徐建华：《上海市退休人员最低生活保障线测定方法的研究》，《华东师范大学学报》（哲学社会科学版），1996 年第 5 期。

徐月宾、张秀兰：《中国政府在社会福利中的重建》，《中国社会科学》，2005 年第 5 期。

于秀丽、陈宇峰：《中国城市低保制度的理论与现实困难》，《浙江工商大学学报》，2008 年第 1 期。

袁志刚：《中国养老保险体系选择的经济学分析》，《经济研究》，2001 年第 5 期。

曾湘泉、郑功成：《收入分配与社会保障》，中国劳动社会保障出版社 2002 年版。

曾湘泉：《收入分配差距过大还是平均主义》，《人大复印资料》，2002 年第 7 期。

张莉：《论养老保险替代率》，《现代经济探讨》，2002 年第 4 期。

张良礼：《应对人口老龄化——社会化养老服务体系构建及规划》，社会科学文献出版社 2006 年版。

张培刚：《新发展经济学》，河南人民出版社 1993 年版。

张鹏：《重庆市城市贫困的现状与反贫困对策研究》，硕士学位论文，重庆大学，2002 年。

张思锋、张文学、周华：《城镇职工基本养老保险需求模型的构建及应用——以陕西省为例》，《社会保障问题研究》，2006 年第 00 期。

张晓磊、杭政:《公共财政框架下社会保障体系的完善》,《北京工商大学学报》(社会科学版),2008 年第 3 期。

张艳红:《风景名胜区旅游竞争力评价与提升路径研究》,硕士学位论文,中南大学,2008 年。

张颖:《试论政府在社会保障制度建设中的职能作用》,《中共贵州省委党校学报》,2007 年第 1 期。

张永清:《正确认识当前企业基本养老保险费率和工资替代率》,《中国劳动》,2000 年第 12 期。

赵曼:《社会保障》,中国财政经济出版社 2005 年版。

赵人伟:《福利国家的转型和中国社会保障体制的改革》,载刘诗白:《新知研究院研究报告 (2001)》,西南财经大学出版社 2003 年版。

赵人伟:《中国的经济转型与社会保障改革》,《经济学动态》,2006 年第 4 期。

赵耀辉、徐建国:《我国城镇养老保险体制的转轨问题》,《改革》,2002 年第 3 期。

郑功成:《关注民生——郑功成教授访谈录》,人民出版社 2004 年版。

郑功成:《建构多层次的老年保障体系》,《21 世纪经济报道》,2004-09-20。

郑功成:《中国社会保障改革与发展战略——理念、目标与行动方案》,人民出版社 2008 年版。

郑功成:《中国社会保障改革与未来发展》,《中国人民大学学报》,2010 年第 5 期。

郑伟:《养老保险制度选择的经济福利比较分析》,《经济科学》,2002 年第 3 期。

周小川:《改革养老医保制度条件已成熟》,《中国养老金网》,2008 年 8 月 1 日。

朱海玲:《城镇居民贫困线的测定》,《管理科学文摘》,2007 年第 4 期。

朱青:《中国养老保险制度改革:理论与实践》,中国财政经济出版社 2000 年版。

朱庆芳:《从统计数字解读我国人口老龄化特征》,《老龄问题研究》,2004 年第 3 期。

朱勇、潘屹:《社会福利的变奏——中国社会保障问题》,中共中央党校出版社 1993 年版。

Carlos Serrano, *Social Security Reform*, Income Distribution, Fiscal Policy

Capital Accumulation, World Bank on Jurnea.

Castellino, "Redistribution Between and Within Generation in the Italian Social Security System", *Ricercbe Economicbe*, 1995, 49, pp.317–327.

G. Francis, "Review Essay: Modern Times and the Welfare State", *West Political Quarterly*, 1975.

James, E, "*Pension Reform: Is There an Efficiency—Equity Trade Off?*" *World Bank Working Paper*, 1997.

Josef Zei Muller, *Survey: Social Insurance*, Robin Hood Inc.

Margherita Borella, *Social Security Systems and The Distribution of Income:* "*An Application to The Italian Case*", *CERP: Center for Research on Pension and Welfare Policies Working Paper*, 2001.

Mathew Bishop, "Survey: Social insurance: Robin Hood Inc", *The Economist*, London: Vol.349, 1999.

Rolf Aberge, "Income Inequality and Income Mobility in the Scandinavian Countries to the United States", *Review of Income and Wealth*, Series 48, Number 4, 2002.

The World Bank, *Averting the Old Age Crisis: Policies to Protect the Old and Promote Growth*, New York: Oxford University Press, 1994.

The World Bank, China Pension System Reform, 1995.

The World Bank, World Development Report, 1990.

United Nations Secretary, *Department of Economic and Social Affairs*, *Population Division*, *World Population Prospects* (1988 Revision), New York: United Nations, 1999.

World Bank, China 2020: Old Age Security and Pension Reform in China, 1997.

World Bank, China: Pension Liabilities and Reform Options for Old Age Insurance, 2005.

World Bank, Old Age Security: Pension Reform in China. *Washington*, D.C, 1997.

索　引

后 记

完成本书的初稿，我没有感到一丝轻松，作为一位从事中国社会保障理论和政策研究的工作者，怀着高度的社会责任感和对人民群众的深厚感情，兢兢业业在社会保障部门工作了 15 年，亲眼目睹了老年人在社会保障制度下生活的巨大变化，亲身经历并参与了养老保障制度改革，也正因为如此才有机会站在一个政策制定者的角度，理性地审视中国老年收入保障制度改革所走过的曲折之路以及目前所面临的困境。我深深地感受到，在人口快速老龄化的背景下，老年人迫切需要老年收入保障制度的庇护，需要既符合中国国情又适应老年人客观需求的制度体系，这是我之所以长期选择老年收入保障问题进行系统研究的原因。

近 7 年来，无论是在繁忙的政府部门具体从事社会保障管理和业务工作，还是在政府综合部门从事民生问题研究，我一直都在关注老年收入保障方面的问题，注意有关资料的积累和整理，利用工作便利完成了对 H 市老年人养老金基本状况的调查。2008 年，我有幸到 Q 地区任社会保险局局长助理（挂职），新的工作岗位为研究提供了更多便利，统筹城乡背景下的老年收入保障问题，成为我研究和工作都要同时关注的焦点，在广泛进行社会调查后，我又有了许多新的思考，对"底线公平"的理论、城乡二元结构下老年收入保障制度建设的感悟更加深刻，理解更加深入，我顺利完成了充满艰辛又伴随着欣喜的博士后学位报告创作过程。出站以后，我继续深化这一课题的相关研究。2010 年，我承担了教育部人文社会科学规划项目"构建和谐社会过程中的老年收入保障问题研究"（项目批准号：10YJA710044），本书即为该项目的最终成果。当然，由于本人的学术水平和能力有限，本书仅算得上对这一问题研究的一个阶段性小心得、小收获，更加缜密、更加深入的研究还有待于今后的继续努力。

在我近 7 年的研究过程中，首先要感谢我的博士后合作导师景天魁先生。景先生无论在学术研究上还是在为人处世上都对我产生了重要影响，他低调豁达的性格、严谨务实的学风极大地感染和启发着我。无论博士后出站报告还是本书的撰写，从选题到框架的确定直至最后定稿，他一直在悉心指导和关注我的研究。我深感从先生之处所获得的已经远远超过了做学问本身！感谢景老师门下所有的弟子们，正是在这个团队里，我得以与同门师兄姐妹之间讨论和交流，使研究能力得到提高，对问题的分析更加贴切、更加深刻，也正因为有同门的支持，为我完成研究增添了无穷的动力！

感谢教育部高校社会科学发展研究中心田心铭教授，北京大学原副校长梁柱教授，中国人民大学周新诚教授，武汉大学邓大松教授，中南财经政法大学赵曼教授，华中科技大学丁建定教授，中国社会科学院吴波研究员、王延中研究员、房宁研究员、李培林所长、汪晓熙书记、唐钧研究员。有幸获得众多老师的指点，获益匪浅、受益终身！

感谢中国社会科学院农发所潘晨光书记，院博士后管理办公室的李晓琳处长、王宇、孙大伟同志，社会学研究所的高鸽、赵克斌、黄丽娜、陆会平老师，以及我工作单位的各位领导和同仁！在我从事本书相关一系列研究过程中给我提供的指导、支持和极大便利，在此一并深表感谢！

感谢在研究中参考、借鉴过其研究成果的学术界前辈和同仁们！感谢帮助我进行调查的 H 市和 Q 地区两地社区工作人员以及接受调查的数百名老年人！感谢我的学术研究合作伙伴马文斌博士后、王斌博士后、汤琳俐博士、黄英君博士、文传浩博士等一批青年才俊！

最后，由衷地感谢我的家人对我学习、工作、生活的帮助和支持，尤其是我的父亲——武汉大学梅荣政先生，正是他不断从方法论上的指导，为我实现跨学科研究奠定了基础。感谢我的母亲，不顾年迈的身体，承担了照顾和教育孙子的重担。感谢我的夫人——解放军 324 医院毛梅博士，和我共同奋斗，相互支持。

梅哲

2013 年 3 月